U0579162

让 我 们 一 起 追 寻

The Nazi Hunters
Copyright © Andrew Nagorski 2016

Simplified Chinese translation copyright © 2019 by Social Sciences Academic Press (China)

This edition published by arrangement with Trident Media Group, LLC. through Andrew Nurnberg Associates International LTD.
All rights reserved

纳粹 猎人

The Nazi Hunters

〔美〕安德鲁·纳戈尔斯基 著

Andrew Nagorski

陈 鑫 译

社会科学文献出版社
SOCIAL SCIENCES ACADEMIC PRESS (CHINA)

JAHRE NACH
ANSCHLUSS
1938
100 JAHRE NACH
HITLERS GEBURT
IN OSTERREICH
1889
KEINEN LUGNER-
BUNDESPRÄSIDENTEN MEHR
MIT KRIEGSVERBRECHER-AKTE
WALDHEIM MUSS ABTRETEN
UND ÖSTERREICH WIRD
AUFTRETEN

本书获誉

[它]提醒我们，在过去七十余年里，对纳粹的审判从来不是理所当然之事。

——《时代周刊》(*Time*)

描写生动、可读性强……纳戈尔斯基先生的这部优秀作品是一本信息量巨大且引人入胜的好书。

——《华尔街日报》(*The Wall Street Journal*)

史诗般的叙述……这本书对主要人物做了复杂而又不失鲜明的刻画。

——《基督教科学箴言报》(*The Christian Science Monitor*)

一本记录战后伸张正义过程的激动人心的非虚构作品……内容详细，极具戏剧性，有时还扣人心弦。

——"沙龙"网站(*Salon*)

安德鲁·纳戈尔斯基创作了一部重要的作品——一本描写细致、揭露二战黑暗篇章的著作。

——艾伦·弗斯特(Alan Furst)，著有《华沙间谍》(*Spies of Warsaw*)与《影子王国》(*Kingdom of Shadows*)

这个世界辜负了受害者，不仅是在大屠杀期间，而且在战争结束后，因为凶手们被允许继续正常度日。一些意志坚定的纳粹猎人试图伸张正义。这是他们的故事。所有人都应读一读。

——艾伦·德肖维茨（Alan Dershowitz），著有《亚伯拉罕：世界上第一位（但肯定不是最后的）犹太裔律师》[*Abraham：The World's First（But Certainly Not Last）Jewish Lawyer*]

这是一场二战后的把大屠杀凶手绳之以法的战争。安德鲁·纳戈尔斯基讲述了一些人对杀人凶手的顽强搜索，以及另一些人为了掩埋这段肮脏的历史而进行的妥协。《纳粹猎人》研究细致、文笔出色、引人入胜——虽然让人不安，但它的确引人入胜。

——道格拉斯·沃勒（Douglas Waller），著有《门徒》（*Disciples*）与《狂野的比尔·多诺万》（*Wild Bill Donovan*）

在历史的窗口渐渐关闭前，作者抽丝剥茧，呈现了一场跨时长达数十年的大戏，用激动人心、引人入胜的方式叙述了对臭名昭著的纳粹逃犯的追捕……《纳粹猎人》不仅是一本兼具研究性与情报性、让人恨不得一口气读完的著作，还讲述了以伸张正义而非复仇为追求的史诗级全球行动。

——美国外交学会特邀高级研究员戈登·戈德斯坦（Gordon M. Goldstein），著有《麦乔治·邦迪与越战的诞生》（*Lessons in Disaster：McGeorge Bundy and the Path to War in Vietnam*）

这段历史读起来像是一个冒险故事。

——《佛罗里达时代联合报》（*The Florida Times-Union*）

最后几位前纳粹分子正陆续死去，那些一生都在追捕他们的人也是如此。纳戈尔斯基不偏不倚地讲述了追捕者的故事，揭秘了这群来自世界各地的人物背后引人入迷的故事，并在更宏大的视角下考察了他们的努力。

——《外交事务》（*Foreign Affairs*）

［本书］全面讲述了一群固执、顽强的男男女女的故事，他们的英雄壮举让数百万被杀害的灵魂获得了一丝正义。

——《旗帜周刊》（*The Weekly Standard*）

［纳戈尔斯基］为我们讲述了一个激动人心的故事，让我们得以一瞥那些在聚光灯熄灭后继续追捕战争罪犯之人的人生。

——《图书馆杂志》（*Library Journal*）

《纳粹猎人》的出版正值一个重要的时间点，即现存记忆与历史文献相交会的时刻……［纳戈尔斯基］的讲述十分可观与平衡……即使在过去几十年里你一直在关注这个故事，他的讲述也将让你不忍释卷。

——《达拉斯晨报》（*The Dallas Morning News*）

献给亚历克斯、亚当、索尼娅、爱娃，
并一如既往地献给克里希娅

目　录

主要人物介绍

追捕者

弗里茨·鲍尔（Fritz Bauer，1903—1968）：作为一名来自世俗犹太家庭的德国法官和检察官，鲍尔在纳粹统治的大部分时间里都在丹麦和瑞典流亡。他在战后（即二战后）返回德国，为以色列人提供了关键信息，导致阿道夫·艾希曼被捕。在 20 世纪 60 年代，他精心安排了法兰克福奥斯维辛审判。

威廉·登森（William Denson，1913—1998）：他是战后达豪审判中的美国军方首席检察官，本次审判的对象是达豪（Dachau）、毛特豪森（Mauthausen）、布痕瓦尔德（Buchenwald）和弗洛森比格（Flossenbürg）集中营的管理人员。他起诉了 177 人，并成功地让所有人获得了有罪判决。最终有 97 人被绞死。但是他处理部分案件的方式存在一些争议。

拉菲·埃坦（Rafi Eitan，1926—　　）：埃坦是摩萨德特工，于 1960 年 5 月 11 日指挥小分队在阿道夫·艾希曼位于布宜诺斯艾利斯的住所附近绑架了他。

本亚明·费伦茨（Benjamin Ferencz，1920—　　）：27 岁时，费伦茨作为首席检察官参与了美联社所谓的"历史上最大规模的谋杀案审判"，即在纽伦堡举行的针对在东部战线对犹太人、吉卜赛人和其他平民"敌人"实施大规模屠杀的党卫军特别行动队（Einsatzgruppen）指挥官的审判，后来屠杀行为被转移到集中营的毒气室中实施。32 个被告全部被判有罪，其中 13 人被判死刑。部分人的刑罚后来得到减轻，只有 4 人被绞死。

托维阿·弗里德曼（Tuvia Friedman，1922—2011）：波兰裔犹太人弗里德曼是大屠杀的幸存者。他先是在战后波兰共产党执掌的安全部队中任职，寻求报复那些被逮捕的德国人以及被控诉曾帮助前占领军的人。随后，他创立了用来搜集证据的维也纳文献中心，并协助了将党卫军军官和其他犯有战争罪的人定罪的工作。1952 年，他关闭了自己的文献中心，将其迁往以色列，并在那里继续寻找艾希曼和其他战犯的踪迹。

伊塞尔·哈雷尔（Isser Harel，1912—2003）：哈雷尔曾任摩萨德局长，成功策划了 1960 年在布宜诺斯艾利斯对艾希曼的绑架，并通过以色列航空公司（El Al）的特殊航班将其送往以色列，这一系列行动导致艾希曼在耶路撒冷遭到审判和处决。

伊丽莎白·霍尔茨曼（Elizabeth Holtzman，1941—　）：当她于 1973 年成为美国国会议员时，这位来自布鲁克林的民主党人很快就对有关许多战犯正安然无恙地生活在美国的指控展开了调查。作为美国众议院移民事务次级委员会的成员以及后来的主席，她在 1979 年成功推动了美国司法部特别调查办公室（Justice Department's Office of Special Investigations，OSI）的成立。特别调查办公室领导了寻找在美纳粹战犯、剥夺其公民权并将其驱逐出境的行动。

贝亚特·克拉斯菲尔德（Beate Klarsfeld，1939—　）：作为出类拔萃的冒险者，她是一对专职追捕纳粹的德法跨国夫妇中较为引人注目的一方。她的父亲曾在魏玛共和国任职，但她在搬到巴黎当"互裨"姑娘①并结识后来的丈夫塞尔日·克拉斯菲尔德之前，对第三帝国知之甚少。她最有名的行动是在1968年掌掴曾是纳粹党成员的西德总理库尔特·格奥尔格·基辛格（Kurt Georg Kiesinger）。她与塞尔日一道对犯有在法国沦陷区驱逐犹太人等罪行的党卫军成员进行了追踪和质问。

塞尔日·克拉斯菲尔德（Serge Klarsfeld，1935—　）：他出生于一个迁居法国的罗马尼亚犹太人家庭，有着强烈的个人动机去记录、揭露和追踪那些驱逐并造成法国犹太人死亡的纳粹高层，因为他的父亲死于奥斯维辛集中营。他一丝不苟地搜集纳粹分子的犯罪证据，随后将他们的档案公之于众。与他的妻子贝亚特一样，他无惧风险，丝毫不害怕与他们当面对质。

埃利·罗森鲍姆（Eli Rosenbaum，1955—　）：他早先作为实习生进入美国司法部特别调查办公室工作。1995～2010年他是特别调查办公室主任，这使他成为特别调查办公室任职时间最长的主任。1986年，在担任世界犹太人大会（World Jewish Congress）法律顾问期间，他领导了反对联合国前秘书长库尔特·瓦尔德海姆竞选奥地利总统的运动，这导致他与自己一度崇拜的西蒙·维森塔尔发生了激烈冲突。

艾伦·赖恩（Allan Ryan，1945—　）：赖恩是美国司法部特别调查办公室1980～1983年的主任，领导了这个新部门的早期战斗，鉴别了许多移民美国的纳粹战犯并剥夺了他们的公民身份。

扬·泽恩（Jan Sehn，1909—1965）：作为一名在德裔家

---

①　指年轻女子用协助家务等方式，换取在其他国家的膳宿，这样做通常是为了学习外语。如无特别说明，本书所有页下注皆为译者注或编者注。

庭长大的波兰侦讯法官，他出版了第一份有关奥斯维辛集中营历史和运作情况的详细记述。他负责对该集中营任职时间最长的指挥官鲁道夫·霍斯进行审讯，并且说服霍斯在1947年被绞死前撰写了回忆录。为帮助德国同行弗里茨·鲍尔，他还在20世纪60年代的法兰克福奥斯维辛审判中提供了证词。

西蒙·维森塔尔（Simon Wiesenthal，1908—2005）：他出生于加利西亚（Galicia）的一座小城，在经历了毛特豪森集中营以及其他一系列苦难后活了下来，成了最著名的纳粹猎人，同时成立了自己的文献中心。维森塔尔尽管因追踪到多个著名战犯而广受赞誉，但有时也会因他夸大自己的作用和成就——尤其是在追捕艾希曼的过程中的作用和成就——的做法而遭到抨击。在围绕库尔特·瓦尔德海姆出现争议期间，他还与世界犹太人大会发生了冲突。

埃弗拉伊姆·苏罗夫（Efraim Zuroff，1948—　）：苏罗夫是西蒙·维森塔尔中心（Simon Wiesenthal Center）耶路撒冷办事处的创办人和主任。他出生于布鲁克林，但在1970年移居以色列。他经常被称作最后的纳粹猎人。他发起了一些受到大肆报道且颇有争议性的行动，旨在找到并起诉那些仍然健在的集中营看守。

追捕对象

克劳斯·巴比（Klaus Barbie，1913—1991）：巴比也被称作"里昂屠夫"。这个里昂的前盖世太保造成了数千人死亡，还亲自折磨了数不胜数的受害者。其魔掌下最著名的受害者包括法国抵抗运动英雄让·穆兰（Jean Moulin），以及44个在名为伊齐厄（Izieu）的小村避难但最终死于奥斯维辛集中营的犹太儿童。克拉斯菲尔德在玻利维亚找到了他的踪迹，且经过漫长的努力，最终让他在法国接受了审判。他在1987年被判处终身监禁，并在四年后死于狱中。

马丁·鲍曼（Martin Bormann，1900—1945）：鲍曼是希特勒的私人秘书兼纳粹党党务部部长，自1945年4月30日他的上级希特勒在柏林的地堡内自杀后，他就消失了。尽管有报告称他被击毙了或者紧跟希特勒的脚步也自杀了，但一直有传言说他已经逃出了德国首都，甚至有传言称有人在南美和丹麦看到过他，还与他打了枪战。1972年，一具疑似是他的尸体在柏林的一个建筑工地中被发现，而1998年的DNA检测证实了这一猜测。最终结论是，他死于1945年5月2日。

赫尔米娜·布劳恩施泰纳（Hermine Braunsteiner，1919—1999）：她曾在马伊达内克（Majdanek）集中营和拉文斯布吕克（Ravensbrück）集中营担任看守，被称作"科比瓦"（Kobyła）。这个词在波兰语中意为"母马"，因为她喜欢残暴地用脚踢女犯人。1964年，西蒙·维森塔尔发现，她在战后嫁给了一个美国人，并住在纽约皇后区。他向《纽约时报》提供了线索，后者为此刊登的报道启动了旨在剥夺她美国公民身份的漫长法律诉讼程序。她后来被遣送至西德，并在1981年被判处终身监禁，后来于1996年因健康问题获释，并于三年后在一家养老院中去世。

赫伯特·丘库尔斯（Herbert Cukurs，1900—1965）：二战前，他是拉脱维亚著名的飞行员，在德国占领拉脱维亚期间以"里加刽子手"之名为人所知，杀害了约3000名犹太人。战后，他迁居巴西圣保罗，在那里驾驶自己的飞机，还运营着自己的码头。1965 年 2 月 23 日，他被引诱至乌拉圭蒙得维的亚（Montevideo），并被一支摩萨德暗杀小队杀死。这是公众已知的以色列情报机构对在逃战犯的唯一一次暗杀。

约翰·德米扬鲁克（John Demjanuk，1920—2012）：从 20 世纪 70 年代到 2012 年他去世，围绕德米扬鲁克进行的诉讼是战后最复杂的法律诉讼之一，这场诉讼先后在美国、以色列和德国展开。这个家住克利夫兰（Cleveland）的退休汽修工人曾在一个死亡集中营中担任看守，但最初他被误认成了"恐怖伊万"，一个臭名昭著的特雷布林卡（Treblinka）集中营看守。2011 年，一个德国法庭做出判决，认定他因当过索比布尔（Sobibor）集中营的看守而罪名成立，他在不到一年后去世。这个案件为德国法院处理针对人数日渐减少的在世战犯的起诉开创了一个先例。

阿道夫·艾希曼（Adolf Eichmann，1906—1962）：他是犹太人大屠杀的主要策划者之一，组织了将犹太人大规模遣送至奥斯维辛和其他集中营的行动，于 1960 年 5 月 11 日在布宜诺斯艾利斯被摩萨德特工绑架。他在耶路撒冷接受审判并被判处死刑，并于 1962 年 5 月 31 日被绞死。与他的案件有关的每一件事都能登上头条并引发巨大争议，其中包括关于"平庸之恶"的激烈辩论。

阿里伯特·海姆（Aribert Heim，1914—1992）：在他担任毛特豪森集中营医生期间，令人毛骨悚然的谋杀记录让他获得了"死亡医生"的外号。战争结束后，他消失了，这促使各方对他进行了广受关注的搜索，且搜索一直持续到几年前。一些荒诞离奇的故事甚至说，他已经在拉美被人发现，或者在加利福尼亚遭人刺杀。事实上，正如《纽约时报》和德国电视二台（ZDF）2009年报道的那样，他一直藏身于开罗，皈依了伊斯兰教，并改名为塔里克·侯赛因·法里德（Tarek Hussein Farid）。他于1992年死于开罗。

鲁道夫·霍斯（Rudolf Höss，1900—1947）：霍斯是奥斯维辛集中营任职时间最长的指挥官。他于1946年被英军逮捕，在纽伦堡审判中作为目击者出庭作证，随后被送往波兰接受审判。波兰侦讯法官扬·泽恩在他被绞死前说服他撰写了自传。他关于自己如何不断"完善"这台"死亡机器"的描述，是犹太人大屠杀的文献中最令人毛骨悚然的证词。

伊尔斯·科赫（Ilse Koch，1906—1967）：作为布痕瓦尔德集中营首任指挥官的遗孀，她在达豪接受美国陆军审判时得到了"布痕瓦尔德婊子"的外号，因为审判中出现的耸人听闻的证词显示，她喜欢先把犯人调戏一番，然后再殴打和杀死他们。再加上有关她用囚犯的人皮制作灯罩的传言，她的案件可能是战后审判中最具轰动效应的一起。她被判处终身监禁，然而只服刑了两年就被卢修斯·D.克莱（Lucius D. Clay）将军赦免。不过，一个德国法庭在1951年再次判处她终身监禁，她于1967年在狱中自杀身亡。

库尔特·利施卡（Kurt Lischka，1909—1989）、**赫伯特·哈根**（Herbert Hagen，1913—1999）以及**恩斯特·海因里希佐恩**（Ernst Heinrichsohn，1920—1994）：塞尔日和贝亚特·克拉斯菲尔德之所以视这三位前党卫军军官为目标，是因为他们参与了在战争期间遣送犹太人的行动。在20世纪70年代纳粹猎人发起行动与他们对质（这对夫妇甚至曾试图绑架库尔特·利施卡）前，三人一直平静地生活在西德。1980年2月

11 日，科隆的一家法院判决这三人在将五万犹太人从法国遣送至集中营并造成他们死亡的行动中犯有同谋罪，对其判处了 6 ~ 12 年监禁的刑罚。

约瑟夫·门格勒（Josef Mengele，1911—1979）：他是奥斯维辛集中营的党卫军医生，被称作"死亡天使"，因为对双胞胎和其他集中营犯人进行的医学实验，以及在新抵达的犯人中决定送入毒气室的人选时发挥的作用而臭名昭著。对潜逃到南美的门格勒进行的搜索一直持续到他去世以后。1979 年他在巴西一片海滩附近游泳时溺水身亡，但他的家人一直把这个秘密隐瞒到 1985 年他的遗体被人发现为止。

埃里希·普里克（Erich Priebke，1913—2013）：这个前党卫军军官曾于 1944 年 3 月 24 日在罗马附近的阿尔帖亭洞窟（Ardeatine Caves）组织了对 335 个成年男性和男孩的处决，其中包括 75 个犹太人，以报复此前 33 个德国士兵被杀。一直到 1994 年，他都在阿根廷度假胜地圣卡洛斯 - 德巴里洛切（San Carlos de Bariloche）过着舒适的生活。不过就在那一年，美国广播公司（ABC）新闻台的一个拍摄团队找到了他，记者萨姆·唐纳森（Sam Donaldson）在大街上盘问了他好几分钟。结果是：阿根廷于 1995 年将他引渡至意大利；1998 年，他被判处终身监禁。由于年事已高，他一直被软禁，最终于 2013 年在家中死去。

奥托·雷默（Otto Remer，1912—1997）：雷默少校是 1944 年 7 月 20 日刺杀希特勒行动失败的余波中的关键人物，当时他是驻扎柏林的大德意志步兵团警卫营营长。他最初准备执行刺杀行动策划者的命令，但在听说希特勒在刺杀中侥幸逃生后立刻转向，开始逮捕行动策划者。1951 年，他把刺杀行动策划者称作叛徒，而此时他是西德一个极右翼政党的领袖。弗里茨·鲍尔成功地在 1952 年以诽谤罪对他提起公诉，旨在证明刺杀行动的策划者是真正的爱国者。雷默被判处三个月监禁，他的政党也被禁止活动，这使他逃亡埃及。得益于一次大赦，他在 20 世纪 80 年代返回西德，并继续进行右翼煽动活动。由于面临煽动仇恨和民族主义的新指控，他于 1994 年移居西班牙，并在三年后死去。

阿图尔·鲁道夫（Arthur Rudolph，1906—1996）：作为二战后被带到美国的德国火箭科学家团队中的一员，他参与研发了"土星 5 号"火箭，将首批宇航员送上了月球。不过特别调查办公室的埃利·罗森鲍姆迫使他放弃了美国公民身份并于 1984 年离开美国，因为有证据显示，在战争期间，他曾在制造 V-2 火箭的过程中使成千上万的囚犯亡于苦役。他死于汉堡。

库尔特·瓦尔德海姆（Kurt Waldheim，1918—2007）：当这位联合国前秘书长在 1986 年奥地利总统大选中成为主要候选人时，一些新证据显示，他隐瞒了个人战时履历中的一个重要章节——他在巴尔干半岛作为亚历山大·勒尔（Alexander Löhr）将军的司令部成员的经历，而勒尔将军是一个在南斯拉夫接受审判并被绞死的战犯。世界犹太人大会发起了反对瓦尔德海姆的密集行动，但他最终还是赢得了大选。西蒙·维森塔尔指责世界犹太人大会应当为随后出现的反犹主义的反弹负责，这使得纳粹猎人之间的分歧暴露无遗。

导　言

二战结束不久后诞生的最著名的德国电影之一名叫《凶手就在我们中间》（*Die Mörder sind unter uns*）。电影中，由希尔德加德·克内夫（Hildegard Knef）扮演的集中营幸存者苏珊·瓦尔纳（Susanne Wallner）回到了她位于柏林废墟之中的已遭到严重破坏的公寓。她发现，前德军军医汉斯·默滕斯（Hans Mertens）已经住在那里，整日沉溺在酒精与绝望中。这位军医遇见了一位如今已是富商的前上尉长官，而上尉曾在1942年的平安夜下令屠杀了一个波兰村庄的100位平民。被这些记忆折磨的默滕斯决定在战后的第一个平安夜杀掉那个上尉。

瓦尔纳在最后一刻说服了默滕斯，让他相信这种私自执法的行为是错误的。她对他说："我们没有资格做出判决。"军医表示理解。他在影片结束时回答说："没错，苏珊。但我们必须提出控告，代表数百万无辜的大屠杀受害者要求他们赎罪。"

影片取得了巨大成功，吸引了大量观众，但它传递的信息从根本上来说具有误导性。它将安排战争罪早期审判的职责交给了盟军，而不是德国人民。战胜国不久后就基本上放弃审判战犯的努力，转而将注意力放在逐渐兴起的冷战上。对大部分德国人来说，比起思考赎罪的事情，他们更加迫切地想要忘记刚刚过去的历史。

那些没有被立刻逮捕，或者已经被盟军抓到却没有在一开

1

始就被识别出来的重要战犯，当然也没有任何赎罪的想法。逃跑是他们唯一的冲动。就阿道夫·希特勒而言，他的逃跑方式是在地堡中与刚刚和他结婚的爱娃·勃劳恩（Eva Braun）一起自杀。他的宣传部部长约瑟夫·戈培尔（Joseph Goebbels）在毒杀了自己的六个孩子后也同妻子玛格达（Magda）一起步了他的后尘。在 1976 年的畅销小说《英烈祠中的交易》（*The Valhalla Exchange*）中，虚构的戈培尔解释了自己为什么要选择这条道路。他宣称："我不打算在余生里像个难民一样没完没了地满世界逃亡。"[1]

但他的大多数同僚以及大多数犯有战争罪的其他纳粹分子并不打算把希特勒当作学习的榜样。许多低级别战犯甚至觉得没有必要躲起来，他们很快就混进了数百万想在欧洲开启新生活的人群。其他一些自觉处境更危险的战犯则设法逃离了欧洲大陆。在很长一段时间里，这两类人中的许多人似乎成功摆脱了战争罪责，常常还得到了忠实的家庭成员以及由纳粹党同志构成的社会关系网的支持。

本书主要聚焦于规模相对较小的一群人，他们一直试图颠覆这些战犯最初获得的成功，不让这个世界忘记其罪行。这些追捕者中既有官方人士，也有独行侠。他们展示了巨大的决心和勇气，即使在战胜国和其他国家的政府对纳粹战犯的命运越来越漠不关心的时候，他们也在坚持战斗。在这一过程中，他们还探索了恶的本质，并且就人类行为提出了一些极为令人不安的问题。

这些试图将那些杀人犯绳之以法的人通常被统称为纳粹猎人，但他们绝对不是一个拥有共同策略或者在战术上拥有基本共识的团体。他们经常发生矛盾，很容易就会相互揭丑、相互嫉妒并且进行公开对抗，尽管他们所寻求的目标大体上是相同的。

但是，即便每个参与追捕纳粹罪犯的人都搁置他们间的个人分歧，结果也不会有很大不同。而且无论用何种绝对标准来衡量，这些结果都无法证明正义已经得到伸张。曾经先后任职于美国司法部特别调查办公室、美国大屠杀纪念馆（United States Holocaust Memorial Museum）和柏林文献中心（Berlin Document Center），如今担任纽约市犹太遗产博物馆（Museum of Jewish Heritage）馆长的历史学家戴维·马韦尔（David Marwell）说："任何人如果试图在战犯所犯的罪行及其所受到的惩罚之间寻找平衡，最终都会感到十分沮丧。"至于战胜国最初做出的起诉所有战犯的承诺，他对此简略地补充说："这太难实现了。"[2]

是的，要想取得大规模的成功太困难了，而那些不愿放弃、坚持要让至少部分纳粹战犯承担罪责的人所采取的努力，演变成了仍在持续上演的战后传奇，它与人类历史上的任何其他传奇都不同。

过去在战争结束时，战胜方往往会杀光战败方或将他们收为奴隶，掠夺他们的土地，在第一时间报仇雪恨。当场执行的刑罚才是最常见的，而非审判或其他根据证据来判定罪行的法律程序。战胜方的动机很纯粹，那就是复仇。

许多纳粹猎人最初也受到复仇思想的驱使，尤其是那些来自集中营的人或者那些曾协助解放集中营的胜利者，后者见证了四处逃离的纳粹分子所遗留的令人震惊的恐怖证据：已死和将死之人、焚化炉，以及被当成酷刑室使用的"医疗设施"等。结果是，部分纳粹分子和与他们勾结在一起的人在战争结束后立刻遭到了报应。

不过，从第一次纽伦堡审判，到今天仍偶尔发生在欧洲、拉美、美国和中东等地区的追捕战犯的行动，纳粹猎人们把大部分精力放在对他们的猎物发起法律诉讼上，旨在证明即使是最为恶名昭彰的人也应该出庭接受审判。最著名的纳粹猎人西蒙·维森塔尔把《正义而非复仇》（*Justice Not Vengeance*）当作他回忆录的标题绝非偶然。

在正义明显缺席，有罪之人经常逃脱惩罚，即使是最轻微的惩罚，甚至可能没有受到任何制裁之时，另一个行动目标出现了，那就是杀鸡儆猴。为什么要追踪一个将不久于人世的老年集中营看守？为什么不让这个作恶者平静地逝去？许多美国政府官员乐于这么做，尤其在他们已经把注意力转向了一个新敌人——苏联——的时候。但这些纳粹猎人不打算放手，他们强调，每一个案件都能带来宝贵的教训。

这种教训的重点在于：证明二战以及犹太人大屠杀期间的可怕罪行不应被遗忘，那些煽动者、罪行实施者或者可能在未来犯下类似罪行的人，将永远无法逃脱法律的制裁，至少从原则上讲是这样的。

* * *

1960 年，当摩萨德的一个行动小组在阿根廷绑架阿道夫·艾希曼，并用飞机将他带回以色列接受审判时，我只有13 岁。我不记得当时自己对这件事了解到了何种程度，也不记得自己是否真的注意到了媒体上的报道，但显然某种东西在我的脑海里沉淀了下来。我之所以知道这一点，是因为我对于第二年夏天艾希曼在耶路撒冷接受的审判仍然记忆犹新。

在与家人一起造访旧金山时，我与父亲去了一家小饭馆。不知从何时起，我开始观察坐在柜台另一端的一名老者的面孔。我把身子靠到父亲身边，指着那名老者轻声说："我觉得那可能是希特勒。"父亲笑了笑，然后温和地否定了我的想法。当然，当时的我不知道，半个世纪后，我会在撰写本书的过程中采访艾希曼审判中最后一位尚在人世的检察官加布里尔·巴赫（Gabriel Bach）以及领导行动小组抓捕艾希曼的两位摩萨德特工。

艾希曼被绑架、接受审判并被绞死的过程标志着人们渐渐开始意识到许多纳粹战犯都逃脱了制裁，也预示着人们将逐渐重拾调查他们罪行的兴趣。这一过程还催生了大量有关纳粹猎人的书籍和电影，它们通常基于的是传奇故事而非现实情形。我曾如饥似渴地阅读这些书并观看这些电影，对其中的人物——无论是英雄还是反派——十分着迷，并因不断出现的动作场面而如痴如醉。

抓住公众想象力的不仅仅是这场伟大的追捕。尤其是对战后出生的这一代人来说，同样引人关注的还有关于追捕对象的本性，甚至是关于自己家人和邻居之本性的更宏大的问题。直到今天，我们仍然很难解释数百万的德国人和奥地利人，以及被他们征服的大部分地区中的众多通敌者，为什么会愿意参与一场旨在实施大规模谋杀的运动。

20 世纪八九十年代，在担任《新闻周刊》（*Newsweek*）驻波恩、柏林、华沙以及莫斯科记者站站长期间，我经常会去审视那场战争以及犹太人大屠杀留下的遗产。每当我以为不会再遇到更多惊人之事，只会碰到相似故事的不同变体之时，又都会因了解到某个令人震惊的真相而措手不及。

1994 年底，我准备为将于 1995 年 1 月 27 日出版的《新闻周刊》撰写一篇封面报道，以纪念奥斯维辛集中营解放 50 周年。当时我已经采访了大量来自欧洲不同国家的幸存者。每次我都要求他们重温那段令人恐惧的岁月，对此我感到十分不安。我总是对他们说，如果他们觉得这个过程过于痛苦，就可以随时停下来。不过，在大多数情况下，这些故事从他们的口中喷涌而出；他们一旦开始讲述，就会一直讲下去，而不需要更多的督促。无论我听过多少故事，总会对他们的讲述感到着迷，有时还感到震惊。

我在采访了一个幸存的荷兰犹太人，聆听了他尤为触动人心的故事后，自发地为让他如此详细地回顾那段经历道歉。我说，他一定已经跟家人和朋友叙述了很多遍这段痛苦的经历。他回答说："我从未告诉任何人。"他看到我脸上露出不可思议的表情，于是补充说："从来没人问过我。"他独自一人承载着这个重担长达 50 年之久。

三年后的另一次机会让我能够一窥那些承载着另一种重担的人的内心世界。我采访了尼克拉斯·法郎克（Niklas Frank），他的父亲是在希特勒手下以波兰总督的身份掌管过一个死亡帝国的汉斯·法郎克（Hans Frank）。尼克拉斯是一名记者兼作家，喜欢把自己描述成一个典型的欧洲自由派，非常珍视民主价值观。他对波兰很感兴趣，尤其是 20 世纪 80 年代团结工会在该国领导的人权抗争，这种抗争最终推翻了波兰的共产党政权。

出生于 1939 年的尼克拉斯在纽伦堡最后一次见到父亲时只有七岁，不久后，他的父亲就作为战犯被绞死了。他与母亲被一同带往监狱。他父亲曾假装没有发生任何问题，对他说：

"尼基，不久后我们就能一起过圣诞节了。"尼克拉斯回忆说，这个小男孩"愤怒到了极点"，因为他知道自己的父亲就要被绞死了。他说："我父亲对每个人都谎话连篇，连他自己的儿子也不例外。"后来，他想过自己当时希望父亲对他说："亲爱的尼基，我就要被处决了，因为我干了很糟糕的事情。不要走我的老路。"

接下来是一句我永远也不会忘记的话。他把自己的父亲描述成"魔鬼"，宣称："我反对死刑，但我相信对我父亲的处决是完全正当的。"

在担任驻外记者的岁月里，我从未听到任何人用这样的话谈论自己的父亲。这种情绪让尼克拉斯得出了另一个结论。他指出，法郎克是一个很普通的姓，大多数他见过的人并不知道他是一个重要战犯的儿子，除非他自己告诉他们。尽管如此，他却无法将真相从脑海中抹去。他说："我没有一天不在思考我的父亲以及德国人的所作所为。世界永远也无法忘记这些事。每次我前往国外并说起我是德国人时，人们总是在想'奥斯维辛'。我认为这绝对是有道理的。"[3]

我对尼克拉斯说，我感到很幸运，不必去体会他所继承的那种愧疚感，因为我的父亲在1939年德国入侵波兰时曾为战败的一方战斗。我知道，从理性上说，出身不应该是人在道德层面具备优越感或者自卑感的借口。尼克拉斯也知道这一点。但我完全理解为什么他人生中的一大愿望就是有一个不必为之感到羞耻的父亲。

尼克拉斯的态度对纳粹战犯的家属来说很难算得上典型，但在我的脑海中，他自然而苛刻的诚实代表了当今德国人最优

秀的品质——他们之中有许多人每天都愿意去直面国家的过
去。然而，这种现象经过了漫长的岁月后才出现，而且如果没
有纳粹猎人，如果没有他们在德国、奥地利甚至全世界进行艰
苦且常常十分孤独的抗争，这一切就永远也不会出现。

　　这种抗争如今已经临近尾声。大多数纳粹猎人以及他们的
追捕对象不久后就只会存在于我们的集体记忆里，到那时，传
说与现实可能会更加紧密地交织在一起。这正是我们现在能够
并且应该讲述他们的故事的原因。

第一章 刽子手的手艺

我丈夫一辈子都是军人。他有权以一名军人的方式死去。他要求得到这种待遇，我也曾努力为他争取这种待遇。就是这样。他应该在死时保留一些荣誉。[1]

——一位被绞死的德国将军的遗孀在纽伦堡对美国法官说的话，选自 2001 年上演的百老汇话剧《纽伦堡大审判》（*Judgment at Nuremberg*），作者为艾比·曼恩（Abby Mann）

1946 年 10 月 16 日，被国际军事法庭判处绞刑的 12 名纳粹高官中的 10 人被送往绞刑架，绞刑架是在纽伦堡监狱的体育馆匆匆搭建的，就在三天前，来自美国的监狱看守们还在这里打过一场篮球赛。[2]

阿道夫·希特勒的副手马丁·鲍曼是 12 人中唯一受到缺席审判的人，他在战争结束前的最后几天逃离了位于柏林的地堡，然后就像人间蒸发了一般。

纽伦堡审判中级别最高的纳粹分子赫尔曼·戈林（Hermann Göring）曾在希特勒手下出任包括德意志帝国国会（Reichstag）议长和空军总司令在内的多个职务，并渴望成为元首接班人。他将第一个被绞死。法庭判决书清楚地写明了

10 他所扮演的角色："戈林一案没有任何酌情余地。戈林经常是，应该说在绝大多数情况下是仅次于元首的推动者，他是政治上和军事上的领导人，更是侵略战争的统帅。他是让囚犯服苦役的监督者，也是虐待德国内外的犹太人以及其他民族的主谋。他公开承认了这些罪状。"[3]

不过，戈林逃过了绞刑师的行刑，因为在处决开始前不久他通过吞服一枚氰化物药丸自尽了。据负责与受审战犯进行交谈的监狱精神科医生 G. M. 吉尔伯特（G. M. Gilbert）透露，两周前，在判决被宣读后不久，戈林返回他的牢房，"面孔苍白而冷酷，两眼突出"。吉尔伯特在报告中说："虽然他一直试图表现得满不在乎，但他的手不断颤抖，眼中含着泪光。他一直在大声喘气，努力避免情绪上的崩溃。"[4]

让戈林和其他一些人感到尤为愤怒的是计划中的处决方式。24 岁的哈罗德·伯森（Harold Burson）下士来自孟菲斯，他的职责是为美国武装部队广播网（Armed Forces Network）撰写有关这次审判的报道和每天的广播稿。他回忆说："戈林最想维护的是他的军人荣誉。他曾不止一次地发表声明，称他们应该把他带出去枪毙，让他以一个士兵的方式死去，如果能这样他就不会有任何意见。他的不满在于，在他看来，对一个士兵来说，绞刑是最恶劣的事了。"[5]

曾负责掌管苦役系统的弗里茨·绍克尔（Fritz Sauckel）有同样的想法。他抗议说："至少我不应该被绞死。死刑没问题，但绞刑——我不应受到这样的对待。"[6]

德国陆军元帅威廉·凯特尔（Wilhelm Keitel）及其副手阿尔弗雷德·约德尔（Alfred Jodl）请求免于绞刑。他们请求由射击队来执行枪决以作为替代。用凯特尔的话说，枪决将让他们可以像"全世界任何一支军队中受到最严厉惩罚的士兵那样死去"。[7]海军元帅埃里希·雷德尔（Admiral Erich Raeder）被判终身监禁，但他请求盟国管制理事会（Allied Control Council）①"将这一判决改成枪决，以示仁慈"。据说，埃米·戈林（Emmy Göring）后来声称，她的丈夫打算只在"他的枪决申请被拒绝的情况下"才使用氰化物药丸自杀。[8]

这样就只剩下 10 个人需要面对行刑人美国陆军军士长约翰·C. 伍兹（John C. Woods）了。赫尔曼·奥伯迈耶（Herman Obermayer）是年轻的犹太士兵，他在战争末期与伍兹共事，向后者提供了木材和绳子等基本材料，它们被用来制造一些供此前的绞刑使用的绞刑架。他回忆说，这位 35 岁的健壮的堪萨斯人"藐视一切规则，从不擦皮鞋，也从不刮胡子"。

伍兹的相貌没什么让人意外的地方。奥伯迈耶补充说："他的军礼服总是邋遢不堪，脏裤子从来不熨烫，夹克衫看起来就好像被他穿着睡觉好几周都没有脱下一样，象征他军士长身份的条纹仅靠每个角上的一段黄色线头连在袖子上，皱巴巴的军帽从来没有戴正过。"[9]

作为美国在欧洲战场唯一的绞刑师，伍兹截至此时在长达15 年的职业生涯中已经处死了 347 人。[10]此前，他在欧洲战场的处决对象包括多名被控谋杀和强奸的美国士兵，以及被控杀害盟军跳伞飞行员或者犯有其他战争罪行的德国人。奥伯迈耶口中的这个"牙齿歪斜泛黄、口气恶臭且领口肮脏的酒鬼兼前流浪汉"知道上级需要他提供服务，因此认为自己可以肆无忌惮地以邋遢的外表示人。

---

① 二战结束后，仍被盟军占领的德国的最高治理机关。

没有哪个地方比纽伦堡更能体现这一点。正如奥伯迈耶所说，突然之间，伍兹成了"世界上最重要的人之一"，不过他在执行任务时没有表现出丝毫的紧张感。

体育馆里架起了三个木制绞刑架，全都涂上了黑漆。按照计划，其中两个绞刑架将被轮流使用，第三个备用，以应对前两个绞刑架出现问题的情况。每个绞刑架都有 15 级台阶，绳子悬在由两根柱子支撑的横梁上。每次绞刑都会使用一根新绳子。正如现场的记者代表金斯伯里·史密斯（Kingsbury Smith）所写的那样："当绳子拉直时，绞刑架里的死刑犯就从视野中消失了。绞刑架底部的三面被木板围了起来，剩下的那一面由深色的帆布帘子遮挡，这样就没人能看到绳索上悬挂的那个脖子被折断的人在临死前的挣扎了。"

凌晨 1 点 11 分，希特勒手下的外交部部长约阿希姆·冯·里宾特洛甫（Joachim von Ribbentrop）第一个来到体育馆。最初的计划是让看守将囚犯从牢房里带出，囚犯不需要戴手铐；但在戈林自杀后，规定就改了。里宾特洛甫进入体育馆时双手被铐着，随后，手铐被一根皮带取代。

在走上绞刑架后，里宾特洛甫——史密斯调皮地把他称作"纳粹帝国的外交奇才"——对聚集在体育馆里的见证者们说："愿上帝保护德国。"在获准发表额外的简短陈述后，这个曾率领德国对一个又一个国家发动攻击并发挥了重要作用的男人总结道："我的遗愿是德国能够统一，东西两方能够达成谅解。我愿世界和平。"

随后，伍兹为里宾特洛甫戴上一个黑色头罩，调整了一下绳索，然后拉动控制杆，打开活板门，送他去见死神。

两分钟后，陆军元帅凯特尔走进了体育馆。史密斯适时地写道，凯特尔"是首位在新的国际法理念下被处决的军事领袖。这一新原则认为，职业士兵不能仅靠声称自己在执行上级的命令，就逃脱因发动侵略性战争和犯下反人类罪行而应当受到的惩罚"。

凯特尔直到最后一刻都保持着军人的仪态。在绳索套上脖子前，他从绞刑架向下望去，声音洪亮而清晰地发表了一番讲话，没有表现出丝毫的紧张感。他宣称："我请求全能的上帝怜悯德国人民。在我之前，有超过 200 万德国士兵为祖国而死。我现在要去追随这些孩子的脚步了——一切为了德国。"

在里宾特洛甫和凯特尔还吊在绳索上时，行刑过程中出现了短暂的停顿。一名代表盟国管制理事会出席行刑仪式的美国将军允许体育馆内的大约 30 人抽烟，几乎每一个人都立刻点起了烟。

一名美国医生和一名苏联医生戴着听诊器钻到帘子背后，以确认两个战犯的死亡。在两位医生出来后，伍兹重新走上了第一个绞刑架的台阶，从身旁拿出一把匕首，切断了绳子。脑袋上还蒙着黑色头罩的里宾特洛甫的尸体随后被一副担架抬到了用黑色帆布帘子隔开的体育馆一角。后面的每一具尸体都会 13 走一遍这样的流程。

休息结束时，一名美军上校发布命令："先生们，请把烟熄灭。"

凌晨 1 点 36 分时，该轮到奥地利党卫军头目恩斯特·卡尔滕布鲁纳（Ernst Kaltenbrunner）上路了。他曾取代遇刺的莱因哈德·海德里希（Reinhard Heydrich）担任党卫队国家安全部（Reich Security Main Office，RSHA）部长，该机构负责监管大屠杀、集中营以及一切形式的迫害。他手下的人包括执掌国家安全部的下属部门犹太人事务部并负责执行"最终解决方案"（Final Solution）的阿道夫·艾希曼，以及奥斯维辛集中营指挥官鲁道夫·霍斯。

战争临近结束时，美国军队追踪到了卡尔滕布鲁纳位于奥地利阿尔卑斯山区的藏身处。而艾希曼的情形与之不同，因为此刻仍然没人知道他的行踪。霍斯在德国北部被英军俘获，也出席了纽伦堡审判。不过之后他才会被交到另一位绞刑师的手中。

然而，即使在绞刑架上，卡尔滕布鲁纳仍然坚称，正如他之前对美国精神科医生吉尔伯特说过的那样，他对于自己被指控的罪行一无所知。"我衷心热爱德意志人民和我的祖国。我按照人民的法律履行了我的职责，我很遗憾，这一次领导我的同胞的不是军人，而我完全不了解他们犯下的罪行。"[11]

在伍兹把黑色头罩套在他脑袋上时，卡尔滕布鲁纳补充说："德意志，祝你好运。"

纳粹党首批成员、在鼓吹纳粹党极端种族主义"文化"教义一事上的实际最高权威阿尔弗雷德·罗森堡（Alfred Rosenberg）是行刑过程最短的人。在被问及是否有遗言时，他没有做出任何回应。尽管他自称无神论者，但在伍兹拉动控制杆时，他身边还是有一名新教牧师为他念祈祷词。

在又一次短暂的休息后，希特勒手下的波兰地方长官或者说总督汉斯·法郎克被带了进来。与其他人不同，在死刑判决被宣布后，他曾对吉尔伯特说："我罪有应得，而且已经预料到了这一天。"[12]在被囚禁期间，他皈依了罗马天主教。走进体育馆时，他是 10 个人中唯一脸上带着微笑的。他经常咽口水的动作显示了他的紧张，但正如史密斯所报道的那样，他"露出了一种因为即将为自己的恶行赎罪而感到解脱的表情"。

法郎克的遗言似乎也证实了这一点："对在被囚禁期间受到的友善对待我十分感激，我请求上帝仁慈地接纳我。"

接下来，希特勒手下的内政部部长威廉·弗利克（Wilhelm Frick）只说了一句话："永恒的德意志万岁。"

史密斯写道，在凌晨 2 点 12 分时，邪恶的纳粹党机关报《冲锋报》（Der Stürmer）的编辑兼发行人，也就是"丑陋矮小的"朱利叶斯·斯特雷切（Julius Streicher）走上了绞刑架，他的脸明显地抽搐着。在被要求表明自己的身份时，他大喊道："希特勒万岁！"

史密斯在这里罕见地谈到了自己的情绪，他承认："这声尖叫让我感到后背发冷。"

斯特雷切被推上了绞刑架的最后几级台阶，站定位置等待伍兹。这时，他盯着众多见证者尖叫道："普珥节，1946。"他指的是为纪念哈曼被处决而设立的犹太节日，据《旧约全书》记载，哈曼曾计划杀死波斯帝国内的所有犹太人。

在被正式问及他有何遗言时，斯特雷切大喊："总有一天，布尔什维克会把你们绞死的。"

伍兹把头罩套在他的脑袋上，此时斯特雷切说："阿德勒，我亲爱的妻子。"

但好戏远没有结束。活板门"砰"的一声打开了，斯特雷切双脚扑腾着掉了下去。绳子拉直后发生了剧烈晃动，见证者们可以听到他的呻吟声。伍兹从绞刑台上走下，进入遮挡这个将死之人的黑色帘子的另一侧。突然间，呻吟声停止了，绳子也不再晃动。史密斯和其他见证者相信，伍兹抓住了斯特雷切，死死地把他向下拽，让他窒息致死。

是哪里出错了吗？还是说这不是意外？负责协调纽伦堡审

判与早前一些战犯的绞刑仪式的斯坦利·蒂利斯（Stanley Tilles）中尉后来说，伍兹将斯特雷切脖子上的绳索套得偏离中心，这样他的脖子就不会在他掉落的过程中折断；相反，他会窒息而死。蒂利斯中尉写道："房间里的每个人都看到了斯特雷切的表演，伍兹也没有错过分毫。我知道伍兹痛恨德国人……我能看到他的脸色开始发红，牙关咬得紧紧的。"蒂利斯还补充说，伍兹的意图很明显："在他拉动行刑控制杆时，我看到他的嘴边闪过了一丝微笑。"[13]

顽固不化之人仍在出现，明显的事故也继续发生。负责监管纳粹庞大的苦役系统的绍克尔目中无人地大叫道："我是作为无辜者死去的。判决是错误的。愿上帝保佑德意志，让德意志再次变得伟大。德意志万岁！愿上帝保佑我的家人。"在从活板门上掉下去后，他也发出了很大的呻吟声。

穿着德国国防军制服、大衣领子半立的阿尔弗雷德·约德尔的遗言只有几个字："向你致敬，我的德意志。"

10 个人中的最后一个是阿图尔·赛斯-英夸特（Arthur Seyss-Inquart），他曾协助纳粹在他的祖国奥地利确立统治地位，后来他负责掌管被德国占领的荷兰。在迈着畸形足一瘸一拐地走上绞刑架后，他和里宾特洛甫一样，以爱好和平的姿态示人。他说："我希望这次行刑是第二次世界大战的最后一幕悲剧，这次世界大战应当让人们吸取一个教训，那就是和平和理解应当存在于不同民族之间。我相信德意志能做到。"

凌晨 2 点 45 分，他也被送去见了死神。

经伍兹计算，从第一场行刑到第十场共耗时 103 分钟。他后来说："这个速度很快。"[14]

在最后两个人的尸体还吊在绳子上的时候，看守们用担架将第十一具尸体抬了出来。尸体上盖着一床美国陆军的毯子，但一双赤裸的大脚从毯子里伸了出来，从黑色丝质睡衣的袖子里伸出的一只胳膊垂在担架旁。

一名陆军上校下令将毯子揭开，以避免有人对这是谁的遗体产生怀疑。赫尔曼·戈林的脸"仍然因最后时刻的钻心疼痛而扭曲着，显示了他最后的反抗姿态。他们很快把毯子又盖回去了。这名纳粹军事领袖就像一个来自波吉亚家族①的人物，沉溺于血与美之中，他穿过了帆布帘子，帘子的背后就是那段黑暗的历史"。

16

*　　*　　*

伍兹在行刑结束后接受了《星条旗报》（*Stars and Stripes*）的采访，他坚称此次行动是按照他的计划精确进行的。

"我在纽伦堡绞死了这10个纳粹分子，对此我感到自豪。我的工作做得很好，每一个细节都做到了最好。我从来……没有参加过比这更好的行刑仪式。我唯一感到遗憾的是，那个叫戈林的家伙从我手上逃掉了，我原本打算拿出自己最好的状态来对付他。不，我不紧张。我从来没有感到紧张。这份工作不允许你感到紧张。不过纽伦堡的这次行刑正合我意。我非常渴

---

① 波吉亚家族是中世纪的欧洲贵族家族，发迹于西班牙的巴伦西亚，在意大利的文艺复兴时期通过联姻与政治结盟获得了显赫地位，有两位成员登上教宗宝座，即加里斯都三世（任期为1455~1458年）与亚历山大六世（任期为1492~1503年），另有一位成员成为天主教圣人，还出了数位枢机主教。尤其在亚历山大六世在位期间，出现了许多关于波吉亚家族的流言，其内容包括谋取圣座控制权、偷窃、强暴、贿赂、乱伦、淫乱、谋杀和毒杀。

望执行这次任务，以至于虽然可以早点回家，但我还是在这里多待了一段时间。"[15]

不过，在绞刑仪式结束后，伍兹的说法遭到了严厉的驳斥。史密斯作为记者代表撰写的报道清楚无疑地指出，在斯特雷切的处决过程中一定有什么地方出了错，绍克尔的处决可能也有问题。伦敦《星报》（*The Star*）上的一篇报道称，掉落的高度不够，死刑犯们也没有被绑好，这意味着他们从活板门上掉下去时会撞到脑袋，并且会"慢慢窒息而死"。[16]曾协助国际军事法庭起诉纳粹高级战犯，后来成为纽伦堡审判中 12 起案件的首席检察官的特尔福德·泰勒（Telford Taylor）将军在他的回忆录中指出，一张照片展示了摆在体育馆里的遗体，它似乎证实了这样的猜疑。部分遗体的面部似乎有血迹。

这促使人们猜测伍兹把工作中的某些环节搞砸了。阿尔伯特·皮埃尔伯恩特（Albert Pierrepoint）是英国陆军中经验极为丰富的绞刑师，他不想直接批评他的美国同行，但他谈道，新闻报道"指出固定为五英尺高的掉落过程……暴露了手法上的笨拙，还提到了四圈式牛仔绳结。在我看来，这种绳结有些过时了"。[17]在记述纽伦堡审判时，德国历史学家维尔纳·马泽尔（Werner Maser）断言称，约德尔花了 18 分钟才最终死去，而凯特尔"则花了 24 分钟"。[18]

17　　这些说法与史密斯撰写的报道不太吻合，可能后来一些关于绞刑过程的叙述对出现问题的地方进行了刻意的夸大或者炒作。然而，确实很难说绞刑过程像伍兹坚称的那么顺利。他曾试图回避由遗体照片引发的批评，称有时候死刑犯会在绞刑过程中咬到自己的舌头，这就可以解释他们脸上的血迹了。[19]

有关伍兹工作表现的争论进一步凸显了部分死刑犯最初提

的那个问题：为什么要选择绞刑而非枪决？伍兹对绞刑的好处深信不疑。在伍兹执行这次绞刑前就已经认识他的年轻士兵奥伯迈耶回忆说，"有那么一个伍兹略微有些醉醺醺的瞬间"，一个士兵向这个刽子手问道，他更愿意死在绳子上还是其他手段上，而伍兹回答说："你知道的，我觉得这（被绞死）是一个很好的死法；事实上，我自己可能也会这么死去。"[20]

另一个士兵插嘴说："噢，看在上帝的分上，严肃一点，这可不是能够开玩笑的事情。"

伍兹一点也没有笑。他说："我非常严肃。这种死法很干净，没有痛苦，而且非常传统。绞刑师在老了以后把自己吊死是一项传统。"

奥伯迈耶不相信绞刑相比其他行刑方式更好。他回想起从前与伍兹的接触，说道："绞刑是一种特别令人耻辱的体验。为什么会耻辱？因为在你死时，你的所有括约肌都失去了弹性。你会成为一个屎尿满身的脏东西。"在他看来，纽伦堡审判中的纳粹高官如此迫切地请求改用枪决一事丝毫不令人感到意外。

尽管如此，奥伯迈耶还是相信，伍兹真心认为他所执行的是一份需要凭借最大限度的效率和体面来进行的工作。伍兹的英国同行皮埃尔伯恩特的父亲和叔叔也从事同样的工作，这位英国行刑者在职业生涯末期发表了类似的看法。他写道："我代表国家从事这项工作，我相信，这是给予罪犯死亡惩罚的最人道、最有尊严的方式。"[21]在身处德国时，他亲自为几个"贝尔森野兽"执行了绞刑，包括贝尔根 – 贝尔森（Bergen-Belsen）集中营指挥官约瑟夫·克莱默（Josef Kramer），以及在走上绞刑架时只有 21 岁的臭名昭著的集中营变态看守伊尔

18

玛·格蕾泽（Irma Grese）。

与伍兹不同的是，皮埃尔伯恩特很长寿，而且后来成了死刑的反对者。他最终认定："在我看来，除了实现复仇以外我们从死刑中什么也得不到。"

在纽伦堡的绞刑仪式开始前，奥伯迈耶就已经返回美国，他一直相信，伍兹是带着超脱的职业态度来执行所有任务的，包括这一次的著名任务。他写道，这"对伍兹来说只是又一项任务而已。我敢肯定，他对待它的态度更接近堪萨斯城食品加工厂屠宰车间的技工，而不是在协和广场将玛丽·安托瓦内特送上断头台的骄傲的法国政治狂热分子"。

不过，在战争以及犹太人大屠杀的余波之中，无论行刑人自己的动机是什么，复仇与正义经常被混为一谈，这丝毫不令人感到惊讶。

对伍兹来说，他所猜测的他自己的死亡方式最终被证明是错的。1950 年，他在马绍尔群岛（Marshall Islands）修理电线时不小心触电而死。

第二章 "以眼还眼"

如果因犹太人问题而进行的复仇彻底完成了，就请对我们德国人展示怜悯。[1]

——德国 101 后备警察（德占波兰最臭名昭著的杀人如麻的警察队伍）指挥官威廉·特拉普少校（Major Wilhelm Trapp）

尽管疯狂而有计划地实施针对整个民族的"最终解决方案"是绝无仅有之事，但在盟军进军德国的最后阶段，促使人们寻求复仇的不只是"犹太人问题"。每个曾被希特勒的军队的铁蹄踏过的国家（其公民被恐吓、被谋杀，许多城市被夷为平地），都有充分的动机去要求血债血偿。尤其突出的是，纳粹对待所谓的东斯拉夫"劣等人"（Untermenschen）的方式引发了苏联士兵的强烈愤怒，这些"劣等人"遭到奴役，要么在工作中劳累致死，要么被饿死。

希特勒对新征服领土实施的大屠杀政策以及残暴对待苏联战俘的手段——这一手段让大部分苏联士兵很快相信，被俘就基本等同于死亡——为斯大林旨在煽动对侵略者的仇恨的政治宣传送上了慷慨的大礼。

1942 年 8 月，苏联报纸《红星报》（*Krasnaya Zvezda*）的

战地记者伊利亚·爱伦堡（Ilya Ehrenhurg）写下了他最著名的词句："现在我们知道了，德国人不是人。如今，'德国人'这个词已经成了最难听的脏话。让我们不要说话，不要感到愤愤不平。让我们去杀戮。如果你不杀德国人，他就会来杀你……如果你杀了一个德国人，那就再杀一个。没有什么比德国人的尸体更让人高兴的了。"[2]

在"纳粹猎人"这个词首次出现之前，对纳粹的追捕——或者更准确地说，对德国人的追捕——就开始了。当时没有人有时间或者有意愿对一般士兵、平民以及他们的军事和政治领导人做区分。动机很简单，只有胜利与复仇。但当希特勒的军队遭遇到越来越顽强的抵抗，他们最终失败的可能性看起来越来越大时，盟军领导人开始考虑一个问题，那就是报复策略应该执行到何种程度，应该有多少人为他们母国的罪行付出终极代价。

1943 年 10 月，当三巨头的外交部部长在莫斯科举行会晤时，他们一致同意对德国的重要战犯进行联合审判，而其他一些其暴行具有地域局限性的战犯将"被送往他们犯下恶劣罪行的国家受审"。尽管莫斯科会议的这份宣言为未来的审判奠定了基础，但美国国务卿科德尔·赫尔（Cordell Hull）明确表示，他认为针对德国最高政治领袖的司法程序不过是走走过场而已。他发表了一番让他的苏联东道主十分满意的看法："如果由我来说了算，那么我会抓住希特勒、墨索里尼和东条英机以及他们的主要共犯，然后把这些人带上为快速审判设置的临时军事法庭。这样一来，到第二天太阳升起时就会发生一起历史性事件了！"[3]

在六周后的德黑兰会议上，约瑟夫·斯大林指责起草莫斯科会议宣言的温斯顿·丘吉尔在处理德国人时太过软弱。斯大林给出的意见是："必须从肉体上消灭至少 5 万——或许可以有 10 万——德国军队的参谋人员。我提议对所有德国战犯采取最快速的制裁方式，即由行刑队枪决！为我们一致同意一抓到他们就枪毙而干杯。让我们消灭他们所有人！" 21

丘吉尔立刻表达了他的愤怒。他说："我绝不会参与任何冷血的屠杀。"接下来，他把"必须付出代价"的战犯和那些仅仅为国而战的人区分开来。他补充说，宁愿自己被枪毙，也不愿"用如此恶行玷污我们国家的荣誉"。美国总统富兰克林·D. 罗斯福开了一个蹩脚的玩笑，试图缓和紧张的气氛。他提出，或许这两位领导人可以在枪毙德国人的数量上达成一个合理的妥协，"比如说杀 49500 个"。[4]

不过，等到 1945 年 2 月雅尔塔会议召开时，在如何对待纳粹战犯的问题上，丘吉尔和斯大林的立场发生了令人震惊的变化。英国军情五处反间谍部门负责人盖伊·利德尔（Guy Liddell）在战时一直坚持写日记，他的日记直到 2012 年才被解密。它显示丘吉尔支持一项由部分英国官员提出的计划，即"一些人应该被干掉"，而其他人应该被囚禁，不需要经过纽伦堡审判。这里的"一些人"指的是纳粹最高领导层。利德尔在总结这一建议背后的逻辑时写道："这是一个更加明确的提议，不会让法律遭受玷污。"[5]

正如利德尔在日记中写下的，这一提议让三巨头建立了临时的统一战线。他在雅尔塔会议的几个月后写道："温斯顿在雅尔塔提出了这个建议，不过罗斯福感觉美国人想要进行一场审判。斯大林支持罗斯福，理由也很坦诚，那就是俄罗斯人喜欢把公开审判用作宣传手段。对我来说，似乎我们正被拖入过去 20 年中发生在苏联的那种对司法程序的拙劣模仿。"

换句话说，斯大林把罗斯福推动审判实施的努力，视作又一个重现 20 世纪 30 年代苏联"作秀公审"的机会，而这正是丘吉尔想要避免的，即使代价是不经任何司法程序就授权对纳粹高官的迅速处决也在所不惜。尽管美国人的意见占了上风，为纽伦堡审判奠定了基础，但质疑这些司法程序的种子已经撒下了。

*　　*　　*

在战争的最后阶段，大部分苏联士兵已经完全释放了怒火。他们已经在自己国家的土地上战斗了近四年时间，承受了令人瞠目结舌的损失，见证了德国侵略者造成的巨大破坏。随后，他们进军柏林，而他们的敌人则拒绝向不可避免的命运屈服。德国军队的阵亡人数创了纪录——仅仅在 1945 年 1 月，也就是苏联发动最大规模的攻势的那个月，就有 45 万名德军士兵阵亡。这一数字超过了美军在整场战争的所有战场上损失的士兵总数。[6]

这绝非偶然。纳粹头目加强了针对本国人民的恐怖统治，要求德国人听从希特勒的命令，抵抗到最后一刻。新设立的"元首的飞行军事法庭"来到遭受军事威胁的地区，下令对那些有逃跑或者影响士气嫌疑的士兵实施迅速处决，这几乎相当于允许枪杀任何人。这种可怕的政策是在效仿斯大林在德国进攻苏联时下达的处决本国军官和士兵的疯狂命令，而且从表面上看处决的原因也同苏联一样。尽管人手不足，武器方面也完全处于劣势，但德国军队仍然不断造成进攻者的巨大伤亡。[7]

这些都导致了一种疯狂的暴行，而且它得到了苏联最高层的支持。在苏联于 1945 年 1 月对波兰以及随后对德国发起攻势之前，格奥尔基·朱可夫元帅在给白俄罗斯第一方面军（First Belorussian Front）下达的命令中宣称："把灾难带给杀人犯的土地。我们要为一切发起可怕的复仇。"[8]

甚至在他们抵达德国的腹地之前，苏联士兵就已经有了强奸女性的恶名。在匈牙利、罗马尼亚以及后来的西里西亚（Silesia），苏联士兵几乎从不对被困在德国和波兰历史争议领土内的两国女性进行区分。在苏联深入德国领土后，几乎苏联士兵所占领的每一个城市和村庄都传出了可怕的强奸故事。苏联小说家兼战地记者瓦西里·格罗斯曼（Vasily Grossman）曾写道："德国女性正在遭遇可怕的事。一个颇有教养的德国男子用手势和不流利的俄语向我解释说，他的妻子那天遭到了10 个人的强奸。"[9]

当然，这些说法没有出现在作为战地记者的格罗斯曼写的官方新闻报道里。在某些情况下，上级军官的确制止了暴行。在 5 月 8 日德国投降后的几个月内，秩序在某种程度上逐渐得到恢复，但这种程度还远称不上充分。据粗略估计，在战争的最后阶段以及战后的最初几个月里，遭到苏联士兵强奸的德国女性大约有 190 万人；遭强奸女性的自杀率也常常激增到了正常情况下的好几倍。[10]

直到 1945 年 11 月 6 日和 7 日，也就是十月革命的纪念日，被苏联当局任命为柯尼斯堡（Königsberg）地区行政长官的德国共产党员赫尔曼·马茨可夫斯基（Hermann Matzkowski）才指出，占领军似乎得到了官方许可，可以采取额外的报复行动。他写道："男人们遭到殴打，大部分女人遭到强奸，甚至包括我

23

那位在圣诞节去世的 71 岁的母亲。"他补充说，镇上唯一能够吃饱肚子的德国人"是那些怀了俄罗斯人的孩子的女性"。[11]

苏联士兵不是唯一强奸德国女性的人。据一个嫁给德国人、居住在黑林山地区（Black Forest）的乡下的英国妇人透露，法国的摩洛哥人军队"趁夜色而来，包围了村子里的每一栋房子，强奸了上至 80 岁下至 12 岁的所有女性"。美国军队也有强奸行为，不过其规模无法与苏联占领区相比。与发生在东边的事情不同，美军的强奸通常是个体案例，至少在某些案子里，强奸犯受到了惩罚。美国陆军的绞刑师约翰·C. 伍兹在执行著名的纽伦堡审判绞刑仪式前，就曾处决过美籍杀人犯和强奸犯。[12]

在即将被分给波兰、捷克斯洛伐克和苏联（柯尼斯堡后来被重新命名为加里宁格勒）的第三帝国土地上，报复行动还以大规模驱逐德裔居民的形式出现。这种领土分配的根据是胜利者重新绘制的地区地图。已经有好几百万甚至上千万的德国人在苏联的进军过程中从这些地区匆忙逃离。有些人仅仅在六年前才跟随希特勒的军队来到东边，参与了对当地居民的暴行；如今，这些做法回过头来又成了困扰他们的麻烦。

根据斯大林、新任美国总统哈里·杜鲁门（Harry Truman）以及新任英国首相克莱门特·艾德礼（Clement Attlee）在1945 年 8 月 1 日签署的《波茨坦协定》，战争之后的人口转移应"以人道且有序的方式"进行。[13]但现实情况与这些安慰性质的说辞相去甚远。除了在绝望的西行过程中死于饥饿和疲劳以外，这些被驱逐者还经常遭到袭击，而袭击者是曾经的被征服者，包括被迫服苦役的人，以及那些从死亡行军和从纳粹统治者在战争最后时刻发起的处决行动中幸存下来的集中营囚犯。

捷克民兵队的一位成员回忆了一个受害者的命运:"在一个镇子上,平民们把一个德国人拖到十字路口的中间,然后把他点燃了……我什么也做不了,因为一旦我说了什么,就会轮到我被袭击了。"[14]一个苏联士兵最后对那个德国人开了一枪,帮他解脱了。常见看法是,20世纪40年代末,中东欧地区被驱逐的德裔居民总数为1200万。各方对死亡人数的估计差异很大。在20世纪50年代,西德政府称有100多万人死亡;更为晚近的估计认为死亡人数约为50万。[15]无论准确数字是多少,这些德国人的命运都没能在东边来的胜利者间引起任何苦恼。胜利者们正在兑现朱可夫元帅许下的"发起可怕的复仇"的承诺。

*　　*　　*

美国陆军第42步兵师因最初由来自26个州以及华盛顿哥伦比亚特区的国民警卫队成员构成而被称作"彩虹师"。1945年4月29日,这支部队进入了达豪集中营,解放了主营地里关押的约3.2万名幸存者。[16]尽管从严格意义上说,这里并不是一个死亡集中营,集中营的焚化室也从来没有被使用过,但主营地以及一系列副营地里有成千上万的囚犯因劳累、折磨和饥饿而死。这座集中营被设计成纳粹时代第一座设备齐全的集中营,主要被用来关押政治犯,不过在战争年代,犹太囚犯的比例不断增加。[17]

美军见到了许多他们从未想象过的恐怖场景。该师副师长亨宁·林登(Henning Linden)准将描述了他第一眼看到达豪集中营时的情形:

"顺着沿集中营北部边缘延伸的铁路线,我找到了一列火车，它有 30 ~ 50 节车厢，其中一些是客运车厢，一些是平底车，一些是闷罐车，所有车厢里都堆满了死去的囚犯，每节车厢中都有 20 ~ 30 具尸体。还有些尸体被丢弃在了列车旁的空地上。在我看来，大部分尸体显示囚犯生前遭到了殴打、射击或挨了饿，或者三种情况皆有。"[18]

在一封写给父母的信中，林登的副官威廉·J. 考林（William J. Cowling）中尉用最形象的语言描述了他的所见："火车车厢里装满了死尸。大多数尸体裸着身子，所有尸体都骨瘦如柴。说真的，他们的腿和胳膊都只有几英寸粗细，且他们根本没有屁股。大多数尸体的后脑上有子弹孔。这个场景让我们感到异常恶心、愤怒，以至于我们只能捏紧自己的拳头。我一句话都说不出来。"[19]

林登见到了一个举着白旗的党卫军军官，以及一名瑞士红十字会代表。正当两人解释他们前来是想代表集中营及里面的党卫军看守投降之时，美国人听到集中营内部响起了枪声。林登派考林前去调查。他坐在一辆载有美国记者的吉普车的前座，车驶进集中营大门，来到一个似乎已被废弃的水泥地广场。

考林在写给家里的信中接着描述道："随后，突然之间，有人——他们几乎不成人形——从各个方向走过来。他们身上很脏，骨瘦如柴，衣衫褴褛，大叫着，呼喊着，哭泣着。他们跑过来抓着我们。我自己和那几个搞新闻的，我们的手和脚都被他们亲吻着，他们所有人都想要触摸我们。他们抓着我们，把我们抛向空中，同时声嘶力竭地叫喊着。"

林登和更多的美国人来到了现场，见证了更多悲剧性的场面。在囚犯们冲上前来拥抱他们的时候，有些人因冲向了通电铁丝网而被立刻电死了。

在美国人努力穿过集中营，查看更多可怕的裸尸堆，以及极度饥饿且可能患有伤寒症的幸存者时，有些党卫军看守急切地选择投降，但还有一些向那些试图突破围栏的囚犯开了枪，甚至有一些看守似乎想要挑衅进入集中营的美军。在这种情况下，报复来得很快。

沃尔特·J. 费伦兹（Walter J. Fellenz）中尉在报告中称："党卫军试图用机关枪打我们，不过每当有人想要开枪，我们都很快就把他击毙了。我们总共杀了 17 个党卫军。"[20]

其他士兵则报告称，曾看到囚犯追逐看守，但他们感觉没有必要介入。罗伯特·W. 弗洛拉（Robert W. Flora）下士回忆说，被美军抓到的看守都很幸运："没有被我们杀死或者抓到的看守，都被获释的囚犯找到并打死了。我曾看到一个囚犯用脚狠狠地踩党卫军士兵的脸。那张脸上已经不剩什么东西了。"[21]

弗洛拉说那个愤怒的囚犯"心中有很强的仇恨"。囚犯听懂了这句话，点了点头。

弗洛拉最后说："我并不怪你。"

另一名解放者乔治·A. 杰克逊（George A. Jackson）中尉碰到了一群规模约 200 人的囚犯，他们围着一个试图逃跑的德国士兵站成了一个圈。那个德国人穿着全套战时装备，还带了一把枪，但当两个骨瘦如柴的囚犯试图抓住他时，他显得无能为力。杰克逊指出："现场一片沉寂，就好像在举行一场仪式一样；从现实意义上说的确是这样的。"[22]

最后，一个据杰克逊估计不可能超过 70 磅重的囚犯抓住了德国士兵的上衣后摆。另一个囚犯抓住了他的步枪，然后开始击打他的脑袋。杰克逊回忆说："在这时，我意识到，如果我出面干预（这本该是我的职责之一），这就会变成一起十分令人不快的事件。"他没有干预，而是转身走开，从现场离开了约 15 分钟。他说："在我回来后，那个德国士兵的脑袋已经被打没了。"囚犯们已经消失；除了那具尸体，没有任何东西能够证明这里刚刚上演了怎样的戏码。

27

至于考林中尉，他在解放达豪集中营的过程中发挥的作用促使他反思自己此前俘虏德国士兵的做法，以及未来将如何做出改变。在经历冲击的两天后他给父母写了信，并在信中发誓说："我再也不会活捉任何一个德国人了，无论他是否携带有武器。他们怎么能指望在做了这些事以后还能简单说声'我退出'就逍遥法外呢？他们不配活在这世上。"[23]

*　　*　　*

随着苏联军队不断深入德占区，波兰中部城市拉多姆（Radom）的犹太少年托维阿·弗里德曼纽伦堡审判制订了计划，他不仅要从他做苦役的集中营逃脱，还要为在犹太人大屠杀期间死去的大部分亲人复仇。他回忆说："我发现自己越来越频繁地想到复仇的事，想着有一天我们犹太人能够对纳粹进行报复，以眼还眼。"[24]

由于德国军队准备撤离，弗里德曼和另外两个囚犯从工厂里的一条下水道逃走了。他们在污泥里蜿蜒地穿行，最终来到了集中营铁丝网另一边的树林里。他们在一条小溪里洗了个澡，然后就分头行动了。弗里德曼后来回忆当时的兴奋之情，说："我们很担心，但我们自由了。"

不同派系的波兰军队已经开始在这片地区活动了，不仅与德国人作战，彼此之间也常常发生战斗。他们争夺的是德国占领军消失后波兰的未来。欧洲沦陷区规模最大、效率最高的抵抗力量是波兰救国军（Polish Home Army）。同时，它也是一支坚定反共的部队，效忠于长驻伦敦的波兰流亡政府。[25] 规模小得多的人民近卫军（People's Guard）由共产党领导，是苏联接管该国的先锋部队。

弗里德曼使用了假名塔德克·亚辛斯基（Tadek Jasinski）来掩盖自己的犹太人身份，这不仅是为了防备德国人，也是为了防备拥有反犹主义思想的当地人。他急切地加入了共产党游击队员亚当斯基（Adamski）中尉组织的民兵小分队。据弗里德曼所说，他们的任务是"结束救国军的无政府主义活动"，"搜索并逮捕曾参与战时活动、'损害了波兰和波兰人民的最大利益'的德国人、波兰人和乌克兰人"。

弗里德曼说："借着高涨的热情，我开始了这项最后时刻的工作。我与几名受我指挥的民兵一起行动，在枪套里的手枪的陪伴下，我逮捕了一个又一个知名战犯。"

弗里德曼和他的同志肯定抓捕了一些真正的战犯。例如，他们发现了一个名叫施隆斯基（Shronski）的乌克兰监工，他"殴打过许多犹太人，人数多到他自己都记不清"。此人又领着他们找到了另一个后来被绞死的乌克兰人。不过，对波兰的"最大利益"下定义，通常也意味着要逮捕那些不欢迎苏联统治战后波兰的人，包括曾在德占期英勇作战的一些波兰抵抗组织的战士。

在苏联军队仍在与撤退中的德军作战时，克里姆林宫就已经逮捕了16名身处华沙的波兰救国军领袖，并把他们用飞机送到了莫斯科的卢比扬卡（Lubyanka）监狱。在经受了波兰"解放者"的折磨后，他们于6月也就是欧洲战事正式结束不久后接受了一场作秀式的审判。他们在六年的时间里坚持与纳粹作战，得到的奖赏却是因"从事反苏维埃的牵制活动"而遭到监禁。[26]

抓捕对象的差别对弗里德曼来说一点也不重要。他曾不止一次地感受到波兰反犹主义带给他的刺痛，并因此加入了那些将苏联军队视为解放者的人的行列。

但吸引弗里德曼的不是波兰不久后的新主人的意识形态。他真正的优先目标是报复德国人，而共产党恰好给了他这么做的机会。

在接到前往但泽（Danzig）的任务后，弗里德曼和五名来自拉多姆的朋友来到了这座位于波罗的海沿岸的港口城市，看着德国军队拼尽全力向西逃窜。弗里德曼写道："有些人看起来很可怜，没法行走，脑袋上缠着沾满鲜血的绷带。我们尽可能地不去怜悯和同情他们。刽子手们慌乱地逃跑了；留下的人要为这些后果负责。"

城市中的大部分地方燃起了大火，苏联军队和波兰警察部队炸掉了即将坍塌的建筑。弗里德曼补充说这"就像身处尼禄时期最著名的罗马大火中"。

这种命运的突然转变让这些新来的家伙兴奋不已。"我们感觉自己就像来自另一个星球的人，我们的到来让地球上的居民仓皇逃离。"他们拥入了德国人匆忙撤离的公寓。这些德国人逃得极快，以至于他们的衣服、个人物品甚至是德国货币，都散落在了地板上。在其中一处房子里，他们还找到了一些瓷瓶（弗里德曼指出它们"很可能产自德累斯顿"），然后把它们当作足球踢来踢去，只留下一堆碎片。

随后，他们开始有序地执行他们给自己下达的寻找"那些曾参与谋杀和屠杀的纳粹，寻求某种程度的复仇，并把他们绳之以法"的任务。在向国家安全部报告后，这些心情急切的新兵被要求协助将所有剩下的 16 ~ 60 岁的德国人聚拢起来。新的上级军官告诉他们："让我们找出那些纳粹渣滓，净化这座城市。"

弗里德曼在自己的回忆录中记下了姐姐贝拉在听说第一批犹太人从拉多姆被驱逐时说的话，尤其是那句"他们像一群被赶往屠宰场的羔羊"。在很长一段时间里，这都是在关于犹太人大屠杀的讨论中经常出现的一个句子。不过，谈到自己在但泽审讯并关押德国人，引起他们的恐慌，并由此获得满足感的经历，弗里德曼也用了同样的比喻："如今，局面发生了逆转，感谢我的波兰军装，我可以让这个曾经不可一世的主宰者民族像受惊的羔羊一样团团转。"

他承认，自己在审讯犯人时"相当无情"，经常对其严刑拷打。"我的心中充满了仇恨。这种仇恨在他们战败时的强烈程度同他们还是残酷的胜利者时一样。"

在战争过去很久以后，他写道："如今，回望过去，我感到有些羞耻。但人们必须记住，那是在 1945 年的春天，德国人当时仍在两条战线上与盟军部队拼死战斗，而我还没有听说我的任何一位亲人在纳粹集中营中活了下来。"他和其他人还发现了更多关于德国人的可怕罪行的证据，例如一个房间装满了裸尸，尸体上的迹象显示死者遭受了系统性的虐待。不过，他也声称，自己曾因越来越响亮的"无情之人"的名号而第一次感到不安。

然后就有消息传来，说贝拉在奥斯维辛集中营中活了下来，于是弗里德曼上交了身上的军装，回到了拉多姆。在那

30

里，姐弟两人决定离开波兰，他们觉得这个国家正变得越来越陌生。反犹主义暴力活动仍然很常见，且没有其他近亲从集中营返回。他们最初的计划是前往巴勒斯坦，加入那些得到"布里查"（Brichah，希伯来语中意为"逃离"）帮助的犹太幸存者的队伍。"布里查"是一个地下组织，旨在为犹太幸存者安排逃离欧洲的非法路线。这场战后大逃亡为以色列建国奠定了基础。

不过，弗里德曼的旅程很快就被打断，他不得不在奥地利待上好几年。在那里，他保持着追捕纳粹的热情，决心继续清算旧账；不过他放弃了残忍的、无差别的手段。

＊　　＊　　＊

1945 年 5 月 5 日，炮塔上插着美国国旗的一辆巨型坦克隆隆驶入奥地利城市林茨（Linz）附近的毛特豪森集中营。一个身穿条纹囚服的瘦削囚犯急切地想要伸手去触摸坦克侧面的白色星星，但他没有力气走出最后那几步去摸到它。他的膝盖弯了下去，然后他脸朝下跌倒在地上。一名美国士兵把他抬了起来，这个囚犯设法伸出手指向坦克，摸了摸星星，然后就晕了过去。

等再次醒来时，西蒙·维森塔尔发现自己独自躺在床铺31 上。他知道自己自由了。许多党卫军看守已经在前一天夜里逃走了，每张床上都只有一人。早上还在铺上的死尸这时都已经不见了，空中弥漫着滴滴涕（DDT）的气味。最重要的是，美国人带来了一些巨大的汤壶。维森塔尔回忆说："这可真的是汤，尝起来非常美味。"[27]

这些汤还让他和许多其他囚犯生了重病，因为他们无法消化如此油腻的食物。不过，相比此前在集中营里挣扎求生的每一天，之后的几天在维森塔尔的记忆里可被形容为"甜蜜的冷漠"——每天能享用分量稳步增加的汤、蔬菜和肉类，以及服用身穿白大褂的美国医生发放的药片，这让他再次回到了活人的世界。对其他许多人——维森塔尔说总共约有3000人——来说，这一切已经太晚了。在获得解放后，他们因过度劳累或者饥饿而纷纷死去。

即使在二战和犹太人大屠杀之前，维森塔尔对于暴力和悲剧也丝毫不感到陌生。他于1908年12月31日出生在加利西亚东部的小城布恰奇（Buczacz），这里当时还是奥匈帝国的一部分；一战结束后，这座城市隶属于波兰；今天，它是乌克兰的一部分。城市人口中犹太人的比例很大，但整个地区融合了许多民族和语言，这意味着维森塔尔是听着德语、意第绪语①、波兰语、俄语和乌克兰语长大的。

很快，这个地区就被暴力吞噬了：先是第一次世界大战，然后是布尔什维克革命，紧接着是俄罗斯人、波兰人和乌克兰人彼此攻伐的战斗。维森塔尔的父亲是成功的日用品商人，他在战争中为奥地利军队作战，但在战争开始不久后就战死了。维森塔尔的母亲后来带着两个儿子前往维也纳，不过在1917年俄罗斯人撤军后又回到了布恰奇。当维森塔尔12岁时，一个前来抢劫的乌克兰骑兵砍伤了他的大腿，给他留下一道永久性的伤疤。在维森塔尔还是少年时，他的弟弟希勒尔因摔倒造成的脊柱损伤去世了。[28]

---

① 犹太人流散时期的一种语言，主要为中欧、东欧以及后来的北美犹太人所使用。

维森塔尔在布拉格学习建筑学，后来返回家乡与高中时代的恋人茜拉·穆勒（Cyla Müller）成婚，并建立了一间民宅设计事务所。在求学期间以及后来在布恰奇生活期间，他交了许多犹太人和非犹太人朋友，而且没有像当时的许多年轻人一样投入极左政治的怀抱。唯一让他感兴趣的政治理念与一项事业有关，而这项事业与左翼政治所倡导的事业截然不同。他经常提醒我和其他采访者说："年轻时，我是犹太复国主义者。"[29]

犹太人大屠杀对弗里德曼和其他幸存者来说不是抽象的概念，对维森塔尔来说同样如此。他和家人在战争的最初阶段一直住在利沃夫（Lwów，如今这座城市的名字仍是利沃夫，但外文拼写已经改为 Lviv）。这座城市在德国与苏联签署了瓜分波兰的《莫洛托夫—里宾特洛甫条约》（Molotov-Ribbentrop Pact）①后，被苏联军队占领，随后又在 1941 年希特勒入侵苏联后不久被德军占领。

维森塔尔一家最初被关在城里的一个犹太区（或称隔都）里，随后被关进附近的一座集中营，接下来又被发配到东方铁路（Ostbahn）的修理厂工作。在那里，维森塔尔是一个标志绘制者，负责在德国人缴获的苏联机车上绘制纳粹标志。以上这些仅仅是一连串集中营遭遇、逃跑行动和冒险的前奏。在战争即将结束时，他来到了毛特豪森集中营。他设法安排茜拉逃跑，好让她能够用一个波兰天主教徒的假名藏身于华沙。不过对他的母亲来说，命运就没有那么仁慈了。

----

① 又称《苏德互不侵犯条约》。

1942 年，维森塔尔曾警告他的母亲说，另一场驱逐行动很可能就要发生，她应该做好准备，把仍然保有的一块金手表交出，以免被卷入其中。当一名乌克兰警察出现在她门前时，她照做了。不过，维森塔尔痛苦地回忆说："半个小时后，又来了一名乌克兰警察，而她已经没有任何可以给他的东西了，因此他把她带走了。她心脏不好。我唯一的希望是她在火车上就死掉，这样她就不必脱光衣服走进毒气室。"

维森塔尔回忆了许多他奇迹般地与死神擦肩而过的故事。例如，在 1941 年 7 月 6 日一次围捕犹太人的行动中，他曾身处一队被乌克兰后备部队要求面对墙站好的犹太人当中，这些乌克兰人在豪饮了一番伏特加后，开始朝犹太人的脖子射击。就在行刑人距离他越来越近，他眼神空洞地盯着面前的墙壁时，他突然听到了教堂的钟声，然后一个乌克兰人大喊道："够了！该进行晚间弥撒了！"[30]

多年之后，当维森塔尔成为一位全球名人，日益陷入与其他纳粹猎人的纠纷之时，这些故事的准确性经常遭到质疑。即使是对他大体上持同情态度的传记作者汤姆·塞格夫（Tom Segev），也认为应当谨慎看待他所叙述的事件。塞格夫写道："作为一个拥有文学志向的人，维森塔尔倾向于放飞自己的想象力，并且不止一次地沉醉于历史剧般的情节中，而不是坚持阐述纯粹的事实，就好像他不相信真实的故事足以给听众留下深刻印象一样。"[31]

但是，毫无疑问的是，维森塔尔在犹太人大屠杀期间经历了可怕的苦难，并且在许多情况下与死神擦肩而过。同样毫无疑问的是，正如维森塔尔所说，与弗里德曼和无数其他幸存者一样，"我的确有着强烈的复仇渴望"。[32]不久后就将在奥地利

33

与维森塔尔见面，并且起初曾与他合作追捕纳粹罪犯的弗里德曼也证实了这一点。弗里德曼写道："他在战争末期从集中营中走出，成了一名愤怒、无情、复仇心强烈的纳粹罪犯追捕者。"[33]

不过维森塔尔在获释后的早期经历并没有促使他采取那种弗里德曼曾经承认很残暴的行动。维森塔尔的身体仍然十分虚弱，根本不可能考虑去袭击任何人；而且即使他想要这么做，他也没有任何身份去采取这样的行动。从任何角度来看，他的渴望都不只是快速实现复仇。

尽管如此，与弗里德曼一样，他还是对战争末期的角色突变，以及这种转变让过去的施暴者发生的变化感到震惊。在毛特豪森集中营恢复了足够多的体力，能够四处行走后，他遭到一个波兰牢头的袭击，后者曾是一个拥有特权的犯人，却无缘无故地殴打他。维森塔尔决定将这件事报告给美国人。就在他等着提出控告时，他看到美国士兵正在审讯党卫军成员。一个尤为残暴的看守被押到审讯室，维森塔尔本能地把头转了过去，希望避免引起前看守的注意。

34　　他回忆说："看到这个人总能让我脖子后面冒冷汗。"但接下来，他看到的事让他无法相信自己的眼睛。被一个前犹太囚犯送进审讯室后，"这个党卫军浑身颤抖，就像我们之前在他面前时那样"。这个曾经引发强烈恐惧的男人如今是"一个卑劣、受惊的懦夫……在无法被他自己的枪支保护的那一刻，'雅利安超人'就变成了懦夫"[34]。

维森塔尔很快做出一个决定。他走进毛特豪森的战争罪办公室，提出自己愿意为那里的中尉效力。美国人一脸怀疑地看了他一眼，指出他没有任何相关经验。

美国人说："顺便问一句,你体重多少?"

维森塔尔说,他有 56 公斤(123 磅)重。这引发了中尉的大笑。"维森塔尔,去好好休息一段时间吧,当你真的有 56 公斤重时再来找我。"

10 天后,维森塔尔回来了。他的体重增加了一些,但还远远不够。他还试图用红纸在脸上摩擦,好掩饰苍白的肤色。

那名中尉显然被他的热情感染,安排他跟随塔拉库西奥(Tarracusio)队长一起行动。不久后,维森塔尔就随塔拉库西奥一起去逮捕一个名叫施密特的党卫军看守。他不得不爬上施密特家的二楼去抓人。如果施密特决定抵抗,曾是囚犯的维森塔尔就将无能为力,因为光是爬楼梯就已经让他累得浑身颤抖了。不过施密特也在浑身颤抖,而且在维森塔尔坐下来喘了一口气后,这位党卫军成员竟挽着他的胳膊,扶着他走下了楼梯。

塔拉库西奥在外面等着他们。在他们抵达他乘坐的吉普车时,那个党卫军看守哭了出来,请求获得怜悯,并强调说,他不过是一条小鱼,而且帮助过许多囚犯。

维森塔尔回答说:"没错,你帮助过囚犯。我经常看到你,你帮他们走上去往火葬场的路。"

正如维森塔尔所说,这就是他作为纳粹猎人的起点。他后来没有搬去以色列,不过他的女儿、女婿和孙辈如今都住在那里。对他来说,以色列是那条他没有选择的路。但他的个人旅程中包含了与那些待在以色列的人合作(有时还会交锋)的经历,后来设法将犹太人大屠杀的主要策划者阿道夫·艾希曼绳之以法的正是那些人。

维森塔尔和弗里德曼都曾声称,他们几乎立刻就开始追捕这个将犹太人遣送到奥斯维辛集中营和其他集中营的策划人。但在战争才结束不久的那段时间里，主流新闻报道的还是那些已经被抓住或者更容易被抓住的人，以及之后对他们的审判。对纳粹的追捕以及惩罚仍然主要是战胜国的工作。

第三章 共有计划

我们是一个非常听话的民族。这既是我们的最大优势，也是我们最大的弱点。它让我们能够在英国人忙于罢工之时创造一个经济奇迹，也让我们跟随希特勒这样的人走进巨大的集体坟墓。[1]

——1972 的年畅销小说《敖德萨档案》
(*The Odessa File*) 中的虚构人物德国杂志
出版商汉斯·霍夫曼（Hans Hoffmann），
作者为弗·福赛斯（Frederick Forsyth）

德国战败后，曾臣服于希特勒的大部分国民迫切地想要让自己同以他们的名义犯下的大规模谋杀和暴行割裂开来。战胜国军队的士兵和集中营的幸存者经常会遇到德国人向他们保证说，自己一直是反对纳粹的——虽然没有采取什么具体行动，但心里是反对的。许多人还声称，他们曾帮助犹太人和纳粹政权下的其他受害者。维森塔尔冷淡地指出："如果我在那几个月里听到的故事中的犹太人都真的被拯救了，那么在战争结束时，活着的犹太人的数量会比战争开始前还要多。"[2]

尽管许多德国人最初对纽伦堡审判和其他审判活动不屑一

顾，认为那不过是"胜利者的正义"，但还是有人觉得，让德国这些暴行的幕后首脑很快遭到惩罚是一件令人安慰的事。绍尔·帕多弗（Saul Padover）是出生于奥地利的历史学家和政治学家，他从诺曼底战役起就一直在美国军队中服役，曾参与对德国的进攻，并做了许多有关德国人态度的记录。在见了一个曾经是德国少女联盟（Bund Deutscher Mädel）领袖的年轻女子后，他在笔记本中记下了与她的对话。德国少女联盟是希特勒青年团（Hitlerjugend）的女性版。①

帕多弗写道，在被问及她在德国少女联盟中的角色时，她"撒了谎"，说自己是"被迫"成为其领袖的。³当被问及她觉得应该怎样处理纳粹高层时，她回答说："在我看来，你可以把他们都绞死。"

这个年轻女子绝不是唯一想看到纳粹要人付出生命代价的人，因为这能够帮助她与已经发生的事情保持距离。与许多德国人一样，她坚称自己对第三帝国的大部分恐怖暴行毫不知情。

彼得·海登贝格尔（Peter Heidenberger）曾在战争的最后阶段服役于一个驻扎在意大利的德国伞兵师，随后当了一段时间的战俘。在达豪集中营得到解放后不久，他来到了达豪。当时他正在寻找他的未婚妻，在1945年2月13日他们的家乡德累斯顿遭到轰炸后，她就逃走了，躲藏在达豪的朋友那里。几十年后，在拾起回忆时，他说："你知道，达豪是一个很棒的小镇，那里有一座城堡。"在沿着山坡走向城堡时，他遭到了

---

① 希特勒青年团和德国少女联盟分别是纳粹对13～18岁的男性青年和14～18岁的女性青年进行军事训练的准军事组织。

一名美国哨兵的盘问，问他是否知道山下的集中营里发生了什么。他说："我告诉哨兵当时我不在那儿，除了知道那是一座监狱外什么都不知道。他不相信我。"[4]

不过不久后，海登贝格尔就了解到了更多，多到他无法不去赞同那个德国少女联盟的年轻女子的话。在回忆自己对所听闻之事的最初感受时，他说道："他们应该全部被按在墙上，好让我们更好地伸张正义。"

海登贝格尔的看法会慢慢发生改变，因为他参与了另外一些与纽伦堡审判同时进行的审判。在达豪，美国陆军起诉了负责执行纳粹高官——包括在纽伦堡被绞死的那几位——所制定的政策的那些人。他们都是一些底层的作恶者，是负责管理达豪集中营和其他集中营的党卫军军官和工作人员。美国人当时正在寻找一名特约通讯员，也就是一名自由记者，为战胜国新设立的慕尼黑广播电台（Radio Munich）报道达豪审判。一名当地官员推荐了海登贝格尔，因为他是一个受过良好教育且没有纳粹背景的德国人。

这是该德国年轻人第一次听说什么是特约记者，此前他也没有任何报道经验，不过他欣然接受了工作。他说："这件事的好处在于，我们在营地上可获得美味的食物。"不久后，他就证明了自己的能力，成为一名重要的报道员，服务于越来越多的新闻媒体，包括德新社和路透社。尽管达豪审判的知名度远逊于纽伦堡审判，但它为回答第三帝国到底意味着什么提供了不同寻常的细节。

在其总统任期结束很久之后，杜鲁门谈到了这些审判的最初目的，当时他脑海里想的正是这类细节。他说："最初的目的是让未来的任何人都不可能说'噢，这种事情从来没有发生，不过是一些宣传手段，一堆谎言罢了'。"[5] 换句话说，战后审判的意义并不只是在于惩罚有罪之人，它们对于建立历史档案也是至关重要的。

*　　*　　*

与许多同龄人不同，威廉·登森从未去欧洲战场服役。他出生在亚拉巴马州；其曾祖父曾在南北战争中为南方效力；其祖父做过州最高法院的法官，曾冒着被排斥的风险为该州的黑人公民仗义执言；而他的父亲是一位受人尊敬的当地律师兼政治家。他本人毕业于哈佛大学法学院，后来在西点军校教授法学。不过在 1945 年初，他作为美国军法署署长中的一员前往德国。32 岁的登森此时孤身一人（他的妻子不在身边，因为她不愿前往一个满目疮痍的国家），准备在一个他此前从未踏足的被征服的国家提起公诉。[6]

他与军法署的其他人员一起驻扎在距离达豪不远的弗赖辛（Freising），起初对来自集中营幸存者的可怕报告满腹狐疑。数十年后，他解释说："我当时的想法是，有的人在集中营中受到了虐待，正寻求报复，而他们在做这件事时凭借的是幻想而非现实。"不过，不久后，他就被自己搜集到的证词的一致性说服了。由于证人们"基本上都在讲述同一件事，我知道这些事真的发生了，这是因为证人们没有机会提前聚在一起编造他们的故事"。[7]

即使他还有任何残存的疑虑，也被达豪等集中营的解放者提供的可怕叙述打消了。与此同时，这些叙述重新点燃了关于是否该迅速处决那些大规模屠杀和酷刑的执行者的讨论。乔治·S. 巴顿（George S. Patton）将军曾来到布痕瓦尔德集中营的一个名叫奥尔德鲁夫（Ohrdruf）的营区视察，见到了一个堪比耶罗尼米斯·博斯（Hieronymus Bosch）之画作的噩梦般的死亡场景，当时，他在吉普车中大喊道："看看这些狗娘养的干了什么？看看这些杂种干了什么？我不希望你们留一个俘虏！"[8]

不过登森和他在军法署的同僚都相信，审判是绝对有必要的——既是为了惩罚有罪者，也是为了向当时和未来的所有人揭露可怕的事实。[9]在听说了美军士兵在达豪以及其他一系列集中营中看到的细节后，登森说："我终于到达了一个临界点，我几乎愿意相信任何事了。"[10]在被要求尽快起诉那些作恶者时，他已经跃跃欲试了。有关究竟是迅速处决还是进行审判的争论已经结束了。

登森手下的主要审讯员名叫保罗·居特（Paul Guth）。出身于维也纳的一个犹太家庭的居特曾被家人送往英格兰求学；后来，他前往美国，并被临时选中前去宾夕法尼亚州的里奇营（Camp Ritchie）接受情报训练，这座训练营里有一大批来自德国和奥地利的犹太难民。在以班级第一名的成绩毕业后，居特在英格兰接受了进一步的训练，然后来到了弗赖辛。他将成为美军最厉害的审讯员之一。[11]

不过，当居特前去对关押在集中营营房（这座营房此前一直被用来关押现在这些囚犯的施虐对象）里的囚犯发表讲话时，他并没有给他们留下什么骇人的印象，而是恰好相反。这些党卫军预计自己会被处决，但居特念出了40个人的名字，称这些人将在美国军事法庭接受审判。他还对他们说，他们可以自行选择辩护律师，律师名单将由美军提供，且如果他们不愿意也不会被强迫出庭作证。正如登森的传记作者乔舒亚·格林（Joshua Greene）所写的那样："德国人几乎不敢相信他们自己的耳朵。"[12]

当 1945 年 11 月 13 日达豪审判开始的时候，法庭上挤满了人。国际军事法庭在一周后才将于纽伦堡启动审理程序，因此房间里有很多要员，包括艾森豪威尔的总参谋长沃尔特·比德尔·史密斯（Walter Bedell Smith）将军以及佛罗里达州的参议员克劳德·佩珀（Claude Pepper）。屋子里还有许多记者，包括沃尔特·李普曼（Walter Lippmann）和玛格丽特·希金斯（Marguerite Higgins）这样的杰出人物，不过李普曼和希金斯连第一个上午都没有待满。等到那一周结束时，他们的同行几乎都跟着去了纽伦堡，因为对他们来说，纽伦堡审判才是能够产生重要新闻的重头戏。很快，负责报道达豪审判的记者仅剩海登贝格尔以及一名《星条旗报》的记者了。[13]

在那 40 个被告因自己的受审方式感到惊讶的同时，旁听者们也被登森作为首席检察官发表的讲话吓了一跳。海登贝格尔回忆说："对美国司法实践感到陌生的德国旁听者们被检察官的戏剧化言行惊呆了。"登森来到法官身旁，用他的美国南方口音做了陈述："庭上……"让登森的听众着迷的不仅仅是他的口音，海登贝格尔补充说，"他说话的方式很讨喜，在陈述论据时效果非常好"。[14]

首次走进登森办公室时的感受给这个德国记者留下了更为深刻的印象，而且对于美国人立刻就将自己视作记者界的合格成员，海登贝格尔感到非常高兴。数十年后，他沉思着说："你知道，美国人习惯把脚放在办公桌上。他就把脚放在他的办公桌上，然后把我当作一名报社记者对待。"

不过，登森令人宽慰的举止下掩藏着他钢铁般的决心，那就是赢得对所有被告的起诉。与纽伦堡审判的被告不同，在达豪受审的人并非政策的制定者，他们不能被指控为反人类罪的策划者。登森打算在指控过程中证明，这些负责管理集中营的人准确地知道集中营的目的是什么，这足以证明他们是犯下这些罪行的"共有计划"或者说"动机共同体"的一部分。[15]没有必要去证明每一个被告犯下了什么具体罪行。

> 庭上，我们将出具证据，证明在所述期间，一个屠杀阴谋正在达豪上演。我们将出具证据，证明这一屠杀计划的受害者都是平民和战俘，是那些不愿被纳粹主义奴役的人。我们将会展示，这些人像豚鼠一样被当作实验对象，他们被饿死，同时还从事了他们身体所能承受的最繁重的劳动。这些人的居住条件非常恶劣，疾病和死亡简直是无法避免之事……被告中的每一个都是这台屠杀机器中的一枚齿轮。[16]

辩方律师强烈反对这种"机器齿轮"的指控，但收效甚微。后来，这种总括性的方法遭到放弃，大多数审判开始聚焦于单个被告所犯下的特定罪行。

在纽伦堡审判中，大多数证据是由检方提供的，主要以德国人自己制作的犯罪档案的形式呈现；相比之下，达豪审判主要依靠一个接一个的目击者，他们向登森提供了关于这一屠杀机器运作过程的骇人证词，包括从达豪集中营运出的最后一批犹太人。阿尔巴尼亚囚犯阿里·库契（Ali Kuci）作证说：1945年4月21日，2400个犹太人被命令走进火车铁皮车厢；到4月29日美军解放这座集中营时，铁皮车厢里已经堆满了死尸。库契和其他囚犯将这列从未离开站台的火车称作"停尸房快车"。他补充说,在那些囚犯中,只有 600 人活了下来。党卫军看守不让任何人靠近火车,结果里面的人被活活饿死了。[17]

登森所依靠的还有居特和其他审讯人员获得的部分被告的口供,这也招致一些人指责他们使用了强迫性手段。居特坚决否认这些指控,不过达豪审判的速度和结果使针对其程序合法性的质疑很久都无法平息。登森在做案情总结陈词时说:"我要强调的是,这 40 个人并未被指控谋杀。他们的罪行是一种旨在谋杀、殴打、折磨和使人挨饿的共有计划。"[18]换句话说,起诉他们的关键要素正是这种"共有计划",而不是单个的谋杀行为。

对被告们提出的他们只是在服从命令的托词,他也一概不予考虑,同时谴责他们"没有拒绝去做明显是错误的事情"。他补充说:"'我是在执行命令'这样的回答在这个案件中没有任何立足之地。"这帮助建立了一条在以后的审讯中一直得到遵循的原则。登森在总结陈词中说:"如果本庭以任何方式宽恕庭上呈现的行为,这些被告就会令文明的时钟倒退至少一千年。"[19]

这些从主宰者变成囚犯的德国人的居住条件有时会让人产生错觉,让人觉得他们正受惠于战胜国的仁慈。利物浦的罗素勋爵(Lord Russel)曾担任英军驻莱茵河地区的副军事检察官,其间他访问了达豪集中营,并且被他看到的德国囚犯的状况震惊了。"每个人都舒服地住在一间通透敞亮的牢房里,有电灯,有冬季集中供暖,还有一张床、一张桌子、一把椅子以及一些书。伙食不错,他们看起来膘肥体

壮，脸上带着一丝惊讶。他们一定很奇怪，想知道自己究竟身 43
处何地。"[20]

不过在 1945 年 12 月 13 日，当军事法庭宣布判决时，误
会全部都烟消云散了。这 40 人全部被判有罪，其中的 36 人被
判处死刑。在这 36 个被判死刑的人中，有 23 人在 1946 年 5
月 28～29 日被绞死。[21]

在访问达豪集中营的过程中，罗素勋爵从那里的一栋建筑
里走出，注意到一件让他感到尤为奇怪的事情："火葬场屋顶
的一根竿子上钉着一个简陋的铁质鸟巢，那是某个患有精神分
裂症的党卫军为野鸟准备的。"

这促使他对自己观察到的内容进行最后的思考。他写道：
"在那时，也只有在那时，我才能理解这个给世界带来了歌德、
贝多芬、席勒和舒伯特的国家，为什么也带来了奥斯维辛、贝
尔森、拉文斯布吕克和达豪集中营。"[22]

*　　*　　*

与美军法律团队的其他许多成员不同，登森并没有在第一
场达豪审判结束后返回美国。他留了下来，在 1947 年前一直
负责管理后续审判的起诉团队。尽管这些审判主要聚焦于布痕
瓦尔德、弗洛森比格和毛特豪森等集中营里的死亡机器，不过
这些集中营也在达豪集中营的管辖范围内。登森创纪录地亲自
起诉了 177 起案件，被告包括集中营里的看守、军官和医生
等，并且成功让他们都得到了有罪判决。最终，其中的 97 人
被绞死。[23]

1947 年 10 月，就在他打算飞回祖国，重返平民生活时，
《纽约时报》大加称赞了他的服役记录："登森上校在达豪的

战争罪委员会起诉团队杰出地完成了大量工作。他经常在白天为一个重要案子做准备，然后在晚上为另一个案子一直工作到深夜。在那两年时间里，在负责为阿道夫·希特勒管理集中营的党卫军男男女女的心中，他就象征着司法。"[24]

44　　　但这种巨大的工作强度，以及无止境重现可怕事实的日常工作，让登森付出了巨大代价。他的体重从 160 磅掉到了 120 磅。[25]他后来回忆说："他们说，比起被我放在证人席上的证人，我自己看起来更像是一件来自集中营的证物。"1947 年 1月，他晕倒了，不得不卧床两周。[26]尽管如此，每个新案件都似乎让他更加坚定了继续起诉的决心。

登森的妻子罗比娜一直留在美国，此时提出要离婚。据登森传记的作者介绍，她本以为"自己得到的是一个来自贵族家庭的社交圈中的伴侣，而不是一个跑去起诉纳粹的司法卫士"。[27]

与登森和身处达豪的其他美国人的友情不断加深的海登贝格尔声称，这并不是促使他妻子做出这一决定的唯一因素。他说："见鬼，毁了他的婚姻的是那些德国姑娘。美国人什么都有，他们有尼龙袜，于是抱得美人归。对于那些洁身自好的德国姑娘我们甚至会感到吃惊。比尔曾对我说起他在慕尼黑参加的那些派对。它们肯定非常狂野。"海登贝格尔坚称，罗比娜·登森发现了这种出轨行为，这促使她结束了这段在很大程度上已经名存实亡的无子婚姻。

不久后，登森就发现自己迷上了一个同样身处无爱婚姻的德国年轻女子。她是一名真正的伯爵夫人，被朋友们称作"胡希"（Huschi）。在苏联军队抵达前，她带着六个月大的女儿坐着马车从西里西亚的家族庄园中逃了出来，然后在德累斯顿的轰炸中幸存下来。[28]战争结束时，她身处巴伐利亚州的一个小村庄，在看到出现在那里的第一辆美国坦克后，她用流利的英语向美军宣布："我们这座村庄向你们投降。"[29]听到这些故事后，登森被她迷住了。不过很久以后，他发现胡希也已离婚并迁居美国，直到此时他们才重新取得了联系，并且在1949年12月31日成婚。大家都说，这是一段无论从哪种角度来看都非常幸福的婚姻。

晚年的登森回顾自己的一生时，将他在德国的时光看作"一生事业的亮点"。[30]不过这并非没有争议。在达豪审判结束后，他起诉了几桩既引起了巨大舆论轰动，又引发了激烈辩论的案子。1947年初对布痕瓦尔德集中营的被告的审判是其中的代表。

登森在军事法庭上说，关于那座集中营的记录是"自有文字记录以来最臭名昭著、最残酷的章节之一"。[31]没有一个案件的震撼程度比得上对伊尔斯·科赫的起诉，她是布痕瓦尔德集中营首任指挥官的遗孀。海登贝格尔回忆说，早在审判开始前，部分急于出庭作证的人就开始传播"她作为一个性恶魔的荒唐故事"。在接受登森的讯问时，这些前囚犯作证说，她很喜欢用她的性感来挑逗囚犯，然后把他们打一顿或者杀害。

前囚犯库尔特·弗洛伯斯（Kurt Froboess）回忆说，有一天，在挖掘用来放置电缆的沟渠时，他抬头看了眼科赫。他说："她穿着一条短裙，双腿叉开站在沟渠上方，没穿内裤。"[32]随后，她要求这些囚犯回答他们在看什么，并且用她的马鞭抽打他们。

其他人作证说，她拥有人皮制成的灯罩、刀鞘以及书皮等。在战争期间一直身陷布痕瓦尔德集中营的库尔特·西特

（Kurt Sitte）说："众所周知，如果伊尔斯·科赫路过并看到了某个拥有文身的囚犯，该囚犯就会从工作场所被送往医院。他会在医院被杀害，然后他身上的文身会被剥下来。"[33]

报道了所有证词的海登贝格尔确信科赫犯有系统性的残暴罪行，不过他也相信存在一些未经证实的流言。她作为"性欲过剩"的虐待狂的名声在审判开始前就早已人尽皆知，而且囚犯们尤为憎恨她，因为她喜欢炫耀她的性感和权力。当她在受审期间出庭作证时，她明显的孕相——尽管她自被捕以来一直处于被关押的状态——在法庭上进一步激起了人们的愤怒之情。这促使记者们手忙脚乱地试图给她找一个恰当的外号。据海登贝格尔说，《星条旗报》的一名记者冲入媒体休息室宣布："我想到了。我们就叫她'布痕瓦尔德婊子'吧。"[34]

46 这个外号被叫开了，她成了整场审判的女魔头。让她的处境变得更糟的是，检方还呈上了属于一个波兰囚犯的已经萎缩的头颅。据说这个囚犯曾试图从集中营逃跑，却被抓住并处决了。一个目击者说，这颗头颅曾被集中营当局展示给前来参观的访客。[35]尽管检方指出无法证明此事与科赫有关，但它仍然被列为证据之一。

所罗门·苏罗维茨（Soloman Surowitz）是负责布痕瓦尔德案件的登森团队中的美国律师。他认为围绕科赫发生的骚动破坏了法庭诉讼的正当程序，于是辞去了在这个案件中的职务。他对登森说："我受不了了。我不相信我们自己的证人。他们所说的全部都是道听途说。"[36]

两人就此分道扬镳，没发生什么不快。登森仍然相信，他必须呈交手头的证据，无论那些最具煽动性的说法是否能够得到证实，现有的证据都足以定她的罪。科赫被判处终身监禁，不过随着围绕战争罪审判的舆论开始发生变化，她的案子还会经历更多的波折。即使在后来回到美国后，登森仍在因科赫的问题遭到抨击，尤其当人皮灯罩的故事在公众眼中变得越来越可疑后。

海登贝格尔在他的文章里承认自己为夸大部分未经证实的传闻而感到不安，这些传闻对增加审判的轰动性起了重要作用。不过他毫不怀疑科赫以及布痕瓦尔德案件中的其他被告完全是罪有应得。这些审判尽管存在瑕疵，但让他确信他最初持有的看法，即主要罪犯应该被迅速处决而不是接受司法审判，是错误的。他总结说："尽管关于战争罪审判存在一些法律上的问题，但它们为解答在犹太人大屠杀中究竟发生了什么，提供了最好且最可信的证据。"[37]

1952 年，海登贝格尔带着他的妻子和两个儿子移民美国。作为战后进驻华盛顿的首批德国记者，他参加了杜鲁门在白宫的新闻发布会。不过，他已经在德国学习了法律，并且将在不久后求学于华盛顿大学法学院。毕业后，他在华盛顿开启了作为法律工作者的职业生涯，有时会代表纳粹罪行的受害者向德国政府索赔，后来还作为顾问就犹太人大屠杀的案子为德国政府提供咨询。在他的早期同事和导师中，就有他的老朋友威廉·登森。

47

第四章　企鹅规则

> 他的声音抑扬顿挫，双手十指修长，指甲修剪精致，走起路来自信而优雅。他完美人格中唯一的污点是，曾经杀害九万人。[1]
>
> ——迈克尔·穆斯曼诺法官对以东部战线党卫军特别行动队指挥官的身份接受审判的奥托·奥伦多夫的描述

本亚明·费伦茨戴着一顶水手帽，穿着短袖蓝衬衫以及用黑色吊裤带固定的海军长裤，坐在佛罗里达州德尔雷比奇（Delray Beach）一栋朴实无华的单间平房外的长椅上。在2013年初我拜访他的时候，他看起来就像一个普普通通的退休老人。

但是，当这位仅五英尺高的93岁老人站起来伸展他的肱二头肌，展示他每天在健身房锻炼的成果时，他就一点也不普通了。或者，更重要的是，当他回忆起他从哈佛大学法学院（他在纽约一个俗称"地狱厨房"的糟糕社区长大，后来拿到奖学金进入了这所著名大学）到奥马哈海滩（他刚下登陆船就发现自己身处齐腰深的水中，而对其他大部分人来说，水只有膝盖高）的经历时，他就一点都不普通了。在他描述自己如何凭借幸运和顽强最终在 27 岁的年纪成为纽伦堡的首席检察官，参与了美联社所说的"历史上最大规模的谋杀案审判"[2]（这种说法没有丝毫夸张）时，他显得尤为特别。然而，与达豪审判相比有过之而无不及的是，纽伦堡的这次对党卫军特别行动队的审判完全被备受关注的国际军事法庭对纳粹领导人的审判盖过了风头，因此它在历史书籍中最多也就得到了被一笔带过的待遇。

费伦茨出生于特兰西瓦尼亚（Transylvania）的一个匈牙利犹太家庭，当他还在襁褓中时，他们举家移民到了美国。费伦茨一直是一个好斗的家伙，始终受自身的激情驱动，不惧怕任何挑战。他们家住在"地狱厨房"一栋公寓楼的地下室里，他父亲在那栋公寓楼当清洁工。最初，他被当地的公立学校拒收，既因为六岁的他看起来太过矮小，也因为他只会说意第绪语。不过，在上过纽约市其他地区的多所学校后，他被认为是一个"有天赋的孩子"，并且成为家中第一个大学生，随后从哈佛大学获得了法学学位，且在此过程中，他从未被要求支付学费。[3]

1944 年底，费伦茨下士从步兵团被调到巴顿将军手下第三军的军法处，对此他感到激动万分，在他听说自己将成为新成立的战争罪起诉团队中的一员时更是如此。在美军通过顽强的战斗攻入德国的过程中，出现了许多盟军飞行员跳伞落在德国境内，随后被当地居民杀害的报告。费伦茨受命调查这些案件，可在有必要时实施逮捕。他说："我拥有的唯一权力来自腰间别着的点 45 口径手枪以及镇上到处都有美军的事实。在这种情况下，德国人非常顺从，我不记得遇到过任何反抗。"[4]

尽管身材并不高大，但费伦茨身上有一股子超出他身材的

纽约式勇气。后来，在巴顿将军把指挥部设在慕尼黑市郊时，好莱坞女星玛琳·黛德丽来到当地慰问劳军，当天轮到他打扫

50 厕所。作为团队中的低级成员，他被告知要确保她不受打扰地在房间里先洗个澡。他回忆说："在等了一段时间后——这是为了确保她在浴缸里——我着急完成自己的工作，于是径直走到了房间里，当时她正平静地坐着，看起来光彩照人。"他一定因自己的鲁莽而感到一阵慌乱，因为他在退出房间时说："噢，请原谅，长官。"

在他道歉时，黛德丽只是感觉很有趣，尤其因他使用"长官"这个称呼而大笑不已。当听说他是一名从哈佛毕业的律师后，她邀请他加入她与军官们的午餐。由于费伦茨只是普通士兵，因此他建议她向军官解释说他们在欧洲是老相识，她愉快地照办了。由此，他的职责从扫厕所变成了坐在超级巨星的对面与她共进午餐。在巴顿的陪同下离开房间之前，她给了费伦茨一张名片。

随着费伦茨调查的有关失事飞行员的案件越来越多，他对于自己的工作也越来越专心，不过在这一过程中，他并没有产生报复心理。有时，他甚至对自己的工作成果感到有些矛盾。在调查一名在法兰克福附近完成轰炸任务后被击落的飞行员遭到殴打的案子时，他审讯了一个参与殴打的年轻女子。该女子承认她参与了对飞行员的殴打，但她流着泪解释说，她的两个孩子都在轰炸中丧命了。费伦茨产生了一种愧疚感，于是只软禁了她。他回忆说："事实上，我为她感到难过。"但对于一个据说实施了致命一击，并且炫耀自己手上沾了美国人的血的消防队员，他就没有这样的感觉了。

几个月后，费伦茨前去旁听战争罪审判，这两人也在被

告席上。消防员被判处死刑。年轻女子在听到自己被判处两年徒刑时晕了过去。费伦茨询问一名前来检查的军医她的身体是否有恙，那名军医向他保证说，她没有大碍，不过他还透露了一个消息，那就是她已经怀孕了，孩子的父亲是负责看守她的美国士兵。费伦茨说："在战争时期总是会发生一些奇怪的事情。"

不过，当被派去那些刚刚获得解放的集中营，搜集可以被用于指控集中营管理者的证据时，这位年轻调查者的情绪发生了巨大变化。最初，他在一个接一个的集中营里看到的景象——遍地的尸体以及骨瘦如柴的幸存者——让他感到难以置信。他后来写道："我的头脑无法接受眼睛看到的东西。我看到的简直就是地狱。"在布痕瓦尔德，他发现了两颗萎缩的囚犯头颅，党卫军军官一直把它们当作展示品收藏。它们在后来的审判中被登森列为一项罪证。 51

费伦茨感到心中的愤怒越积越深，这种愤怒转化成了一种想要迅速采取行动的强烈愿望，好几次看到受害者对曾经的施暴者采取报复行动时，他都更愿意袖手旁观。在抵达埃本塞（Ebensee）集中营后，他命令一群路过的平民收殓并埋葬尸体。一些愤怒的前囚犯抓到了一个试图逃跑的可能是集中营指挥官的党卫军军官，费伦茨看着他们殴打那个男子，然后将他绑在一个用来把尸体推入焚化炉的托盘上。他们将他放在火焰上推来推去，直到他被活活烤死。费伦茨回忆说："我看着这件事发生，什么都没干。我连尝试干预的意愿都没有。"

在毛特豪森集中营，他在一个采石场底部发现了一堆人骨，是那些刚失去劳动能力就被丢下悬崖的奴工的残骸。在开车前往附近的林茨后，他挑选并征用了一间属于一个纳粹家庭的公寓。他命令他们离开，好让他和他的手下待在那里。在第二天上午返回毛特豪森前，他把公寓中衣柜和壁橱里的衣服全部取走，带到集中营里，送给近乎赤身裸体的囚犯穿。那天晚上，一个曾住在公寓里的年轻女子返回公寓，询问她能否拿几件自己的衣服。费伦茨说："请自便。"但她看到壁橱里空空如也，开始大喊大叫，声称自己的衣服被偷了。

费伦茨回忆说："我没有心情被任何一个德国人称作小偷。"在她还在大喊大叫时，他拽着她的手腕来到楼下，告诉她他会把她带到集中营，这样她就可以自己去找那些囚犯归还衣服了。她对这种可能发生的情形感到十分害怕，因而更加大声地求他放开她。费伦茨同意了，但前提是她必须答应他的要求，声明那些衣服是送给囚犯的礼物，而不是被任何人偷走的。他把自己的怒火化作一次严厉的教训，让这个女孩明白谁才是真正的受害者。[5]

* * *

52　　一次工作安排让费伦茨暂时回到美国，借机完成了婚姻大事。随后，他返回德国，加入了泰勒将军的团队，这支团队正在纽伦堡进行战争罪的审判工作。在这些由国际军事法庭负责的审判中，最早也是最著名的那几场在 1946 年 10 月 1 日结束了，在那一日法庭宣布了对戈林、里宾特洛甫和凯特尔等纳粹高层的判决。但接下来纽伦堡还有十几场由美国军事法庭主持的审判。其中一场因费伦茨在柏林的一个偶然发现而举行，这个发现改变了他的人生。

携新婚妻子返回德国后，费伦茨被派往柏林组建一支战争罪调查分队。1947 年春，他手下最优秀的调查员之一冲进他的办公室，向他报告了一个重大发现。调查员在搜查滕珀尔霍夫机场（Tempelhof Airport）附近的一栋外交部附属建筑物时，发现了一组被递交给盖世太保的不同寻常的秘密报告。它们每天一次地详细记录了党卫军特别行动队在东部战线对犹太人、吉卜赛人和其他平民类"敌人"的集体枪杀和实验性毒杀。党卫军特别行动队是负责执行杀人任务的特别行刑队，后来，这种屠杀任务被转交给了集中营的毒气室。

在一台小型加法机上，费伦茨开始计算这些言简意赅的枪杀报告中提及的受害者数量。他回忆说："当加到100万时，我就再也不往上加了。对我来说，那已经足够多了。"[6]费伦茨急忙返回纽伦堡，告知泰勒这些发现，让他在下一场审判中好好利用这些证据。这次偶然发现提供了精确的信息，揭示了究竟是哪支部队以及哪些指挥官在1941年德军进攻苏联时制造了对犹太人、吉卜赛人以及其他族群的大规模屠杀。

泰勒的最初反应比费伦茨预计的要冷静一些，也更计较一些。将军解释说，五角大楼不太可能分配更多资金和人手来准备计划外的审判。除此以外，公众似乎也不太渴望看到更多的审判。费伦茨不愿就此放弃，他强调说，如果没有其他人愿意接手这个案子，那么他愿意亲自接手，并且不会为此耽误其他工作。泰勒同意了，对他说："好吧，由你来办。"泰勒将他任命为首席检察官，当时他只有27岁。

为了做好这个案子的准备工作，费伦茨搬回了纽伦堡。他的挑战在于如何处理可用于指控约3000个特别行动队成员的海量证据，他们都在东部战线参与了对平民的系统性谋杀。费伦茨解释说，他之所以选择官衔、学历最高的党卫军军官作为审判对象，是因为他没法再选更多人了。最起码的，纽伦堡法庭的被告席只有 24 个座位。费伦茨说，"正义总是不完美的"，他承认这只"抽取了小部分作为主要被告"。在他最初决定起诉的 24 人中，其中一人在受审前自杀，另一人在他宣读起诉书时精神崩溃。于是只剩下了 22 人。

案件审理从 1947 年 9 月 29 日持续到 1948 年 2 月 12 日，但费伦茨只用了两天时间进行检方的案件陈述。[7]他后来写道："我猜想《吉尼斯世界纪录大全》也许会将它认定为大规模审判中速度最快的检方陈词。"[8]他相信那些档案所提供的证据比任何目击者都有效。他解释说："我没有传唤任何目击者的理由很充分。我也许没有任何经验，但我在哈佛大学法学院时可是非常优秀的刑法学学生。而且我知道，有时候最糟糕的证词恰恰是目击者的证词……我已经有了那些报告，也可以证明报告的真实性，当然，他们会对那些报告进行质证。"[9]

在开庭陈述中，费伦茨指控这些被告"蓄意杀戮超过百万的手无寸铁的无辜男性、女性和儿童……导致这种杀戮的不是军事上的需要，而是一种极端扭曲的思想，即纳粹的优等民族理论"。[10]随后，他将如此庞大的数字进行分解，以解释为什么要说它是真实的。证据显示，四支由 500~800 人组成的特别行动队"在两年的时间里平均每天实施了约 1350 起谋杀。他们一周七天都在杀人，每天杀 1350 人，共持续了100 多周"。[11]

54   费伦茨使用了一个新术语来描述这些被告的罪行：种族灭绝（genocide）。这个词是由一位名叫拉斐尔·莱姆金（Raphael Lamkin）的波兰裔犹太难民律师发明的，他早在1933 年就试图警告世界，希特勒要彻底消灭一个民族的威胁绝不是玩笑。[12]费伦茨在纽伦堡法院的大厅里见过莱姆金。据他说，莱姆金是个"有些迷茫的家伙，他蓬头垢面，眼睛里满是急切和痛苦"[13]。当时莱姆金正在不遗余力地进行游说，想要使种族灭绝被认定为一种新的国际犯罪类型。

费伦茨回忆说："他像是柯勒律治诗作中的老水手一样，拦下任何愿意聆听的人，讲述他的家人是如何被德国人杀害的。犹太人之所以被杀，仅仅因为他们是犹太人。"结束讲述前，他会提出请求，要求对方支持他让种族灭绝成为一项特殊罪行的努力。在莱姆金的反复请求下，费伦茨故意在开庭陈述中谈到了这个词，将其定义为"让整个人类族群灭绝"。[14]

这位年轻的检察官在开庭陈述的最后用了一句话做总结，在未来几十年里，这句话将会在所有试图为这些惊天罪行的受害者伸张正义的人的心中引起共鸣。事实上，50 年后，联合国为审判南斯拉夫和卢旺达的罪行而成立的特别法庭还引用了这句话。费伦茨宣称："如果这些人得到豁免，法律就失去了意义，人类就只能生活在恐惧之中。"[15]第二天他完成了检方的陈述，接下来几个月的审讯都被用来听取被告的证词。

来自宾夕法尼亚的首席法官迈克尔·穆斯曼诺（Michael Musmanno）不久后就被说服，相信费伦茨"并不是在使用修辞手法，而是在陈述无数铁一般的事实"。[16]他把这位身材矮小的检察官描述为"挑战巨人的大卫"，[17]因为费伦茨推翻了被告的荒唐证词——这些被告试图将杀人罪责推卸到其他人身上，或者坚称他们在执行杀人任务时曾设法表现得尽可能"人道"。

穆斯曼诺身边还有两名协助他审理案件的法官，但正如费伦茨所说，他完全主导了整场审判。作为一个意大利移民的儿子，穆斯曼诺曾在 20 世纪 20 年代为著名的无政府主义者尼古拉·萨科（Nicola Sacco）和巴尔托洛梅奥·范泽蒂（Bartolomeo Vanzetti）辩护，还常常表现得很爱作秀。在 20 世纪 30 年代中期，作为刑事法庭的法官，他曾发起了一次打击酒驾的运动，命令 35 个因涉酒案件服刑的男子出席被酒驾司机撞死的矿工的葬礼。他还警告说，任何胆敢质疑圣诞老人存在的人——如他所说，也就是那些使孩子们伤心的家伙——都是貌视法庭之人。[18]他宣称："如果法律认可无名氏的存在的话，那么它一定也认可圣诞老人的存在。"[19]

费伦茨最初不确定该如何对付这个略显浮夸的家伙。让他有些恼火的是，穆斯曼诺一直在驳回他对于辩方所提交证据的反对意见，费伦茨对这些证据的评论是："毫无根据的道听途说、明显伪造的档案文件或者带有偏见的证人证言，它们应当被排除在外。"穆斯曼诺随后直言不讳地向费伦茨及其团队透露了他们一直在怀疑的事情：他打算接受辩方提交的任何证据，"甚至包括企鹅的性生活"。[20]"企鹅规则"（The Penguin Rule）这个说法就来源于此。

不过费伦茨还注意到，穆斯曼诺对奥托·奥伦多夫（Otto Ohlendorf）这样的被告的证词十分感兴趣。奥伦多夫是五个孩子的父亲，学过法学和经济学，还号称拥有法理学博士学位。他所指挥的特别行动队 D 分队可能是最臭名昭著的行刑队。年轻的检察官费伦茨之所以将奥伦多夫列入被告名单，恰恰是因为他是历史上受教育程度最高的大屠杀凶手之一。

穆斯曼诺转身面对奥伦多夫，字斟句酌地直接对他说："士兵们走上战场时知道自己必须杀人，但他们知道与自己战斗的是拥有同等武器的敌人；而你们竟去射杀手无寸铁的平民。你们难道没有对这种命令的道德合理性产生过怀疑吗？假设命令是——这里我没有任何冒犯的意思——让你杀死你自己的妹妹，你难道不会本能地对这个命令进行道德评估，以判断它究竟——在道德上，而非政治或者军事上——是对是错，是否符合人性、良心和公正的原则吗？"[21]

奥伦多夫看上去备受打击，他的拳头张开又握紧，眼睛在法庭里东张西望。穆斯曼诺后来回忆说："他很清楚，一个愿意杀死自己亲妹妹的人根本算不上人类。"奥伦多夫能做的只有设法回避这个问题。他回答说："法官大人，我没有资格去把这种情形从其他情形中区分出来。"

不过在面对检方时，奥伦多夫非但坚称他无权质疑自己得到的命令，而且试图将他行刑的行为描绘成自卫，因为"德国受共产主义威胁，众所周知犹太人是布尔什维克主义的拥趸，而吉卜赛人无法被信任"（费伦茨在后来的论证中做的总结）。[22]

这种理由肯定无法给奥伦多夫的案子提供任何帮助，对其他被告人来说也是如此。这尤其是因为他们所处的地位足以让他们明事理，而穆斯曼诺也意识到了这点。他后来写道："在公共图书馆随便找一张阅读桌，那里受过高等教育的人的数量可能都比不上纽伦堡法院特别行动队审判的被告席。"[23]

泰勒将军在审判过程中加入进来，为检方做了总结陈词，强调被告是"这个大规模屠杀计划中的刽子手"，[24]档案清楚地写明"这次公诉针对的是种族灭绝罪行、其他战争罪行以及反人类罪行"。重要的是，如今，不仅仅是费伦茨，连负责监督纽伦堡所有后续审判的泰勒都采用了"种族灭绝"这个由莱姆金发明的新词。

此前在宾夕法尼亚当法官时，穆斯曼诺从未判处任何人死刑。作为一名虔诚的天主教徒，他对于做出这种判决的可能性

56

感到十分烦恼，因此不得不到附近的一座修道院内暂避数日。费伦茨从未明确要求穆斯曼诺做出死刑判决；费伦茨后来解释说，他本身是反对死刑的，但"我永远都想不出对这种罪行，做出何种判决才算合适"。[25]

当法官宣布判决时，费伦茨被自己听到的内容惊呆了。这位检察官回忆说："穆斯曼诺比我预计的要严厉得多。每一次他说到'判处绞刑'时，都像用重锤在我脑袋上敲了一下。"[26]这位法官给出了 13 个死刑判决，剩下的被告被判入狱，期限从 10 年到终身不等。

57　　　费伦茨终于理解了为什么穆斯曼诺要坚持"企鹅规则"。用费伦茨的话说，穆斯曼诺想要"给予被告一切可能的权利。他有信心自己不会被伪造的证据欺骗，最终，法庭将做出最后裁定"。费伦茨总结说，当法庭做出裁定时，"我突然对迈克尔·穆斯曼诺法官有了更深的尊敬和喜爱"。

像达豪审判的结果一样，这些指控过些时候后会接受审查，多个案件的判决会得到减轻。作为 93 岁的老人，费伦茨在回望过去时给出了最后的数据："特别行动队中有超过 3000 人每天竭尽所能地杀害犹太人和吉卜赛人。我起诉了其中的 22 人，让他们全部被定罪。其中 13 人被判死刑，4 人被真正执行了死刑。其他人几年后就出狱了。"随后，他忧郁地补充说："至于余下的那三千来人，他们身上什么也没有发生。他们曾经每天都在屠杀他人。"[27]

费伦茨在为自己的成绩自豪的同时，也为自己在纽伦堡的一些经历，尤其是被告人及其同伙的态度感到沮丧。他一直避免在法庭外与他所起诉的任何人谈话，除了一个案子，也就是奥伦多夫的案子。费伦茨在奥伦多夫被判死刑后与他交谈了几句。后来成为被执行死刑的四人中的一员的奥伦多夫对费伦茨说："美国的犹太人会因此受到惩罚的。" 费伦茨补充说："他死前还坚信自己是对的，而我是错的。"

很少有德国人如此直言不讳地向胜利者表达自己的看法，但忏悔行为确实极为罕见。费伦茨指出："在我待在德国的那么长一段时间里，从来没有任何一个德国人来找我，对我说'我很抱歉'。这也是最让我失望的地方。任何人，甚至连我起诉的那些大屠杀凶手，都从没说过抱歉。这就是他们当时的心态。"

他继续说："正义在哪里？它只具有象征性意义，只是一个开始，却是你所能做的一切。"

*　　*　　*

24 岁的工程兵哈罗德·伯森（Harold Burson）下士为美国武装部队广播网报道了纽伦堡国际军事法庭对纳粹高层领导人的审判。他对于许多德国人反复声称自己从未支持纳粹或者对于纳粹的所作所为毫不知情感到愤怒不已。他讥讽地回忆说："你找不到任何一个从前是纳粹的人，或是知道集中营是用来做什么的人。"[28] 或者正如逃离祖国并在美国陆军中服役，后来在纽伦堡担任首席翻译的德裔犹太人里夏德·索南费尔特（Richard Sonnenfeldt）所说："在战后，德国有那么多纳粹与犹太人一同消失得无影无踪了，这真是有趣。"[29]

德国人在胜利者面前试图为自己辩解的情况是如此普遍，以至于编剧艾比·曼恩在创作《纽伦堡大审判》的剧本时嘲讽了他们。他笔下虚构出的美国检察官在审判开始前私下对法官说："德国没有纳粹。这一点你难道不知道吗，法官大人？爱斯基摩人侵略并占领了德国。这才是这些可怕事件发生的原因。它们不是德国人的错。错的是那些该死的爱斯基摩人！"[30]

伯森相信，纽伦堡审判之所以极为重要，恰恰是因为应该让德国人看到第三帝国的档案中的一切可怕细节。他说："我感觉必须要让这一切在他们心上留下不可磨灭的印记，这样他们才永远不会忘却。"审判中的关键参与者甚至将自己任务的影响看得更为深远。英国首席检察官哈特利·肖克罗斯（Hartley Shawcross）爵士在开庭陈述中宣誓称，这场审讯"将提供一块当代的试金石和一份权威而公正的记录，未来的历史学家将可以借此探寻真相，而未来的政治家将可以借此获得警示"。[31]

伯森的每日广播稿也折射出了他心中因正在见证一起如此具有划时代意义的事件而产生的敬畏之情。他在审讯开始时写道："法庭里的观众今天都知道，他们有意识地参与了当代历史的形成过程。"来自四大战胜国——美国、英国、法国和苏联——的法官"依次入席，做出了世界上首次将国际法当作真实有效的国家间法律的尝试"。[32]

59　　在身处纽伦堡的美国大兵间，伯森经常能听到有人嘟囔说，没有必要进行这些审判，因为将纳粹高层迅速处决要快捷、简便很多。伯森在广播稿中反驳了这种看法，引用了纽伦堡审判美国首席检察官、美国最高法院法官罗伯特·H. 杰克逊（Robert H. Jackson）的论证："我们永远也不能忘记，今天我们审判这些被告的记录将成为明天历史评判我们的依据。"或者就像伯森在他的广播稿中所说的那样："我们不想采用纳粹的方式……'把他们带出去枪决'……因为我们的制度并不是私刑制度。我们将依照证据来执行惩罚。"

近 70 年后，伯森——他后来成为大型全球性公关企业博雅公共关系公司（Burson-Marsteller）的联合创始人——在回望过去时承认："我的广播稿中带着些许如今的我可能不再拥有的天真。"这种天真尤其体现在他当时相信新成立的联合国会在未来防止类似的罪行再次发生。不过他仍然相信，对纽伦堡的战略产生巨大影响的杰克逊当时真心实意地致力于"在胜利者审判失败者时给予被告尽可能公正的审判"，还想要创立新的国际司法准则。

经验更为丰富的记者，包括威廉·夏伊勒（William Shirer）、沃尔特·李普曼以及约翰·多斯·帕索斯（John Dos Passos）这样的名人，最初也曾抱有相当强的怀疑情绪。正如伯森所说："这只不过是一场表演，不会持续太长时间，他们中的大多数人无论如何都会被绞死。"而且在美国国内，审判中的一幕幕闹剧所引发的不仅是怀疑，通常还有直截了当的反对，无论对政治图谱中的哪一方而言都是如此。

米尔顿·迈耶（Milton Mayer）在为《进步》（The Progressive）杂志撰写专栏文章时写道："复仇无法让饱受折磨的死者复活"，来自被解放的集中营的证据"在美国司法实践中一般不足以判处被告死刑"。[33]批评家詹姆斯·阿吉（James Agee）甚至在《国家》（The Nation）杂志中暗示，来自达豪集中营的录像是宣传机器的夸张手法。在国际军事法庭已宣布判决结果但绞刑还未实施时，美国共和党参议员罗伯特·A. 塔夫特（Robert A. Taft）宣称："整场审判都体现了一种复仇的态度，而复仇很少是正义的。"他还补充说，对 11 名被判 60

死刑的被告实施绞刑"会成为美国历史上的一个污点，我们将长久地为此感到后悔"[34]（如前文所述，最终只有 10 人被绞死，因为戈林自杀了）。

就连将这些审判视作朝着建立国际司法新规范迈出的重要第一步的那些人，也承认他们怀疑过这些审判的价值所在。发明了"种族灭绝"一词的波兰律师拉斐尔·莱姆金宣称："对德国战犯的惩罚让人产生了一种感觉，那就是无论在国际生活还是在公民社会中，犯罪都不应有好下场。但从纯粹的司法角度来说，这些审判造成的结果是远远不够充分的。"[35]他持之以恒的游说最终使得联合国大会在 1948 年正式通过了《防止及惩治灭绝种族罪公约》（Convention on the Prevention and Punishment of the Crime of Genocide）。

纽伦堡的法律团队中的许多成员没有时间思考这些审判更深层次的重要性。费伦茨一直说："纽伦堡的一系列审判的历史价值很少被参与其中的人理解。我们之中有许多人非常年轻，享受着胜利带来的快感，以及新冒险带来的兴奋感。"[36]在审判期间，人们甚至能在附近一带感受到节日般的氛围。驻扎在法兰克福的美国年轻犹太士兵赫尔曼·奥伯迈耶此前曾与行刑人约翰·伍兹共事，他前来旁听了一天对戈林和其他被告的审判。就在那天晚上，他观看了前来劳军的无线电城火箭女郎舞蹈团（Radio City Rockettes）的表演。[37]

然而，对于那些更长时间地参与了审判的人来说，即使审判的长期影响尚不明朗，他们也很难忽视这其中的重要性和象征性意义。杰拉尔德·施瓦布（Gerald Schwab）在 1940 年与他的犹太家人一道逃离德国，迁居美国，随后穿上美军军装，在意大利的战役中充任机枪手。后来，他的上级指派他为被俘德军做翻译。刚一退伍，他就报名申请了纽伦堡的类似文职岗位。他回忆说："我觉得这很美好，因为你能感到自己正在参与历史性事件。"[38]

施瓦布通常不会向被告透露他的德裔犹太人背景，他感觉他们需要思考的东西已经足够多了。不过当他与正在等待出庭作证的德国陆军元帅阿尔贝特·凯塞林（Albert Kesselring）同处一室时，这位资深的德国指挥官向他问道，他是在哪里学会说德语的。施瓦布解释了自己的身世和他的家人在最后时刻的逃亡。凯塞林说："来到这里一定让你非常满足。"施瓦布回答说："你说的没错，陆军元帅。"

在德国人中最普遍的一种抱怨是，这些审判不过是胜利者的正义而已。费伦茨对这种说法予以断然回击："不，它们不是。如果我们想要胜利者的正义，那么我们会直接把约50万德国人拖出去枪毙了。"他接着说，复仇不是动机；相反，目标是"展示复仇究竟有多可怕，以威慑其他人不要做同样的事"[39]。

在向国际军事法庭做出的开庭陈述中，首席检察官杰克逊指出了这些审判所取得的真正成就："因胜利而备感振奋但也因战争而伤痕累累的四大国放下了复仇之手，自愿将被俘的敌人交由法律裁决，这是权力向理性献上的最重要的礼物之一。"[40]鉴于审判前已经实施的报复行动的规模，尤其是苏联士兵所采取的报复行动的规模，杰克逊的话有可能会被斥为过于自满之言。但这么想是不对的。杰克逊的话之所以在很大程度上是正确的，正是因为"复仇之手"是如此的强力，并且有可能变得更为致命。

法律团队的其他成员强调说，这些审判无论有多不完美，都是必要和成功的。他们的话也是正确的。惠特尼·R.哈里斯（Whitney R. Harris）是负责起诉被告席中级别最高的纳粹安全部门官员恩斯特·卡尔滕布鲁纳的主诉检察官，他写道："从未有任何一个好战国家的档案像纳粹德国的档案在纽伦堡审判中那样，被如此彻底地曝光。其结果是历史上前所未有的一份关于大型战争的史实记录。"[41]德国战败后负责德国重建的高级专员卢修斯·D.克莱将军说："这些审判完成了对德国纳粹主义的摧毁。"[42]

在接下来的几十年里，费伦茨开始相信，尽管这些审判惩罚的仅仅是应当为第三帝国的罪行负责的人中的一小部分，因而只具有象征性意义，但它们仍然为"人类良知的逐渐觉醒"做出了贡献。或许现实情况的确如此，但是还有一个更有说服力的论点可以支持这些审判，它体现在所有致力于推动审判取得成功的人的行动中。曾逃亡至美国后又作为杰克逊的起诉团队成员返回德国的犹太律师罗伯特·肯普纳（Robert Kempner）将这一论点清楚地表达了出来。他说："如果没有这些审判，那么所有人的死就没有任何意义，没有人会为此负责，而这种事还将再次发生。"[43]

事实上，在达豪和纽伦堡进行的审判远远不是将纳粹绳之以法的努力的终章。在未来的几十年里，追踪、起诉或者至少是曝光其他纳粹分子还将被证明是必要之事。而且同样有必要去持续不断地教育公众，无论是德国还是其他国家的公众，因为他们越来越渴望将注意力转向其他领域。

这些审判还远远没有回答从纳粹时代引申出的所有问题。最关键的是，最重要的几个问题仍然悬而未决。穆斯曼诺法官回忆起他在纽伦堡的经历，对这些问题进行了概括。

"我本人在特别行动队审判中面临的最大问题并不是决定被告有罪与否。随着审判临近结束，这一问题逐渐开始自行解决。让作为人类的我感到困惑的是，受过如此良好教育的人如何以及为何如此彻底地走上了歧途且走得如此之远，远到他们彻底偏离了儿时受到的教育，失去了对诚实、慈善和心灵纯洁等《圣经》美德的尊崇。他们难道完全忘却了这些教导吗？他们难道再也意识不到道德准则了吗？"[44]

这些问题还将一次又一次地被提起。

第五章 兄弟的守护者

一个德国人会在红灯亮时在路边等待，在绿灯亮时穿过马路；他即使很清楚有一辆违反交通规则的卡车或许正在快速冲向他，即将把他压死，也会义无反顾地继续走下去，而且会觉得自己是作为一个优秀的德国人死去的。[1]

——美国记者威廉·夏伊勒在 1940 年 1 月 25 日的
日记中引用的一位德国女性的话，后者因自己的
同胞愿意追随希特勒而愤怒不已

最初把将纳粹绳之以法奉为自身使命的许多人都不是犹太人，其中最著名的包括纽伦堡审判的首席检察官罗伯特·H. 杰克逊和特尔福德·泰勒、特别行动队一案中的迈克尔·穆斯曼诺法官以及达豪审判的首席检察官威廉·登森。不过，无论在纽伦堡的审判还是在达豪的审判中，起诉团队中的其他成员都是犹太人，例如本亚明·费伦茨，或者是犹太人大屠杀的幸存者，如西蒙·维森塔尔和托维阿·弗里德曼。这绝非偶然。他们都迫切地想要以任何力所能及的方式来帮助胜利者抓捕和起诉有罪之人。他们的动机几乎不需要任何解释。

不过，作为人们能够想到的几乎最早的纳粹猎人，扬·泽恩属于另一个完全不同的类别。直到今天，他都不太为外界所

知，连他的波兰同胞对他也不甚了解。在华沙的民族纪念研究会（Institute for National Remembrance）和华盛顿的大屠杀纪念馆档案室里，有无数份由他作为侦讯法官签署的集中营幸存者证词。他还第一次详细记述了奥斯维辛集中营的历史沿革、组织形式、医学试验以及毒气室，而奥斯维辛集中营的名字已经成了犹太人大屠杀的同义词。[2]

泽恩安排了对集中营指挥官鲁道夫·霍斯的审判［请勿与希特勒的副手鲁道夫·赫斯（Rudolf Hess）相混淆，赫斯在纽伦堡审判中被判处终身监禁］，霍斯在1947年4月16日走上了奥斯维辛"死囚区"的绞刑架。他的绞刑被刻意安排在那个地方，因为他的众多受害者此前正是在那里被他处死的。最重要的是，泽恩说服霍斯在行刑前将自己的故事写了下来，留下了一份到今天都仍可以说是十分重要的卷宗，它让人们能够一窥人类历史上最令人不寒而栗的大屠杀凶手之一的思维方式。不过，这份回忆录在有关第三帝国罪行的浩瀚卷宗中经常被忽视，它所产生的影响也基本上被遗忘了。

泽恩及其留下的遗产受到的关注之所以如此之少，或许是因为他没有记录任何个人化的东西：没有任何日记、回忆录，甚至连以任何形式描写他自己的文章都没有。他的作品都是严格意义上的报告和谈话记录，它们的依据是他作为希特勒在波兰罪行高级调查委员会（High Commission for the Investigation of Hitlerite Crimes in Poland）、波兰调查德国战争罪行军事委员会（Polish Military Commission Investigating German War Crimes）的成员，当然还有霍斯案审判及对奥斯维辛集中营其他工作人员（包括党卫军军官在内）的后续审判的侦讯法官，所搜集到的证词和其他证据。他还曾负责起诉克拉科夫（Kraków）

的普瓦舒夫（Płaszów）集中营中的虐待狂指挥官阿蒙·格特（Amon Göth），斯皮尔伯格拍摄的《辛德勒名单》曾提到这个人。[3]或许如果泽恩没有在 1965 年以 56 岁的年纪去世的话，他会讲述更多有关他自己的故事。

不过他也可能不会。泽恩之所以一直专注于自己的工作而非他的个人经历，有一个重要的原因：他相信自己有需要隐藏的东西，直到走到生命的终点，他都没有向关系最亲近的同事透露分毫。

65　　泽恩家族是德裔，这一点并非秘密，不过其确切起源始终不甚明朗。在一个边界和所属帝国不断变化的地区，这种情况并不少见。1909 年，扬·泽恩出生于一个名为图舒夫（Tuszów）的加利西亚村庄，这个村庄如今位于波兰东南部，但在当时是奥匈帝国的一部分，当地人家的日常用语既有德语也有波兰语。扬·泽恩的侄孙阿图尔·泽恩（Arthur Sehn）出生在半个世纪后，他曾试图探索自己的家族历史。他相信泽恩家族是 18 世纪末受神圣罗马帝国皇帝约瑟夫二世（Joseph Ⅱ）的劝诱而迁居此地的德国殖民者的后裔，当时，约瑟夫二世统治下的哈布斯堡王朝的领土囊括了波兰南部大部分地区。俄国、普鲁士和奥匈帝国对波兰领土的多次瓜分使得这个国家从地图上消失了一个多世纪。[4]

在一战结束后，波兰重新作为独立国家出现在世界舞台。泽恩家族的大部分人留在了波兰东南部的农业区，继续以务农的方式过着体面的生活。不过从 1929 年到 1933 年，扬·泽恩离开家乡前往克拉科夫，在雅盖隆大学（Jagiellonian University）攻读法学学位，这段经历帮助他开启了法律领域的职业生涯。从 1937 年起，他开始在克拉科夫法院的调查科工作。他的一名前同事回忆说，扬·泽恩立刻就展现出了"对于刑事科学的热情"。[5]但是两年后，德国入侵波兰，标志着第二次世界大战爆发，他不得不将一切都搁置起来。

在战争期间，泽恩留在了克拉科夫，在当地餐厅协会找到一份"秘书"工作。没有证据表明他与波兰地下抵抗运动有联系，或者曾有与德国占领当局相关的通敌行为；他所做的不过是设法活过长达六年的德占期而已。不过，泽恩家那些继续留在波兰东南部务农的成员的经历非常不同。

扬的兄弟约瑟夫（Józef）居住在同样位于波兰东南部的一个名叫波布洛瓦（Bobrowa）的小村庄。他在德国占领波兰后不久做了一个重大决定。德国占领军采取的早期行动之一是鼓励"德意志裔人"（Volksdeutche），也就是波兰的德裔公民，登记成为德意志民族。他的孙子阿图尔也就是那位家族史专家发现了相关档案，显示约瑟夫迅速地将自己的整个家庭，包括他的妻子、三个儿子以及父亲，都登记成了德意志民族。我们几乎可以肯定，约瑟夫在经过一番精心算计后，决定站在胜利者的一边以保全自己和家人。不久后，作为德意志裔，他被任命为所在村庄的村长。

当德国战败的迹象日渐明显、德军不断后撤时，约瑟夫从村庄里消失了，连他的三个儿子当时都不知道他身上到底发生了什么。他的一个儿子也叫约瑟夫，小约瑟夫曾回忆说："孩子们什么都不被允许知道。"[6]两个儿子被送往克拉科夫，与他们的叔叔扬·泽恩及其妻子一起待了数月。多年后他们才知道，他们的父亲逃到了波兰东北部，隐姓埋名地在一个与世隔绝的社区当起了护林人——用阿图尔·泽恩的话说，"距离文明社会越远越好"——直到他 1958 年去世。他甚至下葬时用的都是假名。在余生中，他一直担心波兰新政府会把他当作通敌者施以惩罚。

尽管约瑟夫和扬·泽恩从很早起就步上了不同的人生道路，但扬明显对于自己兄弟在德占期扮演的角色了如指掌。他在战争末期愿意收留约瑟夫的两个儿子正说明了这一点。约瑟夫和扬还有一个妹妹，这位妹妹似乎与逃亡在外的兄长保持着间接的联系，她很可能还一直向扬告知约瑟夫的消息。

扬·泽恩和其妻子膝下无子，但这并没有让他们成为好说话的养父母。他的侄子小约瑟夫回忆说："他非常严厉。"当听到妻子说侄子可能有不当行为时，扬会毫不犹豫地用一种老派的方式惩罚他们——用皮带抽打。不过，他还是帮助小约瑟夫在克拉科夫的一间餐厅里找到了一份临时性工作，并在后者及其兄弟最需要帮助的时候为他们提供了庇护。

甚至在战争彻底结束前，扬·泽恩就已经开始寻找足以指控德国人的证据了。他在克拉科夫的年轻邻居玛利亚·科兹沃夫斯卡（Maria Kozłowska）后来在法医研究院工作，泽恩从1949年起直到去世前都在该研究院担任院长。她回忆说，在弗罗茨瓦夫（Wrocław）或者说布雷斯劳（Breslau，这是这座城市被并入波兰前的名字），"他在闷热的废墟里寻找档案。他走遍波兰各地只为寻找证据"。[7]

67　　科兹沃夫斯卡和后来与扬·泽恩共事的其他人一直都以为，是在对法律和正义的热情的激励下，他才凭借如此强的决心和毅力搜集纳粹的犯罪证据，还原了一个又一个的案件，将许多通敌者送上了绞刑架。他全身心地致力于帮助新生的波兰从德占期遭受的破坏以及蒙受的约 600 万人口（约占波兰战

前人口的 18%）的损失中恢复。在死去的人中，有约 300 万
是波兰犹太人，占战前波兰犹太人总数的近 90%。[8]

　　以上这些都能很好地解释为什么他如此专注于自己的使
命，但这并非全部答案。尽管泽恩的同事知道他的祖先来自德
国（他的姓本身就清楚说明了这一点），但他们没有理由认为
这是一个动机。许多波兰人的家世都有着类似的复杂成分，这
让泽恩家族看起来没什么特别的，虽然前提是其最近的家族历
史没有引起注意。科兹沃夫斯卡知道他有一个妹妹住在弗罗茨
瓦夫，但不知道任何与他那个消失无踪的兄弟有关的事。她肯
定也不知道约瑟夫在德占期以及德国战败后的个人经历。

　　这绝非偶然。钻研了家族历史的阿图尔不愿就他叔祖父的
动机给出任何确切的说法，不过阿图尔怀疑，扬·泽恩所隐瞒
的有关他兄弟的秘密——波兰的新统治者肯定已经对此有所知
晓——也是促使他积极寻求正义的一个因素。阿图尔说："或
许他迫切地想要站在正确的一边，进行公开谴责。这也许会被
视为机会主义行为，但也可能他的动机其实很清白、很
纯粹。"

　　无论他的动机是什么，扬·泽恩很快就取得了戏剧性的
结果。

＊　　＊　　＊

　　鲁道夫·霍斯从 1940 年奥斯维辛集中营在他的监督下建
成到 1943 年底一直是那里的指挥官。集中营的前身是一座位
于奥斯维辛市（Oświęcim，德语中拼作 Auschwitz）附近的波
兰陆军军营，其主营地在 1940 年 6 月接收了第一批被运送至
此的波兰人，他们共有 728 人。这些人都是波兰政治犯，都与　68

抵抗运动有联系。大多数人是天主教徒，因为对犹太人的驱逐此时尚未开始。

正如前政治犯齐格蒙特·高达辛斯基（Zygmunt Gaudasiński）所指出的那样："这座集中营的设立是为了摧毁波兰社会中最有价值的部分，而德国人在这一点上取得了一定程度的成功。"部分因犯，例如高达辛斯基的父亲，遭到了枪杀。酷刑司空见惯，这里早期的死亡率非常高。对那些没有很快死去的早期因犯来说，一旦他们被分配了工作，例如在厨房、仓库和其他地方劳作，他们的生存概率就开始不断增加，且这些工作为他们提供了日常的庇护。在被送往奥斯维辛集中营的 15 万波兰政治犯中，有 7.5 万人死在了营中。

1941 年 6 月德国入侵苏联后，苏联战俘也被送往奥斯维辛。党卫军头目海因里希·希姆莱（Heinrich Himmler）预见到大量战俘的拥入，因此制订了集中营的扩张计划，在两英里外的比克瑙（Birkenau）建造了第二座大型营地。第一批战俘被派去建造新的设施，他们的工作条件极其恶劣，其程度甚至让已经久经折磨的波兰政治犯都感到可怕。曾在战俘医务室做护士的米奇斯瓦夫·扎瓦茨基（Mieczysław Zawadzki）说："他们的待遇比其他任何因犯都要差。"食物只有萝卜和少量的面包，他们一个又一个地因饥饿、暴晒和殴打而倒下。扎瓦茨基回忆说："他们是如此的饥饿，以至于会从停尸房的尸体上切下屁股肉然后吃掉。后来，为防止他们进去，我们把停尸房锁了起来。"

大部分苏联战俘很快就死去了，且没有新的战俘抵达，于是希姆莱指示霍斯做好准备，以便集中营能在对欧洲犹太人实施"最终解决方案"的过程中发挥主要作用。在阿道夫·艾希曼的协调下，来自欧洲各地的犹太人不断被运抵这里，将奥斯维辛－比克瑙集中营变成最为"国际化"的一座集中营。尽管它仍然是劳改营和死亡集中营的复合体，但这里很快就成为犹太人大屠杀中规模最大的死亡工厂，其中比克瑙的毒气室和焚化炉一直在满负荷运转。在这里死去的遇难者超过了100万人，其中90%是犹太人。

1943年底，霍斯被调任为集中营督察员，这意味着他失去了奥斯维辛集中营指挥官的职务。不过不久后，他就被派回奥斯维辛，准备在1944年夏天迎接超过40万匈牙利犹太人的到来。这批犹太人是运抵奥斯维辛的最大规模单一国家犹太人群体（大多数波兰犹太人早在奥斯维辛－比克瑙集中营满负荷运转前就已经在其他死亡集中营里被杀死了），而这次行动执行得非常成功，霍斯的上级和同僚甚至因此将这一行动称作"霍斯行动"（*Aktion Höss*）。[9]

1945年4月，苏联军队攻入柏林，希特勒选择自杀。霍斯后来写道，他和妻子黑德维希（Hedwig）曾想追随元首而去。他哀叹道："元首走了，我们的世界也消失了。继续活下去还有什么意义？"[10]他拿到了毒药，不过随后又声称为了他们的五个孩子决定放弃这个想法。取而代之的是，他们前往德国北部，在那里分头行动以防暴露身份。凭借一个名叫弗朗茨·朗（Franz Lang）的已故年轻水手的名字和证件，霍斯前往叙尔特岛（Sylt）上的海军情报学校报到。[11]

英军占领这所学校后，将教师迁往汉堡北部的一个临时营地内。胜利者们将高级军官单独挑出送往监狱，却对他们认为是弗朗茨·朗的人没怎么关注。霍斯不久后就被释放了，开始在丹麦边境附近的村庄格特鲁佩尔（Gottrupel）的农场里干活。他在那里的一座谷仓里住了八个月，勤勤恳恳地工作，没有在当地人中间引起任何怀疑。黑德维希和孩子们住在约 70 英里外的圣米夏埃利斯东（St. Michaelisdonn），他因而偶尔能通过间接的方式联系他们。[12]

这最终成了霍斯落网的原因。1946 年 3 月，曾在战前逃往伦敦并加入英军成为战争罪行调查人员的德裔犹太人汉斯·亚历山大（Hanns Alexander）中尉发现了这家人的踪迹，并且相信他们已知道这位前指挥官藏身何处。当地的英国军队已经开始监视这家人，而且他们发现了一封霍斯写给妻子的信，这促使他们将她送进当地的一间监狱。亚历山大对黑德维希严加拷问，试图获得她丈夫的消息，但她拒绝吐露半个字。在把母亲关起来后，亚历山大又去见了他们的孩子。

70 他们同样拒绝透露父亲藏身何处，甚至当沮丧的亚历山大威胁说，如果他们不主动提供消息，他就要杀死他们的母亲时，他们也不为所动。[13]

战争刚一爆发，亚历山大就加入了英军，迫切地想要在与自己的祖国为敌的战斗中提供帮助。战斗结束后，作为一名代表英国的纳粹猎人，他不打算轻易放弃。霍斯 12 岁的儿子克劳斯（Klaus）在亚历山大的威胁下颤抖得最为明显，因此亚历山大决定将他带回他母亲正被关押的监狱，但他们被关在不同的牢房内。

最初，黑德维希仍不屈服，宣称她的丈夫已经死了。不过亚历山大亮出了一张王牌来击垮她的意志。一列火车被开到了监狱附近，好让她清楚地听到它的声响，紧接着，他对她说，克劳斯即将被送上火车，运往西伯利亚，她再也别想见到她儿子了。仅仅过了几分钟，黑德维希就坦白了她丈夫的藏身地以及正在使用的假名。亚历山大随后带领突击队于 3 月 11 日晚上在一座谷仓内将他抓获。如果说此前对于霍斯的真实身份还有任何怀疑的话，也被他的结婚戒指打消了。亚历山大威胁他说，如果不交出戒指，就把他的手指剁下来，于是这位前指挥官乖乖地交出了戒指，戒指上刻有"鲁道夫"和"黑德维希"的字样。

与许多早期纳粹猎人一样，亚历山大还没太准备好让军事司法体系来接管一切。他故意离开自己的手下，告诉他们说他会在 10 分钟后回来，并且回来后他要看到霍斯"毫发无损"地待在车里。士兵们知道他们已经得到许可，可以进行一些报复，于是过了没一会儿就开始用斧头柄打他。等到一切都结束时，霍斯已经被脱掉了内衣并且遭到了殴打。他身上裹着一床毯子，没穿鞋袜，被塞进一辆卡车运回城里。[14] 当亚历山大和他的手下在酒吧里庆祝成功时，霍斯却在苦苦等待。作为最后的羞辱，亚历山大扯掉了霍斯的毯子，命令他光着身子走过仍然覆盖有积雪的广场，前往监狱。

在英国人对霍斯进行了初次审讯后，盟军决定将他送往南方的纽伦堡，那里的大型审判已经进行了四个月之久。美国陆军精神科医生莱昂·戈尔登松（Leon Goldensohn）在霍斯 4 月初抵达纽伦堡后获准审讯这个新犯人，他对自己在进入霍斯的牢房隔间时看到的情景印象非常深刻。戈尔登松回忆说："他端坐着，双脚放在一盆冷水里，双手在大腿上不断地揉搓。他说自己生了两周的冻疮，在冷水里泡脚能帮他缓解疼痛。"[15]

随着对更资深的纳粹官员的审判继续进行，这个略显可怜的 46 岁男子突然发现自己变得"很受欢迎"。即使这所监狱里关押了一些史上最臭名昭著的罪犯，这位奥斯维辛集中营的

71

前指挥官仍然受到了特别的关注，尤其是那些负责检查希特勒手下刽子手的精神状态的人的关注。

＊　　＊　　＊

作为美国起诉团队中一员的惠特尼·哈里斯毫不费力地引导霍斯坦白了一切。据哈里斯说，霍斯"十分安静，其貌不扬，态度上非常合作"。[16]刚开始坦白时，他就丢下了一枚重磅炸弹。他估计"那里（奥斯维辛集中营）的至少250万个受害者是在毒气室和焚烧炉中被处决和消灭的，还有至少50万人因饥饿和疾病而死，总死亡人数约为300万"。[17]

霍斯后来对戈尔登松说，艾希曼曾将这些数字报告给希姆莱，不过它们有可能"太高"了。[18]实际上，这些数字最终被证明略含夸张成分，不过奥斯维辛集中营遇难者的真实人数已经足够吓人了。如今人们普遍认为这一数字在110万到130万之间。[19]无论如何，当霍斯在国际军事法庭上作证，重复他在供词中向哈里斯提供的数字时，他的话让在场的每一个人都惊呆了，即使是被告席中的纳粹高官也不例外。希特勒在波兰占领区的总督汉斯·法郎克对美国精神科医生 G. M. 吉尔伯特说："那是整场审判中最让人难受的时刻——听到一个人从嘴里说出他冷血地消灭了250万人。这件事将会被人们谈论一千年。"[20]

霍斯的讲述方式也让他的听众不寒而栗。他描述了自己是如何有条不紊地执行命令，将奥斯维辛集中营扩张成一个高效的死亡集中营的。毫无疑问，他知道这些命令意味着什么。在供词中，他宣称"犹太人问题的'最终解决方案'意味着彻底消灭欧洲的所有犹太人"。

　　他详细叙述了自己是如何测试新建成的毒气室的："在不同的气候条件下，杀死毒气室里的人需要耗时 3～15 分钟不等。我们之所以知道里面的人是在什么时候死去的，是因为到那时他们的喊叫声就停止了。"他还明显有些自豪地谈起自己在管理奥斯维辛期间主持的"改进"，即有四间毒气室每间都能够容纳 2000 人，而此前位于特雷布林卡（Treblinka）灭绝营的毒气室每次只能容纳 200 人。

　　他说，与特雷布林卡相比，另一个"改进之处"是，特雷布林卡的大部分受害者知道自己即将面对什么，而"奥斯维辛集中营千方百计地愚弄受害者，让他们以为自己要经历的是除虱程序"。但他承认，要想防止关于集中营真正目的的消息传播出去，他们除了这样做外也没什么别的好办法。他指出，"持续焚烧尸体造成的令人作呕的恶臭弥漫了整片区域，住在周围村庄的所有人都知道奥斯维辛集中营正在进行人口灭绝工作"。[21]

　　霍斯并未在纽伦堡接受审判，因为此时已太迟，美国人决定让他作为证人而非被告出庭，认为他能够提供更多证据来协助起诉纳粹高官。党卫队国家安全部部长恩斯特·卡尔滕布鲁纳的辩护律师做出了一个被首席检察官泰勒将军称作"非同凡响"的决定——让霍斯站上证人席为他的委托人作证。[22]这位律师想要让霍斯证实，卡尔滕布鲁纳尽管对制造恐怖和大屠杀的整个机制负有总体责任，但他从未造访奥斯维辛集中营。在这个问题以及其他一些似乎无足轻重的细节上，霍斯都进行了配合。但他的证词所产生的总体效果恰恰为锁定卡尔滕布鲁纳以及其他最终获判死刑之人的命运提供了帮助。

惠特尼·哈里斯总结说，霍斯由于在奥斯维辛扮演的角

73　色，成为"历史上的头号杀人犯"，而且他在执行杀人任务时显然没有经历任何情感波动。哈里斯补充说："他没有任何道德准则，他在收到屠杀人类的命令时的反应，跟他收到砍树的命令时没两样。"[23]

在纽伦堡先后与霍斯交谈，试图分析其性格特征的那两名美军精神科医生得出了类似的结论。在第一次会面中，霍斯"平静、冷淡、没有一丝感情的语调"立刻就给 G. M. 吉尔伯特留下了深刻印象。[24]这位精神科医生试图逼迫霍斯解释他是怎么做到杀死这么多人的，而这位前指挥官完全从技术角度回答说："这并不难，消灭更多的人都不难。"接下来，他解释了每天杀害 10000 人的数学原理。他补充说："杀人本身耗费的时间是最短的，半个小时就能除掉 2000 人；真正花时间的是焚尸过程。"

吉尔伯特再一次施压，要求他回答在希姆莱告诉他希特勒下令执行"最终解决方案"时，为什么他没有保留意见或者感到任何不安。他回答说："我没什么可以说的；我只能说'遵命'（Jawohl）。"他难道不能拒绝执行这一命令吗？霍斯继续说："不能，在我们经历的所有训练中，拒绝执行命令的想法从未进入过任何人的脑子里。"他声称，任何拒绝执行命令的人都会被绞死。他也从来没有想过会因为自身行为造成的后果而被追究责任。"你看，在德国，人们都理解，如果有什么事错了，那么只有下达命令的人才会被追究责任。"吉尔伯特又做了一番努力，问起了有关主观因素的问题。霍斯打断了他的话："这里面没有主观因素。"

在面对莱昂·戈尔登松时，霍斯给出了类似的解释，不过

用语甚至更为惊人："我曾以为自己在做一件正确的事。我当时只是在服从命令。当然，我现在理解这是完全没有必要且错误的事了。但我不理解你所说的为这事感到不安，因为我从来没有亲手杀过任何人。我只不过指挥了奥斯维辛集中营的灭绝计划。那是希特勒通过希姆莱下达的命令，而运送犹太人的命令则是艾希曼给我下达的。"[25]

霍斯表示，他知道两位精神科医生正在试图为他进行分类。他在另一次会面中对吉尔伯特说："我猜你想通过这种方式了解我的思想和习惯是否正常。"随后他给出了自己的回答："我完全正常。甚至在从事人口灭绝工作时，我也过着正常的家庭生活，做着其他正常人会做的事。"

74

他们的对话变得越来越超现实主义。当吉尔伯特向他问起他与妻子的性生活时，他回答说："这个，刚开始很正常，不过在我妻子发觉我的工作究竟是什么之后，我们就很少有性交的欲望了。"

他对吉尔伯特说，自己可能做了件错事的想法一直到德国战败后才出现在他的脑海中。"以前从来没有人说过这些，至少我们从来没有听到。"霍斯将要前往的下一站是波兰，美国人决定用飞机将他送回华沙，把他交给波兰政府审判。这位前指挥官意识到这将成为他的最后一趟旅程，但似乎已没什么能够改变他了无生气的神态了。

吉尔伯特在结束与这个阶下囚的会面后总结说："他太冷漠了，没有丝毫的忏悔，甚至可能被绞死的前景都无法让他感到过度伤悲。他给人留下的大体印象是一个智力上正常，但是精神分裂、情感淡漠的人。他感觉迟钝，缺少同情心，即使是在精神严重失常的患者中，也很难找到比他更加极端的例子。"

* * *

扬·泽恩为准备部分奥斯维辛集中营幸存者的证词提供了协助，并把它们交给了纽伦堡的起诉团队。他后来还继续工作，为在波兰审判霍斯以及奥斯维辛集中营的其他相关人员奠定了基础。[26]等到能够在克拉科夫细细审讯这名前指挥官时，泽恩已经积累了大量足以将霍斯定罪的证词。不过他前所未有地渴望从这个国家最臭名昭著的阶下囚的口中得到一切供述。

泽恩的侄子和同僚在与泽恩接触不久后就发现，他是一位严厉的监工。当他在职业生涯晚期出任法医研究院——这座研究院位于一栋他专门购置的 19 世纪的华美别墅内——的院长时，他成了一个死抠细节的老顽固。他会每天检查，确保员工们早上 8 点准时抵达，并且训斥任何没有准时赶到的人。但他也会向需要帮助的员工及时伸出援手。索菲亚·科沃波夫斯卡（Zofia Chłobowska）回忆说，有一天早上她因为儿子住院而迟到。在她解释了自己的情况后，泽恩坚持要求她每天早上使用研究院的车和司机去看望她的儿子，直到她儿子出院。[27]

这位衣冠楚楚、相貌英俊的法学家曾经在雅盖隆大学教授法学课程，因此经常被手下员工称作"教授"。尽管这一称呼体现了一种带有疏离感的尊重，但他毫不费力地与克拉科夫的精英阶层以及他的下属打成了一片。作为一个老烟枪，他在接待访客时几乎总是拿着一根放置在玉制或者木制烟嘴里点燃的香烟，而且经常伸手到办公室的柜子里拿出一瓶经过精挑细选的伏特加来招待客人。当像法医研究院药理学家玛利亚·帕什科夫斯卡（Maria Paszkowska）这样的员工拿出一瓶自酿酒时，他会很乐意参与办公室的品酒活动。大部分自酿酒是在研究院里酿造的，使用的是草莓、樱桃、梅子或者其他当季材料。

自从于 1946 年 11 月开始对霍斯的审讯，泽恩始终以一种礼貌的态度对待霍斯。他的目标是搜集一切与奥斯维辛集中营运作方式有关的信息，以及与霍斯的个人经历有关的信息。与美国精神科医生一样，他想要理解这个史上最大规模杀人工厂的负责人的性格。他早上经常让人把这名前指挥官从监狱带到他的办公室，并在中午时分结束审讯。

泽恩在报告中心满意足地写道，霍斯"心甘情愿地做供述，对于调查人员提出的所有问题都给出了详尽的回答"。[28] 即使霍斯对于泽恩提出的要求，即写下自己能够记起的一切曾有所疑虑，这些疑虑也很快就被打消了。在泽恩这位法官的问题的引导下，霍斯在下午，且通常在吃了泽恩自费提供的午餐后，写下大量内容。泽恩在报告中写道，审讯隔几天进行一次，在中间的这段时间，"他还会自觉地写一些东西，尤其是一些他在审讯间隙注意到的让审讯人员感兴趣的东西"。

随着与绞刑师会面的日期越来越近，霍斯向泽恩提出请求：在他死后将他的婚戒，就是在战争结束时令他在英国搜查队跟前暴露身份的那枚戒指，交给他的妻子。泽恩同意了。这名前指挥官说："我必须承认，我从来没有想过被关押在波兰时，他们给我的待遇会如此得体而周到。"[29] 他还欣然接受了泽恩布置的写作任务。他写道："这种工作让我能够从无用而令人萎靡不振的自怨自艾中脱身数小时。" 他认为，这种写作"既有趣又令人满足"，每天晚上他都能因此产生"一种满足感，那就是我不仅又度过了一天，而且做了一件有用的事"。[30]

这件"有用的事"最终为霍斯的自传奠定了基础。他的自传在他被绞死的四年后，即1951年首次出版。

*　　*　　*

霍斯在他那本后来以德语、英语等语言出版的回忆录的开头写道："在接下来的纸页上，我要试着讲述我内心最深处的故事。"他描写了孤独的童年时光，那是在巴登巴登（Baden-Baden）郊区一处树林附近的人迹罕至的农舍里度过的。他回忆说："唯一的知己是我的小马驹，我很肯定它非常理解我。"他不想花时间与妹妹们待在一起，而且尽管他声称自己的父母是"互敬互爱"的夫妻，但他们从未表现出任何相互爱慕的迹象。[31]

他写道，他被禁止独自进入树林，"因为在我小时候，曾有几个路过的吉卜赛人发现我独自玩耍，然后把我带走了"。按照他的描述，一个与他们家熟识的农夫在路上遇到了这些吉卜赛人，认出了他，于是把他送回了家。

不需要成为心理学家也能意识到，这段家庭往事无论真实与否，都向他灌输了一种想法，即外面有一些有邪恶意图的危险陌生人。他接下来的成长经历包含了他父亲为他制订的成为神父的计划。他的父亲是虔诚的天主教徒，曾服役于德属东非，退役后从事销售工作，经常离家外出。不过后来，自他们举家家迁居曼海姆（Mannheim）后，他外出的次数就大幅减77少了。在能够花更多时间陪伴儿子后，他坚持以一种宗教意味强烈的方式教育霍斯，并且向霍斯讲述了传教士在非洲传播的福音。这种教育方式在这个孩子的身上取得了良好的效果。霍斯回忆说："我下定决心，认为自己未来会成为传教士，前往非洲最幽暗的丛林。我受到的教育是，帮助那些有需要的人是最崇高的使命。"

接下来就是可以预见的霍斯对宗教的幻灭，在他的描述中，就好像这一刻能够解释为何他在剩下的人生中选择了那条路。在13岁时，他"无意间"将一个同学推下了学校的楼梯，那个男孩在摔倒过程中扭伤了脚踝。霍斯辩解说，在那之前肯定有成百上千的学生在那些台阶上跌倒过，那位同学之所以受了伤，只是因为他运气不好而已。此外，他立刻去向神父告解他的罪过，"将整件事和盘托出"。聆听告解的神父是他父亲的朋友，那天晚上去他家做客时向他父亲汇报了他的不当行为。第二天，霍斯的父亲因为霍斯没有向自己报告所作所为而惩罚了他。

年轻的霍斯被神父"意想不到的背叛"震惊了，他指出，神父永远都不应该泄露他们在告解中听到的内容，这是天主教的基本信条。他写道："我对神父职业的神圣信仰被摧毁了。"他的父亲在一年后去世。第一次世界大战爆发时，他虽然很年轻，但向往参加战斗。他在16岁时秘密入伍，很快就被派往土耳其，随后又到了伊拉克。在他参与的对阵英印联军的第一场战斗中，他看到同袍被子弹击倒。他承认那时自己因无能为力而"心中充满了恐惧"。不过，随着印度士兵离他越来越近，他克服了自身的恐惧，开枪击中了其中一人。他写道："那是我杀的第一个人！"他还用感叹号来强调自己的自豪。他指出，后来在面对死亡时，他再也没有感受过那样的恐惧。

如果这不是一个未来的大屠杀凶手的故事的话，它就并没有什么特别之处。而这正是重点所在。霍斯将自己描绘成一个普通的青年，因为一头扎进了战争而不得不迅速成长，还受了

78　两次伤。他的伤使他不得不放下防备，克服自儿时起就形成的回避"所有情感表达"的本能。一位负责照顾他的护士最初曾让他感到不安，因为她的"抚摸很轻柔"，但紧接着发生了一些变化。"在她的引领下，一步一步地"，他有了"一段奇妙而意外的经历……最终我也倒在了爱情的魔法之下"。

　　霍斯承认，他永远也无法"鼓足勇气"开始这段恋情，而这对他的思想产生了巨大影响。他写道："这段感情有着无比的柔情和美丽，影响了我的余生。我再也无法轻率地谈论这些事情，没有真正感情的性交对我来说成了难以想象之事。从此我告别了轻浮的挑逗和妓院。"

　　就像霍斯的其他许多叙述一样，他直接忽略了与他为自己刻画的形象相矛盾的任何事情。在奥斯维辛集中营时，他开始对一个名叫埃莉诺·霍迪斯（Eleanor Hodys）的奥地利囚犯给予特别关注，后者是因伪造纳粹证件而被捕的女裁缝，她不是犹太人。有一次，她在他的别墅里干活，而他突然亲吻了她的嘴唇，吓了她一跳，于是她将自己锁进了洗手间。不久后，她就被关进了审讯区的一间牢房里。霍斯开始秘密造访她的囚室，小心翼翼地避免被自己手下的看守发觉。她最初很抗拒，但后来还是屈服了。紧接着，她怀孕了，随后被转移到了一间阴暗、狭小的地下牢房里。她在里面一直被迫全身赤裸，并且只能得到最少量的食物。当她最后被释放时，已经怀孕六个月了，在这位指挥官的指示下，她被送往一名医生那里做流产手术。[32]

　　当然，霍斯在回忆录中对这段肮脏的往事只字未提。在等待处决的过程中，他回望自己的一生，坚信自己的成长故事证明了他是一个有原则的人，而且有几分老派的浪漫情怀。他自豪地指出，自己曾经以 18 岁的低龄在第一次世界大战末期指挥一群年过三十的人，还被授予了一级铁十字勋章。他声称："我在达到法定成年年龄之前很多年，就已经跨入了成年人的行列，无论在肉体上还是精神上都是如此。"

他的母亲在他参战期间去世了，而他很快就与剩下的几位亲属发生了争吵，包括成为他监护人并且仍然希望他当神父的伯父。霍斯放弃了可从父母那里继承的一切遗产，"满心愤怒"地离开了自己的亲属，决定加入巴尔干地区自由军团（Freikorps）中的一支部队。自由军团是一群由退伍士兵组成的准军事部队，他们宣称要捍卫战败的德国的荣誉。他写道："我将独自在这个世界上战斗。"正如他所说，他的新同志都像他一样，"无法适应普通人的生活"。他还在 1922 年加入纳粹党，并表明自己"坚决赞同"该党订立的目标。

他已经做好准备，要不顾一切地去落实自由军团的正义理念。他指出："背叛者就应该被处死，已经有许多叛徒受到了惩罚。"尽管在那个时期，法律运作普遍失常，有无数政治谋杀都未得到惩罚，但政府还是因霍斯在一起政治谋杀案中扮演的角色在 1923 年将他定罪，判处他服 10 年苦役。霍斯仍然执迷不悟，"完全相信那个叛徒的死是罪有应得"。

他明显有些自怨自艾地写道："当年，在一所普鲁士监狱里服刑可不是什么休养疗法。"他抱怨说，监狱内的规定很严格，任何违反规定的行为都会受到惩罚。然而即使在开始管理奥斯维辛集中营，以及开始在其他纳粹集中营担任职务后，他也从来没有想过，他当时的条件比他的囚犯所必须忍受的要好得多。

他叙述中的另一个值得注意的方面是他在谈及狱友时表现

出的愤怒以及道德优越感。霍斯声称曾于无意间听到一个囚犯
描述他是如何用斧子杀害一个怀孕的女仆的，以及为了让四个
尖叫的孩子闭嘴，他又是如何把他们的脑袋往墙上撞的。霍斯
将自己描述成一个内心无比崇尚人道主义的人，坚称"这些
骇人的罪行让我一听到他的声音就想要离开"。至于监狱里的
其他人，他认为"他们的灵魂中缺少稳重的品质"。他还对负
责看管他的人充满了蔑视，认为"他们为自己手中的权力沾
沾自喜，而这种喜悦与他们思想的下作程度成正比"。

当霍斯在 1928 年的大赦中获释时，这种自怨自艾与道德
优越感仍在他心中交融、酝酿。不久后，纳粹就开始利用
1929 年大多数德国人因华尔街的崩溃而经历的经济萧条。希
特勒于 1933 年上台，一年后，霍斯加入了党卫军，被分配到
刚刚建成不久的负责关押政治犯的达豪集中营，开始训练在那
里服役的年轻人。他写道，在那之前，他想过去务农，但后来
还是决定留在军队。他声称："我没有考虑过集中营的事情。
对我来说，那仅仅意味着再次成为现役士兵，继续我的军人生
涯……我被士兵生活困住了。"

这种党卫军军人的生活，即使在最早期的纳粹集中营里，
也体现出一种达到新高度的残暴。在那里，没有以全副武装的
敌人为对手的战斗；相反，任务内容是让手无寸铁的囚犯产生
恐惧，甚至在许多情况下要将他们杀害。霍斯在交给泽恩的回
忆录中反复强调，他比其他党卫军看守要更加理性。当他第一
次鞭打犯人时，后者的惨叫声让他"感到全身忽冷忽热"。其
他党卫军将这种施加痛苦的行为当作"一种绝佳的景象，一
次寻欢作乐"；而他宣称："我绝对不是这些人中的一员。"

但他同时也警告说，"向囚犯展现太多的仁慈和善意"

会带来危险，因为这些囚犯会心怀恶意地欺骗他们的看守。到 1938 年时，他已被晋升为另一个集中营——萨克森豪森（Sachsenhausen）集中营——的副指挥官。很快，他几乎每天都与他的行刑队走在一起，命令他们向身处刑场的囚犯开枪，紧接着，他还会亲自给予致命一击。他声称，那些受害者都是些"破坏分子"或者反战分子，正在破坏希特勒的事业。无论那些囚犯是共产党、社会主义者、耶和华见证人（Jehovah's Witness）①、犹太人还是同性恋，他们都被当作德国内部的敌人。

霍斯对此没有任何意见。他声称自己"不适合干这种事"，这意味着他不得不付出双倍努力来"掩饰我的弱点"。什么弱点？"我从来都没法对人的苦难无动于衷。"但是，他坚称，希特勒早期取得的成功证明纳粹的"手段和目标"是正确的。1939 年底，他被晋升为萨克森豪森集中营指挥官。 81第二年，他被调往奥斯维辛集中营担任指挥官。

＊　　＊　　＊

扬·泽恩强调说，他的这个著名囚犯写道自己对于执行部分任务缺乏热情，或者说至少不像其手下大部分公开表现出虐待倾向的士兵那么热情，这并不纯粹是故作姿态。泽恩指出："在纳粹党的眼中，最理想的集中营指挥官本身并不是残忍、放肆、卑鄙的党卫军畜生，而应是霍斯那种类型的人。"[33]换句话说，他们只是一些受野心驱使的技术官僚，想要通过完成任务来晋升职位，而不应以虐待、谋杀囚犯的强烈渴望为主要驱

---

① 基督教的一支非传统教派。

动力；但如果虐待和屠杀是他们工作的一部分，他们也要能泰然接受。

霍斯在他交给泽恩的奥斯维辛集中营回忆录中扮演的角色，比他在纽伦堡的证词和谈话中提到的要丰富得多。他在奥斯维辛的任务是利用现成的建筑设立新的营区，并且从无到有地建设比克瑙营区。他声称，自己的最初意图是打破其他营地设下的先例，为囚犯提供"更好的待遇"，通过"让他们住得更好、吃得更好"来提高他们的工作效率。[34]

然而，据他自己回忆，他的好意被"人性的缺陷以及我手下大部分军官、士兵的愚蠢撞得粉碎"。换句话说，手下人的残暴是无法遏制的——当然，这不是他的错。因此，他只能通过完全投身于工作来寻求慰藉。他写道："我下定决心，没有任何事能够让我停下来。我的自尊不允许这种事情的发生。我只为工作而生。"

他坚持称，他放弃了最初的想法，即让集中营运转得更加高效、减少无端的暴力行为，因此付出了一定的代价。"在奥斯维辛，我变成了另一个人……所有人类的情感都被迫退居幕后。"他写道，来自上级的压力，再加上手下在贯彻他的意志时表现出的"消极抵抗"，使他开始酗酒。他的妻子黑德维希曾试图安排他与朋友聚会，好让他的情绪变得高昂些，但没能奏效。他说："甚至那些对我知之甚少的人都为我感到难过。"写到这里，他又一次沉溺在了回忆录中随处可见的自怨自艾中。

当希姆莱 1941 年下令修建毒气室，以便进行大规模处决时，霍斯毫不犹豫地执行了这一命令。他写道："这当然是一道非同寻常、骇人听闻的命令。尽管如此，处决计划背后非同寻常的理由在我看来似乎又是正确无误的。"他接着说，它不过是一道需要执行的命令罢了，这意味着直到即将被绞死时，他才意识到它有多么的骇人听闻。"当时我没有思考它是否合理……我的视野还不够开阔。"

他亲自监督了对苏联战俘的毒气行刑，这些战俘被用于测试专门为大规模屠杀生产的毒气齐克隆 B（Zyklon B）的有效性。他写道："在第一次用毒气杀人时，我还不能充分意识到发生了什么，可能是因为我当时太专注于整个操作程序了。"当 900 个战俘被毒气杀死时，他听到了这些绝望的囚犯撞击大门的声音。他补充说，毒气被排出后，他前去检查他们的尸体，"这让我感到非常不舒服，我颤抖了起来，尽管我预想的被毒气杀死的情形比眼前的景象还要糟糕"。他还说，毒气行刑"让他放下心来"，因为他发现接下来对犹太人执行大规模行刑是可行的。

不久后，集中营的死亡机器就开始全天候运转，霍斯负责定期检查。虽然许多人相信了他们要去淋浴的谎言，但仍然有一些人意识到了正在发生的事。这位指挥官注意到，那些意识到危险的母亲"仍然能鼓起勇气与她们的孩子开玩笑并鼓励他们，尽管从她们的眼中能够明显看到对死亡的恐惧"。一个女囚在前往毒气室的路上走到霍斯面前，指向她的四个孩子，轻声对他说："你怎么能杀害这么漂亮可爱的孩子呢？你难道没有任何同情心吗？"另一名母亲在毒气室大门关闭时曾试图把她的孩子推到门外。她哀求道："请至少让我的宝贝活下去。"当然，这无济于事。

霍斯声称，他和其他看守都被"这种令人心碎的场景"影响，而且他们都因为"自己内心深处的怀疑"而备受折磨。 83

但这意味着他更有理由去压制这些怀疑。他指出："每个人都看着我。"所以他不敢表露任何犹疑或者怜悯。他还声称，自己从未仇恨犹太人，因为"仇恨这种情绪与我的本性格格不入"。尽管如此，他还是承认："我的确十分轻视他们，将他们视为人民的敌人。"

尽管霍斯一直在谈论自己心里的怀疑，但在他交给泽恩的材料里，可以明显看到他对自己构筑的杀人机器是如此高效感到十分自豪。他甚至遗憾地指出，囚犯的甄选过程仍然让许多患病的犯人活了下来，"让营地人满为患"，他的上级应该遵循他的建议，维持一支规模更小、健康状况更好的劳动队伍。换句话说，应该处死更多的犹太人和其他人。

霍斯无动于衷地写道，他在奥斯维辛从未觉得无聊；但他坚称，大规模处决犯人的行动刚一开始，他就"再也感受不到快乐了"。他在这里给出的理由比他回忆录里的其他任何内容都更能揭示他的性格特点。他指出，奥斯维辛集中营里的每个人都认为他过着"美好的生活"。的确，他的妻子在他们的园子里经营着一个"花的天堂"，他的孩子们都娇生惯养，能够肆无忌惮地去喜爱动物，饲养乌龟、猫以及蜥蜴，还经常造访马厩以及营地警犬的狗舍。他炫耀说，甚至连为他们服务的囚犯都迫切地想要提供帮助，不过他明显没有意识到为什么会这样。但他又说："如今，让我深感遗憾的是，我没能在孩子身上投入更多的时间。我总是感觉自己必须时刻待在工作岗位上。"

在霍斯写下这几句话之前，他刚刚描写了身为母亲的女犯人在被赶进毒气室时为拯救或者至少安抚她们的孩子而发出的令人揪心的恳求。他显然不认为这两者之间有什么联系。正如泽恩在波兰语版霍斯回忆录的简介中写的，"他对于大屠杀的所有描述"似乎都是从"一个完全无动于衷的旁观者"的角度写下的。[35]

此前在纽伦堡审判期间，霍斯曾在公开场合对泽恩和其他人表示，他会为自己的行为负责，并且理解为什么必须为它们付出生命的代价；然而，他一直在将真正的罪责推卸到希特勒和下达命令的希姆莱身上。与此同时，他自豪地解释说，即使战争已临近尾声，"我也一直心系元首和他的理想，因为这些永远不会消失"。

意大利犹太作家、奥斯维辛集中营幸存者之一普里莫·莱维（Primo Levi）为后来某个版本的霍斯自传撰写了简介。他写道："书中充盈着邪恶，而与这种邪恶的表述一同呈现的，还有一种令人不安的官僚式愚钝。"他还说，作者给人的感觉是"一个粗俗、愚蠢、傲慢、啰唆的恶棍，有时还会公然撒谎"。但莱维还是把这本书称作"有史以来最有教育意义的著作之一"。它证明了一个在其他情况下可能只是个"了无生气、遵守纪律、服从命令的官僚化的家伙，是如何"演变成"历史上最臭名昭著的罪犯之一的"。[36]

他接着说，这本书展示了"邪恶究竟有多么容易取代善良，以及它会如何围攻善良，最终将其淹没，却允许它可笑地以某种狭小岛屿的形式——例如按部就班的家庭生活、对自然的热爱，以及维多利亚时代的道德观等——存在"。尽管如此，莱维还是承认，霍斯的描述在很大程度上是真实的，包括他坚称的他自己并不是喜欢施加痛苦的虐待狂。就这一点而言，他"并不是魔鬼，即使在他于奥斯维辛集中营走上事业顶峰之时，也从未变成魔鬼"。

84

这些主题将在另一个犹太人大屠杀策划者阿道夫·艾希曼的著名案件中被再次提起。这些主犯究竟是魔鬼还是普通人？从许多方面来说，霍斯都为那些持第二种观点的人提供了很好的支持，至少比后来的艾希曼更好。后一种解读后来成为著名的"平庸之恶"的观点。

＊　　＊　　＊

前文已经提到，霍斯在纽伦堡和克拉科夫出庭作证时曾就奥斯维辛集中营的遇难者人数误导审讯人员。他最初估计的遇难者人数为 250 万 ~ 300 万，这一数字得到了该集中营幸存的特遣队（Sonderkommando）成员，也就是那些负责把新来的囚犯赶到毒气室里的犹太男囚的证实。特遣队的大部分成员后来也被杀害了，但仍有一些活了下来。[37] 其中两个幸存者在战争结束后作证说，有超过 400 万人在奥斯维辛的毒气室内遇害。这后来成为苏联和波兰政府宣传的官方数字，而泽恩所写的有关奥斯维辛集中营的书也使用了这一数字。[38] 事实上，波兰的共产党政府直到 1989 年倒台前都没有在这一点上有任何松动，尽管有越来越多的证据显示它被严重夸大了。

否认存在犹太人大屠杀的人或者那些认为遇难者人数被严重夸大的人经常抨击泽恩和他的著作，有些人甚至把他称作"苏联的傀儡"。[39] 然而，尽管毫无疑问，最初负责调查奥斯维辛集中营的苏联和波兰委员会都倾向于接受最易于定罪的证词，但没有证据证明最初的遇难者人数是伪造的产物。

由于霍斯和部分幸存者提供的都是最初那个较高的遇难者人数，因此这一数字被严肃对待也就不足为奇了。奥斯维辛 - 比克瑙集中营国家博物馆（Auschwitz-Birkenau State Museum）

现任馆长彼得·齐温斯基（Piotr Cywiński）指出，党卫军军官在放弃这座集中营之前烧毁了约 90% 的档案资料，过了很久之后，较为准确的遇难者人数才被汇总出来。他说："我不认为战争委员会有什么恶意，尽管在某种程度上，苏联的战争委员会的确持有'越多越好'的看法。"一旦该数字成了斯大林时代的官方口径，那么"你除非疯了才会去否定来自政治局的说法"。[40]

波兰历史学家弗朗齐歇克·皮珀（Franciszek Piper）无论在共产党统治时期还是后共产党时期都一直就职于奥斯维辛 – 比克瑙集中营国家博物馆，他不辞辛劳地计算出了第一个较低的奥斯维辛集中营遇难者人数——110 万 ~ 150 万。他最终在1992 年出版的一本书中公布了他的发现。[41]尽管他早在官方数字正式更改很久之前就知道它错了，但他指出，政府可能担心采取任何行动都会显得官方在"淡化种族灭绝罪——尤其是在奥斯维辛集中营犯下的罪行——的严重程度"。[42]此外，他还说："在当时，任何试图减少遇难者人数的人都会被抨击为在为杀人犯辩护。"[43]

事实上，400 万这个数字与死于所有死亡集中营和犹太区的犹太人数量大致相当，而在此之前，已经有超过 100 万人在东部战线被特别行动队杀害了。这在很大程度上是一个巧合。不过它凸显出一个事实，那就是尽管奥斯维辛集中营的遇难者人数得到了修正，但是对犹太人大屠杀遇难者总数的估计并没有因此发生变化。

至于泽恩，他基本算不上新政权的支持者。事实上，他即使在 1949 年成为法医研究院院长之后，也没有加入共产党，而通常情况下出任这一职位的应该是党员。相反，他加入了波兰民主联盟（Stronnictwo Demokratyczne），一个被他称作波兰共产党"私生子"的党派，换句话说，一个得到当局容忍、能够提供多元化表象的小党派。[44]有趣的是，这个党派后来成为在 1989 年与波兰共产党决裂，然后站在团结工会（Solidarity）背后通过议会抗争结束波兰共产党统治的两个小党派之一。

当然，那已经是泽恩死后很久的事情了，但他的本能显然是要与新的统治者保持良好关系，同时又尽可能地与他们保持距离。在担任法医研究院院长期间，也就是从 1949 年到他去世的 1965 年，他一直设法避免在研究院内成立共产党的基层组织，而当时几乎所有的类似机构都有一个内部的基层党组织。他的前同事索菲亚·科沃波夫斯卡坚称："在其任内我们从来没有感到任何政治压力。"

与此同时，他与二战前的波兰社会党（Polish Socialist Party）领袖约瑟夫·西伦凯维兹（Józef Cyrankiewicz）保持着密切的友谊，后者是奥斯维辛集中营的幸存者，后来曾出任波兰共产党政府下的国务委员会主席。如果没有这层关系，或许泽恩永远不会被赋予与奥斯维辛集中营有关的调查和审判职责，也不会被允许出国。他在出国时身边总是有一个"保镖"随行，尤其在他去德国为其他审判递交证据的时候，这是当时的典型做法。尽管他的确在不断追捕纳粹罪犯的过程中收到了匿名的死亡威胁信，但保镖的真正目的是确保他不会与外国人进行任何未经授权的接触。

87　　　泽恩在审讯霍斯和他的同伙时从未有过报复心态。科沃波夫斯卡指出："他对待那些罪犯的方式始终非常人道，因为他知道这些人面临的是怎样的命运。"他还知道，这些犯人在获得更好的待遇时将给出更为积极的反应，也更容易坦白自己的魔鬼行径。他相信，他的工作是从霍斯这位前指挥官的口中得到尽可能完整的证词，这将为给霍斯定罪提供最可靠的证据。在他的巧妙指引下，霍斯吐露了大量可以发挥此作用的内容。

泽恩之所以从事起诉战争罪的工作，很可能是因为想要证明他与自己那位自称德意志裔并曾在德占期担任村长的兄弟不同，至少在潜意识里他是这样想的。但他想要将这些罪犯定罪以及从他们的受害者口中获得证词的决心，一直被他保持到了多年之后。到最后，与兄弟划清界限已经不再是决定性因素了。

泽恩在集中营幸存者向他讲述他们的可怕遭遇时总是尤为不安。至少有一次，泽恩冒着政治风险为他们提供了帮助。他的前同事科兹沃夫斯卡回忆了他从几位波兰女幸存者那里搜集证词时的情形，她们经历了拉文斯布吕克集中营中的医学实验。她说："她们大多遭受了巨大的心理创伤，他却能够让她们相信活下去是值得的。"在波兰共产党统治的早期，他完成了一次罕见的壮举——说服政府批准这群幸存者中的十几人前往瑞典接受康复治疗。

在那段岁月里，普通公民通常没有机会前往苏维埃阵营以外的国家，因为政府担心他们会一去不返。事实上，在那群拉文斯布吕克的幸存者中，的确只有两三人最终回国，而这本来足以让泽恩完蛋。多亏了与西伦凯维兹的友谊，他才度过了这一危机。

科兹沃夫斯卡回忆说，另一个拉文斯布吕克的幸存者经常出现在法医研究院的办公室里，"大喊大叫自己曾遭受怎样的虐待"，她因在集中营里遭到殴打而一瘸一拐。科兹沃夫斯卡还补充说，"她肯定遭受过严重的虐待"。泽恩始终要求自己的雇员好好招待她。他们为她提供了纸和笔，让她坐下，好让她心怀愤怒地写上好几个小时。其结果通常是一团难以辨认的模糊字迹，但这样做后她可以在离开时恢复平静，且至少保持这种状态好几周。

在努力将罪犯定罪的过程中，泽恩从未忘记谁才是真正的受害者，也从来没有被霍斯蒙骗，轻信他将自己刻画成一个值得怜悯的对象的拙劣表演。这名前指挥官是一个需要被彻底研究的人，这能使他完整讲述足以自证其罪的故事。同时，他也是需要付出最终代价的那个人。这才是泽恩对自身使命的真正看法。

第六章 轻轻放下

在我们看来，惩罚战犯更多是为了防止类似的事情在未来的几代发生，而不是对每一个有罪的个体实施报复。此外，有鉴于德国未来的政治发展形势……我们相信现在有必要尽快将个人经历问题处理妥当。[1]

——伦敦英联邦关系部 1948 年 7 月 13 日
发给英联邦成员加拿大、澳大利亚、
新西兰、南非、印度、巴基斯坦和
锡兰①的加密电报

在战争还没结束时，一些胜利者就已经开始质疑追捕和起诉纳粹战犯是否有意义了。纽伦堡审判的法官和检察官们，外加战争罪行调查人员以及像西蒙·维森塔尔和托维阿·弗里德曼这样的大屠杀幸存者，都坚信应该将本国领袖发表的寻求正义的言论变为现实。可其他人已经在展望战后的世界了，他们看向的是一场不可避免的对抗，对手是一个新的敌人——苏联。

1945 年春，奥地利裔历史学家、政治学家绍尔·帕多弗

---

① 斯里兰卡的旧称。

90　此时正服役于不断深入德国领土的美军。他详细记录了他与当地德国人以及偶尔与负责管理德国城镇的美国人的对话。他的部分工作是评估民众的态度，推动对纳粹分子的甄别并且把他们从重要岗位上撤下。帕多弗曾与一位不具名的中校有过一次交谈，他在记录中称其是来自莱茵兰地区某个工业城市的美国军政府军事长官（military governor，简称 MG），而这位高级军官对他的这些努力持怀疑态度。他的笔记很粗略，但意思很明确：

> 　　搞清楚德国人怎么想不是我们的事。寻找民主人士？连在美国都找不到民主人士。我不在乎谁在管理这个国家以及谁住在这里，只要不给 MG 找麻烦就行。更令人担心的是俄罗斯人的威胁而不是德国的问题。只有美国足够强大，能够对抗苏联；而英国就是个笑话。这座城市的委员会应筛查纳粹，但这与我无关。我真的对纳粹分子没有任何意见，除非他们与我作对。你给我的纳粹律师名单有可能是真的，也有可能不是，不过纳粹党成员并不一定是坏人。[2]

　　乔治·巴顿将军也嘲讽了他的上级惩罚纳粹分子或者至少把他们从战后德国的众多职位撤下的做法。在 1945 年担任巴伐利亚军政府军事长官时，他给妻子写信说："我们在这里做的事情就是彻底摧毁欧洲唯一的半现代国家，好让俄国能将欧洲整个吞下。"[3]

　　甚至连部分在 20 世纪 30 年代逃离祖国的德裔犹太人，在作为新美国人返回战败后的德国时，也对于他们面临的挑战表现得十分冷静而务实。1935 年，12 岁的彼得·西歇尔（Peter Sichel）被父母送出柏林，前往一所英国学校求学。据他回忆，他的母亲在希特勒政府实施《纽伦堡种族法》①的那一年曾警告说，"所有的犹太人都会被杀死"，而当时他们的大部分朋友以为她疯了。1938 年，他的父母也设法逃离了德国。到 1941 年时，西歇尔已经到了美国，并且在珍珠港事件发生后自愿报名参军。[4]

在战争期间，西歇尔效力于中央情报局的前身战略情报局（Office of Strategic Services，简称 OSS），他负责招募德国战俘执行间谍任务。等到战争结束时，这名年轻上尉成为驻海德堡（Heidelberg）美国陆军第 7 军战略情报局支队最后一任队长。但是，与帕多弗遇到的那位中校一样，他也对鉴别、惩罚希特勒政府高级成员以外的几乎所有人的做法不屑一顾。他说："我们的任务是找到纳粹高官、党卫队国家安全部成员以及党卫军高官等。"不过，很难说他把心思放在了这个任务上。他耸耸肩说："不要问我们抓到了谁或者什么。"

一年前，在伦敦的一次会议上，他对上级说，他们不必担心战争结束后纳粹中的顽固分子会抵抗。他解释说："这和第一次世界大战不一样。毫无疑问他们做了那些可怕的事。他们确实会藏起来，但他们不会给我们找麻烦。"他补充说，尽管他的这些前同胞在群体作战时非常高效，但"德国人不善于单打独斗"。他的看法被证明是正确的。美国关于"狼人部队"（据说他们接受训练，准备去跟盟军打游击战）可能非常可怕的担忧，很快就烟消云散了。

---

①　即纳粹德国颁布的反犹法律，又称《纽伦堡法案》。

德国战败后不久，西歇尔就被调往柏林，继续为战略情报局执行秘密任务。在战略情报局解散并被中央情报局取代后，他又为中情局效力。柏林设立了一个情报站，直接向中情局西德站汇报工作，西歇尔在1950年被晋升为柏林站站长。他指出，他的团队的首要任务是获取有关俄罗斯人的情报，保护德国科学家和技术人员，防止他们被俄罗斯人抓走送往苏联。此外，还要为将这些科学家送往西德的安排提供协助，无论他们曾为纳粹做过什么；他们之中的部分人后来还经由西德被送往美国。西歇尔指出："他们之中真正参与战争的没多少人。"

在战犯问题上，西歇尔说："虽然这么说不太好，但我真的不太关心。我一直认为，罪犯就应该被枪毙，然后我们就应该忘掉整件事。每一个真正的坏人都应该被除掉，至于其他懦弱者——我们还是向前看吧，不要再流连于过去了。"对他来说，在纽伦堡和其他地方进行的最初那一轮审判已经基本上解决了问题。

＊　　＊　　＊

这与德国新主人的最初设想相去甚远。1945年5月10日，美国总统杜鲁门签署了一项宣言，概述了针对战败后的德国的雄心勃勃的"去纳粹化"计划。宣言称："所有不只是在名义上加入纳粹党且参与了其党内活动的成员，所有纳粹主义或军国主义的活跃支持者，以及所有其他对同盟国怀有敌意的人，都将被从公共部门的所有岗位以及准公共部门和私营企业的重要岗位上撤职，相关单位对这几类人员将永不录用。"[5]紧接着，宣言详细定义了被禁止录用的罪犯类别，用词十分宽泛，足以囊括第三帝国的大部分追随者。

　　所有的占领国，即美国、英国、法国和苏联，原则上都认同去纳粹化的必要性。德国人在申请几乎所有职位时，都必须填写不久后就会变得臭名昭著的"问卷调查"（*Fragebogen*），上面的131个问题涉及从身体特征到过往政治从属关系的一切内容。去纳粹化工作组随后会决定谁没有资格在公共和私营部门的工作。德国作家恩斯特·冯·萨洛蒙（Ernst von Salomon）后来出版了《问卷调查》（*Der Fragebogen*）一书，书中他对每个与他在纳粹统治时期所参加活动有关的问题，都给出了嘲讽式的详细回答。

　　不过，战胜国在决定如何处理德意志民族的问题上面临的挑战既严肃又严峻，因为这个民族之前基本上是在昂首阔步地跟着纳粹鼓手的鼓点前进。有850万德国人曾加入纳粹党，而他们作为纳粹党一员的完整档案从战火中被保留下来了。这要归功于慕尼黑的一名造纸厂经理，他故意忽视了上级下达的将这些档案化为纸浆的命令。[6] 还有数百万人参加过与纳粹有关的组织。如果每一个曾经以某种方式为第三帝国效力的人都被排除在公共和私营部门之外，能用的人就剩不了多少了。英占区的高级情报官员诺埃尔·安南（Noel Annan）恰如其分地描述了连去纳粹化计划的最狂热的支持者也知道的事情："除非使用去纳粹化这把产钳，否则民主在德国无法诞生；但同样重要的是不能将民主这个婴儿夹碎。"[7]

　　在德国人顺从地填写问卷调查的同时，占领者的工作效率却很难跟上越堆越高的文书。美国人最初尤为雄心勃勃，命令18岁以上的人都填写问卷调查，并且试图进行尽可能彻底的审查。到1946年底，他们的确设法审查了近160万份问卷，导致37.4万个前纳粹分子从工作岗位上被开除。但积压的卷宗还有数百万份，美国人不可能全部处理。[8]正如美占区军政府军事长官卢修斯·克莱将军所说："即使再有一百年，我们也没办法完成对他们（所有人）的审判。"[9]他得出的结论是，去纳粹化必须"由德国人完成"。[10]

这与他内心深处的一个愿望相契合，那就是鼓励那些看起来受纳粹思想荼毒相对较轻的德国人逐渐承担起处理地方事务的责任。去纳粹化法院（Spruchkammern）从严格意义上说并非真正的法院，不过它们的确有检方和辩方，而且它们也被赋予了决定谁是"主犯"、谁是"从犯"、谁是"轻从犯"、谁是"随大流者"以及谁是"无罪者"的职责。[11]

这一程序从一开始就问题丛生。许多前纳粹都声称自己是"迫不得已的纳粹"（Mussnazis），被迫加入了纳粹党，实际上却心怀反纳粹理念。[12]胜利者们不厌其烦地开玩笑说，希特勒从未有过任何追随者。去纳粹化法院的部分工作人员曾努力完成他们的任务，与此同时，其他人却乐此不疲地根据极为可疑的证词来为前纳粹开脱。在德国人间很快就流行起一个说法，它被用来描述这种常见的洗白纳粹分子的证词：宝莹证（Persilschein，宝莹是一个德国洗衣粉品牌的名字）。[13]尽管如此，德国人最初对这一程序是有过支持的：在1946年，美占区有57%的受访者对这一政策表示支持。但民众对这一程序的公平性的信心一直在下降。到1949年，只有17%的人对其表示赞同。[14]在某些情况下，甚至去纳粹化法院的办公楼及其工作人员的车辆和住宅都遭到了破坏。[15]

克莱后来承认，不管是问卷调查还是去纳粹化法院，都在很大程度上失败了。他说："但我不知道还能做些什么。"[16]这个观点很有道理。在一个曾经被希特勒和他领导的运动主导的社会里，没有人真的有去纳粹化的有效秘方。尽管如此，克莱还是强调说，那些负责去纳粹化的德国人尽管有明显的缺陷，但的确成功揭露了许多前纳粹分子的身份，并将其排除在领导岗位之外。他写道："他们也许没有把自己的屋子打扫干净，但至少把主要的污物都清扫掉了。"[17]

所有占领国都在不久后开始给规则开口子，就如同在那些苏联人和美国人竞相争夺火箭科学家的案例中发生的那样。英国人和法国人想办法马上取消了一些适得其反的决定。1946年6月，英占区大众汽车工厂的179个管理人员和雇员被开除，但这座工厂主要是为英国人生产汽车的；到1947年2月，其中的138人返回了工作岗位。[18]法国人最初开除了法占区3/4的教师。但在9月新学年开始后，他们很快重新考虑了这一决定，把被开除者全都请回了课堂。[19]

苏联反复指责西方国家与前纳粹分子合作，允许他们接手大量关键职务。在1949年占领状态正式结束，东德和西德分别建立后，克里姆林宫继续把西德描绘成纳粹的避风港。虽然毫无疑问，许多前纳粹分子都在西方占领区的去纳粹化过程中毫发未损，很快就在新的民主国家中为自己重新找到了舒适的位置，但苏联方面也很难被称作典范。

的确，苏联士兵最后在进军柏林的过程中实施了残酷的报复，苏联关押的最后一批德国战俘直到1956年才被释放。而且在1949年，新成立的东德法庭以真正的斯大林式作风处理了许多案件，以令人咋舌的速度将被告人定罪：在两个半月的时间里，他们为3224个前纳粹官员定了罪，每个被告的审判程序平均只用了20分钟。[20]

不过，和西方国家一样，新的苏联统治者也面临着一个现95

实问题，那就是如何填补苏联占领区以及新成立的东德的大量岗位空缺。其应对方式也和西方大国一样：在有需要时，他们准备对一些人过去的政治联系睁一只眼闭一只眼。在某些时候，他们的做法甚至不止于此。前纳粹党成员发现很容易就能将自己的效忠对象改为新成立的德国统一社会党（Sozialistische Einheitspartei Deutschlands），也就是德国共产党。早在 1946 年时，统一社会党的地方团体中就已经有 30% 的成员是前纳粹分子。[21]克莱将军曾讽刺地说："加入统一社会党就能将加入者的'纳粹成分'给清除干净。"[22]

德国历史学家亨利·莱德（Henry Leide）梳理了大量东德档案，对该国处理个人纳粹经历的记录进行了详细研究。他写道："有许多无辜者被定罪，但几乎所有遭到重罪指控的前纳粹罪犯都获释了，而且他们可以（以不道德的方式）声称已经对自己的罪行进行了忏悔。"[23]

通过拥抱共产主义事业来进行忏悔和赎罪，这种方式在东德社会的所有角落都提供了职业晋升的快速通道——从大学到医药行业，再到政坛和安全部队，不一而足。在苏占区的新主人看来，真正的敌人是那些涉嫌以任何形式反对共产主义的德国人。他们被认为比前纳粹分子还要危险得多。

*   *   *

1948 年 6 月，克里姆林宫启动了对西柏林的封锁，切断了这座城市与西方国家控制下的德国领土之间的一切公路、铁路和运河通道。其目标是孤立并从实际层面吞并这座苏占区中心的西方堡垒，把美国人、英国人和法国人全赶走。西方盟国的应对措施是"柏林空运"（Berlin Airlift），即连续不断地用货运飞机输送物资。到 1949 年 5 月 12 日苏联取消封锁为止，它们执行了 27 万次飞行任务，运送了 200 多万吨必要物资。[24]这次行动以令人震撼的方式展示了西方国家的决心，拯救了西柏林，加速了不久后东西德的正式建立。冷战就此正式爆发。

同样在 1948 年，西方国家明显失去了进一步起诉战犯的兴趣，开始为那些已被定罪的战犯启动减刑程序。这绝非偶然现象。英联邦关系部（Commonwealth Relations Office）在 1948 年 7 月 13 日发给各英联邦国家的秘密电文中，就如何尽快处理个人经历问题提供了详细指示。电文敦促各国于当年 8 月 31 日前了结所有等待审判的案件，并补充说，在该日期后"不应启动新的审判"。电文最后说："那些尚未被捕但有可能在未来落网的战犯嫌疑人的案件将受到很大影响。"[25]

华盛顿的氛围也在变化。当许多已定罪战犯的律师为战犯争取减刑时，战争罪审判遭到的批判变得愈加猛烈了。在因对美国战俘实施马尔梅迪大屠杀（Malmedy massacre）而被定罪的武装党卫军的案子里，有人指控称被用来定罪的口供是通过一系列诡计和暴力威胁得到的。威廉·登森在他负责的达豪审判中处理了大量案件，它们没有受到类似的指控，但这位检察官——此时他已经返回美国——很快就会发现自己的工作记录将面对严格的审查新程序。

美国陆军设立了五个审查委员会，以检查截至当时的所有判决，并向克莱将军提供建议。[26]理论上，这仅仅是一个确保正义得到伸张的例行公事性质的措施，但当时的政治氛围鼓励了一种看法，那就是宽大仁慈的处理能释放出一种积极的信号。克莱顺势而动，重新审视达豪的所有审判。审查委员会提的许多减刑建议都被克莱接受了，尽管他极力驳斥那些称他对战犯过于仁慈的指控。

达豪审判使 1672 个被告中的 1416 人被定罪。克莱指出："我撤销了 69 项有罪判决，减轻了 119 项判决，缩短了 138 项判决的刑期，还剩下 1090 项判决没有更改。"[27]他援引了审判过程中出现的对部分集中营幸存者证词可靠性的质疑，以此为由将 426 项死刑判决中的 127 项改为终身监禁。但真正让已经返回华盛顿的登森感到震惊的是克莱竟决定将达豪审判中最臭名昭著的被告，即"布痕瓦尔德婊子"伊尔斯·科赫的刑期从终身减为四年，这一决定立刻在华盛顿引发了强烈反弹。

克莱后来解释说，科赫是"一个卑鄙、肮脏的人"，遭到了集中营囚犯的"憎恨"，这些囚犯在作证时一直在"宣扬她的性欲"，但审判中的证据无法让他相信她是"布痕瓦尔德集中营罪行的主要参与者"。[28]他补充说，那个她使用的灯罩是用囚犯人皮制成的故事最终被证明是假的，因为很明显那些灯罩是用山羊皮制成的。[29]

登森称，克莱的行为是"对司法体制的嘲讽"。[30]科赫案被媒体大肆报道，并且促使参议院派出一个小组委员会对此展开调查，它由密歇根的参议员霍默·弗格森（Homer Ferguson）领导。登森在听证会上坚持他对科赫的刻画，即她是一个尤为变态的性虐待狂，折磨了数不胜数的囚犯。他解释说，关于她亲手挑选囚犯并将其剥皮，然后用人皮制作灯罩的指控，虽然催生了最耸人听闻的媒体报道，但并不是这一案件的核心要素。他宣称："我并不觉得与人皮有关的事很重要。科赫一案的诉讼要点是殴打囚犯，以及令他们因遭受殴打而亡。我很肯定，这才是她所获判决的真正基础。"

在被问及科赫与其他布痕瓦尔德的被告相比是否罪行较轻时，登森在回应中提到了她作为集中营首任指挥官之妻的身份，这意味着她没有获得任何正式任命。他说："我认为她的罪行甚至更重。她本身是没有正当理由的。她没有理由去使用那种权力……与我交谈过的人都认为她被判处终身监禁而非死刑的唯一原因是她当时怀孕了。"登森还强调，克莱的决定会在德国招致批评，尽管那里有日益强烈的呼声要求盟军结束使用惩罚性措施。他宣称："正直的德国人民也对刑期的缩减感到震惊。"[31]

尽管部分小组委员会成员对达豪审判的运作方式提出过质疑，但他们对于科赫没有丝毫同情。阿肯色的参议员约翰·麦克莱伦（John McClellan）说："据我目前对此案的了解，这个女人应该被绞死。"[32]小组委员会最后的结论是，科赫的减刑没有任何正当性。参议员弗格森的总结报告重述了登森的观点："证据显示，伊尔斯·科赫犯下的每一项罪行都是出于自愿。这种自愿行为违背了一切正常的人类本能，应受到彻底的鄙视，不应获得任何减刑待遇。"[33]

在因给科赫减刑而遭到尖锐抨击后，备感苦闷的克莱表示，如果他能看到更多对科赫不利的证据的话，也许就会得出不一样的结论。他指出，该参议院小组委员会"在全体一致地批评我的决定之前，听取了一些我眼前的档案中并未包含的证人证词"。[34]

登森判决的正确性后来以另一种方式得到了确认。新成立的西德政府的首位领导人康拉德·阿登纳（Konrad Adenauer）总理很快就支持了为许多遭到起诉的人争取某种形式的宽大处理的做法。他在上任之初的一次内阁会议中说："考虑到混乱已经成为过去，我们就此呼吁忘掉此前的种种。"[35]但在科赫按照克莱的命令服刑四年后，西德的一家法院以煽动谋杀和虐待德国囚犯为由将她再次定罪，她被判处终身监禁，而这正是登森起诉她时取得的判决结果。[36]正如登森所预料的那样，德国人与美国人一样对她有可能重获自由感到愤怒。

彼得·海登贝格尔，也就是那位报道了达豪审判的年轻德国记者，后来在科赫的新牢房中采访了她。他坦承为这个矮胖的女人感到有些悲哀，要知道她一度被视作具有神秘色彩的性恶魔。他说，尽管传言中的她很有诱惑力，但实际上她给人留下的是"一个小镇秘书的印象，有些纵欲，但你不会想要与她发生关系"。[37]数十年后，他在讨论科赫案时指出，她也符合"平庸之恶"的定义。这个说法在科赫被定罪很久后才出现。

1963 年，基本上被所有人遗忘的科赫在监狱里接受了她处在青春期的儿子乌韦（Uwe）的探视，乌韦此前不久才知道自己母亲——那个在达豪接受第一次审判时已经怀上他的女人——的身份。乌韦开始定期探视她。1967 年，他来到监狱后才得知，科赫已经上吊自杀了。[38]他的母亲给他留下了一张字条，上面写着："我别无他法。死亡对我来说是一种解脱。"[39]

* * *

尽管在科赫案中，公众情绪明显为登森提供了支持，但就达豪的全部审判而言，共识就少得多了。登森在审判中证明了被告在集中营的"共有计划"中扮演了相应角色，也就是说证明了他们属于旨在实施犯罪行为的"动机共同体"，并以此为基础让他们一个接一个地获罪。批评人士抨击说，这种分类方法太过宽泛，而达豪审判的其他方面也没能达到必要的程序要求。

本亚明·费伦茨，也就是那位在纽伦堡的审判中成功让党卫军特别行动队的 22 个头目被定罪的年轻检察官，恰恰是抨击得最为猛烈的人之一。他说，达豪的审判"从头到尾令人鄙视。审判中没有任何东西与法治有相通之处。它们更像是军事法庭……这与我心中的司法程序相去甚远。我的意思是，我当时是一个才从哈佛大学法学院毕业的年轻理想主义者"。[40]

到他 1998 年去世前，登森一直都坚决捍卫达豪审判的正当性，坚称那些审判已经达到了当时条件下的最公正水平，而且它们也绝对是必要的。尽管他坚称对于自己成功定罪的案子以及后来执行的死刑并没有感到特别骄傲，但 1991 年他在德鲁大学（Drew University）讲课时说："然而，有某件事的确令我产生了一种自豪感，那就是一名幸存者走到我面前对我说'感谢您为我们做的一切'。"[41]

费伦茨和登森有许多共同点。他们都年纪轻轻就参与了后来被证明具有历史性意义的案件的起诉，而遭起诉的对象都曾负责执行希特勒政府的一些最为严酷的决定。他们都相信，那些随心所欲杀害并折磨他人的人必须为自己的行为付出代价。正如登森所说，这既是为了给未来的世代创下先例，也是为了告慰那些受害者。费伦茨当然对此表示赞同。

但费伦茨始终坚称，他参与的纽伦堡的审判在达成这些目标时做得比达豪的审判或者任何将纳粹绳之以法的后来的努力都好太多了。他强调，被他定罪的战犯都是"那些每天枪杀数千人甚至数千儿童的少校和上校"。[42]由于已经有记录完好的档案证据证明他们是如何执行屠杀任务的，因此没有必要提及

100

"共有计划"。而且这些战犯不是扣动扳机的刽子手，而是统领整队刽子手的指挥官。在他看来，这已经符合了高得不能再高的标准。

费伦茨的话很有道理，但他的态度也显露出一种特质，而这种特质后来在一个被称作纳粹猎人的小规模团体中变得越来越明显：他们总是倾向于将自己的努力视为最重要的事，并且质疑以及经常诋毁同行的成果，被诋毁的有时甚至还有动机。

然而，具有讽刺意味的是，党卫军特别行动队的几个头目得到的宽大处理，比那些被克莱将军称作"次要纳粹"[43]的在达豪接受审判的家伙还要更甚。尽管面临着越来越大的要求他为很多战犯减刑的压力，但克莱将军一直到 1949 年初都毫不动摇地坚持自己的立场。当时他重新审查了费伦茨起诉的 22 个特别行动队指挥官的案件，再次确认了其中 13 人的死刑判决。[44]但随后，曾任美国战争部副部长的华尔街律师约翰·J. 麦克洛伊（John J. McCloy）取代克莱成为美国驻德国高级专员。1950 年，他设立了减刑顾问委员会（Advisory Board of Clemency），负责重新审查特别行动队审判以及其他审判中做出的判决。阿登纳等人不断敦促所有死刑判决的改判，而顾问委员会和麦克洛伊设法满足了他们的要求；即使没有全部满足，也至少满足了大部分要求。[45]

1951 年初，麦克洛伊几乎接受了顾问委员会提出的所有建议，甚至还给部分判决已经是有期徒刑的战犯进一步减刑，而死刑改判的案件数量比顾问委员会所建议的还要多。最后，在费伦茨的特别行动队一案中，13 项死刑判决中只有 4 项维持了原判。随着大国间的竞争日益加剧，当时的优先事项已经变成拉拢西德为盟友，共同对抗共产主义势力。麦克洛伊认为，通过对费伦茨的案件中的四名战犯维持死刑判决，他已经捍卫了自己的原则，那就是有些太过严重的罪行无法得到宽恕。这四人最终于 1951 年 6 月 7 日被绞死。

费伦茨的上级、曾在特别行动队一案中做总结陈词的泰勒将麦克洛伊的行为称作"政治权宜之计的体现"。[46] 从来没有明确要求判处战犯死刑的费伦茨表现得更宽容一些，他指出，判人死刑的内容从未被纳入商务律师麦克洛伊所接受的训练。费伦茨说："我知道他很难签下一份写着'绞死他们'的文件。"但他还说："如果这种惩罚是有道理的，就不能毫无根据地减刑。在大部分情况下，减刑的理由都不充分，至少据我所知是这样的。"[47]

在 1980 年写给费伦茨的一封信中，麦克洛伊暗示自己对减刑的决定进行了重新思考。他写道："如果我当时就知晓自己如今知晓的所有事实，也许就能够给出一个更加公平的结果。"[48] 到 1958 年，所有在纽伦堡的审判中被定罪且仍然健在的特别行动队头目都获释出狱，包括那些最初被判处死刑的人。他们就像大屠杀中的许多同伙一样，作为自由人度过了余生。

在经历了"历史上最大规模的谋杀案审判"后，费伦茨不想再继续起诉战犯了。他将注意力转向了其他地方，即为幸存者寻求物质援助。克莱和麦克洛伊曾为他提供了初始贷款，协助他将计划付诸实施。在他们的先后帮助下，费伦茨任命自己为犹太赔偿继承人组织（Jewish Restitution Successor Organization）的秘书长。他回忆说，这么做是为了"用一个头衔给德国人留下深刻印象"。[49] 他雇用了一些人，派他们去德国各地的房产登记处索要 1933 年后发生所有权转移的或者所有人为犹太人的全部房产。接下来，他帮助设立了联合归还组织（United Restitution Organization）及其在 19 个国家的办事处，并亲自参与了与阿登纳的新政府、其他国家以及包括犹太人在内的众多受害者的多轮复杂谈判。为了持续推进这项工作，费伦茨与家人一起在德国待到 1956 年，他的四个孩子全部出生在纽伦堡。

102 　　费伦茨曾强调说，很久之后许多德国人才抛弃反犹主义思想，承认犹太人是受害者。但与此同时，他也对德国的新政府愿意付出前所未有的努力进行赔偿的姿态感到印象深刻。他指出："此前从未发生一个国家向受害者单独支付赔款的情况。这种做法受到了阿登纳的启发，阿登纳曾说，那些可怕的罪行是以德国人的名义犯下的。"[50]

　　作为首席检察官在纽伦堡的特别行动队审判中发挥的作用点燃了他的热情，这种热情陪伴他步入了鲐背之年。一有机会，他就会强调冲突必须通过"法律而非战争"来解决，并敦促各方支持国际刑事法院（International Criminal Court）。2011 年 8 月 25 日，费伦茨为该法院在海牙的首场审判做了总结陈词，被告人是被控强行征募儿童兵的刚果武装组织领导人托马斯·卢班加·迪伊洛（Thomas Lubanga Dyilo）。在现场做陈词总结、援引纽伦堡审判的教训的费伦茨已是 91 岁高龄。[51] 2012 年 7 月，迪伊洛被判有罪，并被判处 14 年监禁。

　　如今，费伦茨已经不再认为继续追查那些年事已高、相对次要的纳粹集中营看守和官员有价值了。他说："算了吧。看在上帝的分上，如果是我的话，我就会把这些小鱼丢回鱼塘。"[52]

费伦茨之后的大部分纳粹猎人却持有不同的看法，拒绝接受他那只有纽伦堡级别的被告值得起诉的说法，因为该说法将让大部分大屠杀凶手得到赦免。费伦茨强调，他仍然想要确保任何时代的大鱼都被追究责任，让整个世界看到他们的下场，以儆效尤。但他仍然坚称就纳粹而言，他所处理的几乎都是为数不多的真正的大鱼。

* * *

审判战犯的动机中的很大一部分在于此：以活生生的例子让全世界看到正义必胜。这些审判通过档案呈现了第三帝国一次又一次的侵略、一次又一次的大屠杀和一次又一次的暴行，对于确认历史事实至关重要，也对于确立一条原则，即战犯无论对命令有怎样的理解，都需要对这些罪行负直接责任至关重要。为了确保这些证据能够为大众所知晓，纽伦堡的盟军代表组建了一个摄影小组，负责制作一部关于国际军事法庭审判主要被告人的纪录片。[53]

不出所料，美国和苏联代表无法在拍摄手法上达成一致，于是这两个战胜国决定分别制作纪录片。不过，更惊人的是双方成果命运的不同：苏联人制作的纪录片发行得相对较快，而美国制片人很快就陷入了激烈的内斗，争论焦点在于他们应当制作何种纪录片。最终，美国制片人的劳动成果在美国被禁播。这部名叫《纽伦堡：留给今天的教训》（*Nuremberg：Its Lesson for Today*）的美国纪录片在 20 世纪 40 年代于德国上映后，就在很大程度上被遗忘了。

这部纪录片之所以被人遗忘，是因为它直到 1948 年才完成，而在那一年，华盛顿的优先政治目标已经发生了巨大变化。电影制片人桑德拉·舒尔伯格（Sandra Schulberg）说："冷战是主要因素，因为我们正在投资德国的重建。当你试图将德国重新带回欧洲大家庭时，在人们面前重提纽伦堡审判和纳粹暴行的故事实在是不合时宜。"[54]

舒尔伯格生于 1950 年，但她与这部纪录片有着直接的个人联系。她的父亲斯图尔特·舒尔伯格（Stuart Schulberg）是该纪录片的编剧兼导演，他在珍珠港事件后加入海军陆战队，后来被调到战略情报局的电影拍摄支队，支队由著名导演约翰·福特（John Ford）领头。斯图尔特的兄长巴德·舒尔伯格（Budd Schulberg）是一名成功的小说家，后来还为电影《码头风云》（On the Waterfront）撰写剧本并赢得了奥斯卡最佳原创剧本奖。此时的巴德已经加入美国海军，也被调到了战略情报局的电影拍摄支队。战争刚一结束，兄弟两人就开始竞相在德国以及前德占区寻找足以给纳粹定罪的影像资料。

纳粹曾试图摧毁大部分胶片证据，而舒尔伯格兄弟则命令前第三帝国官员帮助他们搜集余下的资料。在巴伐利亚北部小镇拜罗伊特（Bayreuth），斯图尔特和他的团队命令心怀怨恨的党卫军囚犯准备一大堆电影胶片以便之后运走。在囚犯们将沉重的木箱搬上车的过程中，两个在一旁看守的美国大兵拿枪指着他们。斯图尔特回忆说："他们当时还穿着黑色制服，戴着船形帽。那些雅利安党卫军十分痛苦，我们一眼就能看出来。每次我们向他们下达命令，他们都会撇一撇嘴唇。这让我想起了那些在马戏团里表演的老虎和狮子，总在鞭打之下愠怒而恼火地服从命令。"[55]

这些影像资料最终被证明对纽伦堡国际军事法庭的检察官来说极具价值，因为他们可以展示其中一些引人注目的照片，借此强化他们的起诉效果。战略情报局制作了记录所谓的"国家社会主义运动"之历史的《纳粹计划》（*The Nazi Plan*），还利用美军和英军在解放集中营时拍摄的胶片制作了《纳粹集中营》（*Nazi Concentration Camps*）。当后一部影片在审判中播放时，甚至连被告都大受震动。

在 1945 年底退役并返回美国后，巴德·舒尔伯格拒绝了为一部有关纽伦堡审判的美国电影撰写剧本的邀约，转而建议让斯图尔特接手。以"罗斯福的电影制片人"的身份闻名遐迩的帕尔·罗伦兹（Pare Lorentz）是美国战争部电影、戏剧、音乐部门的负责人，也负责纽伦堡审判的电影拍摄计划。他接受了巴德的建议，请斯图尔特撰写电影剧本，并且竭尽全力地防止克莱将军的军政府接管电影拍摄权；在华盛顿，战争部和国务院也陷入了争夺之中。到 1947 年，罗伦兹因这种内斗，还有资金和其他问题感到十分沮丧，于是辞去了战争部的职务。

斯图尔特继续工作，撰写了多个版本的剧本以供审核，并经常遭到那些想要在剧本中留下自己印记的人的愤怒批评。但最终，他自己的版本还是胜出了。电影围绕被告所受到的四项指控展开：阴谋罪、破坏和平罪、战争罪以及反人类罪。电影以直白但令人信服的手法展示了第三帝国与上述每一项罪行有关的详细记录，同时穿插了来自审判本身的影像资料。纽伦堡审判的美国首席检察官罗伯特·杰克逊授权对审判的部分内容进行拍摄。在 1947 年的年中，美国人终于开始制作影片，那时他们听说苏联人已经完成制作，那个版本的主要关注点当然是苏联军队在击败德国的过程中发挥的作用，它在很大程度上忽视了西方盟友的贡献。这导致美国媒体上出现了令人难堪的

105

新闻标题。《综艺》（Variety）周刊 6 月 11 日的那一期宣称："据称美国陆军的内部混乱导致赤色分子在纽伦堡审判的电影拍摄上击败了美国佬。"[56]

尽管身处德国的部分美国高级军官仍然希望推迟甚至破坏纪录片的拍摄计划，但苏联方面拍摄的纪录片可能在一定程度上推动了美方纪录片的完成和发行。这部美国影片于 1948 年 11 月 21 日在斯图加特的德国观众面前首映，并且于 1949 年在西德巡回放映。斯图尔特称，这部电影收到了"好得出人意料"的评价，几乎场场爆满。他写道："观众在震惊和沉默中看完了整部电影，然后一言不发、烦恼不安地排队走出影院。"他援引了一名美国军政府情报官员的话："这部电影在 80 分钟的时间里向德国人讲述的有关纳粹主义的内容，比我们在过去三年里能够让他们知道的还要多。"[57]

甚至在德国的放映取得成功前，从纽伦堡回国的美国最高法院法官杰克逊以及其他一些人就已开始推动这部影片在美国的上映了。纽约市律师协会（New York Bar Association）曾请求让这部影片上映，但华盛顿拒绝批准。最终，他们只能观看苏联版的纪录片。对这一消息感到异常愤怒的杰克逊于 1948 年 10 月 21 日致信陆军部部长肯尼斯·罗亚尔（Kenneth Royall），慷慨激昂地请求在国内发行这部影片。杰克逊还说，他已经致信纽约市律师协会主席哈里森·特威德（Harrison Tweed）。特威德后来致电杰克逊，问他"如果删掉那些脏话"，自己能否向协会宣读这封愤怒的来信。杰克逊的回复是："我跟他说，他可以读，但前提是不能删掉那些脏话。"[58]

杰克逊的基本观点是，这部影片能够起到多重作用：帮助

德国人理解为什么他们需要民主；抗衡苏联的宣传影片，那部
影片给人"留下的印象是他们基本上单枪匹马地征服了德国
并进行了审判"；展示准确的历史记录，也就是关于为什么要
参战及为什么要将那些罪犯送上被告席的历史记录，从而推动
实现罗斯福和杜鲁门的共同目标。他总结说："我不知道为什
么我们不能为美国争取这其中的优势。"

106

罗亚尔对于任何一个理由都无动于衷。他在给杰克逊的回
信中写道："在这个国家，我们不考虑全面发行该影片。我认
为，影片的主题与现行政策和政府目标相违背。因此，我觉
得，此时此刻，这部影片对于军队以及整个国家来说没有任何
重要价值。"

许多美军军官本来就反对审判德军军官，不过真正起到决
定性作用的因素是冷战的兴起。美国人如今该把西德人视作盟
友了，而该影片被认为会破坏这种努力。环球影业公司
（Universal Pictures）公关负责人威廉·戈登（William Gordon）
在看完这部影片后反对公开发行，尤其反对公开有关集中营和
其他暴行的影像，因为它们"可怕得让人反胃——我指的就
是字面上的那个意思"。[59]

这种审查行为没有逃过公众的法眼。沃尔特·温切尔
（Walter Winchell）在 1949 年 3 月 6 日的《纽约每日镜报》
（New York Daily Mirror）中撰写了一篇题为《耻辱堂》（"The
Hall of Shame"）的专栏文章，嘲讽了这部电影会在美国激发
反德情绪的观点。他写道："还有比这更荒唐的愚蠢言论吗？
那些职责本应是消除纳粹主义的人，如今竟在努力毁灭可展现
纳粹主义暴行的证据，这让他们自己成为纳粹罪行的帮凶。"[60]

最初负责影片拍摄，后来辞职并回归平民生活的帕尔·罗

伦兹甚至提出要从美军手里买下这部纪录片，以便他能够自己将影片分发给各大影院。这一努力最终也付诸东流。《华盛顿邮报》（*Washington Post*）1949 年 9 月 19 日的一篇文章提到："美国政府中有一些人认为，美国人的思维非常简单，一次只能仇恨一个敌人。他们建议，'忘了纳粹吧，把注意力放在赤色分子身上'。"[61] 后来撰写《第三帝国的兴亡》（*The Rise and Fall of the Third Reich*）的著名记者威廉·夏伊勒曾参加了一场为批评家和编剧举行的特殊放映活动。他将美军阻挠这部影片发行的做法称作一起"丑闻"。[62]

107　　但没有什么能够改变军队和政府的主意。这部影片在美国从未获得公映。尽管很失望，但斯图尔特·舒尔伯格继续工作，为德国美占区军政府制作旨在去纳粹化和进行思想再教育的新影片，随后在 1950~1952 年担任了巴黎马歇尔计划电影组的负责人，主要制作旨在促进法德和解的电影。

　　2004 年，在斯图尔特·舒尔伯格去世 25 年后，他的女儿桑德拉在柏林电影节上为马歇尔计划相关影片举办了一次回顾性的展映活动。根据电影节主席迪特·科斯里克（Dieter Kosslick）的命令，在放映这个系列的电影前，应先放映她父亲拍摄的那部纽伦堡审判纪录片的德语版，而她此前从未看过它。她被它深深地迷住了。

　　在返回美国后，桑德拉观看了影片的英文版，并且意识到制片人用英语配音代替了发言者的法庭录音。这促使她与电影制片人和音频剪辑师乔希·沃勒茨基（Josh Waletzky）合作，他们雄心勃勃，想利用法庭录音修复这部影片，好让观众能够听到审判的所有主要参与者是如何用他们自己的语言发言的，无论是德语、英语、俄语还是法语。他们邀请演员列维·施瑞博尔（Liev Schreiber）录制了斯图尔特当初定下的英语旁白。2010 年秋，修复后的影片终于首次在美国影院中放映。在2014 年，桑德拉还制作了影片的高分辨率蓝光版本。[63]

美国人终于能够接触到她父亲的作品了。在后冷战的世界里，再也没有人表示反对了。

第七章 "志同道合的傻瓜"

没有任何事属于过去。一切都仍是现在的一部分，并有可能成为未来的一部分。[1]

——先后在不伦瑞克和黑森担任检察长的弗里茨·鲍尔解释自己为何如此坚持要让同胞承认第三帝国的罪行

那些曾深度参与战争罪审判以及后续事件的美国人认识到，公众很快就失去了对起诉纳粹或者揭露他们在 12 年的恐怖统治中所犯罪行的兴趣。这些美国人并非唯一发现此事的人。那些独自行动的纳粹猎人——他们主要受自身经历或者作为大屠杀幸存者目睹的恐怖景象驱动——也发现，公众对他们的事业越来越无动于衷甚至开始抱有敌意，面对此种情形，他们自己的决心也开始动摇。他们也必须决定是否要将自己的精力放到新兴的个人和政治议题上。正如 20 世纪 40 年代末冷战兴起以及 1950 年朝鲜战争爆发所证明的那样，20 世纪 50 年代是一个与前十年迥然相异的十年，占据新闻头条的是非常不同的事件。

在 1945 年 5 月 5 日从毛特豪森集中营被解救出来后，维

森塔尔一直待在附近的奥地利城市林茨为战略情报局效力。该

机构在当地的最高长官为他提供了协助，也就是一份说明他正在为战略情报局从事"机密调查工作"，请求当局批准他"在美国占领下的奥地利自由行动"的通行证。[2] 1945 年底战略情报局关闭了位于林茨的办事处后，他转而为美军反间谍部队（Counter Intelligence Corps，CIC）效力。他的工作还跟原来一样：帮助美国人甄别并抓捕纳粹。不过，在许多情况下，这些胜利者没有兴趣把纳粹一直关着，几乎是刚一抓到就把他们放了。

维森塔尔与反间谍部队的军官们一起展开抓捕行动，并搜集供审判使用的证据。他还开始与遍布该地区的难民密切合作，这些难民大部分是犹太人大屠杀的幸存者。[3] 他很早就认识到，他们可以为起诉战犯提供非常有价值的证词。他为他们提供一切帮助，从获取医疗救治到填写美国签证申请表等不一而足，其中最重要的是寻找失踪亲属。在这一过程中，他建立了一个广泛的消息网络。他四处分发调查问卷，了解他们亲身经历的故事，这些都能够提供新的线索，还可作为评估他们背景的起始点。

从未对争议有所惧怕的维森塔尔坚称，任何人想要在美国占领区负责重新安置难民的犹太人组织中谋求职位，都必须找到两位目击证人提供证词，证明自己在集中营里不是通敌者。具体来说，就是证明他们不是获得党卫军任命的可监督其他犯人的"牢头"（Kapos）。[4] 他坦率地承认："这种做法让我在其他幸存者中树敌不少。"这不是第一次，当然也不是最后一次。尽管有数不胜数的难民对他的帮助感激不已，但他还是很快就陷入了不同难民团体之间不可避免的纠纷之中，这些受害者经常为了生存以及开始新生活而相互争斗。

在新成立的林茨犹太人委员会中，维森塔尔和其他人列出了一份幸存者名单，并且与那些正带着自己的名单寻找亲友并

110 漂泊至此的人交换信息。不过，他没有指望从任何一份不断增长的名单上找到他最挂念的那个人——他的妻子茜拉。在她前往华沙开始以一个波兰天主教徒的假名生活后，他就失去了与她的联系。他后来听说，在 1944 年的华沙起义（Warsaw Uprising）中，德国军队用火焰喷射器摧毁了托皮尔街（Topiel Street）上的一栋建筑，而她之前一直与一名波兰诗人的妻子一起居住在那栋建筑内。他回忆说："我不相信奇迹。我知道我的亲人都死了。我从未对我的妻子仍然活着抱有任何希望。"[5]

然而，奇迹般的，茜拉在那条街道被摧毁之前侥幸逃生了。她与起义中的其他幸存者一起被抓了起来，送往莱茵兰一座机关枪制造工厂服苦役。后来，她在那里被英国人解救。她也曾听说丈夫遇难的消息。他们在克拉科夫的一个共同的朋友一直与西蒙·维森塔尔有通信往来，正是这位朋友向她透露了一条让她震惊的消息，即她的丈夫还活着，正等着她。1945 年 12 月，在西蒙·维森塔尔的安排下，一个打算返回波兰的奥斯维辛集中营幸存者陪同她来到了林茨，这对夫妇得以再次团聚。第二年 9 月，茜拉生下一个女儿，这个名叫保琳卡（Paulinka）的女孩是他们第一个也是唯一一个孩子。

维森塔尔还打算用其他方式为自己开启新生活。他尽管十分尊重那些将他从毛特豪森集中营解救，随后为他提供追捕纳粹的机会的美国人，但发现自己很难接受快速变化的新形势和新态度。反间谍部队的一位同事直言不讳地对他说："你能看到事情变化得有多快。我们需要德国人来对抗俄国佬。如果只算上好德国人，人数就太少了。"[6]

让维森塔尔感到震惊的是，那些前纳粹分子急切地想要为占领军效力，而且他们还成效卓著地将自己包装成对西方与苏联之间的新冲突了如指掌的专家。他回忆说："美国人尤其有一种让人不可思议的天赋，那就是被人高马大、金发碧眼的德国人忽悠，而这仅仅是因为后者看起来与电影里的美国军官一模一样。"[7]他还补充说，胜利者们还容易向那些致力于让本地纳粹分子获释的请求妥协，因为提出请求的是德国人的"秘密武器——德国小妞。美国年轻人自然对漂亮、听话的女孩，而不是每个人都想像忘掉噩梦一样忘掉的'党卫军里的家伙'更感兴趣"。[8]

不过，维森塔尔不打算忘掉他们或者他们的罪行。1946年，他出版了自己的首部著作《毛特豪森集中营》（*KZ Mauthausen*），这是一本根据他自己的集中营经历绘制而成的黑白绘画集。[9]第二年，他开始管理新成立的林茨历史文献中心（Historical Documentation Center），在那里搜集他能够找到的有关纳粹罪犯的每一份证据，它们主要来自无家可归者，也就是那些在战后的混乱世界里仍然漂泊不定的幸存者。[10]维森塔尔在1946年巴塞尔（Basel）举行的犹太复国主义者大会上遇见了来自家乡加利西亚的小城布恰奇的前教师亚伯拉罕·西尔贝沙因（Avraham Silberschein），并说服他为自己的历史文献中心提供资金。[11]西尔贝沙因只提供了一小笔经费，不过跃跃欲试的维森塔尔立刻就大张旗鼓地开干了。

他的努力在很多人那里都不受认可，尤其是在战后的奥地利，这个国家正设法将自己描绘成第三帝国的第一个受害者，而不是其热情的支持者。奥地利人在纳粹恐怖机器的高层中占了极高的比例，在集中营的管理者中更是如此。维森塔尔写道："奥地利人仅占第三帝国总人口的8%，奥地利纳粹分子杀害的犹太人却占到了希特勒统治下犹太人死亡人数的一半。"[12]因此，如果追捕纳粹的行动继续认真执行下去，奥地利人就会损失很大。维森塔尔为根除奥地利"纳粹主义的杂草"而采取的行动和发出的呼声，[13]不出预料地引起了巨大反弹，他因此收到了大量恐吓信。[14]于是，在1948年，他获准随身携带一只手枪。

也正是在这段时间，"布里查"组织将许多犹太人从欧洲偷渡到了巴勒斯坦，而维森塔尔与该组织在奥地利的特工展开了密切合作。由于相信自己也会在不久后踏上同样的旅程，因此他支持将犹太人带往在不久后将成为以色列的那片土地。不过，他始终反对那些呼吁对犯下纳粹罪行的人实施暴力报复的"布里查"特工。[15]

112　　讽刺的是，犹太人从欧洲逃离的路线——许多难民都先横穿奥地利，然后从意大利各港口乘船离开——经常与纳粹逃犯逃往南美洲的"绳梯"（ratlines）路线相重叠。许多纳粹分子得到了打着人道主义旗号的天主教会组织的帮助。奥地利主教阿洛伊斯·胡达尔（Alois Hudal）以他的亲纳粹立场而举世闻名，他曾协助大量战犯踏上逃亡之旅。维森塔尔直到去世前都在要求梵蒂冈就此做出说明，包括开放相关档案等；但他也曾谨慎地指出，天主教会同样帮忙拯救了许多犹太人。[16]

他写道："在我看来，似乎教会内部也存在分歧：有些神父和神职人员认为希特勒敌视基督，因此他们展现了符合基督精神的慈善一面；而其他人则将纳粹视作一种代表秩序的力量，可以对抗道德的滑坡和布尔什维克主义。前者可能在战争中帮助了犹太人，而后者则在战争结束后将纳粹分子藏了起来。"[17]

维森塔尔在搜寻证据，希望借此抓捕更多奥地利纳粹罪犯并将他们定罪的时候，经常对他所目睹的许多美国值勤士兵的天真感到沮丧，而让他感到更加愤怒的是英国占领军的态度。有一次，他在穿越边境进入英占区以搜集有关战犯的证据时，遭到了一名军士的审问，该军士"似乎毫不关心"他对纳粹的追捕。军士问道："你对从意大利前往巴勒斯坦的偷渡活动怎么看？"维森塔尔后来总结说，英国人更关心阻止难民前往巴勒斯坦，而不是"他们占领区里的纳粹罪犯"。[18]

随着各方似乎渐渐失去追捕在逃纳粹罪犯的兴趣，维森塔尔开始越来越严肃地考虑迁居已经在 1948 年成为独立国家的以色列。据他们的女儿保琳卡说，茜拉从一开始就支持他这么做。保琳卡表示："到 1949 年时，我的父母已经准备好去以色列了。"西蒙·维森塔尔在那一年第一次造访以色列，并相信那里终将成为他们的新家。[19]

除了与"布里查"组织合作外，维森塔尔还以其他方式为犹太复国主义运动提供间接支持。1947 年，他出版了第二本书，该书聚焦于巴勒斯坦领袖哈吉阿明·侯赛尼（Haj Amin el-Husseini），也就是英国任命的耶路撒冷大穆夫提①。[20] 1936 年，这位穆夫提造成了针对犹太定居者的骚乱，这导致他被解职并被赶出巴勒斯坦。但即使身处海外，他仍然努力煽动穆斯林对抗犹太人，还敦促穆斯林支持纳粹德国。他在 1941 年 11 月与希特勒见面，并对这位德国领导人说："阿拉伯人是德国人天然的朋友，因为他们与德国人有同样的敌人，也就是……犹太人。"作为回应，希特勒承诺德国将支持阿拉伯人的事业。[21]

113

---

① 穆夫提是伊斯兰教的宗教领袖。

按照维森塔尔的说法，这个巴勒斯坦人还曾与艾希曼一起造访奥斯维辛和马伊达内克的集中营，了解"最终解决方案"的运作方式。正如维森塔尔的传记作者汤姆·塞格夫指出的那样，"没有可靠证据能够证明（这个故事的）真实性"，而且维森塔尔也没能出版这本书的英文版本。不过，他对这位穆夫提的活动一直保持着兴趣，并且将自己搜集到的所有消息都传递给他的资助人西尔贝沙因，因为他相信后者会把这些消息转交给以色列。

1949 年首次造访以色列时，维森塔尔携带了更多与阿拉伯人和纳粹之间的接触有关的档案。他后来还说，正是在这次造访中，以色列外交部官员鲍里斯·居里埃尔（Boris Guriel）敦促他留在欧洲，因为这个新生国家的情报机构需要他留在那里。塞格夫把维森塔尔称作那个时期"以色列情报机构的新兵"。维森塔尔获得了一份以色列旅行证件，并借此获得了奥地利的居留权。[22] 他还作为以色列多家刊物的记者获得了记者证。

不过，维森塔尔与新生的以色列情报机构的关系很难称得上清晰明朗。他负责报告奥地利境内的反犹主义和政治动向，并且与驻在当地的以色列外交官保持联系。不过，据塞格夫说，以色列外交官将他视作一个"伙伴"，这意味着他连一个资格完备的情报特工都算不上。到 1952 年，以色列人决定不再更新他的旅行证件，还驳回了他提出的由以色列领事馆为他发放工资以便他继续提供情报，或者将他录用为正式员工的请求。尽管他提出了强烈抗议，使以色列把他的旅行证件有效期更新到了 1953 年底，但在那之后，他就不得不靠自己了。

维森塔尔只要迁居以色列就能成为以色列公民，但在当时，他既想获得以色列公民身份，又想留在奥地利。由于未能成功，他设法获得了奥地利公民身份。尽管茜拉十分渴望迁居以色列，但他还是改了主意。虽然当时看不出来，不过这将被证明是一个至关重要的决定，使他能够在未来几十年里得到越来越多的国际认可。

＊　　＊　　＊

托维阿·弗里德曼在战争末期曾作为新组建的波兰共产党安全部队的一员，对身处但泽的德国人实施了报复。他最终来到了维也纳，负责掌管另一个小型文献中心。在种种方面，他的最初经历和活动与身处林茨的维森塔尔十分相似。他和同事们从由中东欧来到维也纳的犹太人那里搜集证词和档案，作为审判党卫军和其他警卫队军官的证据。他炫耀说："我们的办事处让奥地利警方一直忙于逮捕嫌疑犯，数量有好几十个。"[23]

有一次，一个维也纳大学（University of Vienna）的罗马尼亚犹太学生给了他一堆信，那是该学生在自己租住的一个奥地利女子的房子中发现的。信件来自纳粹党卫军沃尔特·马特纳（Walter Mattner）中尉，他曾在 1941 年 6 月德国进攻苏联后短暂地在乌克兰服役。那个学生对弗里德曼说，自己读完那些信后呕吐不止。这些信是中尉写给他身处维也纳的妻子的，当时他的妻子已经怀孕。信件描述了对犹太人的系统性枪杀，还若无其事地提到基辅的受害者约有 3 万人，莫吉廖夫（Mogilev）约有 1.7 万人。马特纳还描写了对共产党官员实施的公开绞刑，以及当地民众被迫观看行刑的经过。他还说："在俄罗斯，我充分理解了作为一名纳粹意味着什么。"[24]

弗里德曼将这些信交给了一名奥地利警察局局长，后者读完后明显在不断地颤抖。局长又叫了好几个同事一起读这些信。弗里德曼指出："我能够理解这些人感受到的那种耻辱。"

几天后，警方在上奥地利州（Upper Austria）的一个小镇上找到了马特纳，并将他带回维也纳。那位最早读信的警察局局长邀请弗里德曼旁听他对这个因犯的审讯。在马特纳很快承认他写了这些信后，警察局局长愤怒地吼道："你这该死的！你怎么能给你怀孕的老婆写你在苏联毫无怜悯地枪杀儿童的事！"

马特纳还试图为自己辩解。他说："我——我想让自己在她眼里看起来重要一点。"据弗里德曼说，这句话惹得警察局局长扇了他一记耳光。警察局局长还向他指出，他的信件清楚地证明他参与了大屠杀。马特纳开始声称自己是对着因犯头部上方开枪的。此时，警察局局长又扇了他一记耳光，并大声说："你为什么要这么愉快地在苏联枪杀犹太人？"

马特纳还在不断为自己辩护，称自己在维也纳一直是"犹太人的好朋友"，在 1938 年前经常光顾犹太人的店铺，而正是在那一年，奥地利被并入了第三帝国。他坚称，后来无论发生了什么，都不是他的错。他说："都怪希特勒的宣传，它毒害了人民，把不受节制的权力递到了我们的手中。"

在旁边看得怒火越烧越旺的弗里德曼突然离席，因为他担心自己会忍不住冲向那个因犯。马特纳后来接受了审判，并被绞死。

在战后初期盟国占领军仍然在密切关注的时候，奥地利的法庭处理的案子的确比人们普遍意识到的要多：有 28148 人遭到审判，其中 13607 人被定罪。[25]不过，正如弗里德曼、维森塔尔还有其他人渐渐发现的那样，冷战初期快速变化的政治环境意味着对这些审判的热情也在快速消退，许多已经被定罪的罪犯很快就获释了。在奥地利这个坚持认为自己是希特勒的第一个受害者的国家，许多纳粹分子非但没有锒铛入狱，反而回到了过去的工作岗位。

弗里德曼回忆说："情况正变得越来越难堪。看起来似乎有一半的奥地利警察都在纳粹的命令下执行了针对犹太人社区的计划，尤其是波兰的犹太人社区。我开始感到有人在抵制我的文献中心和我自己。"[26]此前与他合作的那些警察已经被边缘化了。

恼怒的弗里德曼前去维也纳与他在反间谍部队总部的主要联系人讨论当前局势。那位犹太裔美军少校直言不讳地对他说："这是奥地利，弗里德曼。俄罗斯人想要让铁幕在奥地利上空降下，而我们不希望看到这件事发生。这些家伙想脚踏两条船。你要知道，他们一点都不蠢。他们只是不想让自己的法庭被对纳粹战犯的审判塞满而已。"[27]

奥地利的策略似乎起了作用，盟国占领军——包括苏联分遣队在内——于1955年撤离了奥地利，让该国成为一个独立的中立国。从1956年到2007年，奥地利仅仅举行了35场针对纳粹分子的审判，这绝非偶然。[28]

与维森塔尔一样，弗里德曼也在"布里查"将犹太人偷渡到巴勒斯坦的过程中与该组织合作过。1947年，也就是以色列建国的前一年，他与犹太准军事组织"哈加纳"（Haganah，该组织的成员经常在难民偷渡到巴勒斯坦的过程中负责护送工作）的一名领导人进行了一次坦诚的交流。这位高层赞赏了弗里德曼将纳粹分子绳之以法的努力，但提醒他要牢记第一要

116

务：建立一个犹太人的国家。他对弗里德曼说："将你的全身心投入到这个任务中，塔德克①。纳粹分子的事可以等，但对建立一个犹太人的祖国这件事我们再也无法等待。"[29]

弗里德曼声称，他曾经帮助"哈加纳"的突击队抢走了给阿拉伯国家运送武器的卡车，然后将这些卡车转交给位于巴勒斯坦的犹太人部队。1949 年，也就是犹太人建立国家的第二年，一名新的以色列特工出现在维也纳，接管了当地的情报活动。弗里德曼了解到，自己已经不用再提供情报服务了。他指出："当时维也纳出现了一种古怪的氛围。那里有以色列人，也有其他犹太人。而我，从严格意义上说，只是一个波兰公民。"[30]

117　　他继续在他的文献中心工作，不过与维森塔尔位于林茨的文献中心一样，他的文献中心也越来越难以为继。到 20 世纪 50 年代初，来到奥地利的犹太难民数量显著下降，经费也渐渐枯竭。更令人沮丧的是，人们对这项工作的兴趣迅速减退。弗里德曼回忆说："我的文件夹里塞满了档案和宣誓书，但没有人前来索要并用它们起诉纳粹分子。德国人不想要，奥地利人不想要，西方盟国和俄罗斯人也不想。"[31]

1952 年，维也纳文献中心终于关门歇业，弗里德曼将他的文献寄给了位于耶路撒冷的犹太人大屠杀纪念馆，这是以色列新设立的记录并纪念犹太人大屠杀的机构。弗里德曼决定在同一年跟随他的文献一起迁居以色列。他发誓将在那里继续他那追踪纳粹分子的事业，不过他也意识到，他必须在那个新生国家为自己创造新的生活。

---

　　① 前文提到，此时的他正在使用"塔德克·亚辛斯基"的假名。

在回忆那段岁月时，弗里德曼指出，有一份文件他并没有把它放入运往耶路撒冷的旧档案中。他说："那就是阿道夫·艾希曼的档案。"[32]

＊　　＊　　＊

还在维也纳时，弗里德曼曾前往林茨与维森塔尔见面，并曾与他频繁通信。弗里德曼坚持说："我们同意彼此帮助、交换信息，并且以任何可能的方式进行合作。"[33]在战争末期，弗里德曼一直在但泽为波兰共产党效力，而维森塔尔则在奥地利为美国人效力。这让他们相互间有些猜疑，但他们都致力于同样的事业，那就是追踪纳粹罪犯。直到后来，这一共同目标才变成两人进行公开竞争的原因。

据弗里德曼说，两人早期都忙于搜寻艾希曼，这个"最终解决方案"的核心幕后组织者在战争末期消失得无影无踪了。维森塔尔说，自己是从阿舍·本–纳坦（Asher Ben-Natan）那里听说艾希曼及其所扮演的角色的，阿舍是在1938年逃亡到巴勒斯坦的奥地利裔犹太人，后来加入了"哈加纳"，并在战争结束后用阿图尔·皮尔（Arthur Pier）的假名管理"布里查"在奥地利的活动。维森塔尔回忆说，他们于1945年7月20日在维也纳碰了次头，"阿图尔"给了他一份"布里查"组织的政治部罗列的战犯名单，名单中列出了艾希曼的名字及隶属关系——"盖世太保总部、犹太人事务部高级官员和纳粹党成员"。[34]

按照维森塔尔第一本和第二本自传中的说法，他后来从一个出人意料的消息来源那里得到了另一份情报，这个消息来源就是他在兰德斯特拉塞路40号（Landstrasse 40）的房东太太，这栋屋子和林茨的战略情报局办事处间只隔了几栋房子。一天晚上，在他研究战犯名单时，她走进他的屋子为他铺床，并且越过他的肩膀瞄了一眼名单。她说："艾希曼。那肯定是党卫军负责管理犹太人的艾希曼将军。你知道他的父母就住在这儿吗？他们就在这条街上的32号，到这里只有几栋房子的距离。"[35]

尽管在犹太人大屠杀中发挥了关键作用，但艾希曼其实只有中校军衔。不过房东太太在他的住处问题上说的没错。维森塔尔说，两个来自战略情报局的美国人两天后按照这一情报造访了艾希曼家，并且与他的父亲交谈了一番，他父亲坚称在战争结束后就没有从儿子那里听到任何消息了。

这就是维森塔尔所说的他对艾希曼越来越执着的搜寻的开始，这一搜寻工作引导他来到奥地利温泉小镇阿尔陶塞（Altaussee），盘问一个名叫韦罗妮卡·利布尔（Veronika Liebl）的女子。她承认曾嫁给艾希曼，不过声称他们于1945年3月已经在布拉格离婚了，自那时起她就没再与他有任何接触。[36]维森塔尔不断深入调查，发现自己在林茨附近开始以"艾希曼·维森塔尔"的外号闻名，且"被情报淹没了"。[37]他的一个关键目标是找到一张艾希曼的照片，因为艾希曼在策划大屠杀时一直与镜头保持距离。维森塔尔说，一个同事从艾希曼位于林茨的前女友那里找到了一张他在1934年拍的照片，这张照片后来被印在了艾希曼的悬赏缉拿告示上。

后来，维森塔尔的批评者和竞争对手开始攻击他，声称他夸大了自己在追捕艾希曼的过程中发挥的作用。他们曾试图对他越来越复杂的叙述中的几乎每个部分进行剖析和否定。有些时候，他们甚至质疑他是否真的如他自己所坚称的那样，在战争刚一结束就开始了对艾希曼的搜寻。[38]

119

1946 年，弗里德曼从波兰来到奥地利，他说阿图尔（也就是阿舍·本－纳坦）是第一个向他透露艾希曼的消息的人，阿图尔将艾希曼描绘成"他们中的头号凶手"。当弗里德曼这位新来者承认自己没有听说过艾希曼时，"布里查"的这位领导人给他的指示是："弗里德曼，你必须找到艾希曼。我再说一遍，你必须找到艾希曼。"[39]

虽然不清楚确切时间，但毫无疑问的是，维森塔尔和弗里德曼在战争结束后不久就对艾希曼的踪迹产生了兴趣。纽伦堡的审判中美国起诉团队的德裔犹太成员罗伯特·肯普纳在回忆录中写道，维森塔尔在纽伦堡时曾来找他并问道："你有没有关于阿道夫·艾希曼的材料？你们会起诉他吗？"[40]

按照维森塔尔的说法，1947 年，一个美国朋友向他透露，韦罗妮卡·利布尔——也被称作薇拉（Vera）——请地区法院宣告她前夫已亡的消息，并说"这是为了孩子好"。一个所谓的证人发誓说，他在 1945 年 4 月 30 日战争末期的布拉格之战中亲眼看到艾希曼阵亡。维森塔尔发现这名证人是利布尔的妹夫，于是他将这一信息透露给了一名美国情报军官，军官又让地区法院了解了这一可疑情况。结果，法院驳回了利布尔提出的宣告艾希曼死亡的请求。维森塔尔写道："这个不起眼的举动或许是我为艾希曼一案做出的最重要的贡献。"[41]

他的批评者后来质疑一份死亡宣告是否真的能改变任何事，或者说是否真的会阻止以色列人追捕艾希曼。但鉴于人们对追捕战犯的兴趣普遍降低，一切能够让问题继续存在，也就是让纳粹罪犯在潜在的追捕者心中仍然活着的事情，都能够发挥至关重要的作用。弗里德曼说，有三个以色列人在 1950 年来到奥地利搜寻艾希曼。当时，他们认为他仍然躲藏在奥地利。此前，在战争末期他曾被同盟国军队关押在一些临时性营地内，但成功躲过了身份甄别的程序。

不过，在1950年时，艾希曼用里卡多·克莱门特（Ricardo Klement）的名字设法到了热那亚，并且从那里乘船前往阿根廷。弗里德曼说，那几个以色列人对他的搜寻没有持续很久。他说，同一年，"在阿图尔的批准下，对艾希曼的追捕结束了"。[42]

弗里德曼坚持说，只有他和维森塔尔拒绝接受追捕工作已经结束的事实。他们继续交换有关艾希曼的任何消息。他写道："真相是，没有人知道任何事。每过一天，对艾希曼以及其他纳粹分子的兴趣就少一分。"[43]1952年，弗里德曼迁居以色列。在那一年年底之前他曾回过一次奥地利，再次与维森塔尔见了面。维森塔尔者要求他"不断提醒以色列人关注艾希曼，让他们做些工作"。

弗里德曼回忆说，1953年1月，他启程返回以色列，维森塔尔在临别握手时最后一次同他分享了想法。维森塔尔对他说："想想看，艾希曼在被逮到后，就将在一个犹太人的国家被犹太人的法庭审判。塔德克，历史和我们民族的荣誉都取决于此了。"[44]

对维森塔尔来说，1953年艾希曼案差点取得了最重要的一次突破。[45]据他说，他遇见了一位与他一样爱好集邮的老年奥地利男爵。这位男爵名叫海因里希·马斯特（Heinrich Mast），曾是一名负责反间谍工作的军官。[46]据维森塔尔描述，他的观点偏向"天主教君主主义"（Catholic-monarchist），这意味着他"始终对纳粹分子持怀疑态度"。在听说了维森塔尔的工作后，他拿出一封信，据他所说，寄信人是一名身处布宜诺斯艾利斯的前军队同僚，当时正在胡安·贝隆（Juan

Perón）总统的政府中担任军事指导。他指向信中的最后一段话。维森塔尔说，自己在读到那段话时"倒吸了一口冷气"："猜猜我看见谁了？我甚至跟他说了两次话。就是那个负责管理犹太人的臭猪艾希曼。他就住在布宜诺斯艾利斯附近，为一家水务公司工作。"

那位男爵煞有介事地问道："你觉得怎么样？有些最恶劣的罪犯就这么逃之夭夭了。"[47] 121

维森塔尔备感兴奋，但他认识到自己没法独自追查这条线索。他意识到，鉴于纳粹分子在贝隆统治下的阿根廷所具有的影响力，艾希曼在那里很安全。他还说："作为一个对手，我对他来说太过微不足道了。"据维森塔尔说，他询问了以色列驻维也纳领事阿里·埃斯凯尔（Arie Eschel）的意见，后者建议他将搜集到的关于艾希曼的所有情报，包括他从男爵那里了解到的信息，都写进报告，然后把报告交给位于纽约的世界犹太人大会。他遵照指示，将报告寄给世界犹太人大会主席纳胡姆·戈德曼（Nahum Goldmann），给以色列驻维也纳领事馆也寄了一份。[48]

维森塔尔说，他没有收到来自以色列的答复。两个月后，他的确收到了一封来自世界犹太人大会的亚伯拉罕·卡尔曼诺维茨（Abraham Kalmanowitz）拉比的信。这封信向他确认他们收到了他的情报，并向他询问艾希曼在布宜诺斯艾利斯的住址。维森塔尔回复说，他需要资金才能派人去阿根廷弄到他的住址，但卡尔曼诺维茨拒绝了他，称美国联邦调查局已经通知主席戈德曼说艾希曼此时身处大马士革，这意味他们已经抓不到他了，因为叙利亚是不会将他引渡的。

就像两年前已经离开的弗里德曼一样，维森塔尔在1954

年得出结论：他追踪纳粹分子的努力已经无法引起足够强的兴趣了。他写道："美国的犹太人当时或许有其他顾虑。以色列人对艾希曼已经不再有任何兴趣；他们不得不为自己的生存而战，对抗（埃及领导人）纳赛尔。美国人也不再对艾希曼感兴趣，因为与苏联的冷战已经开始。"他感到"非常孤独，只有少数几个志同道合的傻瓜了"。[49]他曾在另一个场合指出，"战后阶段的纳粹分子追捕行动已经结束了"。[50]

尽管如此，维森塔尔仍然坚持留在奥地利。后来，他解释说，之所以这么做，是因为他认识到自己必须留在欧洲才能继续从事纳粹猎人的工作。但也是在 1954 年，他被迫关闭了林茨文献中心，这与两年前弗里德曼关闭维也纳文献中心的决定如出一辙。维森塔尔也将中心的档案全部打包运往耶路撒冷的犹太人大屠杀纪念馆。[51]这一明确的信号表明，他已经得出结论：这些档案如今将主要由历史学家而非检察官来使用了。不过，和弗里德曼一样，他也留下了有关艾希曼的档案。他说："我真的不知道自己为什么要这么做，因为事实上我已经放弃了。"维森塔尔一直留在林茨，为犹太人救济组织工作，也为当地媒体撰稿，同时还设法通过其他方式让自己忙起来，以便养家糊口。

后来，在 1960 年艾希曼于布宜诺斯艾利斯被绑架后，维森塔尔所记述的他与那位男爵的会面以及后续调查的缺失将引发激烈的争论。毕竟，它暗示着以色列人错过了在更早的时候追踪艾希曼的一个机会。最终指挥抓捕艾希曼的摩萨德局长伊塞尔·哈雷尔（Isser Harel）对这种说法感到异常愤怒，而维森塔尔在 1967 年出版的第一卷回忆录中首次公开了这个故事。维森塔尔的故事如果属实，就会让哈雷尔很难堪。

艾希曼被捕将成为以色列在追捕纳粹分子的过程中最引人注目的一次尝试。不过它也为维森塔尔与哈雷尔之间持续一生的冲突奠定了基础。

＊　　＊　　＊

当然，在德国，对于追责纳粹分子的兴趣，无论是禁止他们出任特定职位，还是起诉他们，都在 20 世纪 50 年代初基本消失了。到 50 年代中期，西方盟国关押的战犯数量已经不到 200 人，剩下的人都受益于连续的几次大赦。[52] 阿登纳在 1952 年宣称："我认为我们如今该结束这种搜寻纳粹分子的做法了。"[53] 因此，迫切想要相信其新领袖的这番话的德国，似乎是最不可能出现新的纳粹猎人的地方。

不过，新的纳粹猎人的确在德国出现了。一个与维森塔尔或者弗里德曼——他们都有些张扬，而且通常独自行动——没有任何共同点的纳粹猎人出现了。弗里茨·鲍尔更像扬·泽恩，也就是那位起诉了奥斯维辛集中营指挥官鲁道夫·霍斯和其他集中营管理人员的波兰侦讯法官。

这两人有着迥然相异的过去：鲍尔是作为一个世俗派德国犹太人被养大的，而且在纳粹时代的大部分时间流亡海外，因此得以幸存；泽恩则在一个拥有德国血统的天主教家庭长大，他的兄弟还曾在德占期把自己登记成德意志裔。不过，这些不同与他们俩的相似之处相比实在是无足轻重。鲍尔和泽恩都嗜烟如命，先后当过法官和检察官，行事低调，致力于以一丝不苟的态度为法庭上的胜利奠定基础。在那个铁幕两侧的合作十分罕见的时代，他们共同搜集了许多用于审判的证据，证明了合作是有可能发生的。

123

最重要的是，两人都认为自己的使命不仅包括惩罚罪犯，还有纠正历史记录，为教育当前和未来的世代奠定基础。在德国这片诞生了纳粹罪犯的土地上，这既是紧迫的任务，也是艰巨的挑战，与波兰相比尤为如此。

与身处波兰的泽恩相比，鲍尔在德国算得上一个公众人物。他早在1952年就因负责一桩针对前纳粹将领的案子的起诉而上了新闻头条。他的目的是证明抵制希特勒是一种可贵的行为，而不是叛国。在20世纪60年代，他策划了德国自己的奥斯维辛审判，这一审判开启了让这个国家不再刻意遗忘犹太人大屠杀和纳粹时代的其他罪行的历程。他开始经常参加电视上关于德国应如何处理个人纳粹经历的讨论。不过，在他于20世纪50年代末的艾希曼事件中发挥重要作用前，他一直是完全隐于幕后的。

以上事实本应为他赢得广泛的认同，然而，鲍尔从未得到德国颁发的杰出贡献最高奖章，而且他在1968年以64岁的年纪去世后，就基本被人遗忘了。在德国以外的地方，他原本就没什么名气。直到最近几年，德国人才开始重新认识鲍尔。而且和许多其他纳粹猎人的遭遇一样，这一过程伴随着激烈的争议。不过，这终究是一个迟到了很久的过程。

鲍尔的第一本重要传记出版于2009年，是一部在精心研究后写成的著作，其作者伊尔姆特鲁德·沃亚克（Irmtrud Wojak）指出，"在一个人们不再想听到这段过去、'了结'这个词被愈加频繁地提及的时代"，[54]他是那个一有机会就告诫他们，不能如此轻易地遗忘这段刚刚过去的历史的人。沃亚克强调说，他"为德国发展成一个法治国家做出了巨大贡献"。[55]

鲍尔始终坚持提醒他的同胞不要忘记那些曾以他们的名义

124

犯下的罪行，这种坚持给他带来了比仰慕者更多的敌人，他收到的威胁也比泽恩在波兰需要处理的威胁多得多。一些匿名威胁者会在电话中大喊："犹太猪，去死吧！"一封典型的威胁信通常会问："在你盲目的愤怒之中，你难道不知道大多数德国人已经对所谓的纳粹罪犯审判感到恶心和厌倦了吗？"[56]但是他在学生中很受欢迎，尤其是那些学习法律的学生。

伊洛娜·齐奥克（Ilona Ziok）为鲍尔拍摄的纪录片十分震撼人心，该纪录片在 2010 年柏林电影节上首映，让鲍尔重回公众视野。齐奥克强调，他终生都在进行一场孤独的战斗。这部题为《分期死亡》（Death by Installments）[57]的纪录片将他刻画成——用齐奥克的话说——一个"历史性人物"，她相信他堪当此名。她的影片还清楚地表明他常常感到自己受到了孤立。影片指出："基本上，鲍尔除了敌人一无所有。"[58]

他的第一部传记和纪录片的问世加快了他作为历史人物重新受到关注的速度。《南德意志报》（Süddeutsche Zeitung）编辑罗恩·施泰因克（Ronen Steinke）在 2013 年发表了一篇篇幅较短、风格较为活泼的鲍尔小传。小传中囊括了一些被此前的书籍和影片忽略的较为敏感的话题，使得一些人指责他借鲍尔的故事炒作。法兰克福犹太博物馆（Jewish Museum of Frankfurt）在 2014 年 4 月举行了一场弗里茨·鲍尔专题展，这次展览从施泰因克对历史事件的描述中选取了大量素材，使得沃亚克和齐奥克感到尤为愤怒。这一争议很快蔓延到了纸质媒体上，在知识界内部引发了一场更广泛的辩论。

＊　　＊　　＊

争论始于鲍尔的犹太人血统以及应该在多大程度上强调他

的犹太人成分。齐奥克说，身处斯图加特的鲍尔家族世俗化得十分彻底，以至于"对犹太人来说，他不是犹太人；但对希特勒来说，他是"。或者用鲍尔自己的话概括，按照奠定了纳125 粹种族政策的《纽伦堡种族法》，他是一个犹太人，但除此以外，他就不是了。根据犹太博物馆展览的说法，"弗里茨·鲍尔的家庭在德意志帝国的犹太中产阶级中很典型"，而在他年幼时，"家里只要还住着祖母或外祖母，就会庆祝犹太人的传统节日"。不过展览的说明牌同时指出："他的家庭自称世俗化的犹太家庭。同化是与获得社会认同和平等的希望紧密相连的。"[59]

鲍尔的父亲是一战老兵，也是一个坚定的德意志民族主义者。弗里茨·鲍尔的成长经历可以说是当时的典型，这让他能够理解为什么他们那一代人中有那么多人对命令如此顺从。在1962年对学生发表演讲时，他回忆说："有许多人像我一样被养大……以一种专制的方式。你需要顺从地坐在桌边，在爸爸说话时你得闭口不言，你无权说任何话……我们都了解这种类型的父亲。有时想到自己在一个星期日的下午竟然厚着脸皮移动了左臂，而不是听话地把它放在桌子下，我甚至还会做噩梦。"

他继续说："德国的专制主义教育实际上是德国伦理观的基础。法律即法律，秩序即秩序——这就是所谓德国效率的全部内容。"不过他还说，如果说这一经历让他恰如其分地领会了德国的文化传统，那么他父母提出的一个额外警告却可以被解读为犹太人价值观的产物，尽管他们家作为犹太人很不传统。他们对他说："你自己必须一直清楚什么事是正确的。"[60]

鲍尔没有过多谈及他在成长过程中经历的反犹主义运动，不过他很难完全回避这个话题，因为他在慕尼黑度过了部分大学岁月，而当时纳粹党正在那里不断崛起。在对学生发表演讲时，他回忆说，自己曾看到"一群吵闹的纳粹分子"以及他们亮红色的海报，上面写着"犹太人禁止进入"。[61]他补充说，在德国政府中最著名的犹太人成员、外交部部长瓦尔特·拉特瑙（Walther Rathenau）1922 年遇刺后，"我们都大为震动，而且我们有了这样一种感觉，那就是我们心之所系的魏玛民主正面临危险"。

早在两年前，还在读高中的鲍尔就加入了社会民主党，并且在余生中一直积极参加党派活动。法兰克福的那次展览称他为"犹太裔社会民主党人"，这让齐奥克和沃亚克觉得这两个词好像听起来同等重要。事实上，鲍尔与纳粹之间的大部分早期麻烦源于他的政治观点，尤其是因为他在面临极右派和极左派的攻击时坚持维护魏玛共和国。他所坚信的是一种坚持民主原则的左倾社会秩序。

鲍尔在 1930 年被任命为斯图加特最年轻的法官，他尤其有志于让法律变得对年轻罪犯更加有利，并为他们提供改过自新的机会。一年后，当地的纳粹报纸《纳粹信使报》（*NS-Kurier*）刊登了一篇文章，标题为《一个犹太裔地区法官正在为政党利益滥用职权》。该文章要求司法部就"鲍尔的行为是否在维护犹太人"表态。[62]毫无疑问，在纳粹分子眼中，鲍尔的原罪是他的社会民主政治观点，不过他们很乐于抓住他的犹太人身份来支撑自己的观点。

在这件事上，他们失败了，不过并未彻底失败。鲍尔决定状告这家报纸破坏了他的声誉。法庭最终做出了有利于他的裁

126

决，但这并不是一次毫不含糊的胜利。《纳粹信使报》宣称："让他声誉受损的是'犹太裔地区法官'这个称呼。"

希特勒于 1933 年 1 月底上台；到 3 月底，鲍尔与库尔特·舒马赫（Kurt Schumacher）等社会民主党知名人士被一同送到了霍伊贝格（Heuberg），那是符腾堡州（Württemberg）的第一座纳粹战俘营。毫无疑问，他之所以被针对，是因为他的党派从属关系。他在同年 11 月获释，施泰因克写的小传和法兰克福的那次展览都宣称，鲍尔和其他几个囚犯一起签署了效忠新政权的誓言，然后才获释。誓言内容如下："我们在德国为荣誉和和平而战的过程中无条件支持祖国。"后来成为战后社会民主党领袖的舒马赫拒绝签署这一誓言，因此被先后关押在了好几座集中营里，直到战争末期才被英国人解救。鲍尔一直表示自己对舒马赫"不可思议的信仰和勇气"充满钦佩。[63]

在法兰克福的展览中，有一张印着这份效忠誓言的报纸的复印件，上面还有获释囚犯的签名，其中的第二个名字是"弗里茨·豪尔"（Fritz Hauer）。展览的组织者称那是一个打字错误，并且指出在重要囚犯的名字中它与鲍尔是最接近的。他们还坚称，其他一些档案也明白无误地证明了鲍尔曾签署该誓言。不过在沃亚克篇幅较长的传记中，她没有提到这份效忠誓言，齐奥克也在纪录片中略过了它。两人都坚称，之所以忽视它，是因为没有确切证据表明鲍尔在上面签了字。

齐奥克补充说："如果他签了，那也是为了他的家庭。为把家人弄出国他用尽了办法。"尽管在她看来外界过度关注鲍尔的犹太人身份，这让她十分恼火，不过她也承认，他肯定知道纳粹的反犹主义政策意味着他和家人不久后就会因犹太人的身份而遭到迫害，尽管他最初遭到关押是出于政治原因。

如果说有关效忠誓言的争议显得相对无关紧要的话，那么与他生活的另一方面——他的性取向有关的争议则激烈得多。他在 1939 年逃亡丹麦，他的姐姐及其丈夫已经于两年前在那里定居了。最初，他将这个国家视作一个自由的天堂。他写道："丹麦人以一种轻松愉快、理所当然的态度享受着他们国家的好运，这始终让外国人惊奇不已。"[64]

不过，按照施泰因克所写的传记以及法兰克福的那次展览的说法，在这个似乎十分自由的国家，警方经常跟踪他，并且因为所谓的他与同性恋男子的接触而将他带回警局审问。丹麦在 1933 年成为欧洲首个将男性之间的自愿性行为去罪化的国家，不过同性性服务仍然非法。法兰克福展出的一份警方报告称，鲍尔承认曾有两次性行为，但否认曾为此付钱。

沃亚克表示，公开这份真实性存疑的警方报告似乎是为了损害鲍尔的名誉。她说："这是为了迎合至今仍然存在的针对同性恋的歧视。"齐奥克相信，鲍尔是"无性恋——我不认为他曾与任何人有性接触"。不过，她又补充说："即使他是（同性恋），那也是他的私事。"[65]两人都在对鲍尔的刻画中回避了这一话题。

法兰克福展览的策展人莫妮卡·博尔（Monika Boll）为自己把鲍尔的这部分故事放入展览的决定做了辩护。她在展览开放日陪着我走遍了整个展馆，并坚持说："这并不是在试图揭露他的什么。你也许会觉得在丹麦，他在政治上是安全的。但在那里，他突然间又再次遭到了起诉，且这一次触及了他的个人生活。这是一个必须在历史上得到承认的方面，也是将这些档案公开的唯一正当理由。这些档案并没有破坏弗里茨·鲍尔的声誉，它们破坏的是建立这些档案的政府当局的声誉。"

讽刺的是，那些为鲍尔的个人经历增添了新的重要性的人在内讧时经常忽略了一个事实，那就是各方基本都认同他的主要成就。分歧主要在于，一方感觉应当以完全正面的方式来呈现他，另一方则认为公开这些有关他个人生活的争议不会降低他的道德高度。

在德国军队 1940 年入侵并占领丹麦后，鲍尔再次面临危险。他获得了丹麦社会民主党人士的帮助，大部分时间东躲西藏。1943 年，他在丹麦路德教会与安娜·玛丽·彼得森（Anna Marie Petersen）成婚，人们都说，此举是为了使他获得适当的保护。同一年，希特勒下令从丹麦驱逐犹太人，不过丹麦的抵抗者组织了一次史诗般的营救行动，让约 7000 个犹太人逃到了瑞典。鲍尔、他的姐姐姐夫以及父母都在其中。[66]

在瑞典，鲍尔成为《社会主义论坛报》（*Sozialistische Tribüne*）的编辑，这是德国社会民主党的流亡刊物。与鲍尔共事的一位年轻编辑是后来成为西德总理的维利·勃兰特（Willy Brandt），他在国际社交圈中交朋友的能力给鲍尔留下了深刻印象。鲍尔描述说，他"聪明得就像一个美国人"。[67]

战争结束后，鲍尔和家人决定返回丹麦。1945 年 5 月 9 日，在德国投降不久后的一场反纳粹人士的集会上，他发表了告别演讲，并阐明了他对祖国之未来的态度。

129

> 德国是一块白板……一个新的、更好的德国能够并且必须从基础上开始建立……我们必须认识到，德国须为以它的名义犯下的战争罪行付出代价……那些让纳粹主义上台并挑起战争的……战犯和罪犯，那些布痕瓦尔德、贝尔森和马伊达内克的罪犯，应当得到最严厉的惩罚……我们

中没有人要求对德国人的怜悯。我们知道德国人必须在未来的几年或几十年里加倍努力，这样做才能赢得尊重和同情。[68]

同年，他还在丹麦出版了一本书，书名颇有先见之明：《法庭上的战犯》（*Die Kriegsverbrecher vor Gericht*）。[69] 1947 年，他写了一篇题为《我们中间的凶手》（ "The Murderers Among Us" ）的文章，这一标题在 20 年后成为维森塔尔首部回忆录的书名。几乎可以肯定的是，鲍尔在选择书名时受到了二战后德国第一部以揭露战犯身份为主要内容的电影影响，书名和该电影的名字——《凶手就在我们中间》——几乎一模一样。

鲍尔从一开始就想要帮助德国重获尊重。在丹麦时，他写信给朋友舒马赫说，他已经请求美国人允许他回到斯图加特，为此他应他们的要求填写了无数表格，但没有得到批准。他坦承，自己不确定原因是什么，但他怀疑 "他们（美国人）不想让任何犹太人" 回去接手公共部门的工作。[70]二战结束后不久，勃兰特和其他同僚得以返回德国，但鲍尔直到 1949 年才回去。他的第一份工作位于不伦瑞克（Braunschweig），在那里，他先后担任地区法院院长和地区检察长。这将为他与那些曾迫切为第三帝国效力之人的首次对抗铺平道路。

* * *

有人称鲍尔是对纳粹分子发起司法挑战的头号人物，为他奠定这一声望的案子不包含对战争罪或反人类罪的起诉。那个案子中没有任何骇人听闻的成分。尽管如此，该案件仍然围绕着战后德国面临的一个至关重要的问题展开：该如何看待那些试图在 1944 年 7 月 20 日刺杀希特勒的德国军官和平民？

克劳斯·冯·施陶芬贝格（Claus von Stauffenberg）上校将一个装有炸弹的手提箱放在了希特勒位于东普鲁士的总部"狼穴"的一张会议桌下，当时希特勒正在那里与他的高级军官制订战争计划。由于其中一名军官碰巧将手提箱推到了桌腿的背后，希特勒在爆炸中幸免于难。这些密谋者究竟是英雄还是叛徒？

有人如果看过 2008 年汤姆·克鲁斯主演的电影《刺杀希特勒》（Valkyrie），就肯定知道，在刺杀发生后的事件中有一个关键人物是奥托·雷默少将，他那时是驻守柏林的大德意志步兵团警卫营（Guards Battalion Grossdeutschland）营长。他曾在战斗中受伤八次，希特勒因此向他颁发了橡叶骑士铁十字勋章。他对希特勒的忠诚毋庸置疑。不过，趁"狼穴"因发生爆炸而陷入混乱，位于柏林的密谋者试图夺取柏林的控制权，他们对雷默说希特勒已死，并命令他逮捕宣传部部长戈培尔。

当雷默带着 20 个人出现在宣传部部长办公室时，戈培尔对雷默说，元首还活着，而且他能够证明这一点。他拿起电话，拨通了希特勒的电话，后者迅速命令雷默逮捕密谋者。这些密谋者随后遭到追捕并被处决，或者被迫自杀。[71]雷默在战争结束前被晋升为少将。

在战后的西德，雷默协助创立了一个极右翼政党——社会主义帝国党（Socialistische Reichspartei），并且利用尖酸刻薄的长篇大论动员他的支持者反对该国选出的新领导人。1951年他的政党开始在地区选举中占据一席之地，他也因此获得了全国的关注。《明镜》周刊对他的描绘与其早期对希特勒的描述十分相似。该周刊报道说，他"39 岁，身材修长、面容憔悴，如狂热者一般目光如炬"。

雷默指控德国的新民主领袖"接受外国势力的操纵"。尽管这种说法让政客们愤怒不已，但还不足以引起司法报复。不过，在 1951 年 5 月 3 日不伦瑞克举行的一场竞选集会上，雷默做得太过火了。他不仅为自己在未遂的"七二〇政变"中的行为辩护，还对政变策划者提出了类似的指控。他宣称："那些密谋者在很大程度上是叛国者，受到了外国势力的收买。"[72]

对鲍尔来说，这是一个表明立场的好机会，从许多方面来说，其立场都体现了他关于如何处理德国历史的态度。对于因为雷默抓捕了差点成功刺杀希特勒的密谋者而惩罚他，鲍尔兴趣不大。鲍尔心中怀有一个更大的目标——以诽谤罪起诉雷默，理由是他将密谋者称作叛国者。他想让德国公众知道，在希特勒的统治下，什么才是真正的爱国行为。

庭审开始于 1952 年 3 月 7 日，吸引了 60 名德国和外国记者的关注。在不伦瑞克的法庭上，鲍尔做了一番充满激情的总结，传递了清晰的哲学和政治信息："难道不是每一个认识到战争非正义性的人都有权抵制并阻止一场非正义的战争吗？"他补充说，事实上，"第三帝国这样的非正义国家无法成为叛国的对象"。[73]没有任何证据能够证明雷默的说法，即外国势力收买了密谋者是真实的，不过鲍尔阐明的最重要的观点是，那些人是基于对祖国的热爱才采取行动的，因为他们的祖国被一个魔鬼般的政权背叛了。

私下里，鲍尔认为这些军方的政变密谋者的动机并不像他在法庭里描述的那么高尚。他在 1945 年 3 月写的一封信中指出："（'七二〇政变'策划者的）反纳粹情绪并非源自道德或

131

政治上的反纳粹主义，而是源于希特勒正在输掉这场战争的事实。"[74]他补充说，他们之所以刺杀希特勒，是为了"避免无条件投降的结果"，让德国能够以独立国家的身份摆脱战争。

不过，他在不伦瑞克审判中发表的总结陈词仍然是他发自内心的呼喊。他主张："鉴于我们如今了解到的事实以及永恒不变的法律原则，这个民主法治国家的检察官和法官有责任为'七二〇政变'中的英雄无条件恢复名誉。"[75]他还为审判添加了一段个人注脚，提到了他在斯图加特的高中岁月，当时克劳斯·冯·施陶芬贝格是他的同学之一。他强调，他的这位同学和其他参与密谋的人"认为他们有责任捍卫席勒的遗产"，席勒是德国备受喜爱的诗人、剧作家和哲学家。换句话说，驱动这些密谋者的是对德国历史文化的深切的忠诚，他们是真正的爱国者。

曾作为军官在斯大林格勒服役，随后作为战俘在苏联服刑的约阿希姆·黑珀（Joachim Heppe）法官说，他被鲍尔提出的道德问题"深深触动"了。[76]事实上，鲍尔太想论证他的观点，太想证明密谋者行动的道德合理性了，以至于他忘了要求法官给雷默判刑。法庭判决雷默诽谤罪成立，并判处他三个月监禁。不过他从未服刑，因为他已经逃到了埃及，后来受益于另一次大赦而得以回国。[77]

不过，对鲍尔来说，这场审判是一次巨大的胜利。法庭认同他提出的第三帝国是一个不尊重法治的政权的说法，因此那些抵抗第三帝国的人在道德上具有正当性。法庭的裁决书呼应了鲍尔的看法，宣称这些抵抗者"曾试图推翻希特勒，从而推翻他所领导的政权。他们毫不犹豫地牺牲自我，这完全是出于对祖国（Vaterland）的热爱和对祖国人民（Volk）的无私的责任感。他们并不打算破坏第三帝国或者第三帝国的军事力量，而是想要帮助这两者"。[78]

审判前的民调显示，38%的德国人赞同德国抵抗运动者的行为；到1952年底，也就是举行审判的那一年，58%的德国人表达了他们的赞同。[79]鲍尔不仅让民意发生了巨大变化，还开启了一场持续数十年的辩论。

鲍尔认为，这类审判至关重要，可以让德国人理解在那段梦魇般的岁月里究竟发生了什么，以及究竟什么才是体面和不体面的行为。法庭决定的惩罚远不及德国人吸取到的教训来得重要。不过他也没有产生幻觉，认为让公众认识个人责任和个体道德的战斗已经结束。尽管在雷默案审判后，公众的态度发生了积极的转变，但他知道，他的许多同胞仍然对于纳粹时代没有任何悔意，甚至还愿意去保护那些战犯。这使得继续追捕纳粹战犯变得更加重要。

这也是为什么，当1957年鲍尔从一个居住在阿根廷、拥有一半犹太血统的德国盲人移民那里得到了一份有关艾希曼下落的诱人情报时，他决定凭良心采取行动。他没有通过正常的官方渠道来传递这一情报，而是将其转交给了以色列人。他的这一举动引发的一系列事件最终在一场审判中达到高潮，这场审判不仅获得了以色列和德国的关注，还吸引了整个世界的目光。

133

第八章 "先生，请等一下"

> 众所周知，至少有一个强有力的犹太地下组织在战后的世界各地坚持不懈地工作，追踪那些在 1945 年逃脱盟军法网的纳粹战犯。他听说其成员狂热地投身于他们的任务，这些勇敢的人舍生忘死，将制造贝尔森和奥斯维辛等人间地狱的部分非人恶魔绳之以法。[1]
>
> ——《鲍曼的遗嘱》[*The Bormann Testament*，这部小说最初在 1962 年出版时的书名是《卡斯帕·舒尔茨的遗嘱》(*The Testament of Caspar Schultz*)]，作者为杰克·希金斯 (Jack Higgins)

2014 年 3 月，拉菲·埃坦坐在特拉维夫阿菲卡街区 (Afeka, Tel Aviv) 他那栋现代风格的别墅的舒适客厅里，放松地回忆起他为摩萨德效力的漫长岁月，以及他职业生涯中最精彩的部分，也就是 1960 年 5 月 11 日他领导突击队在阿道夫·艾希曼位于布宜诺斯艾利斯的住所附近将其抓获的过程。他谈起了自己的好运。他在 1950 年就购置了这块地并建起了房子，当时他年仅 24 岁，刚刚开始为摩萨德工作。这块地之所以很便宜，是因为当时在附近那条将这个区域与南方的主城区隔开的河上，还没有架起桥梁，而且此地还没有通电和自来水。他脸上露出满足的笑容，说道："我当时说，我要买下这块地，有一天，我将住在特拉维夫市中心的私人住宅里。"[2]

135

如今，阿菲卡已经成了一个高档街区，到处都是时髦的别墅和公寓楼，通过几条崭新的高速路与市中心相连接。不过，埃坦的房子位于一条和地中海度假胜地一样安静的街道上。一楼摆满了鲜花和植物，光照很好，光线来自露台和花园敞开的玻璃门以及一扇巨大的天窗。门厅里装饰着用铜丝和铁丝制成的极简主义动物和人物雕塑，制作者正是在半个多世纪前的那个重要日子里，帮忙将艾希曼塞进一旁等候的汽车的埃坦。身材不高的埃坦从年轻时就开始通过攀爬绳索来训练双手和手臂的力量。

埃坦是"萨布拉"（Sabra），也就是土生土长的巴勒斯坦或者说后来的以色列犹太人。在开始讲述这起当代最著名的绑架案之前，他在无意中吐露说，他第一次造访德国是在1953年。他回忆说，当他走下停靠在法兰克福的火车时，曾有如下想法："仅仅在八年前，我如果来到这里的话，就很可能被处决。不过如今，我是以色列政府的代表。"他后来急忙补充说，他的这次访问与追捕纳粹没有关系。

战后时代最大的迷思之一就是，以色列特工始终在世界各地搜寻纳粹战犯的藏身处，坚持不懈地追捕他们。他解释说，这种说法与事实简直差了十万八千里。当他出现在法兰克福时，他的任务是与一些摩萨德特工见面，这些特工负责监视一些来自东欧和苏联的犹太人，他们准备从这里继续前往新生的以色列国。

在冷战初期，来自那一带的移民不断拥入以色列，这是摩萨德面临的一项重大挑战。埃坦解释说："东边，也就是波兰、罗马尼亚，当然还有苏联的情报机构雇用了许多犹太移民。"克里姆林宫坚定地与阿拉伯人站在一起对抗以色列。克格勃或者其位于铁幕之后的附属机构在收到安插在以色列的特工发来的报告后，会迅速与以色列的阿拉伯邻国分享情报。这个新生的国家迫切需要更多定居者（以色列在 1953 年人口约为 160 万[3]），不过它也需要鉴别那些为不同的主子效力的人。埃坦指出："我们必须审查每一个人，了解他是不是间谍。这才是第一要务，而抓捕纳粹不是我们的工作重点。"

亚伯拉罕·沙洛姆（Auraham Shalom）是出生于奥地利的摩萨德特工，后来成为辛贝特（Shin Bet，或以色列国家安全局）的局长。他曾任埃坦在艾希曼行动中的副手。沙洛姆于2014 年 6 月去世，在去世前三个月，他在位于特拉维夫的家中接受了采访，表达了与埃坦类似的感想，还更进一步承认说："我之前从来没有对追捕纳粹的工作产生那么大的兴趣。"[4]他的态度一直是，如果犹太人因有那么多纳粹罪犯仍然逍遥法外而感到沮丧的话，最好的解决办法就是"到这里（以色列）生活"。

简单来说，在以色列建国之初，根本没有充足的时间、精力或者意愿来追捕纳粹分子。这使得埃坦对后来出现的争议，即维森塔尔在 1953 年提供的情报（一名奥地利男爵说艾希曼在阿根廷被人发现）是否有价值，不屑一顾。埃坦断言，即使维森塔尔提供了更加精确的关于艾希曼下落的信息，以色列也无法在那时安排必要的人力和资源将他缉拿归案。在一个强敌环伺的地区，以色列的生存斗争胜过一切。

不过，到 20 世纪 50 年代末，以色列总理戴维·本－古里安（David Ben-Gurion）和其他高层领导人对于这个新生国家的前景更自信了，因此让他们为抓捕臭名昭著的纳粹战犯授权的设想不再显得那么遥不可及了。当然，前提是出现这样一个机会，或者说这样一个机会落在了摩萨德手中。

这样一个机会恰好出现了。

1957 年 9 月 19 日，当时担任西德黑森州（Hesse）检察长的弗里茨·鲍尔安排了一次与以色列驻西德的赔款事务负责人费利克斯·西纳尔（Felix Shinar）的会晤。为了确保会晤尽早进行，两人在刚下科隆－法兰克福高速路处的一间小酒馆里见了面。

据后来命令埃坦、沙洛姆等特工前往阿根廷绑架艾希曼的摩萨德局长伊塞尔·哈雷尔所言，鲍尔开门见山地对西纳尔说："发现艾希曼的踪迹了。"

当以色列人问鲍尔他指的是不是阿道夫·艾希曼时，鲍尔回应道："是的，阿道夫·艾希曼。他人在阿根廷。"

西纳尔问道："你打算怎么办？"

鲍尔回答说："我跟你说实话，我也不知道我们能不能完全依赖这里的德国司法系统，更别说驻布宜诺斯艾利斯的德国使馆人员了。"毫无疑问，他不相信本国的公务员，担心有人会在听说艾希曼面临逮捕危险时给艾希曼通风报信。鲍尔继续说："我看不到有什么别的办法，只能把它告诉你。大家都知道你们是一群做事很有效率的人，对于抓捕艾希曼，没有人会比你们更感兴趣。"接着，他提醒了一句："我希望在这件事上与你们保持联系，但前提是必须严格保密。"

很明显，鲍尔的意思是，他们之间的所有沟通必须向德国政府保密。对此，西纳尔欣然应允，指出他会以此为前提把情报传递给他在以色列的上级。他说："我衷心感谢你向我们展现的诚意。以色列永远不会忘记你所做的一切。"[5]

西纳尔履行了自己的承诺，向位于耶路撒冷的以色列外交部提交了一份详细的报告。当外交部办公厅主任沃尔特·埃坦（Walter Eytan）在特拉维夫的一家咖啡馆与摩萨德局长哈雷尔见面，向后者传递这一消息时，哈雷尔承诺说他会进行充分调查。当晚，哈雷尔一直阅读艾希曼的档案到深夜，这些档案是他指示摩萨德的档案人员为他调来的。他后来写道："我当时不知道艾希曼是怎样的人，或者他曾以何种的狂热完成他的杀人工作。"[6]但是，当哈雷尔第二天清晨从办公桌后站起来时，他知道，"在一切与犹太人有关的事情上，他（艾希曼）都是最高权威，正是他的那双手在背后操纵了对犹太人的抓捕和屠杀"。

用哈雷尔自己的话说，他还知道，"人们已经厌倦了纳粹暴行的故事"。但他说，他立刻就做出了一个至关重要的决定："那晚，我下定决心，如果艾希曼还活着，那么无论是上刀山还是下火海，我都要把他抓到。"

也许哈雷尔真的下了这个决心，但他团队里的一些成员后来对他处理这个案子的方法提出了质疑，指出因为他初期的失策，他们在很长一段时间后才开始依照鲍尔的情报采取行动。在鲍尔与西纳尔的会面过去两年后，抓捕这位著名逃犯的艾希曼行动的准备工作才真正开始。不过，如果说哈雷尔最初的决定容易遭受后人质疑的话，那么毫无疑问的是，最终他实施了一个令人震惊的大胆计划，并且出色地完成了任务。

*　　*　　*

在哈雷尔收到有关艾希曼的情报后不久，以色列驻西德的那位代表西纳尔曾短暂地回到以色列。这使得哈雷尔能够就他与鲍尔的谈话提出更多问题，并且更重要的是，能了解他对鲍尔的个人看法。哈雷尔写道："西纳尔博士为我讲述的弗里茨·鲍尔的性格特点给我留下了非常深刻的印象。"[7]他还补充说，他向西纳尔保证将派一名特使继续与鲍尔联系，以获取更多情报。

执行这一任务的人名叫沙乌勒·达罗姆（Shaul Darom）。达罗姆在1947年前往法国学习艺术，后来与当地的一个组织取得联系，负责将犹太人输送到以色列。他既是优秀的画家，也是优秀的情报工作者。哈雷尔指出，达罗姆在情报工作上有"与生俱来的天分"，作为一名熟练掌握多门语言、知名度越来越高的艺术家，他能够轻易地穿梭于欧洲各地。

达罗姆和鲍尔于1957年11月6日在科隆见面。此次会面为以色列带来了一些关键情报。鲍尔解释说，他的线人是一个拥有一半犹太血统的德国人，正身处阿根廷，在报纸上读到艾希曼失踪的消息后，曾给德国政府写过一封信。鲍尔当时没有透露线人的名字，因为线人是与他直接通信的，他想保护线人。不过他强调，这个线人提供的细节与他自己所了解的艾希曼及其家人的情况相符，包括艾希曼几个儿子的年龄。在儿子们出生后，他的妻子薇拉才带着他们离开德国，据说前去与她的第二任丈夫一起生活。线人提供了一个私人地址——布宜诺斯艾利斯市郊奥利沃斯区查尔布科大街4261号（4261 Chacabuco Street in Olivos）。他认为住在此地址的人就是艾希曼。

139

鲍尔开诚布公，透露了为什么他选择找以色列人而不是把情报交给德国政府。他对达罗姆说："我敢肯定，你们是唯一有准备、有意愿采取行动的人。"当这名以色列特工说，自己担心引渡程序会打草惊蛇，让艾希曼再次逃跑时，鲍尔回应说："我也担心这一点，所以我不反对你们用自己的方式把他弄到以色列去。"

这些话的意思再清楚不过了。作为西德司法体系的代表，鲍尔实际上在敦促以色列人跳过正常的法律程序，制订一个切合实际的解决方案。他还说，德国国内唯一知道他在做什么的是一个他完全信任的人——黑森州州长、他的社会民主党同僚格奥尔格－奥古斯特·齐恩（Georg-August Zinn）。

鲍尔的"勇气"让达罗姆印象深刻：他不仅越过本国政府直接与以色列人接触，还愿意保证他自己能接受他们决定采取的任何行动。哈雷尔后来写道，达罗姆将鲍尔视作一个"有着犹太人的热忱之心的正直之人"。达罗姆还说："我认为他（鲍尔）对于德国的当前形势有些失望，而且我有一种感觉，那就是他为决定在这样的德国继续从事他的政治活动而感到良心难安。"这里达罗姆暗指许多前纳粹分子回到公共岗位任职的情况。

然而，哈雷尔为核查鲍尔的线索而采取的早期行动明显以失败告终。1958 年 1 月，哈雷尔派遣曾在南美洲长期生活的特工亚伊尔·戈伦（Yael Goren）前往布宜诺斯艾利斯，并且向戈伦下达了严格的命令，让他不要采取任何可能引起注意的行动。在一个正在阿根廷做研究的以色列人的陪同下，戈伦调查了鲍尔提供的那个地址及其所在街区的情况，但他们立刻得出结论：情报肯定出了错。据哈雷尔说，那是一个非常贫穷的地区，街道上连沥青铺设的路面都没有，"那栋破败的小房子无法与我们印象里艾希曼那个级别的党卫军官员的生活联系在一起"。当时，人们普遍的猜想是，著名的纳粹逃犯曾设法将大量财富偷运出国，这些财富大部分是从战争受害者那里掠夺来的。[8]

两人还因那栋屋子后院里的一个不修边幅的欧洲女子感到困惑不已。众所周知，艾希曼是一个好色之徒，他们无法相信该女子会是他的妻子。哈雷尔声称，戈伦的任务报告让他"大失所望"。对整个艾希曼行动的记述在1975年，也就是哈雷尔卸任摩萨德局长的12年后才得以发布，哈雷尔在里面宣称："当时的结论很明显，鲍尔提供的情报缺乏事实依据。不过我相信事实并非如此。"

哈雷尔的这种"相信"十有八九也是不坚定的，不过他的确采取了符合逻辑的下一步措施：他要求达罗姆与鲍尔再次见面。这一次哈雷尔坚持要知道线人的名字，以便他们能够进一步查证线人的情报。1958年1月21日，达罗姆和鲍尔在法兰克福见面，鲍尔很快就让步了，提供了洛塔尔·赫尔曼（Lothar Hermann）这个名字以及他在苏亚雷斯上校镇（Coronel Suárez）的地址，该镇距离布宜诺斯艾利斯约300英里远。鲍尔还写了一封引荐信，供被哈雷尔派去找赫尔曼的人使用。

被派去的是以色列警方的高级调查员埃弗拉伊姆·霍夫施泰特尔（Efraim Hofstaetter），此人当时正前往南美洲调查另一个案子。哈雷尔要求他在完成那个案子的调查后去找赫尔曼，并把鲍尔的引荐信交给了他。赫尔曼拒绝了在布宜诺斯艾利斯见面的请求，于是霍夫施泰特尔不得不连夜坐火车赶往苏亚雷斯上校镇。他敲响赫尔曼的房门，赫尔曼开门请他进去，但立刻要求他提供可证明他真的是德国政府代表（他和哈雷尔一致同意使用的托词）的东西。赫尔曼问道："我怎么才能知道你说的是实话？"[9]

141　霍夫施泰特尔解释说，他有一封鲍尔写的引荐信，并且伸手把信递给了赫尔曼。不过他的东道主没有理会他伸出的手。这时，赫尔曼喊来他的妻子，让她接过这封信并把它读出来。霍夫施泰特尔这才意识到赫尔曼是个盲人。赫尔曼的妻子读完引荐信，并补充说："签名毫无疑问是鲍尔博士的。"

赫尔曼明显放松了许多，开始讲述他的故事。他说，他的父母死于纳粹之手，他也在集中营里待过一段时间。他补充说："我的血管里留着犹太人的血，但我的妻子是德国人，我们的女儿也是按照她母亲那边的习俗养大的。"他追踪艾希曼的唯一动机是"要同那些给我和我家人带来这么多痛苦和折磨的纳粹罪犯把账算清"。

直到一年半前，赫尔曼一家都住在布宜诺斯艾利斯郊区的奥利沃斯，在那里，"无论从哪个方面来说，他们都被当成德国人对待"。他的女儿西尔维娅（Sylvia）开始与一个名叫尼古拉斯·艾希曼（Nicolas Eichmann）的年轻人约会，后者不知道她其实有部分犹太血统。这个年轻人曾经好几次造访他们的住处，有一次他说，如果德国人完全消灭犹太人就好了。他还解释说，他之所以没有比较明显的地方口音，是因为在战争期间他的父亲曾于不同的地方服役。

在看到一则有关战犯审判并提及艾希曼的新闻报道后，赫尔曼得出结论：尼古拉斯就是艾希曼的儿子。在那段日子里，阿根廷的许多前纳粹分子都活得非常自在，以至于他们只采取了最低限度的防范措施。虽然阿道夫·艾希曼一直在用假名生活，但他的几个儿子没有费心思去改掉他们的名字。不过，尼古拉斯还是在开始与西尔维娅约会时采取了一项防范措施：他明确表示自己不会透露家庭地址。在西尔维娅搬家后两人开始写信，尼古拉斯当时指示她把信寄到他一个朋友那里。但这只不过进一步加深了赫尔曼的怀疑，不久后，他就开始与鲍尔通信。

这时，西尔维娅——霍夫施泰特尔后来向哈雷尔描述说，她是一个"20岁左右的迷人女子"——走进了房间。很明显，她无论对尼古拉斯有过怎样的感情，都已经决心要帮助父亲证实猜想了。鲍尔向赫尔曼提出应前往布宜诺斯艾利斯做进一步调查，这位盲人便带着女儿一起上路。他不仅想让女儿当他的眼睛，还要利用她与尼古拉斯的关系。在一个朋友的帮助下，她找到了尼古拉斯的住处，直接敲响了房门。

一个妇人打开了房门。西尔维娅问，这是不是艾希曼家的住处。她回忆说："妇人没有立刻做出回应，在她停顿的时候，一个戴着眼镜的中年男子出来了，站在她身旁。我问他，尼克在不在家。"他用一种"尖锐而令人不快的"声音对西尔维娅说，尼克正在加班。西尔维娅接着说："我问他是不是艾希曼先生。他没有回应。于是我问他是不是尼克的父亲。他说他是，但在回答之前犹豫了很久。"

西尔维娅补充说，这家人有五个孩子，三个出生于德国，两个出生于阿根廷。尽管出生在德国的几个儿子的年龄与鲍尔已经了解的艾希曼家的情况一致，但霍夫施泰特尔仍然很谨慎。他说："你的话非常具有说服力，但还无法作为确认他身份的决定性证据。"他补充说，薇拉·艾希曼也许已经再婚，但她较为年长的三个孩子保留了她前夫的姓氏。洛塔尔·赫尔曼却坚称与那个妇人一同居住的男子毫无疑问就是阿道夫·艾希曼。

霍夫施泰特尔说，自己需要赫尔曼获取更多有关嫌疑人的信息，例如他的假名、工作地点、正式照片或个人档案、指纹等，并且承诺会负担赫尔曼的开销。在返回特拉维夫后，霍夫施泰特尔向哈雷尔报告说，他认为赫尔曼"有些冲动鲁莽，过于自信"，指出自己对赫尔曼的故事感到怀疑。但西尔维娅给他留下了正面的印象，他建议迅速采取进一步行动，因为她打算在不久后出国旅行。

哈雷尔同意增加项目预算，以便赫尔曼在布宜诺斯艾利斯开展进一步调查，但没有得到想要的结果。洛塔尔·赫尔曼和西尔维娅从地产登记处了解到，查尔布科大街上那栋房子的所有人是一个名叫弗朗西斯科·施密特（Francisco Schmidt）的奥地利人，房子中有两套公寓，它们各自使用独立的电表，其中一个电表的主人是达格托，另一个的主人姓克莱门特。赫尔曼的结论是，施密特肯定就是艾希曼，他肯定做了整容手术，改变了相貌。[10]

不过，此前跟进过这个案子的那位人在阿根廷的以色列学者发现，施密特不可能是艾希曼：他的家庭情况与艾希曼差别很大，而且他根本不住在他拥有的那栋房子里。哈雷尔在报告中说："这些发现不可挽回地损害了赫尔曼的可信度。"他补充说，到1958年8月，"我们已经下达指令，逐渐终止与赫尔曼的所有接触"。[11]

同一年，西德在斯图加特以北一个风景如画的小城路德维希堡（Ludwigsburg）设立了纳粹罪行调查中央办公室

（Central Office for the Investigation of National Socialist Crimes，
简称中央办公室）。1959 年 8 月，托维阿·弗里德曼声称自己
从路德维希堡的中央办公室主任那里收到了一封信，信中提
到艾希曼有可能在科威特。备感兴奋的弗里德曼去找了他在
维也纳时期的以色列联系人阿舍·本－纳坦，后者此时正任
职于以色列国防部。弗里德曼甚至想象了自己与另外几个人
被派往科威特执行抓捕任务的情形，但本－纳坦把他打发走
了。弗里德曼被打发去见的另一名高级官员也拒绝了他。他
因此得出结论：这些官员不再对追捕艾希曼感兴趣了。于是
他转而向以色列媒体求助，公布了这个逃犯可能正在科威特
的消息。[12]

摩萨德不再与赫尔曼联系的事实，再加上突然公布的关于
科威特的消息，让鲍尔感到极为沮丧。鲍尔越来越担心艾希曼
会听说有人正在追踪他并再次逃跑。1959 年 12 月，鲍尔带着
更多的情报去了以色列。他说，根据一个新线人的消息，艾希
曼前往阿根廷时用了假名里卡多·克莱门特，这与赫尔曼一直
在说的查尔布科大街上那栋房子里其中一个电表主人之名相
吻合。哈雷尔为自己辩护说，是赫尔曼犯了错，错误地认为
艾希曼是房子的主人，而非其中一位租客。在认识到真实情
况后，这位摩萨德局长又安排了叫兹维·阿哈罗尼（Zvi
Aharoni）的人采取进一步行动。突然间，赫尔曼的线索看起
来又很有价值了，不过没有人知道艾希曼是否仍在那里。[13]

当鲍尔在耶路撒冷与哈雷尔、阿哈罗尼以及以色列总检察
长哈伊姆·科恩（Chaim Cohen）见面时，他丝毫没有掩饰自
己的愤怒。他说："这简直令人难以置信！"他指出，赫尔曼
此前已经提到这个名字，如今，新的线人又再次提及。"任何

一个次级警官都会追查这种线索。只要去问问附近的屠户或者菜贩子，你就能知道关于克莱门特的一切。"[14]

阿哈罗尼对鲍尔的愤怒深感认同，他后来成为哈雷尔在艾希曼一案中调查手法的抨击者，并且是抨击得最猛烈的一人。他说："一个悲伤的事实是，艾希曼是由一个盲人发现的，而摩萨德需要再花两年多才能相信那个盲人的故事。"[15]

哈雷尔告知以色列总理本－古里安，他们可能取得了突破。总理对哈雷尔说，如果线索属实，那么他希望他们能把艾希曼带回以色列审判。据哈雷尔所述，本－古里安相信这场审判"将是一项具有重大道德和历史意义的成就"。[16]

* * *

这次，哈雷尔选择派阿哈罗尼前往阿根廷，看看他们此时能否在赫尔曼最初给的那个地址找到艾希曼并确认他的身份。摩萨德局长哈雷尔认为阿哈罗尼是以色列"最优秀的调查员之一"。出生在德国的阿哈罗尼于 1938 年逃到巴勒斯坦，后来在英军中效力，负责审讯德国战俘。[17]

阿哈罗尼先得完成另一项任务，这意味着还得耽误好几个月，哈雷尔因此"焦急万分"。[18]但在这段时间里，阿哈罗尼一直在为去阿根廷的任务做准备，包括了解案件的背景并且与鲍尔见面。1960 年 3 月 1 日，他终于飞抵布宜诺斯艾利斯，用的是一个假名和一本以色列外交护照，他的掩护身份是以色列外交部财务司工作人员。[19]

在一个愿意提供帮助的当地学生的陪同下，阿哈罗尼在 3 月 3 日开着一辆租来的轿车来到了奥利沃斯区查尔布科大街。他们到达那栋住着两家人的房子门口后，学生走上去，假装要找另外一个人，却发现两间公寓里都没了住户。那名学生透过窗子看到里面都空了，粉刷匠正在干活。艾希曼及其家人即使此前真的住在那里，一定也已经搬走了。[20]

　　第二天，阿哈罗尼临时起意，想到了一个计划来更好地了解情况。他想起艾希曼的档案曾提到，其长子克劳斯的生日是3月3日，于是他让当地一个名叫胡安（Juan）的年轻志愿者带上送给克劳斯的礼物和贺卡开车回到那栋空置的房子门前。胡安可以谎称自己有一个在布宜诺斯艾利斯最大酒店之一当行李员的朋友，该朋友让他帮忙递送这个包裹，包裹来自一个年轻女子。如果遭到盘问，胡安可以坚持称自己并不了解更多关于包裹来源的情况。

　　由于在门口没有找到任何人，胡安绕到了房子的背面。在那里，他看到一个男子正与一个在一间棚屋附近清扫什么东西的妇人说话。

　　胡安问道："打扰一下，请问克莱门特先生住在这儿吗？"两个人立刻向他证实有这么一个人，且男子回应道："你是说那家德国人吗？"

　　为了避免引起怀疑，胡安声称自己不知道他们的国籍。男子补充说："你指那个有三个儿子成了年，还生了一个小男孩的家庭吗？"

　　胡安再一次假装自己什么都不知道，称他只是来给克莱门特送一个小包裹的。男子主动说，那家人已经在15～20天前搬走了，但他不知道他们搬去了哪里。

　　这原本是令人沮丧的消息，意味着如果阿哈罗尼早来一点，他就能在房子里找到他们了。然而，那个男子显然接受了胡安的说法，把胡安带到了一个正在里屋工作的粉刷匠跟前。

粉刷匠同样很坦率，说克莱门特一家已经搬去了圣费尔南多
（San Fernando），那是布宜诺斯艾利斯郊区的另一个小镇。他
不知道具体地址，但是表示他们可以跟克莱门特的一个儿子谈
谈，那个儿子就在附近一家汽车维修店工作。

　　一个穿得像机修工的德国年轻人表示自己确实就是克莱门
特的儿子，而且胡安还听到其他人在喊他的时候用的好像是
"蒂托"（Tito）或"迪托"（Dito）。阿哈罗尼后来指出，那显
然是艾希曼的第三个儿子迪特尔（Dieter）。迪特尔比那几个
阿根廷工人更加多疑。他盘问了胡安一番，包括胡安的来意以
及是谁送的包裹。当胡安重复了一遍他的故事后，迪特尔说他
们现在住的那条街既没有名字也没有门牌号。胡安意识到他无
法直接了解更多的情况，于是为了避免更多盘问，他把那个小
包裹交给了迪特尔，请他转交给他的哥哥。

　　在汽修店附近蹲点的阿哈罗尼和他的小分队决定在迪特尔
下班后跟踪他。第一天晚上，他们没有看到他离开；后来有一
天，他们看到有两个人骑着一辆轻型摩托车离开了，并且认为
后座上的人就是迪特尔。轻型摩托车朝着圣费尔南多的方向开
去，骑车人在一个电话亭附近把乘客放了下来。这里距离加里
波第大街（Garibaldi Street）上一栋新建的小房子约有100码
远，他们不久后就将得知，那栋小房子正是艾希曼一家刚刚搬
入的住处。[21]

　　阿哈罗尼相信克莱门特实际上就是艾希曼，但他继续寻找
其他证实方式。他让胡安回到汽修店找迪特尔。胡安编了一个
故事，称包裹的主人向他抱怨说包裹没有送到。在接下来的谈
话中，迪特尔坚持说自己已经转交了包裹，还透露包裹应该寄
给尼古拉斯·艾奇曼（Nicolas Aitchmann，胡安后来特意强调

了这个名字）而非克莱门特。胡安认为这是个坏消息，意味着他们没有找到想找的人。不过阿哈罗尼并不想让胡安知道他们真正在找的是谁，于是安慰他说他"干得很棒"。

阿哈罗尼去了很多趟圣费尔南多，最开始他用不同的借口与嫌疑人的邻居交谈。他们向他证实了这家德国人最近才搬过来。另外，一名建筑师拿到了官方文件，上面显示那栋房子所在的加里波第大街14号地块是登记在韦罗妮卡·卡塔琳娜·利布尔·德·艾希曼名下的，这个名字里既有娘家的姓也有夫姓。在反复路过房屋以进行观察后，阿哈罗尼在3月19日第一次看到了"一个中等身材的男子，大约50岁，脑门很高，略有谢顶"。那个男子从一根晾衣绳上取下了洗好的衣服，然后回到了房里。

备感兴奋的阿哈罗尼用电报向上级汇报说，他在薇拉·艾希曼的屋子里看到了一个男人，他"与艾希曼极为相像"，关于那个人的身份已经没有任何疑问了。他还建议说自己应立刻被调回以色列，以便协助策划绑架艾希曼的行动。不过，在此之前，他还打算拿到一张目标人物的照片。 147

阿哈罗尼坐在一辆小型卡车的盖着柏油帆布的后车厢里，让司机把车停在电话亭旁，然后打发他去找些吃的。与此同时，阿哈罗尼在帆布下通过一个小洞悄悄观察那栋房子，并且拿一台相机对准了它。他拍摄了那栋房子及其周遭环境的照片。不过，他不得不把拍摄艾希曼照片的任务交给一台藏在手提箱里的隐藏相机，并且把箱子交给一个操着地道西班牙语的当地帮手。那个帮手在房子外面拦下了艾希曼和迪特尔，与艾希曼交谈了几句，谈话时间虽然，但足够帮手使用箱子里的相机了。

阿哈罗尼于 4 月 9 日离开阿根廷。哈雷尔与他一同坐飞机从巴黎飞往特拉维夫。哈雷尔问："你能百分百确定他就是我们要找的人吗?"阿哈罗尼向哈雷尔展示了用手提箱相机拍摄的那张照片，然后回答说："毋庸置疑。"

＊　　＊　　＊

能够体现艾希曼一家心态日益放松的，不仅是薇拉·艾希曼在地产登记文件上使用真名的做法。一直在奥地利监视艾希曼亲属的维森塔尔也找到了可证明这个所谓的寡妇正与她臭名昭著的逃犯丈夫住在一起的证据。艾希曼的继母去世后，林茨当地的日报《上奥地利新闻报》（Oberösterreichische Nachtrichten）刊登了一份由薇拉·艾希曼签署的讣告，它使用的还是她的夫姓。维森塔尔在回忆录中指出："正常人不会在讣告上撒谎。"在 1960 年 2 月艾希曼父亲去世时，她在同一种报纸上签署了另一份类似的讣告。维森塔尔补充说："艾希曼一家的家族情感显然让他们忽视了危险。"[22]

维森塔尔说，他雇用了两个摄像师带着长焦镜头在艾希曼父亲的葬礼上抓拍悼念者的照片。悼念者中包括艾希曼的几个兄弟，其中一个名叫奥托（Otto）的长得与阿道夫·艾希曼非常相似。维森塔尔声称，这能够解释为什么在过去几年里阿道夫·艾希曼多次在欧洲被人目击。维森塔尔说，他把照片给了两名以色列特工，他们被派来接收这些照片，然后把它们转交给上级。维森塔尔写道："任何拥有奥托·艾希曼照片的人都能认出阿道夫·艾希曼，就算他已改名为里卡多·克莱门特也不会例外。"[23]

哈雷尔和其他对维森塔尔持批评态度的人后来对维森塔尔

的大部分叙述不屑一顾，称维森塔尔夸大了自己的作用，甚至编造了部分故事。哈雷尔坚称，维森塔尔在回忆录中描写的与两名以色列特工的会面"从未发生"。这位摩萨德局长补充说，维森塔尔事实上把照片寄给了以色列驻维也纳使馆。没有人"因这些照片而兴奋"，因为它们根本没有那么重要。[24]不过，后来非常赞赏维森塔尔并十分蔑视哈雷尔的阿哈罗尼称，这位身处奥地利的纳粹猎人提供了"十分重要的情报"。[25]

无论这些不同的事件描述准确与否，毫无疑问的是，越来越多的证据显示，以色列人走在正确的轨道上，并且正在接近他们的目标。不过哈雷尔和受他指派负责领导抓捕行动的埃坦都知道，他们必须制订好将艾希曼弄出阿根廷的计划，然后才能动手绑架他。这意味着需要安排一个关押囚犯的安全屋，以及将他送到以色列的交通工具。

哈雷尔负责最佳方案——用飞机将艾希曼运出——的安排。不过，以色列航空公司当时没有飞往阿根廷的航班，因此他们需要找一个借口来派遣一趟特殊航班。幸运的是，5月底有阿根廷独立150周年的纪念活动，而以色列受邀派遣代表团参加庆典。哈雷尔向外交部建议，代表团应该搭乘一架专机前往布宜诺斯艾利斯，为此他与以色列航空公司的高管进行了直接交流，并确保了与该公司的充分合作。航空公司甚至让这位摩萨德局长来批准执行此次飞行任务的机组人员人选方案。[26]

在哈雷尔安排航班的同时，埃坦在准备一个备用计划，即接受度更低的耗时很久的海运方案。

埃坦与以色列海运企业以星公司（Zim）的董事会主席取得了联系，这家公司当时有两艘冷藏船。埃坦笑着指出，该公 149

司已经习惯了从阿根廷向以色列运送洁食牛肉。① 埃坦与其中一艘冷藏船的船长合作，准备了一个特殊的舱室，如果航班方案因为任何原因未能成功的话，他们就将把这间舱室当作艾希曼的海上临时监狱。换句话说，他们会把他与一船正常运输的洁食牛肉一同运出阿根廷。27

阿哈罗尼在以色列待了两周。哈雷尔在此期间为团队成员做了万全的准备，这些成员不久后将使用不同的护照和借口前往阿根廷。4 月 24 日，阿哈罗尼回到布宜诺斯艾利斯。他不再伪装成以色列外交官，而是伪装成德国商人，有了新护照、新胡子以及新衣服。28 最早跟随他前来的便是埃坦在此次行动中的副手亚伯拉罕·沙洛姆。在亚洲其他地区执行完一项长期的任务后，沙洛姆飞抵以色列，然后被命令立刻找哈雷尔报到。摩萨德局长对他说，希望他与阿哈罗尼见面，核查一切与在加里波第大街上看到艾希曼及其家人有关的传言，如果他能肯定那是艾希曼，就发送一个编码信号回以色列。

沙洛姆是经验丰富的特工，但不知出于何种原因，有好几次他都险些暴露了身份。在结束第一段行程并抵达巴黎后，他拿到了一本德国护照以及新的身份证件。在里斯本转机时，他和其他乘客被要求上交护照，然后在登上下一趟航班（对他来说就是飞往布宜诺斯艾利斯的航班）前再把护照要回来。沙洛姆忘了他的假名，不得不在一名目瞪口呆的机场工作人员面前伸手指向他的那本护照，而他是通过护照的颜色才认出它的。当他最终抵达位于布宜诺斯艾利斯的旅馆，到前台办理入住时，他的脑中再次出现长时间空白。沙洛姆声称他并没有因

---

① 洁食牛肉指符合犹太教规的清洁可食的牛肉。

追捕纳粹的事而感到兴奋，但他的真实情绪一定比他假装出来的激动得多。[29]

当阿哈罗尼带着沙洛姆去观察加里波第大街时，那条街给沙洛姆留下了不错的印象。他回忆说，那不是"一条真正的街道，只是一条能够行车的人行道而已。这个地方对于执行任务来说再理想不过了——没有通电，人也很少"。唯一的灯光来自偶尔路过的车辆。到这时，以色列人已经不再对曾经不可一世的艾希曼住在如此简陋的环境中大惊小怪了。等到更多的团队成员抵达时，阿哈罗尼已经证实了他们跟踪的人没错。他们还从远处观察了艾希曼每天的活动规律。他们看到他每天早上会走到公交车站，坐车前往一家奔驰工厂，然后每天晚上在同一时间于街角的公交车站下车。从那里，艾希曼不用走多远就能到家。

小队里一个尤为健壮的成员彼得·马尔金（Peter Mallein）接到的任务是第一个冲上去抓住艾希曼。他回忆说："我在此前的职业生涯中从未感受过恐惧，可到那一刻，我害怕自己会失败。"[30]不过沙洛姆与最后抵达布宜诺斯艾利斯的埃坦都认为情况很乐观。埃坦坚称："从一开始分析当时的形势、那片地区、那栋房子以及周遭环境时，我就敢肯定我们没有理由会失败。"[31]

不过，在回顾小队全部成员在布宜诺斯艾利斯集合的重要时刻时，埃坦还是承认，出错的可能性总是存在的。在布宜诺斯艾利斯很难搞到好车，行动队租到的那辆破车经常抛锚。此外，这群以色列人中的任何人都有可能因不小心说漏嘴而引起怀疑。哈雷尔也飞抵了阿根廷，不过一直待在布宜诺斯艾利斯市中心，从远处监督此次行动。他给了埃坦一副打开的手铐，

150

但是把手铐的钥匙留在了自己身边。他指示说，如果他们在抓住艾希曼后不幸被阿根廷警方抓到，埃坦必须把自己的手与艾希曼的手铐在一起。届时，他可以让警方将他们两人一起带到以色列大使那里。

埃坦收下了手铐。不过哈雷尔不知道的是，他和阿哈罗尼已经商量好，如果行动真的失败，他们就直接杀掉艾希曼。他指出，这甚至连武器都不需要。事实上，与一起执行任务的其他人一样，他也不会携带枪支，因为他们都觉得如果被警方抓到，枪支只会添麻烦。他说："用手杀人的最简单办法就是扭断他的脖子。"

151

*　　*　　*

在 1960 年 5 月 10 日傍晚，也就是预定行动日期的前一天，哈雷尔召集整支队伍，传达了最后的行动指示。到这个时候，每个人都很清楚他们自己的任务是什么，他们共准备了七间安全屋和安全公寓，主要是为了给关押囚犯提供备选地点，关押将持续到艾希曼被偷运出阿根廷前，不过它们也可供团队成员使用。那些住在旅馆的成员已经按要求退了房，搬到了其中一间安全屋里。摩萨德局长不希望所有人在实施绑架的那天同时退房，因为这会让警方对他们的身份有所察觉。

由于这些后勤问题已经解决了，哈雷尔在传达行动指示的大部分时间里谈论的是大格局。他回忆说："我努力让他们认识到他们所做之事所具有的独特的道德和历史重要性。他们被命运选中……要确保史上最邪恶的罪犯之一……在耶路撒冷接受审判。"

他继续说："犹太人将会审判杀害他们的凶手，这是有史以来第一次。世界将第一次聆听针对整个民族下达的灭绝令的全部真相，以色列的年青一代也将聆听。"他让行动小队认识到取得行动成功的重要性。他补充说，他们即将采取的手法的确不太体面，但"除了采取这种行动以外，我们没有其他能达到道德和正义的标准的方法"。

接着，他给出了一句不得不提的警告。哈雷尔说，如果在执行任务时被抓，他们应该承认自己是以色列人，但是他们同时也应该坚称他们的行动是自发的。他们不能承认这是以色列的官方行动。

哈雷尔相信，同时敢肯定自己队伍里的大部分成员也相信，他们会取得成功。不过对任何人来说，考虑另外一种可能性都再正常不过了。其中一名特工直言不讳地问道："如果我们被抓住了，你觉得我们必须在监狱里蹲多久？"

摩萨德局长同样直言不讳地回答说："很多年。"[32]

行动小队为这次行动安排了两辆轿车，在艾希曼从下班的公交车上下来时，它们将被用来把他拦住，他们估计这个时间为晚上 7 点 40 分。阿哈罗尼负责驾驶第一辆车，车里还坐着埃坦、一个名叫摩西·塔沃尔（Moshe Tavor）的特工以及负责抓住艾希曼的马尔金。哈雷尔对马尔金的任务尤其关注。他指示马尔金说："我要警告你，不能有身体伤害，必须毫发无损。"[33]

身为伪装大师的马尔金戴了一顶假发，穿着深色衣服。他还戴了一副毛皮衬里的手套。由于阿根廷此时是冬季，这种打扮看起来很正常。他指出："手套当然能够御寒，但这并不是我戴它的主要原因。想到要光着手捂住那张曾下令杀害数百万人的嘴，要用我的皮肤感受他的呼吸和口水，我就感到一种难

152

以忍受的恶心。"马尔金与团队里的其他许多成员一样，在犹太人大屠杀中失去了多位亲人。

埃坦的副手沙洛姆与其他特工待在第二辆车里。他们把车停在约30码外的位置，打开车前盖，假装正在修车。一看到艾希曼，他们就打开车灯，好让艾希曼暂时失明，看不到前面的第一辆车。

艾希曼通常按同样的时间表行动，但就在那天晚上，他没有从以色列人等待的那辆公交车上走下。到晚上8点时，他还未抵达，阿哈罗尼于是轻声对埃坦说："我们走吗？还是继续等？"埃坦回答说他们应该继续等，不过他估计他们无法再等更久了。尽管天色很暗，但两辆停着的轿车很容易引起注意。

沙洛姆从第二辆车里下来，在8点5分前后，他在暮色中看到了艾希曼的身影。他赶忙爬回车里，另一名特工迅速将车前盖合上，沙洛姆则打开了前车灯。第一辆车里的阿哈罗尼通过望远镜清楚地看到了艾希曼。他探出车窗外，警告正在等待的马尔金说："他的一只手放在口袋里。小心武器。"[34]

153　　艾希曼从公交车站转过街角，径直从他们的轿车旁走过，这时，马尔金转身堵住了他的去路。马尔金用练习了好几周的西班牙语说道："先生，请等一下。"艾希曼突然停了下来，而马尔金则利用那一瞬跳向他。问题在于，由于阿哈罗尼之前的警告，马尔金伸手抓住了艾希曼的右手而不是喉咙，两人摔倒在一道沟渠里。[35]

艾希曼开始大喊大叫。阿哈罗尼后来在报告中写道："这让一次精心策划和认真准备的行动变得一塌糊涂。"他发动汽车引擎以掩盖喊叫声，与此同时，埃坦和塔沃尔从车里跳出前去帮忙。马尔金抓住艾希曼的腿，另外两个人则抓住他的胳膊，他们很快就将他从车后门拽进车里。他们把他放在前后座之间的车底板上，上面已经铺好了毯子，这既是为了防止他受伤，也是为了遮住他。艾希曼的头被按在埃坦的膝盖上，马尔金则坐在另一侧。他们的犯人没有携带武器。

阿哈罗尼用德语向艾希曼下达了一道清楚的命令："如果你乱动，我们就会开枪。"马尔金仍然用手堵住毯子下的艾希曼的嘴，不过当艾希曼点点头表示明白之后，马尔金把手拿开了。随后，他们悄无声息地开车离开。埃坦和马尔金握了握手。艾希曼一动不动地躺着，他这时被戴上了厚实的护目镜，看不到任何东西。

在前往主要安全屋的路上，阿哈罗尼他们把车停了下来更换车牌。本应紧跟着他们的第二辆车曾短暂地脱离他们的视线，不过它很快就再次出现了，并跟着他们来到了安排好的别墅，其他团队成员正在里面焦急地等待着。

以色列人带艾希曼走进别墅二楼专门为他准备的小房间，把他放在一张铁床上，并将他的一条腿铐在沉重的床架上。他们把他的衣服脱下，小队里的医生检查了他的口腔，确保他嘴里没有藏任何毒药。这个囚犯抗议说，在做了这么久的自由人之后，他已经不再采取这种防范措施了。但医生仍然拿掉了他的假牙以做确认，随后还检查了他身体的其他部分。埃坦、沙洛姆、马尔金和阿哈罗尼都在房间里，看着那名医生检查他的腋下。党卫军军官的腋下通常都会有一个文身以表明血型。然而，艾希曼只有一个小伤疤，他后来承认说，这是因为他在战争末期被美国人抓住后曾试图用香烟把文身烫掉。抓他的人当时没能发现他的真实身份。

154

　　由于有过在英军中担任审讯员的经历，阿哈罗尼这次担负起让这个囚犯承认身份的任务。他已经研究了弗里茨·鲍尔交给以色列人的艾希曼档案，为了让艾希曼招供，他已经做好准备：只要有必要，不管问多少问题都可以。他的审讯方式通常是缓慢而反复地提问。沙洛姆微笑着回忆说："他是一个让人感到很枯燥的审讯员。等你听到他的下一个词时，可能已经走神了。他是个聪明的家伙。他会问你十遍同样的问题。"

　　结果，艾希曼崩溃得比所有人预料的都早，这使得这个程序变得没有必要了。当阿哈罗尼问到他的名字时，他回答说："里卡多·克莱门特。"不过当被问到身高、鞋码和衣码时，他的回答与档案里的信息完全匹配。接着，阿哈罗尼问起了他的纳粹党员编号，他也给出了正确的答案。当被问及他的党卫军编号时，情况也是这样。他还给出了正确的出生日期和地点——1906 年 3 月 19 日出生于德国索林根（Solingen）。

　　阿哈罗尼随后问道："你出生时叫什么名字？"

　　他回答说："阿道夫·艾希曼。"

　　正如阿哈罗尼所说："我们已经走出了迷宫……漫长而艰难的行动所带来的紧张情绪一扫而空。"

　　午夜前不久，阿哈罗尼和沙洛姆开车前往布宜诺斯艾利斯市中心，哈雷尔正在市中心的一家咖啡馆里等待消息。据沙洛姆回忆，这位摩萨德局长一直在按计划定时更换咖啡馆，以避免引起注意。沙洛姆笑着说道："我都不知道他喝了多少杯茶。"

*　　*　　*

　　以色列航空公司的那架专机是涡轮螺旋桨发动机驱动的布里斯托不列颠尼亚型飞机，它携带着以色列代表团于 5 月 19

日下午接近 6 点的时候飞抵布宜诺斯艾利斯。代表团由以色列
不管部部长阿巴·埃班（Abba Eban）率领，他此前是以色列
驻美国和联合国的大使，之后他还将成为该国极有影响力的一
位外交部部长。本－古里安总理此前曾告诉他，这趟航班的真
正任务是将艾希曼带回以色列，机上知道这一信息的只有很少
一部分人。不过，机上三名身着以色列航空公司制服却完全没
有执行任何飞行任务的陌生男子让大部分机组人员觉得事情有
些不对劲。[36]

　　安全屋内，阿哈罗尼和马尔金一边等待飞机，一边继续审
问艾希曼。艾希曼声称，他自己从来都不是反犹主义者，这让
人们可以预先熟悉他在后来受审时发表的主张。他坚称："你
们必须相信我，我对犹太人没有任何敌意。"但希特勒是"永
远正确的"，而艾希曼已经作为党卫军军官宣誓要对希特勒效
忠，这意味着他别无选择，只能遵从命令。[37]用马尔金的话来
概括，艾希曼的观点就是："这是一项需要完成的工作，而他
把它完成了。"[38]

　　作为一个囚犯，艾希曼非常听话。哈雷尔指出："他表现
得像是一个害怕、听话的奴隶，唯一想要的就是让他的新主子
满意。"[39]最初，这个囚犯还担心他的抓捕者会处决他或者在他
的食物里下毒。当他听说他们的计划是让他接受审判时，他似
乎松了一口气。他试图让他的抓捕者相信，他应该在德国、阿
根廷或者奥地利接受审判，不过当阿哈罗尼对他说这不可能发
生后，他甚至同意签署一份声明，宣布愿意前往以色列并在那
里接受审判。[40]

　　在这整个过程中，这支以色列行动队一直关注着当地报
纸，担心有任何迹象表明阿根廷政府已经知晓了艾希曼被绑架

155

的消息。不过尼古拉斯·艾希曼后来说，尽管他们一家猜测以色列人是让他父亲消失的幕后黑手，但他们不打算发表任何公开的声明，因为这会让阿根廷人对艾希曼的真正身份有所察觉。[41]

以色列行动队的首要任务是准备好将艾希曼弄上以色列航空公司的飞机。为熟悉路线，沙洛姆此前曾反复开车去机场，并且已经在机场警卫那里混了个脸熟。当飞机停放在维修区时，他可以不被察觉地进去再出来。[42] 在 5 月 20 日，也就是计划离开的那一天，沙洛姆最后检查了一遍飞机，并且派了一个信使去哈雷尔那里，告诉他飞机可以自由出入，很安全。此前一天，队伍里的另一个成员曾对机组人员说，一个身着以色列航空公司制服、看起来身体有恙的乘客将搭乘这架飞机。[43] 机组人员不知道他的身份，但这次任务的性质如今已经很明显了。

安全屋内的艾希曼非常配合地洗澡、刮脸并穿上了航空公司的制服。当小队里的医生拿出一管注射器想要给他注射镇静剂时，这个囚犯向他保证说，这完全没必要，因为自己会保持安静。不过以色列人可不打算冒这个险。看到他们已经下定决心要按照计划行动后，艾希曼再次予以充分配合。等到特工们做好准备要将他带出屋子时，药物已经开始见效。不过艾希曼仍然保持了足够高的警惕，甚至指出他们落下了他的外套，并且让他们帮他穿上，好让他看起来与其他机组人员一样。

在跟随三辆车组成的车队前往机场的过程中，艾希曼睡着了。机场警卫一看到第一辆车里的乘客都穿着以色列航空公司的制服，就打开大门让所有人通过了。刚抵达飞机，特工们就紧紧围在艾希曼身边并撑着他走上台阶。他被放在头等舱里，

与其他也在假装睡觉的"机组人员"离得不远。他们的托词
是，他们都是后备机组人员的一部分，需要在交接班之前先好
好休息。刚过午夜时分，也就是在日期已经正式变为5月21
日时，飞机起飞了。[44]当飞机离开阿根廷领空后，头等舱的
"机组人员"站起身相互拥抱，庆祝他们的成功。其他真正的
机组人员终于知道了神秘旅客的身份。[45]

哈雷尔也在飞机上，不过执行任务的大部分特工，包括埃
坦、沙洛姆和马尔金在内不在。他们将不得不分头离开阿根
廷，数天后才能回到以色列。尽管他们的所作所为不久后就将
为大众所知晓，但他们在其中扮演的角色要多年后才会被
揭秘。

出于这一事实，后来激烈的争论围绕着谁才真正应当因艾 157
希曼的被捕而赢得赞誉发生了。像托维阿·弗里德曼和西蒙·
维森塔尔这样单独行动的纳粹猎人当然可以随心所欲地讲述他
们的故事，而且他们也很愿意这么做。弗里德曼很快就出版了
一本回忆录，极大地夸大了自己的努力。据他所说，艾希曼在
听说他的抓捕者是跟踪了他很久的犹太人时晕了过去。弗里德
曼继续说，当他醒来时，他问道："你们之中谁是弗里德曼？"

弗里德曼又补充说："这个故事是别人转述给我的，因此
我不能保证它的准确性。"[46]帮忙把艾希曼拽进车里的绑架行动
的临场指挥者埃坦直截了当地说，从未发生过这种事。

维森塔尔也在他1961年出版的著作《我追捕了艾希曼》
(*Ich Jagte Eichmann*) 中首次讲述了他自己的作用。这个标题
本身就暗示了他在其中发挥了主要作用，不过他在书里以及后
来的公开演讲和作品中给出的说法通常更为严谨。他高兴地
说，在本－古里安宣布艾希曼被抓获并被送抵以色列后，犹太

人大屠杀纪念馆于 1960 年 5 月 23 日给他发了一封电报，电报上说："衷心祝贺你所取得的杰出成就。"[47]

不过，维森塔尔后来在耶路撒冷的一场新闻发布会上斟字酌句地说："艾希曼的被捕无论如何都不是一个人的成就。它是世界上最卓越的一次合作。它是一张马赛克拼图，尤其在最后的决定性阶段，许多人都在拼图中贡献了自己的力量，而他们之中的大部分人甚至彼此间不认识。我只能讨论我自己的贡献，而且我甚至不知道这种贡献是不是特别有价值。"[48]

在 1989 年出版的回忆录《正义而非复仇》中，他写道："我是一个顽强的追捕者，但我并非狙击手。"[49]在他的女儿保琳卡和女婿杰拉德·克赖斯贝格（Gerard Kreisberg）面前，他从未揽下全部功劳。他在谈到那些以色列人时说："我永远也不可能完成他们做到的那些事。我怎么能拿自己与以色列这样的国家相提并论呢？"[50]

直到 1968 年去世，提供了关键情报、引导以色列人找到艾希曼的黑森州检察长鲍尔都没有公开他在其中发挥的作用。哈雷尔刚带艾希曼返回以色列就给自己在德国的手下发去了一则消息。在本－古里安宣布艾希曼被捕的几小时前，这个手下在一间餐厅里与鲍尔见了面。在他告诉鲍尔这一消息后，鲍尔拥抱了他，眼里满含泪水，感到兴奋不已。[51]

尽管鲍尔对于自己的作用始终抱着谨慎的态度，但他不禁注意到媒体将注意力都放在了维森塔尔身上，认为维森塔尔才是抓捕艾希曼的关键人物。鲍尔曾私下里对一个朋友说："他可以这么说他自己，不过他并没有抓住艾希曼。说他去追捕了倒是没错。"[52]

鲍尔偶尔也会和维森塔尔接触，不过鲍尔从未对对方比自己更受关注而表现出任何不满。

然而，哈雷尔就是另一回事了。由于他在任摩萨德局长期间无法公开宣示自己的功劳，因此从一开始，对于维森塔尔在艾希曼被捕过程中发挥了核心作用的说法越来越深入人心一事，以及维森塔尔欣然接受这种说法的举动，他就感到愤怒不已。

1975 年，哈雷尔终于可以发表他对艾希曼行动的叙述，于是出版了《加里波第大街上的房子》（*The House on Garibaldi Street*）一书。他故意没有提到任何有关维森塔尔的内容。后来，哈雷尔在一份未出版的手稿《西蒙·维森塔尔与抓捕艾希曼》（"Simon Wiesenthal and the Capture of Eichmann"）中写道，维森塔尔在艾希曼的被捕中"没有发挥任何作用"，且他"无法面对事实真相"。[53]

这位前摩萨德局长并不是说维森塔尔"多年来没有致力于追捕艾希曼，也不是说他拒绝了提供帮助的请求"。但让哈雷尔愤怒的是，在他看来，维森塔尔利用了以色列官方的沉默。哈雷尔写道："最初他还较为审慎，不过他后来把以色列的沉默当成了默认，于是变得越来越大胆，以至于霸占了所有功劳，自称是抓捕阿道夫·艾希曼的幕后策划者。"[54]这份前后风格变化不小的手稿中附有许多档案，对维森塔尔的品格发起了情绪化的抨击。最重要的是，它含蓄地要求读者承认作者自己发挥的主要作用。

哈雷尔队伍里的其他成员更愿意承认维森塔尔的功劳，因为维森塔尔使追捕艾希曼一事一直有人记挂，并且提供了十分有用的线索。不过哈雷尔与维森塔尔之间的争执既是两个个性强烈之人的辩论，也是对事件的不同解读的冲突。布宜诺斯艾利斯那次行动的副手沙洛姆认识到了其中的关键。他说："他们争夺的是因抓住艾希曼而出名的奖赏。"[55]

在纳粹猎人的小圈子里，这一争执还将持续下去，甚至在争执双方都去世之后也无法得到平息（哈雷尔死于2003年，维森塔尔死于2005年）。不过这种内部争执很少引起普罗大众注意。对他们来说，更有趣的是哈雷尔在去布宜诺斯艾利斯的安全屋见那个著名囚犯时向他自己提的一个问题。

他回忆说："当我第一次真正看到艾希曼时，我对自己的反应感到很惊讶。"他没有感受到任何仇恨，反而他的第一想法是："好了，他看起来不就跟普通人一样嘛！"他不确定自己期待艾希曼长什么样，但他对自己说："我如果是在街上看到他的，就会觉得他跟街上成千上万的其他人没有任何区别。"这时，他问自己："是什么让这个长得像人的生物变成了一个恶魔？"[56]

这也将是艾希曼在耶路撒冷受审时，萦绕在每个人脑海中的问题。

第九章 "冷酷无情"

有许多人（包括我在内）都有过"耻辱感"，也就是在被囚禁期间以及获释后产生的一种内疚感，这一事实得到了无数证词的证实。这似乎有些荒唐，却是事实。[1]

——奥斯维辛集中营幸存者、意大利化学家兼作家普里莫·莱维关于犹太人大屠杀的最后一本书《被淹没和被拯救的》（*The Drowned and the Saved*），他于 1987 年自杀身亡

载有艾希曼的专机于 1960 年 5 月 22 日上午降落在特拉维夫的利达机场（Lydda Airport），该机场后来被改名为本古里安机场（Ben Gurion Airport）。翌日，本－古里安对内阁成员说："我们的安全部门一直在寻找阿道夫·艾希曼。最终，他们找到了他。他现在正在以色列，并且将在这里接受审判。"这位以色列总理还说，自己将在当天晚些时候向议会宣布这一消息，并且强调说以色列会以能让艾希曼被处以死刑的罪名起诉他。[2]

那次内阁会议的文字记录属于最高机密，直到 2013 年才被公之于众。记录显示，震惊不已的内阁成员们立刻用源源不断的问题将本－古里安淹没了。交通部部长伊扎克·本－阿哈龙

（Yitzhak Ben-Aharon）问道："怎么回事？通过什么方法？在哪里？这是怎么做到的？"总理回答说："我们之所以设置安全部门就是为了完成这种事。"其他人纷纷表示祝贺，财政部部长列维·艾希科尔（Levi Eshkol）提出，本-古里安在向议会发表讲话时应"对这一行为表示特别感谢，也许还可以提供某种形式的纪念品"。

总理问道："什么样的纪念品？"

艾希科尔指出，以色列没有可以颁发的奖章，不过本-古里安回答说："善行（mitzvah）的奖赏就是善行本身。"在希伯来语中，mitzvah 这个词在字面上意为戒律，不过也被普遍用于表述"善行"这个意思。

内阁成员们迫切地想知道艾希曼是在哪里以及如何被抓的，不过司法部部长平哈斯·罗森（Pinhas Rosen）建议说，不要透露"任何细节"。

在关于谁可以出任艾希曼律师的简短讨论中，罗森解释说，他们将允许艾希曼聘用"任何他想要的律师"。不过外交部部长果尔达·梅厄（Golda Meir）插话说："前提是那不能是一个纳粹。"

当农业部部长摩西·达扬（Moshe Dayan）问道，如果律师是阿拉伯人该怎么办时，本-古里安说："我敢肯定，阿拉伯人是不会同意为他辩护的。"

出席会议的摩萨德局长哈雷尔回答了有关艾希曼在狱中表现的问题。他说："他不太能理解我们的行为，他觉得我们应该殴打他，对他残暴一点。而我们正在按照以色列法律的要求对待他。"

这么做的理由很充分。即将在艾希曼案审判中担任首席检察官的以色列总检察长吉迪恩·豪斯纳（Gideon Hausner）后来指出，一旦世界各国知悉了艾希曼被捕一事，"以色列自身就将接受审判。全世界似乎都会认真关注我们是如何完成这项任务的"。[3]

世界各国是在本–古里安向以色列议会发表简短而激动人心的声明时了解到这一消息的。本–古里安在声明中说："我必须告知议会，不久前，最臭名昭著的纳粹战犯之一阿道夫·艾希曼被以色列安全部门发现，他与纳粹领导人一起策划了所谓的犹太人问题的'最终解决方案'，也就是对欧洲600万犹太人的灭绝行动。阿道夫·艾希曼已经被逮捕，目前身处以色列，不久后将在以色列按照有关纳粹分子及其帮凶的法律接受审判。"[4]

162

豪斯纳说的没错，以色列自己立刻就遭到了审判。正如本–古里安和其他人所预料到的，他们国家的行为引起了国际社会的谴责。以色列人在听到国家领导人发表的声明后先是目瞪口呆，随后兴奋不已；与此同时，阿根廷政府则是既震惊又尴尬，还愤怒万分。阿根廷外交部长传召了以色列大使，要求其做出解释并将艾希曼遣返回阿根廷。

以色列大使排除了后一件事的可能性，以色列政府也编造了一个不太站得住脚的借口，那就是"包括部分以色列人在内的犹太志愿者"找到了艾希曼，得到了他的书面许可，并将他送到以色列接受审判。阿根廷驻联合国大使极力主张本国立场，并得到了联合国安理会一项决议的支持，该决议谴责以色列侵犯阿根廷主权的行为。不过，这项决议也指出，艾希曼应当接受法庭审判。[5]

参与批评艾希曼被绑架一事的不仅有人们已经司空见惯的

恶毒的反以声音。《华盛顿邮报》的一篇社论指责以色列诉诸"丛林法则"，并且抨击了该国的说法，即以色列有权"以某种想象中的犹太民族的名义采取行动"。[6]海外的一些犹太裔知名人士也纷纷呼吁以色列不要举行审判。哲学家以赛亚·伯林（Isaiah Berlin）向耶路撒冷市长特迪·科莱克（Teddy Kollek）致信称，这么做"在政治上不明智"。他强调，对以色列来说，更好的做法是将艾希曼交给另一个国家审判，以展现以色列"不愿置人于死地的姿态"。[7]心理学家艾瑞克·弗洛姆（Erich Fromm）称，绑架艾希曼的行动与"纳粹分子那种无法无天的做法别无二致"。[8]

美国犹太人委员会（American Jewish Committee）对以色列外长梅厄说，他们反对在以色列举行审判，因为艾希曼犯下了"糟到无法用语言形容的反人类罪行，它针对的不仅仅是犹太人"。[9]该委员会还组织了一群法官和律师，他们都建议由以色列调查艾希曼的罪行，但是将证据交给一个国际法庭，让该法庭审理案件。

本－古里安不假思索地拒绝了所有类似的提议。审判在近一年后的 1961 年 4 月 11 日开启，豪斯纳代表检方做了开庭陈词，正如他在陈词中说的那样，以色列领导人真心相信他们是在代表所有犹太人大屠杀的遇难者采取行动。豪斯纳宣称："此时此地，有 600 万指控者与我站在一起。但他们没有办法站起身，伸出手指，向坐在玻璃隔间里的那个人喊出'我指控'。"他接着说，他们的骨灰如今撒在奥斯维辛、特雷布林卡以及其他"遍布欧洲"的屠杀场里。[10]

该案中的两名副检察官之一、本书写作时唯一仍然在世的起诉团队成员加布里尔·巴赫指出，本－古里安之所以认为在耶路撒冷举行审判至关重要，还有一个重要的原因。巴赫说："在审判开始之前的以色列，有学校老师对我说，许多年轻人不想听到关于犹太人大屠杀的事情。为什么？我们的许多年轻人都感到很羞耻。对一个以色列年轻人来说，他可以理解你在战斗中受伤或者阵亡，或者你可以输掉一场战斗，但是他不能理解怎么会有几百万人不加反抗地被屠杀。这正是他们不愿听到这件事的原因。"[11]一些犹太人大屠杀的幸存者甚至被取笑为肥皂工人（Sabonim），这源于一种普遍看法，即德国人曾利用他们的加害对象制作肥皂。[12]

巴赫接着说，这次审判改变了这类态度，它向以色列年轻人展示了受害者们如何"被一直误导到生命的最后一刻"，以及"当犹太人明显意识到死亡即将降临时，他们如何像华沙隔都起义的参与者一样奋起反抗，勇敢地战斗到最后一人"。但是，此次审讯仍然饱受争议，而且，随着来自全球各地的艾希曼指控者和看客纷纷试图分析处在这幕大戏核心位置的那个人的本质，许多针锋相对的看法出现了，这进一步加剧了关于犹太人大屠杀遇难者之行为的辩论的激烈程度。

* * *

以色列人对艾希曼抵达后的事宜进行了精心安排。他们把他关在以珥营（Camp Iyar）的大型监狱内，以珥营是海法附近一座戒备森严的警察局大院。艾希曼待的牢房有 13 英尺长、10 英尺宽，里面仅有的几件陈设是一张简易床、一张桌子以及一把椅子。牢房里还有一盏常亮的电灯，以及一间厕所兼浴室。监狱内的所有剩余牢房都被清空了。其他常驻人员只剩下三十多名警官以及一支边防警察小分队，后者也兼任监狱看守。[13]为了防止复仇行为的出现，任何在犹太人大屠杀中有亲人丧生的人都禁止出任监狱看守。

不过，这条规则不适用于那个被选中在筹备审判的几个月里负责审讯艾希曼的人，他耗费了 275 个小时来直接从艾希曼口中搜集证词。[14]警队队长阿夫纳·莱斯（Avner Less）在希特勒掌权后逃离德国，那时他只有十几岁。他的父亲是柏林的商人，曾因在一战中的表现荣获铁十字勋章，却死于奥斯维辛集中营的毒气室。莱斯曾打趣说，他父亲的卓著战功为其赢得了"成为最后一批被赶出柏林的犹太人，因此也是最后一批被消灭的犹太人的特权"。[15]

艾希曼与外界的主要联系人就是后来在他的审判中担任副检察官的巴赫。在莱斯忙于获取这个囚犯的证词时，巴赫的角色是确保调查顺利进行，并在处理一些实际问题时充当中间人。例如，巴赫要负责通知艾希曼他可以挑选任何人做他的律师，以色列人会承担开销。这个囚犯选择了德国科隆的著名律师罗伯特·塞尔瓦蒂乌斯（Robert Servatius），他曾是纽伦堡审判辩护团队的成员。

在调查阶段，巴赫住在海法的一家酒店内，并且在监狱里有自己的办公室。在他第一次见到艾希曼的那天，这位年轻的法律工作者一直在阅读于波兰被绞死的奥斯维辛集中营指挥官鲁道夫·霍斯的自传。巴赫读到了霍斯描述他如何将母亲和孩子们赶进毒气室，以及他总是感到不能在听到他们请求怜悯的呼喊时表现出任何动摇的篇章，还读到了艾希曼解释所谓的大屠杀之必要性的那部分。几分钟后，警察过来跟他说，艾希曼想要见他。巴赫回忆说："我听到（办公室）外面传来他的脚步声，接下来他就像你现在这样坐在我的对面了。一直板着脸并不容易。"

巴赫面临的挑战不如莱斯那么大，后者必须日复一日地与囚犯见面，进行长时间的审讯，随后仔细检查每次审讯的文字记录，这些文字记录最终有 3564 页之多。所有记录日后都会在庭审中作为证据被呈交法庭。

在 1960 年 5 月 29 日与艾希曼的首次会面中，莱斯发现，自己面对的是一个穿着卡其色衬衫和裤子以及一双沙滩鞋且头顶渐秃的男人。据他回忆，艾希曼"看起来完全就是个普通人"。他之前看了很多有关艾希曼的档案，包括那些由托维阿·弗里德曼提供的档案，他承认，他在见到艾希曼本人时略感失望。莱斯写道："他相貌平平，这让他毫无生气的供词显得更加压抑，其程度远超我在看完档案后的预计。"[16]

不过莱斯还注意到，艾希曼在第一次会面期间"十分紧张"，双手一直放在桌子下面以掩饰他的颤抖。莱斯在报告中写道："我能感受到他的恐惧，感觉自己可以轻松且迅速地搞定他。"以色列人意识到，这个囚犯以为他自己将要面对的是如果他们对换身份，他可能会使用的那种对待方式。不过，在莱斯按照章程与他相处长达一周后，艾希曼明显放松了许多。这位警队队长意识到他的看管对象是个老烟枪，于是增加了艾希曼的香烟配额。莱斯回忆说："之所以这么做，是因为这会让他变得更健谈且更加专注。"波兰侦讯法官扬·泽恩在审讯霍斯时采用了同样的手段。

艾希曼竭尽所能地想要淡化他在犹太人大屠杀期间的作用和影响，并且否认他曾持有任何反犹主义的个人情绪，这预示了他将在审判中采取的策略。他对莱斯解释说，小学时他有一个犹太好友，且当他最初参与处理与犹太人有关的问题时，他曾与布拉格的犹太人领袖密切合作。他最初的目标是

166

找到一个办法让犹太人移民他国，而且他坚称自己"并不仇恨犹太人"。[17]

艾希曼说，在第一次看到犹太人在用棚屋或者卡车（卡车的引擎尾气被引入车内）改造的临时毒气室里被杀害时，"我害怕极了"。哭喊声让他"颤抖不已"，看到尸体被丢弃到一条壕沟里，一个平民开始用钳子拔下死者的金牙时，他甚至赶忙逃离了现场。他声称，自己无法避免地受到了暴力和酷刑的影响，经常做噩梦。他说："即使到了今天，我如果看到谁的身上有一道很深的创口，也不敢直视。"[18]不过，这并没有阻止他定期到奥斯维辛和其他集中营检查死亡机器。他还出席了万湖会议（Wannsee Conference），那是 1942 年 1 月 20 日纳粹安全部门高官在柏林郊外举行的一次会议。正是在那次会议上，"最终解决方案"被制订出来，而艾希曼为这场臭名昭著的会议准备了会议记录。不过他声称，他当时与一个速记员坐在角落里，这可证明他是多么的"无关紧要"。[19]

艾希曼反复强调，在安排相关事宜，以便将犹太人运往奥斯维辛和其他集中营时，他不过是在服从命令而已。他承认自己以一种"罕见的热情"履行了职责，但他强调，这并不足以让他为杀人负责。[20]他坚称，是其他人做出了攸关生死的决定。他说："如果他们对我说，我自己的父亲是一个叛徒，我必须杀死他，我也会照办。当时的我是在不经思考地服从命令。"[22]

有好几次，艾希曼试图证明他有正常人的情感和好奇心，想要与他的审讯员建立私人关系。他曾问莱斯其父母是否仍然健在。当这位审讯员将自己父亲的命运告诉他后，艾希曼大声喊道："这太可怕了，队长先生！太可怕了！"[23]

这位审讯员发现，他如果要想突破艾希曼的防御，就需要使用奥斯维辛集中营指挥官霍斯的幽灵，尤其是巴赫此前一直在阅读的那本霍斯自传提供的武器。由于霍斯的审判地和行刑地在新近竖起的铁幕背后的波兰，因此霍斯臭名昭著的程度从未达到艾希曼在审判期间的水平。不过莱斯仔细研究了霍斯写下的内容，并且已经知道该如何使用它了。

在莱斯开始为艾希曼读霍斯的自传后，艾希曼明显变得有些激动。艾希曼对霍斯发表了讽刺性评论，不过他的双手像他首次见到莱斯时一样开始颤抖。[24] 霍斯在自传中写了他与艾希曼就"最终解决方案"进行的多次讨论。霍斯回忆说，当他们周围没有其他人，"酒精开始在体内自由流淌时，他（艾希曼）表达了自己将致力于摧毁能够接触到的所有犹太人的想法"。艾希曼传递出的信息再清楚不过了："我们必须毫无怜悯、冷酷无情地尽快完成消灭犹太人的工作。任何妥协，即使是最小的妥协，都会在日后让我们付出痛苦的代价。"[24]

当莱斯以一种类似的语气为他读出这段文字时，艾希曼抗议说，它们完全失实。他说："我与杀害犹太人一事没有任何关系。我从未杀害任何一个犹太人。我也从来没有命令任何人去杀害犹太人。"他还说，这一事实让他自己获得了"某种心灵上的平静"。他的确承认说："我有罪，因为我协助了遣送活动。我准备为此付出代价。"但他很快又说，那些被塞入他安排的列车的人是去"服苦役"的，他不应为他们在抵达东边的目的地之后的遭遇负责。[25]

为了驳斥艾希曼所谓的他从未做出攸关生死之决定的说法，莱斯提出了多个事例，在这些事例中，艾希曼有条不紊地取消了那些最初避开了遣送命运的犹太人所享受的豁免待遇。在他签署的一份文件里，艾希曼强调说，泰国驻柏林大使之所以雇用一个犹太裔语言老师，只是为了"保护那个人，使那个人不必陷入麻烦"。艾希曼敦促外交部向那名大使施压，"要求他不再雇用犹太人"。莱斯指出，这意味着那个犹太人"将在下一次或者未来的某一次运输行动中被送走"。艾希曼还指示他在海牙的代表取消了一位荷兰籍犹太女性的豁免待遇。她一直计划前往意大利，这显然是应意大利法西斯政府的要求，而意大利对于帮助德国推动"最终解决方案"不甚热情。艾希曼写道，该女子应当"立刻被送去东边服苦役"。[26]

莱斯指出，艾希曼这一行为的实际后果是，她将被送入奥斯维辛集中营。在面对这样的证据时，艾希曼结结巴巴地回答说："那是……是……是……那是我们的工作。"从无措中恢复过来后，他像往常一样抗议说，"那些都不是他个人的决定"。他接着说，他只是在执行命令而已，就算他不发布这些命令，在他那个职位上的任何其他人也会做同样的事，真正的决定永远都是上面的人做出的。他最后总结说："我根本没有资格做出任何决定。"

艾希曼迫切地想要证明无论在思想上还是行动上他都不是一个杀人犯。不过在接受了连续不断的审讯后，这个囚犯仍然无法将自己起到的作用淡化到他所希望的程度。莱斯得出的结论是，艾希曼的所有努力都是为了掩盖"他在计划和执行灭绝犹太人的行动时的冷酷、老练和狡猾"。[27]此次审判也将为艾希曼提供一个机会来为他自己的行为找类似的借口，而他唯一的希望是法庭内外规模更大的听众群体能够比莱斯更愿意接受这些借口。

* * *

汉娜·阿伦特（Hannah Arendt）在 1975 年去世前接受的最后一次电视采访中与法国法律学者罗歇·埃雷拉（Roger Errera）进行了交流，她说："思考本身就是一件危险的事。"[28] 对于这位出生于德国的犹太裔哲学家来说，当她为《纽约客》（*The New Yorker*）杂志撰写五篇有关艾希曼审判的系列报道，以及当她基于这些报道写成的书《艾希曼在耶路撒冷：一份关于平庸之恶的报告》（*Eichmann in Jerusalem: A Report on the Banality of Evil*）在 1963 年出版时，情况的确如此。

阿伦特将艾希曼描绘成把犹太人送往死亡集中营的"最重要的传送带"[29]，该说法暗示了这个接受审判的囚犯与其说是人间恶魔，不如说是杀人机器中的部件。这种看法既得到了普遍的赞同，也引起了许多刻薄的谴责，尤其是来自犹太人的谴责，而她在余生中遭到了许多犹太人的排斥。不过无论人们在这场延续至今的辩论中站在哪一边，阿伦特的观点都仍然是他们争辩的焦点。每一场有关艾希曼和恶的本质的讨论都要从阿伦特对此人及其动机的解读开始。

在审判开始前不久，阿伦特来到了耶路撒冷，当时她获悉检察官巴赫愿意与她见面。巴赫回忆说："两天后，我得到消息说，她不打算与检方的任何人见面。"尽管如此，他还是指示法庭允许她查阅检方和辩方的所有文件，包括莱斯审讯艾希曼的文字记录。

阿伦特对海量的文字记录产生了浓厚的兴趣，并且进行了仔细研读。她最初去以色列的目的也许是为《纽约客》撰写报道，但她同时也在执行她自己的一个任务，那就是对那个即将在审判中坐在玻璃隔间里的人进行她自己的解读。她不打算让其他人——尤其是检察官们——影响她的思考。所有迹象都表明，她对于自己的结论已经有了倾向，而这一结论将在未来引发极大的争议。在此十年前，她出版了广受赞誉的著作《极权主义的起源》（*The Origins of Totalitarianism*），这部著作显示出她致力于研究的问题是希特勒的德国和斯大林的苏联如何利用恐怖与宣传相结合的手法，推行与犹太教和基督教的所有传统价值观相违背的制度。该著作还广泛探讨了反犹主义的起源。

阿伦特对这类题材的兴趣自然源于她的个人经历。出生于1906年的阿伦特曾对一个采访者说，她在柯尼斯堡度过了自己的童年，在此期间她从未听说"犹太人"这个词。她的父亲英年早逝，母亲对宗教信仰不太感兴趣。阿伦特说，直到其他孩子对她说出反犹主义的话时，她才"开窍"了。在1933年希特勒掌权后，她逃离了德国。她说："一个人如果是作为犹太人遭到攻击的，就必须作为犹太人捍卫他自己。"[30]

逃离德国后，她抵达巴黎，并在那里帮助德国和波兰的犹太年轻人乘轮船前往巴勒斯坦。在1940年德国占领法国后，她再次逃亡，这次她去了美国，并在那里开启了新的生活。她尽管早年曾参与犹太复国主义运动，但后来成了以色列以及众多以色列著名人物，尤其是那些占据以色列领导职位的东欧犹太人的尖锐批评者。这种批评又演变成对总检察长豪斯纳的鄙视，据她说，豪斯纳是一个具有"隔都思维"的"典型的加利西亚犹太人"。[31]

从一开始，阿伦特就对他在艾希曼审判中采用的手法持批评态度。豪斯纳一直专注于证明艾希曼罪行的恶劣程度，他个人应当为这些罪行承担的责任，以及他狂热的反犹主义思想；与此同时，阿伦特心中有着迥然不同的想法。她在一次电视采访中说："我的主要意图之一在于摧毁有关德军邪恶至极或者胜似魔鬼的神话。"[32] 在另一个场合，她坚称："如果说有任何人让自己完全丧失了邪恶气场的话，那一定就是艾希曼先生。"[33]

阿伦特在她的文章和专著中将艾希曼刻画成一个思考能力有限且单调乏味的公务员。她指出，"他真的没办法说出哪怕一句不是陈词滥调的话"。[34] 她还写道："听他说话的时间越长，就能愈加明显地感觉到，他演讲能力的欠缺与他思考能力的缺乏是有关系的。也就是说，他缺少站在其他人的角度进行思考的能力。" 接下来，她给出了那个激发最多争议的结论："尽管检方付出了百般努力，但每个人都能看出，这个人并不是一个'魔鬼'；不过，的确很难让人不觉得他其实是一个小丑。"[35] 事实上，这个看上去平凡无奇的人恰恰体现了"平庸之恶"。

她强调说，驱使艾希曼去行动的因素并不是意识形态上的信念以及对犹太人的仇恨，而是对名利的追逐，以及在纳粹官僚体系中往上爬的愿望。她写道："除了超级勤奋地寻求个人晋升外，他没有任何其他动机。"[36] 换句话说，如果任何其他群体——无论他们隶属何种民族、信仰何种宗教——像犹太人那样成为纳粹政权的目标，他也会将属于该群体的数百万人送上黄泉路。

在法庭上，检方采取了一种截然不同的叙述方式，旨在通过鲜明的例子展示艾希曼对纳粹理论的执着在实际操作中意味着什么。一个接一个的目击证人就集中营中的生与死提供了朴

171

实而又令人心碎的证词，这些证词共同构成了一幅更庞大的画面，影响了自那之后全世界对犹太人大屠杀的理解。伴随着庭审听众的惊呼声和啜泣声，幸存者们分享了他们对挚爱亲人的最后回忆。不过，豪斯纳指出，与在场的几乎所有其他人不同的是，"艾希曼没有表现出任何受到触动的迹象"。在为自己作证前，这个曾经在莱斯面前将自己描绘成"一个微不足道的运输官员"的男人一直都"紧张、僵硬而安静地在他的玻璃隔间里"坐着。[37]

检方准备在庭审时播放一部关于犹太人大屠杀的电影，并且邀请艾希曼及其律师事先前往法庭观看一遍。由于巴赫已经看过一遍了，因此他开始密切观察艾希曼在观看影片时的表现。艾希曼对于展示毒气室和尸体的镜头没有做出任何反应，不过在某一个时刻，他激动地对典狱长说了一番话。后来，巴赫询问典狱长他为什么突然变得如此激动。典狱长给出的解释是：艾希曼对于自己穿着毛衣和灰色西服就被带进法庭感到非常愤怒；他提醒典狱长说，他已经得到承诺，可以穿藏青色的西装出庭。巴赫讽刺地大笑了一番，回忆起艾希曼此前就因这种所谓的不公正待遇提出过抗议，并坚持要求检方兑现这类承诺，与此同时却对电影本身只字不提。[38]

在庭审中，许多证人都描述了困惑不已、筋疲力尽、饥肠辘辘的受害者下了抵达奥斯维辛－比克瑙集中营的火车，然后经历了甄选。半个多世纪后，巴赫仍然记得，其中一个证人回忆说，一个党卫军军官指示他的妻子和女儿往左走，这个证人本人作为工程师却被要求往右走。他问那个党卫军军官他的儿子应该去哪里。在短暂地征求了上级的意见后，党卫军军官让小男孩去找他的母亲和妹妹。证人说，他还担心儿子赶不上她们，因为在他们说话间已经有成百上千的人往左走了。小男孩很快就消失在了人群中。不过他还能看到女儿 172 的身影，因为她穿着一件红色外套，不过外套很快变成了一个越来越小的红点。巴赫说："他的家人就是这样从他的生命中消失的。"

史蒂文·斯皮尔伯格在他的电影《辛德勒名单》中也拍摄了一个与身穿红色外套的小女孩有关的场景，巴赫相信，这位导演从艾希曼审判中获取了灵感。

在传召那个证人出庭作证的两周前，巴赫刚好给他自己当时只有两岁半的女儿买了一件红色外套。他回忆说，他在听完这番证词后"简直说不出任何话来"。他开始无意识地摆弄文件，设法控制自己的情绪，冷静下来后他才问出下一个问题。有一张广为流传的照片展示了巴赫在庭审中沉思的忧郁形象，这张照片就是在他听到这段令人震动的讲述后拍摄的。半个世纪后他接受了我的采访，说："直到今天，无论在球场、街上还是餐厅里，当我回头看到一个身穿红色外套的小女孩或小男孩时，我都会感到心跳突然加速。"

这种证词丝毫没有动摇阿伦特的信念，即艾希曼所扮演的角色是与他在纳粹官僚体系中的功能紧密相关的，而不是他个人观点的产物。在庭审过程中，豪斯纳用艾希曼在战争末期对手下说的一番话与他进行对质。艾希曼曾说："我会大笑着跳进坟墓，因为我的良心背负着 500 万犹太人的死亡，这一事实让我获得了巨大的满足。"这位检察官说，艾希曼曾试图强调，他当时说的是"第三帝国的敌人"而非犹太人，不过他后来又对法官之一承认说，他当时的确指的是犹太人。无论如何，豪斯纳指出，他的被告在听到这段引语时，脸上露出了

"被彻底震惊的表情，还有一瞬间的恐慌"。[39]

对阿伦特来说，这类表态只能证明"说大话是导致艾希曼走向毁灭的致命缺陷"。[40]当他在阿根廷（这个国家对许多纳粹分子来说就像是一个避风港）感到越来越自在时，艾希曼甚至在1957年同意接受荷兰籍纳粹记者威廉·扎森（Willem Sassen）的长篇采访。扎森将采访内容的节选卖给了《生活》（*Life*）杂志，而艾希曼或许曾经设想过，完整的采访记录有可能在某个时候会有助于呈现他对历史事件的看法。不过，他在这些采访记录中使用的自我夸大的语气与他在耶路撒冷所采取的策略相互矛盾，因为他在庭审中迫切地想要淡化自己的作用。艾希曼坚称，采访是在"酒吧的氛围"里进行的，里面的信息并不可靠，尽管他曾经审阅了采访记录，并且更正了其中的一些错误。[41]由于他的反对，法庭做出裁决：这些采访记录不能作为证据提交。

不过，阿伦特认为，艾希曼愿意冒风险接受采访这件事，恰恰证明了她的论点。她写道："最终导致他被捕的是他说大话的冲动。"[42]在她看来，艾希曼迫切地想要适应环境，想要说一些他觉得能够在当下为他带来好处的话，而不去思考未来的后果。这种特质能够帮助人们理解他在第三帝国所扮演的角色。她写道："他并不蠢。他只是单纯地不去思考（这种特质与愚蠢不同），于是他变成了那个时期最罪大恶极的罪犯之一。"[43]

阿伦特论述中的另一个部分也让她的批评者感到愤怒不已，指责她是所谓的仇犹的犹太人。该部分就是她关于欧洲各沦陷区的犹太人委员会与德国的同谋关系的讨论。这些委员会的主要任务之一是按照德国人提出的要求将足额的犹太人送往死亡集中营，确保残酷的人员数量指标能够完成。在庭审期间，检方传唤了一位证人，该证人在证词中详细说明了德国人是如何竭尽所能地欺骗受害者，强迫那些已被送至东边的受害者给亲属寄明信片，描述他们新住处的"良好"的生活和工作条件的。自然，这个证人后来还解释了所有人是如何在绝望中抱有一线希望，认为德国人编造的这个故事是可信的。

不过阿伦特不这样想。她指责称犹太人领袖们参与了这种故意欺骗的行为，希望借此拯救自己的性命。她写道："对一个犹太人来说，犹太人领袖在摧毁自己民族的过程中所扮演的角色，毫无疑问是整个黑暗故事中最黑暗的篇章。"⁴⁴犹太人领袖称自己很难抵抗德国人施加的残酷压力，他们被要求召集更多的犹太人并将其送上向东开的火车，与压力一同出现的还有不断升级的威胁以及总是落空的承诺，即德国人会对有些犹太人会网开一面。对于这些说法，阿伦特没有表示丝毫的理解。

174

这在耶路撒冷的法庭上是一个尤为敏感的话题。豪斯纳回忆说："被困欧洲沦陷区的犹太人领袖的悲剧再一次赤裸裸地呈现在我们面前。"⁴⁵匈牙利犹太人领袖鲁道夫·卡兹纳（Rudolf Kastner）是这一群体中的名人之一，他在安排遣送超过40万匈牙利犹太人前往奥斯维辛集中营时与艾希曼进行过谈判。阿伦特刻薄地指出，最终，卡兹纳"救下了1684个人，却送走了47.6万个受害者"。⁴⁶那些得救的人中包括卡兹纳和他的部分家人，以及其他一些他所谓的"犹太知名人士"。卡兹纳设法向德国人支付了大量赎金，以换取安全前往瑞士的机会。他后来定居以色列，成为该国贸易和工业部（Ministry of Trade and Industry）的发言人。

1953 年，一个名叫毛切尔·格林瓦尔德（Malchiel Gruenwald）的匈牙利裔以色列自由记者指责卡兹纳与纳粹分子合作。卡兹纳为政府效力，于是以色列政府以诽谤罪起诉他的指控者。法庭最初判决格林瓦尔德胜诉，法官声称卡兹纳"向魔鬼出卖了自己的灵魂"。[47]以色列政府对这一判决提出上诉。1957 年，在这场官司尚未结束之时，卡兹纳就在特拉维夫遇刺身亡。不久后，案件以他洗清冤屈而了结。

不过公众在卡兹纳扮演的角色上仍然存在很大的意见分歧。对于曾在这起诽谤案的上诉过程中提供帮助的巴赫，以及艾希曼审判起诉团队的其他成员来说，艾希曼对待卡兹纳的方法仅仅凸显了纳粹官员的邪恶。他们不打算谴责绝望之中的当地犹太人领袖，卡兹纳的支持者也将他视作一个竭尽所能拯救生命的英雄。

然而，阿伦特坚持认为，当地犹太人领袖和他们的组织让艾希曼等人更容易达成抓捕几乎所有犹太人的目标。她写道，如果没有这样的犹太人领袖去帮助纳粹的话，那么尽管仍然会有"混乱和诸多悲惨的故事，但受害者总数很难达到 450 万到 600 万之多"。[48]

175

*　　*　　*

1963 年《艾希曼在耶路撒冷》一书出版后不久，阿伦特就遭到了批评者的尖锐抨击。检察官们从未赞同她关于艾希曼的论断，这是理所当然的。巴赫说："汉娜·阿伦特的他（艾希曼）仅仅是在听从命令的说法绝对是胡说八道。"他还说，艾希曼如果没有完全投身于种族灭绝的事业，就根本不会在犹太人大屠杀的整个过程中负责犹太人事务。他进一步指出，艾希曼其至在已经有战败迹象，他的上级已经准备掩盖犹太人大屠杀的证据的情况下，继续谋杀犹太人。不过，在媒体和其他公共场合中反驳阿伦特的是其他人。

其中一位率先发难之人是迈克尔·穆斯曼诺，即纽伦堡审判特别行动队指挥官一案的法官，特别行动队就是在毒气室投入运行前在东部战线负责屠杀犹太人和其他族群的那支特别小分队。穆斯曼诺在艾希曼被捕不久后写了一本书，题为《艾希曼突击队》（*The Eichmann Kommandos*），并且在耶路撒冷的庭审中作为检方证人出庭作证。在被辩方律师塞尔瓦蒂乌斯问话时，他讲述了自己在纽伦堡与纳粹高层囚犯的对话。他声称，戈林"非常明确地表示，艾希曼在灭绝犹太人的问题上影响力非常大……几乎可以宣布处死任何一个犹太人"。[49]这直接反驳了艾希曼一直声称的自己无权决定任何事的说法。

在另一个场合，穆斯曼诺——他总是毫不犹豫地追求戏剧性效果——写道，在纽伦堡，艾希曼的名字"在证词中反复出现，就像废弃的空房子里回荡的风声，以及在屋顶上回响的树枝的沙沙声，似乎暗示着有什么超自然的力量正在光顾"。[50]

穆斯曼诺还在《纽约时报》邀请他评论阿伦特的《艾希曼在耶路撒冷》时详细阐述了自己的观点。《纽约时报》显然事先知道他会写出怎样的书评。他写出了一份预料之中的苛刻书评，对于她的部分观点不屑一顾。用他的话说，这些观点包括"艾希曼从本质上看不是真正的纳粹分子，他在加入纳粹党时不知道希特勒的计划，盖世太保曾帮助犹太人移民巴勒斯坦，希姆莱（就是那个希姆莱！）是有同情心的"。穆斯曼诺还说，在艾希曼抗议说他并不仇恨犹太人但没有人相信他的时

176

候，阿伦特居然对他表示同情，还大体上接受了艾希曼捏造的个人经历和观点。

穆斯曼诺抨击得最厉害的一点，是她竟愿意相信艾希曼从未见过奥斯维辛的"杀人设施"，尽管他曾"反复"造访那里。穆斯曼诺写道："她的看法就像是在说，一个人反复去尼亚加拉大瀑布游玩，却从未注意到飞流而下的河水。"他最后总结说："艾希曼用死亡威胁来强迫那些偶尔出现的'吉斯林'① 和'赖伐尔'② 与他'合作'，这一事实进一步加重了其罪行的恐怖程度。"[51]

阿伦特的这本书以及穆斯曼诺的书评引起了巨大反响，读者们在这两个知名公众人物的论战中纷纷选边站。在后来的"书评"专栏中，《纽约时报》又刊登了阿伦特的反驳、穆斯曼诺对反驳的反驳，以及来自辩论双方的慷慨激昂的信件。阿伦特在她的回应里抨击了该报选用穆斯曼诺作为书评人的"离奇"做法，因为她此前已经将他关于极权主义和艾希曼作用的观点斥为"危险的胡说八道"，然而无论是《纽约时报》还是穆斯曼诺，都没有费心让读者知悉这一前情。她指责说，这显示出"一种对正常编辑程序的公然背离"。至于书评本身，那是一次针对"一本据我所知既未写出也未出版的著作"发起的攻击。换句话说，穆斯曼诺完全歪曲了那本书的本意。[52]

穆斯曼诺反击称，他有责任指出"阿伦特小姐在艾希曼

---

① 维德孔·吉斯林（Vidkun Quisling）是挪威国家统一党领袖，在第二次世界大战期间曾任挪威首相。因其与纳粹德国的积极"合作"，吉斯林的名字已成为"卖国贼"或"叛国者"的代名词。1945 年他被处以死刑。

② 皮埃尔·赖伐尔（Pierre Laval）是法国政治家和国务活动家。法国在二战中沦陷后，他在希特勒支持下出任维希政府总理。法国光复后，他在 1945 年 10 月 9 日被巴黎高等法院以叛国罪判处死刑。

案的事实真相上的许多错误表述",并且他从未做出"任何形
式的歪曲"。支持阿伦特的读者称他的书评是"书评界的新下
限",是对《艾希曼在耶路撒冷》的"严重误读",并指出他
对于"她的反讽天赋视而不见"。反对阿伦特的读者则称赞穆
斯曼诺"纠正历史记录"的努力,并指责阿伦特因试图理解
艾希曼而"矫枉过正","罔顾或者无视了历史事实"。

　　论战并未止于此。罗伯特·杰克逊法官在纽伦堡审判中的
犹太事务顾问,也就是后来以色列驻联合国使团的法律顾问雅
各布·罗宾逊(Jacob Robinson)写了一本从头到尾都在驳斥
阿伦特主张的书,书名为《被歪曲的历史必须得到纠正:艾
希曼审判、犹太人的灾难以及汉娜·阿伦特的叙述》(And the
Crooked Shall Be Made Straight: The Eichmann Trial, the Jewish
Catastrophe, and Hannah Arendt's Narrative),它于1965年出版。
作为一名律师兼学者,他旨在对几乎每一个主张做出回应,在
他看来几乎没有哪个细节会因太过微不足道而不值得讨论。

　　当然,罗宾逊也对她关于艾希曼在犹太人大屠杀中的作用
被检方夸大了的看法发起了抨击。他写道:"汉娜·阿伦特对
艾希曼形象的刻画让人困惑。"他还说,档案证明,"真正的
艾希曼"是"一个自我驱动力很强的人,他十分狡诈,熟练
掌握了各种欺骗技巧,在他自己的领域里有卓越的智力和能
力,一心想要让欧洲'摆脱犹太人'(judenrein)。要而言之,
他是一个极为适合监督纳粹灭绝犹太人的大部分计划的人"。[53]

　　罗宾逊还宣称,他认为阿伦特在讨论欧洲沦陷区内犹太人
委员会的作用时"歪曲了历史事实",对这种做法他感到尤为
"惊诧"。他详细解释了这些被德国人用来管理隔都的犹太人
组织的由来。他指出,这些委员会"在任何时候都在为保护

犹太人族群的实际和精神存在而进行积极尝试",不过他也承认,他们"想方设法地避免公开反抗纳粹统治者,并且深信这种做法能够保护犹太人族群免遭更大规模的不幸"。他还试图区分犹太人委员会与经常被纳粹用来抓捕并驱逐犹太人的犹太警察,称在这种情况下,犹太警察是直接听命于德国人的。[54]

感到这些主张毫无说服力的不止阿伦特一人。类似的,西蒙·维森塔尔也批评了普遍存在的不愿讨论犹太人委员会和犹太警察所扮演角色的态度。有人认为讨论他们的角色有可能减轻真正的罪人,即纳粹统治者的罪责,而他反对这种观点。他写道:"我们很少谴责与纳粹合作的犹太人。其他人无权为此怪罪我们,但我们自己必须时不时地正视这一问题。"[55]

不过,这种声音通常是少数派。罗宾逊概括了为更多人所接受的观点:"无论从法律上还是从道德上看,犹太人委员会的成员都不能被认定为纳粹统治者的帮凶,就像一个商店店主不能因为在枪口下把商店交出去就被认定为持枪劫匪的帮凶。"[56]

尤其在艾希曼以及他所体现的恶的本质的问题上,反对阿伦特的声音比愿意支持她的声音要更加响亮,至少在知识分子的圈子里是这样,她在那里的待遇经常和贱民差不多。在2012年上映的剧情片《汉娜·阿伦特》(Hannah Arendt)中,德国导演玛加蕾特·冯·特罗塔(Margarethe von Trotta)展现了阿伦特是怎样被从前的好友和同事背弃的,以及他们之间的相互抨击是如何变得越来越恶毒的。

但即使在负责抓捕艾希曼的以色列特工之中,也有人对她关于他们抓捕对象之本质的观点表示部分认同。负责在布宜诺斯艾利斯指挥摩萨德小分队的拉菲·埃坦说:"在某种程度上，她是对的。他自己从未仇恨犹太人。这是我的感觉。这就是平庸之恶。如果明天你让他去杀法国人，他也会照办。"[57]

这场关于艾希曼究竟体现了什么的论战持续了数十年。2011年，另一名德国哲学家贝蒂娜·斯坦内特（Bettina Stangneth）基于对艾希曼档案的大量补充研究出版了一本书，书中收录了艾希曼接受荷兰籍纳粹记者威廉·扎森采访的文字记录，这次采访聚焦的主要是艾希曼在阿根廷度过的时光。[58]该书的英文版于2014年出版，书名为《耶路撒冷之前的艾希曼：大屠杀凶手不为人知的生活》（*Eichmann Before Jerusalem：The Unexamined Life of a Mass Murderer*）。书中整理了大量令人印象深刻的证据，支持了罗宾逊等人此前提出的观点。

斯坦内特强调，很难说艾希曼是碰巧成为大屠杀机器关键组成部分的普通官僚。相反，他是一个"被极权主义思维束缚的"狂热反犹主义者，与一个唯命是从之人的形象相去甚远。她写道："如果你恰好属于一个宣扬轻视人命的意识形态的统治民族，且如果这种意识形态试图将那些传统正义观和道德观所谴责的行为合法化，对你来说该意识形态可能就非常有吸引力。"[59]

斯坦内特认为，阿伦特在犹太人大屠杀研究的早期就发起了一场亟须进行的讨论，这是值得称赞的。斯坦内特还称她的著作"实现了自苏格拉底以来的哲学家的主要目标——为理解而争论"。不过斯坦内特的结论是，艾希曼刻意构筑了对自己一生的虚假描述，而阿伦特落入了她的研究对象所设下的陷阱。斯坦内特写道："身处耶路撒冷的艾希曼不过是一种伪装。但她没有认识到这一点，尽管她清楚地知道自己并没能像此前希望的那样完全理解这一现象。"[60]

* * *

毫无疑问的是，阿伦特依赖的主要是艾希曼审讯过程中的文字记录，以及他在庭审后半段给出的直接证词，因而对艾希曼提出的主张，即他只是个次要角色且跟犹太人没有私怨信以为真。她迫切地想要证明自己的观点，说明极权体制是如何充分利用自身缺少真正信念的平庸个体的。同样不可否认的是，她非常傲慢，深信自己为理解艾希曼及其历史角色提供了唯一恰当的思维框架。

不过阿伦特关于她的观点被愤怒的批评者歪曲得无法辨认的说法是正确的，她在《艾希曼在耶路撒冷》一书出版后的十年里接受了德国和法国电视台的一系列采访，想借机发动反击。她很容易遭到误解，而重复最初造成误解的那些话对她没有任何帮助。在早期的一次采访中，她仍然坚称艾希曼只是个"小丑"，她还说，在读到对他的审讯记录时，她甚至"大笑不止"。[61]

在后续的采访中，她更为清楚地解释了自己的意思。在与德国历史学家约阿希姆·费斯特（Joachim Fest）的对话中，她指出，她所谓的"平庸"不具有任何正面含义，而是恰恰相反。她谴责艾希曼以及早前纽伦堡的审判中那些被告的"虚伪性"，他们声称自己仅仅是在执行命令，所以不应为大屠杀负责，试图为自己的任何行为推卸责任。她补充说："这愚蠢得令人出离愤怒。整件事简直是滑稽至极。"[62]在对她的采访中，"滑稽"的意思显然不是有趣。

尽管如此，她仍然坚持自己的主张，即艾希曼"只不过是一个官僚"，意识形态在他的行为里没有发挥重大作用。她坚称，她的许多批评者做出的解读，即他是个魔鬼，是恶魔的化身非常危险，因为这种解读让许多德国人找到了借口。她说："屈服于深渊恶魔的力量所带来的罪责，自然会比屈服于艾希曼这样的平庸之人小得多。"[63] 这解释了为什么她要如此执着地反对对艾希曼及其同党进行妖魔化解读。

虽然阿伦特为自己对艾希曼的看法提供了一套十分复杂的论证，至少应该可以让部分过激的批评者有所收敛，但在与犹太人通敌行为有关的指责上，她没有做出太大让步。尽管如此，她还是向犹太人委员会的领袖展现出了更多理解，认为他们是"受害者"；她指出，无论他们的行为应该遭到怎样的质疑，他们都无法与真正的罪犯相提并论。[64] 这代表了一种间接的妥协，即承认她最初的表述太过苛刻了。

《艾希曼在耶路撒冷》中一篇被人忽视的文章能够证明，阿伦特并非如她的批评者经常主张的那样想怪罪受害者。正如巴赫所说，以色列领导人举行这场审判的目的之一，在于向年青一代证明，德国人所使用的手段是用希望的幻觉误导受害者，且这种误导行为一直持续到了受害者生命中的最后一刻。尽管阿伦特曾提到，人们普遍认为犹太人"像绵羊一样走向死亡"，但她也写道："一个悲哀的事实是，这一观点被误解了，因为没有任何一个非犹太族群或者民族有过不同的表现。"[65] 在这一点上，阿伦特和检察官们达成了共识。

从半个世纪后的观点出发，我们可以负责任地说，艾希曼体现了这两种针锋相对的解读——阿伦特的解读和她批评者的解读——中的许多特质。他既是一个极权体制下的名利追逐者，为了取悦上级甘愿做任何事；又是一个恶毒的反犹主义者，陶醉于自己将受害者送往死亡集中营的权力，并且有条不紧地追捕任何试图逃脱纳粹魔爪的人。他比阿伦特所愿意承认的更邪恶，不过，他也的确体现了她所说的平庸之恶。这两个理念并不一定是相互矛盾的。他以一个魔鬼体制的名义犯下了恶魔般的罪行，但为他冠以恶魔的名号会让其他许多人逃脱法网，并且会令人忽视暴政政权是如何轻而易举地让普通公民参与犯罪的。

阿伦特的作品所产生的直接影响之一是刺激了一系列新研究的出现，研究对象是普通公民不经思考地听从命令的倾向。最著名的是耶鲁大学心理学家斯坦利·米尔格拉姆（Stanley Milgram）20 世纪 60 年代的实验，在实验中，毫不知情的志愿者在诱导下认为他们正在对另一个房间里的人施加强有力的电击。他们被告知正在参加一个教育实验，且参与者可以随时退出。然而，在大部分情况下，他们一直听从命令，实施在他们看来会让人越来越痛苦的电击，即使在听到喊叫声或者墙上的撞击声后他们也没有停手。电击对象其实都是演员，他们并未受到真正的电击。

米尔格拉姆得出的结论是，这显示"阿伦特提出的平庸之恶的理念比人们预想中的要更加接近真相"。他解释说，纳粹德国和其他社会之所以能够让人们盲目服从，是因为他们利用了现代社会中"责任感的缺失"，[66] 这种缺失导致个体用专注于狭隘的技术性任务的方式来回应上级的命令。他写道："那个对行为承担全部责任的人消失了。或许这就是现代社会中'有组织的社会性邪恶'的最普遍特点。"[67]

182　　米尔格拉姆在他的著作《对权威的服从》（*Obedience to Authority*）中描述了他的实验，就像阿伦特的《艾希曼在耶路撒冷》，这本书引发了新一轮的激烈辩论。他的结论明显与一种关于人类行为和极权体制的观点一致，这种观点甚至在犹太人大屠杀之前就已经出现。在见证了希特勒在德国的崛起后，辛克莱·刘易斯（Sinclair Lewis）于 1935 年出版了他的小说《不会发生在这里》（*It Can't Happen Here*）。书中所传递的信息与书名恰好相反：一个纳粹式的政权有可能在美国上台执政。换句话说，人类的最大威胁并非来自魔鬼，而是来自那些对魔鬼般的命令盲目遵从的人。

人们渴望从某些人身上识别出邪恶的特质，在面对一些真正可怕的行为时更是如此。很少有人愿意相信他们自己或者他们的邻居能够仅仅因为某个权威人物认为有必要，就去实施看上去没有意义的暴力行为。当英国首相戴维·卡梅伦（David Cameron）把 2014 年斩首了美国和英国人质的恐怖分子称作"魔鬼"时，大多数人本能地表示认同，正如许多人早先都倾向于将纳粹高官归类为魔鬼一样。[68]

不过，就鉴别主要纳粹战犯——无论他们在哪里被捕并接受审判——的特质的尝试而言，负责审讯他们的精神科医生和调查人员没有达成任何共识。有一些特质确实反复出现：对他们眼中的工作的狂热与执着；对受害者完全没有同理心；相信他们不应该为自己的行为负责，因为总是有更高层的人来承担责难；严重的自怨自艾情绪。此外，在许多案例中，他们还有令人惊讶的自我欺骗能力。戈林被视为纽伦堡审判中最聪明、社交能力最强的被告，他曾对美国精神科医生道格拉斯·凯利（Douglas Kelly）说，他"决心要以伟人的身份被载入德国史册"。他坚称，即使没能让法庭信服，他也终会让德国公众信服。他说："五六十年后，赫尔曼·戈林的塑像将遍布德国。也许只是小塑像，但是每个德国家庭都会有一尊。"[69]

另一位美国精神科医生 G. M. 吉尔伯特总结说，奥斯维辛集中营指挥官霍斯这样的人体现了"真正的精神病人"的特质。不过始终让凯利感到失望的是，他无法找到任何可证明这些罪犯有精神异常，或者说可证明他们与其他人有本质上的不同的东西。换言之，他们不是任何"魔鬼基因"的产物。[70]

凯利写道："精神错乱不能解释这些纳粹分子的行为。他们仅仅是环境的产物，和其他所有人一样；他们也是环境的创造者，在这个方面他们发挥的作用比大多数人更显著。"[71]对于一个曾希望利用罗夏克墨迹测验①来找到严谨、科学的答案的人来说，这种语焉不详的解释实际上是在承认自己的失败。不过这也导致凯利得出了一个更加清晰而恐怖的结论：如果说没有迹象显示这些纳粹分子存在明显的精神错乱，那么"这种事情可能发生在这里"或者任何地方的主张就是正确的。[72]

这种争论当然不会因为对艾希曼的审判而得到解决，也不会因为阿伦特的解读及其早期受到的批评而得到解决。事实上，她在审判结束后的十年里接受的电视采访显示，她已经改变了大部分关于审判价值的想法。她尽管仍然强烈抨击审判的诸多方面，但越来越能够认同这场审判的作用：它成了德国之后的内部审判的"催化剂"，[73]人们因而开始进行道德上的自我审查，这让她的前祖国开始重获其国际地位。

改变观点的不止阿伦特一人。针对以色列能否进行公正审判的早期怀疑（这种态度在对艾希曼绑架案的早期报道中体现得十分明显）大部分在审判程序启动不久后就消失了。在庭审开始六周后，盖洛普公司的一项民调显示，有 62% 的

①　根据对墨迹图案的反应分析个体性格的测验。

美国受访者和70%的英国受访者认为艾希曼得到了公正的审讯。[74]

1961年12月15日，艾希曼被判处绞刑，这是以色列法庭第一次也是唯一一次批准实施绞刑。1962年5月29日，以色列最高法院驳回了艾希曼的上诉；在两天后，也就是5月31日晚上7点，他被告知本－古里安拒绝了他的赦免请求。[75]不过，国际社会直到晚上11点才得知这一决定，并且没有消息指出行刑还要等多久。巴赫曾建议间隔时间不要超过两小时，这是为了防止艾希曼的同情者用挟持人质的方式阻止行刑。这位副检察官说："我害怕如果时间隔得太久，他们就会在某个地方抓一个犹太儿童作为人质，不管是在夏威夷、葡萄牙还是西班牙。"

直到正式宣布，巴赫才得知了艾希曼具体将于何时被绞死。5月30日，他再次探望了这个囚犯，这也是他们的最后一次会面。翌日晚上11点，他正在耶路撒冷总统官邸附近的公寓（巴赫一家如今仍然住在那里）里洗澡，这时，他的妻子露丝大声说，她刚刚从广播上听说总理拒绝了赦免请求。巴赫是少数知道这意味着行刑将于一两个小时内进行的官员之一。他回忆说："瞧，我对这件事没有任何怀疑，不过我的脸的确有些发白。当你连续两年几乎每天见那个人的时候……"

被指派做行刑人的是23岁的也门裔犹太人沙洛姆·纳加尔（Shalom Nagar），他是监狱看守之一。[76]艾希曼的最后请求是一瓶白葡萄酒和一些香烟。他们递给艾希曼一个头罩，但他拒绝了。对纳加尔来说，这意味着他丝毫不因自己的命运而恐惧。

184

艾希曼发表了最后的宣言："德国万岁。阿根廷万岁。奥地利万岁……我必须遵守战争规则，忠于我的旗帜。我准备好了。"[77]

纳加尔最初问过为何要让自己执行这一任务，不过他还是在午夜时分拉下了控制杆。多年后，他在接受美国犹太人杂志《时间》（Zman）的采访时解释说，在场的每个人"都有了复仇成功的感觉；这只是人性而已"。他赶忙又补充说："但复仇并不是重点。如果可以的话，他会把我们都送入集中营的。我也会在他的名单上，不管我是不是也门裔。"

纳加尔的下一项工作是为即将进行的遗体火化做准备。他说，他对这种事完全没有经验，在看到那具似乎正盯着他看的尸体时，他感到害怕极了。此外，他对于一个人被绞死后其肺里仍然会有空气的事实毫不知情。"所以，当我把他举起来时，他体内的所有气体都喷在了我脸上，他的嘴里发出了最恐怖的声音——'嗝……'那听起来就像在说，'嗬，你个也门佬……'我感觉就像是死亡天使也要带走我一样。"

两个小时后，艾希曼的遗体被火化，其骨灰被放进一个罐子然后被带到一艘正在雅法（Jaffa）的港口等待的巡逻艇上。在船长把巡逻艇开到刚出以色列领海的位置时，罐子里的艾希曼骨灰就被撒进了大海。

至于纳加尔，那时他已经回家了，并且向妻子讲述了当天的经历，而他的妻子最初还表示不相信。他原本应该前往雅法陪骨灰走完最后一程，但绞死艾希曼以及随后处理其尸体的严酷考验让他颤抖不已，因而他获准免于执行这一任务。他回忆说，在接下来的一年里，"我都生活在恐惧里"。当他的妻子问他为什么要如此紧张不安时，他对她说，他感觉艾希曼可能在追赶自己。

他承认："事实上，我也不知道我在害怕什么。我就是觉得害怕。那样的经历会对你产生甚至你自己都意识不到的影响。"

第十章　"小人物"

> 如果我们只是在厌恶、羞耻和愧疚中沉默不语的话……我们的下一代该怎么办？该如何对待灭绝犹太人的恐怖历史？这么做有什么意义？[1]
>
> ——描写德国战后一代的畅销小说《朗读者》，
> 作者为本哈德·施林克

二战刚结束，大多数西德人就迫不及待地想要将第三帝国的记忆抛在脑后，与此同时，他们新的民主领袖创造了后来为人们所熟知的经济奇迹。不过弗里茨·鲍尔始终是个例外。这位安坐在法兰克福办公室内的黑森州检察长下定决心，要尽其所能地不断强迫自己的同胞去面对刚刚过去的历史。在他看来，仅在远处关注艾希曼的审判对他们来说远远不够，他们还需要看到犯罪者在德国国内接受审判。

甚至在以色列人按照他的线索采取行动并绑架艾希曼之前，鲍尔就收到了一条将在日后让 24 个奥斯维辛集中营官员和看守遭到指控的情报，它为他带来了他一直在寻找的机会。

托马斯·格尼尔卡（Thomas Gnielka）是《法兰克福评论报》（*Frankfurter Rundschau*）的年轻记者，一直在调查与归还犹太人财产有关的案件，搜集有关前纳粹分子的证据。他在

1959 年 1 月初采访了奥斯维辛集中营幸存者埃米尔·武尔坎（Emil Wulkan）。[2] 采访过程中，要么是格尼尔卡问起了后者柜子上的一叠用红绳捆在一起的文件，要么是武尔坎将这些文件递给了他。据说武尔坎对他说："也许你这个记者会对它们感兴趣。"[3]

那些文件是 1942 年 8 月的奥斯维辛集中营档案，内容是"射杀逃跑的囚犯"，它们是在一次具体情况不明的内部调查中搜集到的。档案中包含了囚犯名单以及负责射杀他们的党卫军军官名单。无论纳粹调查人员出于何种原因决定要调查这些名单，毫无疑问的是，它们构成了可证明具体谋杀行为的证据。武尔坎对格尼尔卡解释说，他的一个朋友在战争末期从布雷斯劳一栋正在燃烧的警察局大楼中抢救出了这些文件，并一直把它们当作"纪念品"留在身边。格尼尔卡说，尽管武尔坎后来成了法兰克福犹太人委员会的一名成员，但这显然是他第一次认识到这些文件可能"具有法律上的重要性"。[4]

格尼尔卡的妻子回忆说，在看完这些处决名单后，回到家里的格尼尔卡"脸都绿了"[5]，看起来病恹恹的。他请求武尔坎给他一个机会好好利用这些名单，并迅速将这些名单转交给鲍尔。此举引发了一系列事件，最终引起了西德历史上历时最长、公众关注度最高的战后审判。尽管鲍尔安排他团队里的两个年轻人提起诉讼，并且从未在法庭中正式扮演任何角色，但他是这场审判的背后推动者，也是那个最渴望让自己的同胞从这次审判中吸取的教训的人。

无论是这次审判还是它带来的教训都很不简单。审判从 1963 年 12 月 20 日一直持续到 1965 年 8 月 20 日。法兰克福法院里共举行了 183 场庭审[6]，旁观听众总计超过两万人[7]，德国和国际媒体还对审判进行了大量报道。出现在法庭上的 22 个被告与那些曾是纽伦堡审判"明星"的纳粹高层不同，也没有在策划犹太人大屠杀的过程中像艾希曼那样扮演至关重要的角色。相反，他们之所以臭名昭著，是因为他们在奥斯维辛集中营里扮演的辅助性角色，这让他们坐上了被告席。他们各有令人咋舌的残暴记录，在格尼尔卡转交给鲍尔的名单中他们的暴行被暴露无遗，而且有 211 个集中营幸存者作为目击者为指控他们提供了证词。[8]

对鲍尔来说，这 22 个被告"实际上只是被选中的替罪羊"，而原本应该揭露的是以所有德国人的名义犯下的罪行。他说："问题在于我们将如何处置这些人。"[9] 他还说，他不打算在审判中只提起这 22 个被告，而是要提及"5000 万德国人，或者更准确地说，他们是 7000 万德国人"。通过提出 7000 万人这个数字，他清楚无疑地表明自己指的是西德与东德的总人口，以及他们应当从这场审判中得出的结论。这场审判"可以并且必须让德国人睁开眼睛，看看究竟发生了什么"。他坚持认为，真正的教训是"无论操作这台谋杀机器的是谁，无论他做了什么，他都参与了谋杀。当然，前提是他知道这台机器的用途。"[10]

不过，正如法官汉斯·霍夫迈耶（Hans Hofmeyer）反复强调的那样，他对这场审判的理解与鲍尔有着天壤之别——他认为这是"一场普通的刑事审判，无论其背景为何"。[11] 在宣布判决结果时，法庭明确指出，它"能够考虑的只有刑事罪责……也就是刑法典层面上的罪责"。[12] 为这场审判提供了最详细的报道的《法兰克福汇报》（*Frankfurter Allgemeine Zeitung*）记者贝恩德·瑙曼（Bernd Naumann）概括说："政治罪责、道德伦理罪责不是法庭的考虑对象。"换句话说，这场审判的目的不是形成关于奥斯维辛集中营的决定性历史记述，也不是展示所有集中营军官和看守都有罪的理论；它所关注的是被告的个人行为。

尽管霍夫迈耶千方百计地将这场审判描绘成普通的刑事审判，希望像处理其他案件一样心平气和地对待它，但他也偶尔不可避免地表现出了情绪化的倾向，且恰恰是在面对个人责任问题时。由于被告和他们的律师反复抗议称他们是无辜的，因此他不无讽刺地说："我还没有发现有任何人在奥斯维辛做了任何事。"[13]

189

* * *

与坐在耶路撒冷法庭的玻璃隔间内的艾希曼相比，法兰克福被告席上的被告们给人留下的印象很不同。作家罗伯特·诺伊曼（Robert Neumann）说："他们所有人紧挨着坐在一起，你都无法辨别出谁是谁……每一个检察官都是潜在的被告……每一个被告都是你的邮差、银行柜员或者邻居。"[14]那个时期的新闻影片还显示，在庭审间隙，五个被告走在法兰克福的街道上，除了其中一人向一位警察脱帽致意并引得后者向他回礼之外，他们看起来与其他行人没有任何区别。[15]

德国政府曾希望至少有一个被告是无可置疑的高层人物。检方在进行了长时间的调查后，取得了重大突破。在发起全国范围的通缉行动后，警方在1960年12月找到并逮捕了奥斯维辛集中营最后一任指挥官理查德·贝尔（Richard Baer）。该集中营的第一任指挥官霍斯及其继任者阿图尔·利伯亨舍尔（Arthur Liebehenschel）已经分别于1947年和1948年在波兰被处决。贝尔销声匿迹，用假名在普鲁士政治家奥托·冯·俾斯麦曾孙的庄园里找到了一份护林人的工作。在他的照片登上了德国发行规模最大的大众报纸《图片报》（*Bild*）后，一个同事认出了那是他，并且报告了警方。不过在 1963 年 6 月 17 日，贝尔死于狱中，这时距离审判开始还有六个月的时间。[16]

检方失去了他们曾希望能够吸引到最多关注的被告，因此更加心无旁骛，将注意力放在了余下的被告的个体行为上。这种做法强化了霍夫迈耶法官的论调，那就是无论这场审判有怎样的背景，它仍然是一场刑事审判，而不是鲍尔曾经设想的那种更广泛的兼具教育性与政治性的实践。不过，到最后，两种态度均在审判过程中得到了一定程度的体现。

最吸引媒体和旁听者（他们中有许多集中营幸存者）的注意力的，是那些令人痛心的对无端暴行的描述。奥斯维辛不仅是一台按照冷酷规则运转的杀人机器，在很大程度上还是机器掌管者的行为、偏好和变态思想的产物。正如法兰克福审判所证明的那样，死和生的方式有许多种——在被告或其他类似人员的心血来潮下，任何人在任何时候都有可能遭受无穷无尽的折磨。

在检方陈述案情的过程中，部分被告显得格外突出，因为针对他们的证词是如此的有力。党卫军上士威廉·博格（Wilhelm Boger）是奥斯维辛集中营里最令人生畏的审讯员，因为他频繁地使用所谓的"博格秋千"。曾是囚犯并在博格工作的集中营政治部任过秘书的莉莉·马耶尔齐克（Lilly Majerczik）解释说："受害者的手腕被捆在这个装置的横杆上，然后他们被人用鞭子抽打。"事实上，这个装置就是一个支架，囚犯在遭受折磨的过程中经常被头朝下吊着。她和办公室

190

没有其他纳粹猎人的名气比得上西蒙·维森塔尔，或者说像他一样引发了如此之多的争议（偶尔还有愤怒）。但即使是他的批评者，也承认他发挥了重要作用，给逃脱惩裁的希特勒乐手造成了持续性压力。

与维森塔尔一样，托维阿·弗里德曼也是犹太人大屠杀的幸存者，他后来到达奥地利，从那里追踪战犯。弗里德曼和维森塔尔偶尔会展开合作，但在弗里德曼迁居以色列后，两人就基本上分道扬镳了。

威斯·奈吉是这案事中宣布字申判中的美军首席检察官，能创下了一项让其蒙羞，他亦忘而无不十字担中间的高部门列了有罪判定，但能够戒动至业军头有人矫者观至分军判大这少案。

波德作"布廷尼尔怪怎了"的伊东斯·科林是布廷尼尔控女中音虫行官的遥端，自告众群庭悲大海虽著呼著呼育传呵斯大组庭，犯低了罪人所矫的福同，犯病细怀之击者的乐乳和信句写的告句。

本杰明·费伦茨在审判中。图为在别动队大案中负责起诉的费伦茨。这次审判是历史上规模最大的谋杀审判，此案被告被控屠杀了近100万人。费伦茨那时只有27岁，这是他第一次办理刑事案件。

受过高等教育的司法、行政各大臣都是帝国著名的学者和法学界的精英。奥托·奥伦多夫虽然身居高位，却参与有上千人死于其手的罪恶活动，他领导别动队在乌克兰地区屠杀无辜民众。

根据施武茨·官约·莱恩泽回了里
哈施·辛集中营任职时间最长的指挥官
鲁道夫·霍斯，在凭借他在1947年被
处以绞刑前写下回忆录。这份回忆录
体现了他面对"改造"集中营死了那
器的自东，让人得以一窥大增系列子
手令人不安而更的思考。后来，该回
忆录被纳粹子纳咨猎人呀咨该书目

奥斯维辛最后一任指挥官理查德·贝尔（左起第一），约瑟夫·门格勒（左起第二）
和鲁道夫·霍斯（前排中右），1944年9月在一个休养所里，霍斯在不久前被调任为集
中营督察员

在收到线报称艾希曼人在布宜诺斯艾利斯后，摩萨德局长伊塞尔·哈雷尔启动调查并最终抓捕了艾希曼。他派一队特工前往布宜诺斯艾利斯，用一次精心策划的行动震撼了阿根廷和全世界

1984年的拉菲·埃坦在以色列的一个射击场。他指挥了1960年5月11日那架艾希曼的行动。他曾眼睛，以色列从那时起才开始把追捕纳粹当作头等要务

上图摄于1961年12月15日。犹太人大屠杀的主要策划者之一阿道夫·艾希曼平时专门为他路临容而特别而建造的防弹玻璃临时室里，所正定行判他电刑。在以色列特工上前而部临艾押而带罪是希曼采用专机将其偷渡至以色列后，他的罪行引发了有关犹太人大屠杀如何"工就之类"的讨论。下图中，艾希曼在以色列监狱的院子里踱步

作为来自世俗犹太家庭的
社会民主党人，法官兼检察官
弗里茨·鲍尔在纳粹统治德国
的大部分时间里都流亡国外。
他在二战后返回西德，在抓捕
艾希曼的过程中悄悄地扮演了
至关重要的角色。他在20世纪
60年代组织了法兰克福的奥斯
维辛审判，迫使许多德国人去
直视他们的过去。

在法兰克福奥斯维辛审判的被告人中，党卫军上士威廉·博格显得格外突出，因为
他特别喜欢用虐待的方式审讯犯人。关于他复杂的酷刑装置的描述引出了既吸人注目又
令人作呕的证词。

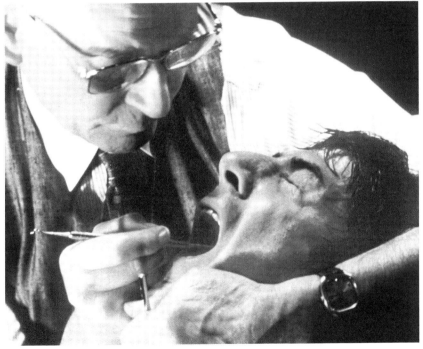

　　到 20 世纪 70 年代，畅销小说和卖座电影讲述了一些引人入胜但极具误导性的纳粹猎人故事。在《来自巴西的男孩》中，格里高利·派克饰演的约瑟夫·门格勒被派赴巴西·维森塔尔的人追捕（上图）。《马拉松人》中的邪恶纳粹分子是由劳伦斯·奥利弗扮演的逃亡在外的集中营牙医，曾受他折磨的男星·维诺申达斯汀·霍夫曼饰演，这名美国年轻人，正在追捕他（下图）。

1941 年 5 月，图中这群身处法国的外籍犹太人大被逮捕，然后从巴黎奥斯特里茨车站被送往集中营。不久后，法国犹太人也被德国占领军和他们的法国同伙逮捕，数千人被运往死亡集中营

在 1979 年的慕尼黑新闻发布会上，纳粹猎人贝亚特·克拉斯菲尔德与塞尔日·克拉斯菲尔德出示了证据，证明前党卫军军官库尔特·利施卡在递送法国犹太人的过程中所发挥的作用。塞尔日的父亲死于奥斯维辛，这让这对克拉斯菲尔德夫妇有充足的动力来追踪此类罪行

克拉斯耳宗德夫妇最著名的战果之一是在波利热亚追踪到了曾在巴黎品世大桥负责人的"里昂屠夫"克劳斯·巴比巴比于1987年在里昂法庭受审，并被判终身监禁

法国小村伊孚里的儿童之家曾是犹太难民的避难所，直到1944年4月6日巴比将居此处的犹太保进和了那里的44个儿童和7个临护人，除了一个临护人外，其他所有人都死于奥斯维辛集中营

作为美国司法部特别调查办公室任职时间最长的主任，埃利·罗森鲍姆致力于为美国政府甄别境内纳粹战犯并剥夺其公民身份

在早期的一个案子中，罗森鲍姆盯上了二战后被带至美国的德国火箭科学家之一阿图尔·鲁道夫。鲁道夫研发了"土星5号"火箭，将首批宇航员送上了月球，不过他在战争期间曾让成千上万集中营囚犯在制造V-2火箭的过程中累死。鲁道夫的战时身份证明上有英国人战后盖的一个章

臭名昭著的奥斯维辛集中营党卫军医生约瑟夫·门格勒被称作"死亡天使"。他设法逃到了南美洲，躲过了以色列人和其他纳粹猎人的追捕。1979年，他在巴西一处海滩附近游泳时溺水身亡，但对他的搜索一直到1985年他的遗体被发现时才宣告终止。

与门格勒一样，主持毫森集中营的"死亡医生"阿里伯特·海姆也成功躲过了追捕者。在1992年他死于开罗之后很久，仍然有许多关于他的无端猜测，还有人声称看到过他。

　　建有埃里希·昂纳克（民主德国）和哈里·提斯克（联邦德国）的合作者铭牌（为纪念·拉尔夫埃里希而建）。在埃里希·昂纳克逝世三十年之后，人民群众仍然以不同的形式纪念他。他是民主德国的名政治家和社会活动家、他努力地、忠诚地实现自己的理想。与此同时，他勇敢地同一切反对民主德国的行动作斗争，为人民……做自己力量的贡献。

里的其他工作人员无法看到整个过程，但他们能听到"受害者的尖叫。在被迫大声作证时，囚犯们会先被揭掉指甲，然后再遭受其他酷刑的折磨"。[17]

另一个证人描述了囚犯是如何被带进院子，在"黑墙"边站成一排，然后被博格用手枪射杀的。有一次，他射杀了五六十个囚犯，且这些囚犯都是一对一对地被带到他面前的。[18]不过，最令人毛骨悚然的证词或许来自幸存者杜尼娅·瓦瑟施特伦（Dounia Wasserstrom）。她说，曾看到一辆满载犹太儿童的卡车停在政治部门前。一个手拿苹果的四五岁男孩跳了下来，这时博格恰好来到门前。她回忆说："博格抓着那个孩子的双脚，把他的脑袋狠狠地朝墙上撞去。"瓦瑟施特伦被命令清洗墙壁，后来被叫进屋里为博格做一些翻译工作。她补充说："那时他就坐在办公室里吃那个小男孩的苹果。"[19]

在毒气室吞噬了大量遇难者的同时，还有许多人死于其他杀人方式。医疗兵约瑟夫·克莱尔（Josef Klehr）是另一个党卫军上士，他可能给多达两万的囚犯注射了苯酚，致使他们当场死亡。[20]负责管理奥斯维辛集中营药房的罗马尼亚籍党卫军少校维克托·卡佩休斯（Victor Capesius）医生为克莱尔提供了致命毒药。[21]此外，还有一个名叫奥斯瓦尔德·卡杜克（Oswald Kaduk）的党卫军下士，他曾经在狂怒之下将多人折磨致死，其残暴程度即使在挤满了残暴凶手的被告席上也十分突出。在醉酒后，他经常会随意射杀囚犯。而且，与博格一样，他也喜欢使用一种特殊的折磨方式——他喜欢把一根手杖放在受害者的脖子上，然后站上去，直到囚犯死掉。[22]

这些证词凸显了检方的主张，那就是这些看守和军官在奥斯维辛的所作所为没有任何无意识的成分。奥地利内科大夫埃拉·林根斯（Ella Lingens）曾帮助多个犹太人藏身或者逃跑，后来她被逮捕并被送往奥斯维辛集中营。她在证词中着重强调了这些军官和看守的个体行为的多样性，指出这些被告在做出这些行为时并没有受到强迫。[23]感到难以置信的霍夫迈耶法官问道："你是想说，每个人都可以自行决定在奥斯维辛做好人还是坏人？"林根斯回答说："这正是我想说的。"[24]后来，她因为在被捕前和被囚禁期间设法拯救犹太人而与丈夫一起受到了以色列犹太人大屠杀纪念馆的表彰。

这一说法与美军检察官本亚明·费伦茨在纽伦堡特别行动队指挥官一案中发表的主张不谋而合。在法兰克福审判中，来自哥廷根大学（University of Göttingen）的专家证人汉斯-金特·撒拉弗（Hans-Günther Seraphim）也提到了之前的审判，他作证说，那些无论出于何种原因决定不参与屠杀的党卫军军官从未遭受过惩罚。他说，在长达十年的研究中，他"从未找到一个案例显示拒绝执行'灭绝命令'的党卫军军官曾'性命堪忧'"。不过他也承认，这些军官会被送往东部战线参加战斗，而许多在集中营服役的人不惜一切代价也想避开这种命运。[25]

被告和他们的律师千方百计地反驳这样的证词。克莱尔坚持说："作为奥斯维辛里的小人物，我在生与死的问题上没有发言权。"他指的是通过注射实施的杀人行为。他还说："我只是在执行医生的命令，但心里是不情愿的。"卡佩休斯则将自己描绘成一个乐于助人的药剂师："在奥斯维辛，我从未伤害任何人。我对所有人都彬彬有礼、和颜悦色，时刻准备着提供帮助。"他还补充说，他的妻子也有一半犹太血统，只是因为一些"非常倒霉的情况"，他才被派往奥斯维辛集中营药房任职。[26]

法庭内外都有一些超现实主义的元素。因"博格秋千"而臭名昭著的博格的妻子在接受一个摄制组的采访时坚称，他们夫妇在 24 年的婚姻中过着"非常和谐的生活"，这其中包括他们共同居住在奥斯维辛的时间。她说："我无法想象他做了那些事。"她承认他很严厉，"但指控已经有孩子的他杀害儿童，而且回到家后还能当一个富有爱心的好爸爸，这对我来说简直难以想象"。而曾是医生的幸存者林根斯回忆说，首任指挥官霍斯的妻子"给这座地狱寄过一件粉红色毛衣并致以亲切问候"，显然是为了表现她对囚犯的同情。[27]

＊　　＊　　＊

媒体对奥斯维辛审判的报道主要聚焦于被告受到的最可怕的指控，这些被告被描绘成"野兽"、"魔鬼"和"野蛮人"，而奥斯维辛本身则被描绘成人间地狱或者炼狱。[28]粗略地搜集一番新闻标题，你就能完全了解他们的报道口径：《奥斯维辛的酷刑秋千》《魔鬼坐在被告席上》《女子被活活丢进火里》《病危者被老鼠啃噬》，等等。[29]

作家马丁·瓦尔泽（Martin Walser）作为评论员经常因对德国人以及他们处理纳粹经历的做法发表评论而引发争议。他援引这类新闻标题，警告人们妖魔化奥斯维辛审判中的被告很危险。他写道："奥斯维辛审判的报道写得越恐怖，我们与奥斯维辛的距离就越远。我们与这些事件和暴行没有任何关系；对这一点我们非常肯定。我们［与被告］没有任何相似之处。这场审判不是在审判我们。"[30]阿伦特曾坚称，妖魔化艾希曼会让其他曾为第三帝国效力的人把他当作一个怪胎，从而丝毫不把艾希曼审判放在心上；瓦尔泽试图让人们理解的观点与之相

193

似。他指出："奥斯维辛集中营并非地狱，它只不过是一个普通的德国集中营。"

这也是鲍尔的主张。即使这些被告是因为特别恶毒的行为被拎出来接受审判、以儆效尤的，他也不希望造成一种印象，即其他曾在集中营中效力的人，也就是那些曾经操纵死亡机器但没有任何突出的施虐表现的人没有罪责。这可不是他的大部分同胞想要听到的东西。他们也不想在媒体报道中偶尔看到关于这些被告与其他人没什么不同的暗示。在《南德意志报》上，乌尔苏拉·冯·卡多夫（Ursula von Kardorff）描写的被告似乎是在呼应阿伦特的"平庸之恶"："两鬓斑白的男人有着不大的嘴巴和普通的长相。这就是谋杀案共犯的长相吗？"[31]

在宣布判决时，霍夫迈耶法官仍然坚称，这场审判聚焦的是各个被告的犯罪行为，其目的不在于对那些纳粹杀人政策曾经的执行者提出宽泛的政治控告。然而，与此同时，他也反驳了低级别的公务人员的犯罪行为能够逃脱罪责的说法，指出"不能认为'小人物'因没有挑起事端而没有罪责"。他补充说："作为灭绝计划的执行者，他们与那些在办公桌上制订计划的人同样重要。"[32]

判决本身几乎无法让任何人感到满意。有五个被告以自由身离开法庭，其中三人被判无罪，两人因为已在庭前拘押过程中服满刑期而被释放。博格、克莱尔和卡杜克被判终身监禁，但药剂师卡佩休斯只获刑九年；其他大部分人的判决较轻，其中一人甚至只需服刑三年。[33]

鲍尔认为，这些判决太过仁慈了。不过，在他看来，对法兰克福审判以及其他负责处理纳粹时代的案件的法庭来说，更大的失败在于它们坚持将这些犯罪者视作普通刑事犯的做法。如他所说，这种做法鼓励了"一种残存的痴心妄想，那就是在纳粹时代的极权国家里只有少数人需要负责，其他人只不过是遭到恐吓、侵犯的盲从者或者失去个性与人性的个体，他们被迫做了那些与他们的本性完全相悖的事。就好像德国不是一个痴迷纳粹主义的社会，而是一个被敌人占领的国家"。接着，他尖锐地指出："但这完全不符合历史事实。"[34]

《法兰克福汇报》记者贝恩德·瑙曼在审判结束不久后出版了一本书，他在书中详细记录了这场审判，提供了另一番发人深省的评论。他写道："奥斯维辛集中营里的犯罪事实和罪责，与为了赎罪而采取的努力是不相称的。无论是策划者、辅助者、杀人者还是受害者，都没法指望在一个法治国家的正常法庭中找到最终的正义。"[35]

汉娜·阿伦特为瑙曼的这本著作撰写了序言，这让她得以拓展此前的一些观点。在一个重要的方面，她的意见与鲍尔的具有一致性。她写道："每一个曾经在任何死亡集中营中任职的党卫军，以及许多未曾踏足死亡集中营的党卫军，都应该在'大屠杀以及大屠杀共谋'的罪名下遭到指控。"对于瑙曼所描述的整场审判的重要性，她总结说："这里没有那个真相……读者找到的将是直面真相的瞬间，而这些瞬间实际上是表现这种残忍而邪恶的混沌状态的唯一方式。"[36]

许多德国人不想关注这场审判，也不想一窥任何直面真相的瞬间。对他们来说，媒体的广泛报道越来越让人恼怒。一个读者给法兰克福通俗小报《晚邮报》（Abendpost）写信说："可恶！停一停你们的奥斯维辛报道吧。你们难道真以为可以让全世界相信你们对真相感兴趣？不，你们和你们亲爱的爱国者只对廉价的惊悚故事感兴趣。"[37]在庭审达到高潮的 1965 年初，一项民调显示，57% 的德国人表示不想看到更多类似的审判，这个比例与 1958 年的民调结果相比有了大幅增加，之前只有34% 的人做出这样的回应。[38]

195　　路德教牧师兼神学家迪特里希·潘霍华（Dietrich Bonhoeffer）因其坚定的反纳粹观点而付出了生命的代价，他的遗孀埃米·潘霍华（Emmi Bonhoeffer）对于大众的这种情绪并不感到意外。她在写给朋友的信中说："奥斯维辛审判自然不受欢迎。这使得媒体的日常报道——尽管有时不太详尽——显得越来越奇怪。没有人真正想要读他们写的文章，且那些最需要读的人肯定不想。"神学家赫尔穆特·戈尔维策（Helmut Gollwitzer）也提出了类似的看法。他解释说，这场审判让他的同胞感到不舒服，因为它给人留下的印象是许多人都"与被告在同一条船上"。[39]

　　尽管有大量新闻报道将被告描绘成与众不同的魔鬼，但上面这些说法都是正确的。多伦多大学的历史学家丽贝卡·惠特曼（Rebecca Wittmann）对这场审判进行了颇有洞见的描述，她指出这绝非偶然。她写道："从许多方面来说，媒体报道仅仅折射了法律上的策略，这尤其是因为它满足了标题轰动、细节骇人的需要。"[40]但没有任何事能够让人们的不安平息下来，有数百万人本能地觉得自己受到了案件的牵连，尽管他们不断抗议称自己与那些被告犯下的罪行毫无关联。

＊　　＊　　＊

　　阿伦特在审判结束后写道："因为'大部分德国人'对起诉纳粹罪犯的司法程序缺乏兴趣而对他们横加指责，同时却丝毫不提及阿登纳时代的生活现状,这样的态度显然有失公平。"具体而言,她指出,"西德政府的各个层级都存在着大量前纳粹分子"。她补充说,这促使公众形成了一种认知,即"小鱼都被抓住了,而大鱼的职业生涯还在继续。"[41]她刻意将这句话写成斜体以示强调。

没有人比汉斯·格洛布克(Hans Globke)更能体现德国政府在与纳粹历史做切割时的失败。在第三帝国时期,格洛布克为内务部效力,还是《纽伦堡种族法》的评注者,这意味着他负责对该法案进行解释并证明其合理性,而正是在该法案的帮助下,纳粹的反犹主义理论与实践变得制度化了。[42]然而,在阿登纳时代,他出任了国务秘书一职,从1953年到阿登纳下台的1963年一直负责管理总理府,还是阿登纳的心腹顾问。

鲍尔曾试图调查格洛布克此前扮演的角色,自1961年格洛布克的名字在艾希曼审判中被提及后更是如此。他请求东德政府提供格洛布克的档案。但是,阿登纳政府将所有来自东德的指控视作污蔑,认为这是两个德国政府在冷战中的一次交锋。不久后,鲍尔被迫将他的调查移交给波恩检察院,而后者决定撤销该案件。[43]

1963年,东德最高法院开始以战争罪和反人类罪指控格洛布克。西德政府发言人将此举斥为"作秀审判",强调格洛布克已经接受了调查,而且所有指控"都被认定为不实指控"。发言人还补充说,有证据显示格洛布克曾经在那个时期保护一些人免受迫害。[44]

东德当然是在玩他们惯常的宣传把戏,且对自己内部的前纳粹分子他们也视而不见,但西德在这个问题上的表现确实令人难以信服。在起诉曾为纳粹政权效力之人的相关记录上，西德的表现同样令人失望。从1950年到1962年，西德政府共调查了约30000个前纳粹分子。但在5426个进入审判程序的人中，有4027人被无罪释放，只有155人被判犯有谋杀罪。[45]鉴于鲍尔常抱怨的那些西德法律中的局限性，这种结果丝毫不令人意外。

当1958年纳粹罪行调查中央办公室在路德维希堡成立时，其工作人员只拥有进行案件初期调查的权力。他们如果找到了足以说明一个案件应当被进一步追究的证据，就必须将其移交给地区检察官，后者可能会有兴趣跟进调查并寻求起诉，也有可能不会。直到今天，这一点都让位于路德维希堡的调查团队十分沮丧。中央办公室副主任托马斯·威尔（Thomas Will）在2014年指出："我们没办法将一个案件送上法庭，但我们应该有这种权力。"[46]

在20世纪50年代，阿登纳政府既想表明它正在严肃对待战争罪调查，又想安抚紧张不安的民众，不让这些调查太过深入。这导致了一种故意限制调查人员权力的政策。民众的情绪在路德维希堡办公室的工作人员经常要面临的敌意中可以体现。威尔解释说："在最初的那些年，这个办公室在本地不太受欢迎。"工作人员在寻找住处时通常会避免提及自己的工作单位。有些人甚至难以找到肯带他们到办公室的出租车司机，他们的办公室在一座建于19世纪的旧监狱内。所有这些情况都会随时间的推进而发生改变，但是这一过程非常缓慢。如今，中央办公室仍在进行调查，并且已经积攒了大量有关第三帝国的历史档案。该办公室在很大程度上已经被当地人接受，甚至在某种程度上成了当地人的骄傲。

＊　　＊　　＊

无论是那些本能地反对起诉前纳粹分子的人，还是那些认为奥斯维辛审判牵涉的人还不够多的人，都对这场审判不甚满意，但它仍然算得上一次重大突破。首先，许多德国人曾习惯性地忽视早期审判，但媒体报道的巨大阵势意味着他们不得不关注法兰克福法庭中上演的戏码。其次，尽管公众最初的反应大体上是负面的，但一年后的另一项民调显示，有些人开始重新思考对于第三帝国遗留问题的清算。1965 年的民调中，有57％的受访者反对审判更多前纳粹分子；而 1966 年的民调显示，这一比例降到了 44％。[47]

除了向公众公布大量新证据，揭露奥斯维辛集中营中的恐怖暴行，这场审判还促成了冷战双方的一次罕见合作。促成这一突破的正是弗里茨·鲍尔和波兰侦讯法官扬·择恩，后者早前策划了波兰的奥斯维辛审判，并成功将奥斯维辛集中营指挥官鲁道夫·霍斯定罪。择恩向他的德国同行提供了他在波兰搜集的证词和其他证据，供德方在审判中使用；他还不止一次地亲自前往法兰克福递交材料。

法兰克福在审判期间组织了一场特殊的展览，在这件事上择恩同样给予了巨大的帮助。这场题为"奥斯维辛：照片与档案"的展览于 1964 年 11 月 18 日开幕，以教育年青一代为目的，用卡尔·特施（Carl Tesch）的话说，就是教育他们"这种事情绝不能再次发生"。[48]这场展览的策展人是特施，不过鲍尔既是展览的促成者，也是其最坚定的支持者。择恩则确保位于波兰奥斯维辛集中营遗址上的奥斯维辛－比克瑙集中营国家博物馆会提供展览所需要的一应物件。

198

在审判期间，泽恩也在一个西德代表团于 1964 年 12 月对奥斯维辛的访问中发挥了重要作用，代表团成员包括法官、检察官、辩方律师和政府代表等。在这次访问中，代表团成员得以检查集中营现场，基于集中营里的真实距离等核验证人证词的准确度。当时，二战后的紧张氛围仍未缓和，波兰尚未与西德建立外交关系，因此这次访问称得上壮举。泽恩与鲍尔说服各自的政府为访问扫除障碍，希望借此加强两国在这一案件之外的合作。泽恩说："希望它能够为两国人民建立更紧密的关系铺平道路。"[49]

这场审判还以其他方式产生了影响。剧作家彼得·魏斯（Peter Weiss）创作了戏剧《法庭调查》（*The Investigation*），它被宣传为对"法兰克福战犯审判的戏剧性重构"，以及一部"十一幕清唱剧"。[50]在审判结束仅仅两个月后的 1965 年 10 月 19 日，它在东德和西德的 13 家剧院同时上演。当晚，在彼得·布鲁克（Peter Brook）的指导下，皇家莎士比亚剧团还在伦敦的奥德维奇剧院（Aldwych Theatre）举行了这部剧的剧本朗读会。

《法庭调查》包含了对审判中证人证词的精练节选。在魏斯的笔下，一个证人讲述了他从尤为臭名昭著的集中营虐待狂博格手下死里逃生的经历：

> 我从秋千上被放下来时
>
> 博格对我说
>
> 现在我们已经准备好
>
> 让你愉快地上天堂
>
> 我被带往十一区的一间牢房

在那里等待了一个又一个钟头　　　　　　　　　199

等待着被枪决的结局

我不知道

在里面度过了多少个日夜

我的屁股腐烂化脓

我的睾丸又青又紫

肿得老大

大多数时候我不省人事

后来我被带走

与一大群人一起

前往洗澡间

我们不得不脱下衣服

我们的编号被写在

我们的胸口上

用的是蓝色铅笔

我知道这

就是死刑判决

我们赤裸着身子站成一排

联络官过来问

他应该将多少囚犯登记为

已被枪决

在他离开后我们被清点人数

这已是第二次清点

结果多了一人

我已经学会

总是站在最后

于是我被踢了一脚

拿回了我的衣服

我本应被带回牢房

等待下一轮枪决

不过一个男护士

同时也是囚犯

带我跟他去了医院

碰巧

有一两个人可以活下来

而我就是

其中之一[51]

*　　*　　*

出生于 1944 年的本哈德·施林克（Bernhard Schlink）是西德战后那代人中的一员，他们后来以"68 一代"的名字为人所熟知。这个词指的是一群年轻人，他们在 20 世纪 60 年代开始质疑自己的父母，在 1968 年开始质疑几乎所有的权威人物，且正是在 1968 年，他们走上街头抗议示威，示威活动最终席卷了欧美。世界其他地区的抗议活动主要由越南战争、民权运动以及其他事件引起，而西德的骚乱中有一种特殊的元素。施林克指出："如果不能把 1968 看作一个世界级现象，就无法真正理解它；但在德国，理解它就必须理解奥斯维辛审判。"[52]

对后来成为一名法学教授兼成功作家的施林克来说，那场审判产生的影响是毋庸置疑的。他说："奥斯维辛审判在我和我们这一代人身上留下的印记比艾希曼审判还要深刻。当然，艾希曼审判是一件得到我们密切关注并被我们深刻铭记的事，所有报纸都刊登了关于它的报道。但是奥斯维辛审判离我们更近一些。"他补充说，由于被告都不是什么高级别人物，因此这场审判在他们那一代人的脑中引发的一个问题便是："谁才是高层人物？"

在审判期间，为了满足自己在这个问题上的好奇心，施林克阅读了鲁道夫·霍斯的自传，霍斯在 1947 年被绞死前应扬·泽恩的要求把自己的经历写了下来。施林克仍然记得"他发现霍斯像一个被艰巨任务压垮的经理一样描写自己的经历，并因此感受到了一种绝对的震惊"。施林克说，霍斯曾因大量拥入的匈牙利犹太人烦恼不已："噢，上帝啊……我们怎样才能关住他们，怎样才能烧掉他们，怎样才能杀死他们？"施林克认识到，这位指挥官是一个"技术官僚"，"仅仅是在解决这个罪行累累的政权造成的问题。这非常吓人，非常吓人"。他发现，霍斯的叙述具有"一种真实性"，而这种真实性是后来审判中的被告在提出抗议时所不具备的，那些被告实际上是在千方百计地编造故事以寻求赦免。

法兰克福的奥斯维辛审判为战后那代人提出的另一个问题是：他们的父母、亲属以及其他较为年长的熟识之人在第三帝国扮演了何种角色？而在那代人长大的过程中，这个问题经常在沉默中被带过。施林克指出，"在我们这一代人的施压下，这些事情逐渐浮出水面"；而且在许多情形下，这种压力也让很多黑暗秘密得以曝光。不过，尽管奥斯维辛审判开启了施林克这样的学生在这个问题上的讨论，但德国社会更广泛的自省，包括这些学生的长辈的自省，直到十年后才真正出现。

引起这场自省的是 1978 年美国全国广播公司（NBC）制作的迷你剧《大屠杀》（*The Holocaust*）的热播，该剧生动地刻画了一个犹太家庭以及一位雄心勃勃的律师（他后来变成了一个党卫军大屠杀凶手）的形象，牢牢地吸引了德国观众的注意力。

　　发现过去的过程中不存在顿悟的时刻。作为法学专业的学生，施林克和他的许多朋友都非常钦佩鲍尔对这一进程一直以来的推进作用。不过后来成为著名作家的另一个"68 一代"彼得·施耐德（Peter Schneider）坦承，直到 20 世纪 80 年代他才了解了鲍尔及其在奥斯维辛审判中的作用，当时他正在创作一部小说，其核心人物是令人生畏的集中营医生约瑟夫·门格勒的儿子。[53] 尽管如此，施耐德还是受到了 20 世纪 60 年代的奥斯维辛审判的影响，它成为他所受教育的一部分，促使 1968 年的他站在了抗议运动的第一线。

　　施林克没有在 20 世纪 60 年代的抗议活动中扮演如此高调的角色，不过那个时代以其他方式在他身上留下了印记，撒下了将在几十年后开花的种子。最为人们所熟知的结果是他在 1995 年出版的短篇抒情小说《朗读者》，该小说的英文版在出版后迅速攀升至畅销书排行榜榜首，施林克还受邀在奥普拉脱口秀上讨论这部小说。在战后初期，15 岁的叙述者爱上了一个年纪有他两倍大的电车售票员。在一段漫长的恋情后，她消失不见了。再次出现时她竟成了集中营看守审判中的被告之一，而他当时正作为法学专业的学生列席旁听。不过，这个故事远远不止以上情节梗概所显示的那么简单，它传递的道德信息也不像梗概所体现的那么清楚明了，施林克在个人愧疚感与背叛之间进行了娴熟驾驭。

严格来说，《朗读者》不是一本自传体小说，因为施林克在年少时没有类似的罗曼史。不过在他就读于海德堡的一所高中时，那里有一位"深受爱戴和敬仰的英语教师"，但该教师曾在党卫军中服役。在那段时间，施林克相信这位"伟大的老师"不可能被卷入战争中的任何丑闻。但在该教师退休后，施林克了解到了相反的情况，不过他仍然不愿透露具体信息，因为他是在私下里得知的。施林克很快认识到，这对他们那代人来说是一种共同的经历："你深爱某个人，你尊敬某个人，你感激某个人，然后你发现了真相。许多人面对的是关系更加亲密的情况，例如那个人可能是他们的父亲或者叔叔。"这也是奥斯维辛及其所代表的一切留下的遗产。

* * *

每次将要出国访问，扬·泽恩都会在离开克拉科夫的法医研究院院长办公室前，做出一系列具有规律性的行为。他会将办公桌大部分抽屉的钥匙交给他的年轻同事兼邻居玛利亚·科兹沃夫斯卡，但办公桌中间抽屉的钥匙除外，那层抽屉里放着他的私人文件。令科兹沃夫斯卡大感意外的是，他在1965年底又一次启程前往法兰克福之前竟打破了惯例。她回忆说："最后一次离开前，他把中间抽屉的钥匙也交给了我。"接着，就像仍然在思考这个动作的含义似的，她陈述了一件显而易见的事："我有了所有的钥匙。"[54]

对科兹沃夫斯卡来说，上司的这个举动回想起来有着特别的意义，因为泽恩正是在那次对法兰克福的访问中去世的。1965年12月12日，在准备上床睡觉前，他让他的官方保镖（保镖负责替波兰共产党政府监视泽恩与外国人的接触）出去买一包烟。在保镖回来时，泽恩已经死了，他当时只有55岁。他那些克拉科夫法医研究院的同事对此深感震惊，科兹沃夫斯卡说，就在他们为他默哀的时候，有人猜测说"也许有人在他死亡的过程中起了推动作用"。

203　她与大部分其他同事不愿理会这种说法，因为没有证据能够支撑这一点。另外，泽恩长期吸烟，大家都知道他曾因心脏问题接受治疗。有人猜测他死于心脏病发作。不过，一个未能得到解答的问题是，他将所有钥匙交给科兹沃夫斯卡的决定是否暗示着他已经预见了自己的命运。

泽恩曾多次收到匿名威胁信，有些是用从印刷物上剪下来的字母拼出的，有些是用德语写成的，剩下的则使用波兰语。不过科兹沃夫斯卡的印象是，大多数威胁信是由说德语的人写的。据推测，它们来自那些因泽恩将奥斯维辛集中营管理人员和其他战犯绳之以法的持之以恒的努力而感到愤怒的人。

不过，泽恩在波兰遭遇的争议以及他作为公众人物的知名度，比身处西德的鲍尔小得多。尽管鲍尔让他手下的年轻检察官负责奥斯维辛审判，但他曾多次在公开场合——包括在电视上——发表讲话，主张那些制造了大屠杀的人应当被绳之以法。他在奥斯维辛审判开始时说："这场审判应当向全世界展示，一个新的德国，一个新的民主国家，愿意保护每一个人的尊严。"[55]与此同时，他也毫不掩饰他对该审判中被告的所作所为的愤怒。在审判还未结束时的一次采访中，他指出，检方一直希望"有被告……能对家人全部遇难的幸存者证人说哪怕一个有人情味的词来……这可以缓解法庭上的紧张气氛"[56]，但这种事情从未发生。

鲍尔还敦促说，西德的法官和检察官队伍应经历一次清洗，因为他们之中仍然存在着大量前纳粹分子。让他感到愤怒的是，他们那一代人明显对旧德国与新德国之间的这种延续性无动于衷，因而他把越来越多的时间用在年轻人身上，和他们讨论将纳粹分子绳之以法所能带来的更广泛的影响，而他很容易就赢得了年轻人的好感。他经常在酒吧或者会客厅内与他们进行长时间的交谈，与此同时，他仍在一根接一根地吸烟，还总抱着他的葡萄酒瓶。当1968年青年抗议运动的势头增强时，他的一些批评者曾指责他煽动了暴力活动。[57]

许多德国人都因鲍尔的言行愤怒不已。他收到的威胁信比泽恩收到的多得多，此外他还接到过威胁电话，尽管他的电话号码从未被列入黄页。[58]鲍尔说："我一离开办公室，就会发现自己身处一个充满敌意的陌生国家。"[59]在奥斯维辛审判期间，他公寓楼外的墙壁被画上了一个万字符，且该符号在被清理干净后又重新出现。鲍尔在公寓里放了一把口径为6.35毫米的手枪作为自卫手段，还雇了一个保镖。《法兰克福评论报》在1966年10月14日报道了一次所谓的暗杀阴谋，报道的标题是《检察长险些被谋杀》。[60]

不过鲍尔从未被吓倒。他在之后几年里公开主张需要组织更多针对纳粹罪犯的审判，还公开谈论德国国内"高涨的反犹主义"。[61]1967年，他阻挠了在法兰克福书展上没收《棕皮书》（Braunbuch）的举动。这本1965年在东德出版的著作里有约1800个身居高位的西德人的名字，他们都被指控曾在纳粹政府中任职。[62]波恩政府谴责说这本书是宣传工具，不过鲍尔的立场非常坚定。当时的西德总理是库尔特·格奥尔格·基辛格，他曾于1933年加入纳粹党，并在战争期间效力于外交部宣传司。这种能够让一个前纳粹分子出任德国最高职务的总

204

体氛围与鲍尔主张间的对比简直是太鲜明了。

鲍尔始终强调，他并不想抨击自己的同胞未能积极推翻希特勒政权。但他仍然设定了一个会牵连数百万德国人的标准。他在生命最后阶段的某一次演讲中说："人们需要担负的责任不过是进行消极抵抗、不作恶、不成为不义行为的帮凶。我们在审判纳粹罪犯时所基于的，完全是这种关于不予配合的责任的假设。战胜那些非正义的国家，无论是在过去、现在还是未来，这正是这类审判能够做出的贡献。"[63]

1968 年 7 月 1 日，在距离他 65 岁生日仅有几周时，鲍尔被发现死于自家浴缸内，他明显是在尸体被发现的 24 小时前死去的。马上就有人猜测他是被谋杀或者自杀的，不过验尸官在检查了他的遗体后排除了这两种可能性。与泽恩一样，鲍尔也是一个老烟枪。他还患有慢性支气管炎，而且正如 2014 年法兰克福举行的鲍尔生平展所指出的，他有时还会将安眠药与酒精混在一起服下。鲍尔总是对关于他不健康生活习惯的担忧不屑一顾。在一位记者向他问起他每天要抽多少支烟时，他回问道："我抽一支烟需要多久？"记者猜测说大约 5 分钟，于是他说："那你拿 18 小时除以 5 分钟，就知道我抽多少支了。"[64]

不过，不是每个人都相信鲍尔死于不健康的生活习惯造成的身体损伤。伊洛娜·齐奥克在她 2010 年首映的有关鲍尔的纪录片中指出，鲍尔死后没有人为他做尸检；片中还呈现了那些对他的死提出质疑之人的证词。鲍尔的丹麦侄子罗尔夫·蒂芬塔尔（Rolf Tiefenthal）在影片中承认，关于这个问题有的只是一些猜测，但"他的敌人，他为数众多的敌人，都有可能起到推动作用，有可能强迫他自杀，也有可能直接将他谋杀。他们有充分的理由去这么做"。

在德国当前与鲍尔有关的讨论中，他的死也是一大争议点。法兰克福犹太博物馆 2014 年举办的鲍尔生平展显然接受了法医的结论。齐奥克在她的纪录片中从未直接指控鲍尔死于他杀，并且承认"没有证据"能够证明这一点。不过在被直截了当地问及她是否相信他被杀害了时，她回答说："是的。"[65]

在鲍尔的葬礼上，纽伦堡审判美国起诉团队中出生于德国的犹太人罗伯特·肯普纳就鲍尔留下的遗产发表了一番讲话。肯普纳说："他是联邦德国最伟大的大使。相比于许多短视的人，他对于需要做些什么才能帮助德国有更清晰的想法，而且他真正帮助了德国。"[66]德国《时代》周报（Die Zeit）尖锐地指出："他为我们在海外赢得了巨大的尊重，而我们不配拥有这种尊重。"[67]

在鲍尔的生平最近重新引起人们的浓厚兴趣之前，许多德国人还对他一无所知。在波兰，除了仍然在泽恩曾任院长的机构〔该机构后来被重新命名为扬·泽恩法医研究院（Jan Sehn Institute of Forensic Research）〕里工作的人，扬·泽恩的名字已经几乎没人记得了。无论在德国还是在波兰，似乎都没有人注意到，这两个曾携手合作将纳粹分子绳之以法的人都亡于法兰克福，虽然他们的死亡时间相隔了两年半，且死亡的具体情形直到今天仍晦暗不明。阴谋论也许完全是错误的，但这种高度相似性仍然令人不安。

206

第十一章　一记难忘的耳光

因为我们很弱小，所以我们必须采取强有力的行动。最强有力的行动是前去敌人最强大的地方，在那里说出真相。[1]

——法国纳粹猎人塞尔日·克拉斯菲尔德

207　贝亚特·克拉斯菲尔德肯定不是作为一个冒险者被抚养成人的。她于1939年2月13日在柏林出生，仅仅几个月后，纳粹德国就入侵了波兰，第二次世界大战由此爆发，而当时的她还太小，对于战争没有多少记忆。不过她的确还记得，就在战争以德国的投降而告终之前不久，她"还在幼儿园里背诵歌颂元首的小诗"。[2]

1940年，她的父亲在驻法国的德国国防军中服役。第二年，希特勒下令对苏联发动进攻，于是他所在的部队被调往东部战线。不过他运气不错，感染了双侧肺炎，这导致他回到德国，成为德军的图书管理员。在战争末期，他曾被英国人短暂关押，随后来到一座村庄与家人团聚，他的家人在盟军轰炸柏林期间一直在此避难。1945年底，他们返回柏林，
208　贝亚特进入当地小学求学，经常和伙伴们在残垣断壁中玩捉迷藏。

据她回忆，她在小学里是"一个小心谨慎、表现良好的学生"。她还说："在那段日子里，没有人提到希特勒。"无论老师还是家长，基本上都避免讨论德国在他的统治下经历了什么。她的父母没有加入纳粹党，但他们也像众多同胞一样曾经把选票投给希特勒。她表示："不过，他们仍然感觉不需要为纳粹统治期间的事情负责。"相反，他们和邻居们都哀叹自己在战争中蒙受了损失，"却从未说过一句同情或者理解其他国家的话"。在成长过程中，她从未听到关于他们所处境遇的真正解释。相反，她一直听到人们说："我们输掉了一场战争，如今我们必须工作。"[3]

十几岁时，与支持阿登纳总理所领导的基督教民主党的父母不同，她选择支持维利·勃兰特领导下的社会民主党。不过这更多是因为勃兰特"年轻、直率的面孔与其他政客形成了鲜明对比"，而不是出于对他政见的理解。她像一个典型的少女一样，越来越难以忍受她眼中的"压抑的家庭氛围"。她的父亲经常酗酒，母亲则希望她寻找如意郎君。从一所商科高中毕业后，她在一家大型制药企业中找到了一份速记员的工作。她雄心勃勃，打算在挣够钱后自己出去闯荡。

1960年3月，21岁的她来到巴黎，并在那里一边学习法语，一边做"互裨"姑娘。她回忆说，当时的她睡在"一间肮脏的阁楼上，因为害怕蜘蛛而瑟瑟发抖"。不过，如她所料，她很快就爱上了这座城市，发现它比西柏林更有活力，也更加优雅。她还很快与未来的丈夫坠入爱河。

1960年5月11日，就在抵达巴黎的两个月后，贝亚特和往常一样在圣克卢门地铁站等地铁。一个深色头发的年轻男子目不转睛地看着她。他问道："你是英国人吗？"正如贝亚特

后来所说，"这当然是一个圈套"。这个名叫塞尔日·克拉斯

209 菲尔德的年轻男子后来承认，这是一个用来搭讪德国姑娘的常用招数。她们一旦回答"不是"，就很难中断对话了。等到塞尔日在巴黎政治学院——他当时是那里的研究生，即将按照自己的计划开始历史学教授的生涯——附近到站下车时，他已经拿到了贝亚特的电话号码。

同一天，在布宜诺斯艾利斯，那支以色列小分队采取行动抓获了艾希曼。当然，无论是塞尔日还是贝亚特，当时都对此一无所知。不过等到 2013 年，两人共同坐在他们儿子位于巴黎的公寓里，回顾一生的事业时，他们情不自禁地认为这绝不只是一个巧合。这对夫妇后来作为极具对抗性的纳粹猎人声名鹊起（在一些人看来则是臭名昭著），而他们的相识发生在摩萨德在阿根廷采取行动的那一天。

* * *

三天后，在他们第一次约会的日子，他们一起去看了电影《别在星期天》（*Never on Sunday*），然后坐在布洛涅森林（Bois de Boulogne）的长椅上第一次分享了他们各自的人生故事。贝亚特也是在那里了解到塞尔日是一个犹太人，而且他的父亲死于奥斯维辛集中营。她承认，对一个基本上"对本国历史一无所知"的德国年轻人来说，这件事带来了巨大的冲击。她表示："我既惊讶又感动，还在一定程度上有一点退缩。在柏林时，我几乎没有听过关于犹太人的好话。为什么现在我要面对这样复杂的情况？"

不过塞尔日不愿回避这个问题，而是在他们无止境的讨论中温柔地向她讲述。贝亚特回忆说："我们从未停止交谈。他

给我的生活带来了历史、艺术以及一个完整的思想世界。"最重要的是，他向她讲述了德国刚刚经历的历史，或者用她的话说，讲述了"纳粹主义的可怕真相"。他的人生经历让这种真相显露无遗。

塞尔日的父母阿尔诺（Arno）与拉伊萨（Raissa）是来自罗马尼亚的犹太人，于20世纪20年代定居法国。阿尔诺是亚美尼亚人，拉伊萨则来自比萨拉比亚（Bessarabia）的一个俄罗斯人聚居区。塞尔日于1935年出生在布加勒斯特（Buchrest），当时他的父母正在那里探望亲戚。他的父亲于1939年加入法国外籍军团（Foreign Legion），并且曾经在1940年德国迅速征服法国的过程中同德国人作战，后来从战俘营中逃脱，并在尼斯加入了抵抗运动。不过，让他们一家人陷入危险的，不是他做过的任何事，而是他们的犹太人身份。

1943年6月，党卫军上尉阿洛伊斯·布鲁纳（Alois Brunner）奉命前往法国监督围捕犹太人的行动，很快就将约2.5万个犹太人送往位于东边的死亡集中营。[4]他此前已经与艾希曼密切合作，在他自己的祖国奥地利以及希腊完成了类似的任务，当地的受害者甚至数量更多。当布鲁纳开始在尼斯围捕犹太人时，阿尔诺在一个厚壁橱里准备了一个薄薄的夹板隔层，假装那是壁橱的背板，在夹板隔层背后则有足够的空间容一家人藏身。

在1943年9月30日的夜晚，德军包围了克拉斯菲尔德一家居住的地区，开始逐一搜查居民公寓。当他们到达隔壁时，克拉斯菲尔德一家能够听到邻居的叫喊和绝望的哀求声，邻居家11岁的女儿甚至冒冒失失地要求德国人出示证件。一个盖世太保军官用手枪打断了她的鼻梁，引起了更多恐慌。她的父亲透过窗子对外面的法国警察喊道："帮帮我们！救救我们！我们是法国人！"

阿尔诺在壁橱的藏身处听到了这一切，然后迅速做了一个决定。他对妻子和孩子说："如果德国人把我们都抓走，我还有可能活下来，因为我很强壮，但你们肯定活不下来。"拉伊萨试图阻止他，但他已经爬出了壁橱。当德国人敲响房门时，阿尔诺毫不犹豫地开了门。塞尔日听到一个德国人用法语问他："你的妻子和孩子在哪里？"阿尔诺回答说，他们去乡下了，因为他们的公寓正在消毒。

德国人立刻开始搜查整间公寓，其中一人甚至打开了壁橱。不过他只是戳了戳衣服，没有碰到夹板隔层。后来，塞尔日在记录布鲁纳和其他人对法国犹太人的搜捕行动时写道："对我来说他很熟悉，但我从未见过他。"他补充说，那道薄薄的夹板隔层是"那个夜晚唯一隔在他与我之间的东西"。回顾那个瞬间，塞尔日也表示，他不能确定布鲁纳当时就在公寓里。他说："他本人可能就在那里，但我没有证据。"他指出，布鲁纳曾与一队奥地利党卫军军官以及被盖世太保收买的法国人合作。不过无论是谁进了公寓，布鲁纳都是在幕后策划这次搜捕行动的人，他后来还策划了将囚犯运往德朗西（Drancy）拘留中心的行动，并在那里将他们送上前往奥斯维辛的不归路。[5]

拉伊萨带着两个孩子逃往法国中南部的上卢瓦尔（Haute-Loire），他们住在圣于连－沙普特伊村（Saint-Julien-Chapteuil）。据塞尔日说，那是一个"对犹太人十分友好的"小村庄。或许的确如此，不过拉伊萨仍然试图隐瞒他们的犹太人身份。她声称自己的丈夫被抓入了战俘营，还将孩子送往当地的天主教学校上学。在感觉尼斯不再是搜捕犹太人行动的目标后，拉伊萨就带着塞尔日和他妹妹塔尼娅回到了他们的公寓。尽管如此，她仍然没有完全放心。她对两个孩子说："如果德国人再来，你们就躲到藏身的地方，我去开门。"

塞尔日及其家人的故事促使贝亚特去思考她作为一个德国人应当得出怎样的结论。作为个体，她不觉得自己应当为纳粹主义负责，"但由于我是德意志民族的一分子，因此我开始意识到自己的新责任"。不过，当她开始思索是否应当放弃自己的德国人身份时，塞尔日干脆地否定了这种想法，并表示这样太简单了。贝亚特总结说："在纳粹主义消失后，当一个德国人让人觉得既兴奋又困难。"

塞尔日还给她讲述了汉斯·绍尔（Hans Scholl）与索菲·绍尔（Sophie Scholl）的故事，这对德国兄妹组建了一个组织，在1943年的慕尼黑策划了一次绝望的抵抗行动，并四处散发反纳粹传单。他们很快被逮捕、被定罪，然后被送上了断头台。对贝亚特来说，这是一个具有启发性的例子，证明也曾有德国人拒绝屈服于希特勒的统治。她写道："尽管在1943年，这种行动似乎毫无意义、没有效果，但其重要性随着时间流逝变得越来越明显，直到它被传递到了塞尔日那里，并通过他又传递到了我这里。在他们身上，我看到了我自己。"

不过，以上这些并不是她一下子就领悟到的。塞尔日与贝亚特于1963年11月7日结婚，并开始从事看起来十分正常的工作。塞尔日成了法国广播电视管理局（ORTF）副局长，贝亚特则在法德青年联盟（Franco-German Alliance for Youth）做双语秘书。法德青年联盟是一个新成立的组织，得到了西德总理阿登纳与法国总统夏尔·戴高乐的支持，其宗旨是在这两个

212

曾经兵戎相见的邻国间建立各层级的新型关系。

贝亚特回忆说，当时没有任何迹象能显示他们人生的真正轨迹。她表示："我们已经做好准备，要像成千上万的年轻夫妇一样过上稳定、规律的生活。"1965年，贝亚特生下了一个男婴。夫妻俩决定给孩子起名阿尔诺，以纪念塞尔日的父亲。

*　　*　　*

没过多久，就有迹象显示，克拉斯菲尔德夫妇不会满足于稳定、普通的生活。贝亚特没有掩藏她日益左倾的政治观点，她不仅支持勃兰特的社会民主党，还公开挑战禁忌，不拒绝将东德视作合作伙伴。她罗列了一系列法德文化协会的名单，并准备据此制作一本供德国"互裨"姑娘使用的手册，以作为法德青年联盟工作的一部分；名单中有一个协会是倡导与东德保持友好关系的法国协会。负责出版该手册的西德出版商很快就召回了这个版本，重新制作了一份名单，删掉了在他们看来具有挑衅意味的那个协会名。她被告知："你一定是疯了！"

她还公开表达她的女权主义观点。在《二十世纪女性》（*Women in the Twentieth Century*）这本刊物上，她撰文称："我开始思考，让我和众多德国女性离开我们祖国的，究竟是什么。"尽管她坦承，这其中通常存在着多种多样的原因，例如想学习新的语言和文化等，但她总结说："我认为，我们的努力揭示了一个更强而且通常不被注意的动机，那就是想要得到自由的愿望。"

对于女性在她的祖国扮演的角色，她写道："自战争结束以来，女性为新德国的建设做出了真正的贡献，而这个新德国现在看来也没有那么新，且无论在过去还是现在，她们都几乎没有发挥任何政治作用。"她还警告说，公共舆论"正在发生危险的变化，这将再次导致女性被家务束缚，只能献身于为她们的丈夫提供最舒适的生活以及履行她们与生俱来的生育职责的事业"。

以上观点丝毫不见容于她的保守派上司，而她的上司听命于一个理事会，该理事会的成员中至少有两个曾经是纳粹分子的西德外交部官员。1966 年她结束产假回去上班时，她在情报部门的岗位因"预算原因"被裁撤了。她再次被安排去从事低级别的秘书工作，负责打打字、接接电话。

不过，1966 年的一起极其重要的事件引起了贝亚特的转变，使她从一个拥有非传统观点、有些爱找麻烦的低级别员工，变成了一个渴望为祖国的纳粹历史赎罪的活动分子。在那一年，库尔特·格奥尔格·基辛格成为西德总理，而他从 1933 年起就是纳粹党成员，并且在战争期间还曾担任德国外交部广播局副局长，负责纳粹的政治宣传工作。基辛格在为自己辩护时说，他很早就对纳粹理论幻想破灭，甚至曾经因为持有反对意见而遭到指控。[6]

当基辛格为上台执政做准备时，就已经出现了抗议的声音。哲学家卡尔·雅斯贝斯（Karl Jaspers）说："十年前看起来不可能的事情如今在几乎没有反对的情况下发生了。"尽管他坦承某些前纳粹分子升至高位是不可避免的情形，但他接着说："如果一个前纳粹分子能成为国家领导人，这就意味着，从现在起，一个人当过纳粹也没什么大不了的。"[7]

对贝亚特来说，基辛格的高升像是对她个人的一次刺激。她想到了汉斯·绍尔和索菲·绍尔，也就是那对为了抗议希特

213

勒政权而献出生命的兄妹，她把他们当作榜样，准备迅速发动反击，即使成功的机会很渺茫。据她说："最重要的是，一个人必须勇敢地听从良心的声音，睁大眼睛，采取行动。"[8] 当基辛格于 1967 年 1 月首次正式访问巴黎时，她为《战斗报》(Combat) 撰写了一系列文章，那是法国抵抗运动在战争期间创立的左翼报纸。她写道："作为一个德国人，我对基辛格升任总理深感遗憾。社会学家汉娜·阿伦特曾经用'平庸之恶'这个词来谈论艾希曼，而对我来说，基辛格代表的是'显贵之恶'。"

在一篇更具煽动性的文章中，她写道："如果未来苏联认识到基辛格对德国民主构成了威胁的话，如果它真的想要除掉他的话，那么毫无疑问，这种做法在世人眼中是具备道德正当性的。"

1967 年 8 月 30 日，也就是那篇文章发表一个月后，贝亚特被法德青年联盟开除。在她离开办公室的过程中，没有一个同事向她道别或者与她握手，他们显然不想让上司看到自己与她有任何瓜葛。她匆忙去找了塞尔日，当时他已经换了工作，正在为一家名为大陆谷物（Continental Grain）的跨国谷物食品公司效力。尽管他没有像贝亚特一样参与公开的抗议活动，但他也日益意识到了父亲的遗赠的重要性。1965 年，他造访了奥斯维辛。数十年后，他回忆说："在 1965 年时，西方没有人会去奥斯维辛，但我感觉自己必须维持与父亲的这道联系。"

几乎刚一抵达奥斯维辛集中营，他就知道了父亲是怎么死的。在被一个牢头，也就是听命于党卫军军官的囚犯殴打后，阿尔诺选择了还击，这让他付出了生命的代价。塞尔日意识到，他的父亲用自己的勇气给他上了一堂人生课，因此他对自己发誓，将永远缅怀那些在大屠杀中遇难的犹太人，永远捍卫以色列。[9]当1967年6月5日战争爆发时，他自愿前往以色列提供帮助。等到他抵达时，这场六日战争（Six Day War）几乎已经结束了，他没有直接参与其中，不过这种展示团结一致的举动对他来说十分重要。

以上便是克拉斯菲尔德一家在8月底贝亚特被开除后所遭遇的危机的背景。尽管他们的许多朋友建议他们接受现实，继续过日子，但塞尔日拒绝走这条路。他对贝亚特说："我怎么能毫无反抗地接受你被开除的结果呢？你是战后法国第一个就一个纳粹分子讲实话的女性。就此沉默将是最糟糕的妥协。"[10]

*　　*　　*

为了对抗贝亚特遭到开除的决定，克拉斯菲尔德夫妇发起了一场旷日持久的诉讼之战。在成为法国公民后，她向法国高级官员请求帮助，却发现很少有人对她表示同情。不过，克拉斯菲尔德夫妇的主要目标既包括证明她如此大张旗鼓地抨击基辛格及其纳粹经历是完全有道理的，也包括加强对这位西德总理的施压力度。

为此，塞尔日特意请假前往东柏林，东德内政部批准他阅览他们所持有的档案，上面显示了基辛格在第三帝国扮演的角色。在他返回巴黎后，他带回了一个巨大的文件夹，里面装着关键档案的复印件。这些材料中的大部分被用在了一本他们匆忙编写的揭露基辛格纳粹经历的书中，这本书突出强调了基辛格协调纳粹宣传攻势的作用。

215

这也是他们与东德关系的开始，随着克拉斯菲尔德夫妇加强了他们在西德揭露前纳粹分子的努力，这种关系还将断断续续地维持下去。他们的批评者指控他们为东德政权发动政治宣传，因为东德政府总是乐于看到波恩政府出洋相。贝亚特更是为批评者提供了充足的弹药，例如她在 1968 年 9 月 2 日的《战斗报》上写道，德国应该统一成"一个真正社会主义、民主主义以及和平主义的国家"[11]，这种说法与东德的说辞遥相呼应。

在柏林墙倒塌以及东德国家安全部（Stasi）和统一社会党（SED）的档案公之于众后，又出现了额外的指责，即克拉斯菲尔德夫妇接受了来自东德的资金。保守派报纸《世界报》（*Die Welt*）2012 年 4 月 3 日刊登了一条新闻，其标题为《受东德国家安全部和统一社会党武装的贝亚特·克拉斯菲尔德》。

克拉斯菲尔德夫妇坦率地承认，他们在搜集档案方面得到了东德的帮助，尤其是在基辛格的案子上。东德人还出版了他们的两本书，其内容是他们正在瞄准的纳粹罪犯。之所以要瞄准这些人，是因为这些人在法国被占领期间犯下了罪行。克拉斯菲尔德夫妇将这两本书寄给了西德议员和政府官员。这种行动既增强了克拉斯菲尔德夫妇宣传运动的气势，也为他们提供了法律诉讼方面的帮助。塞尔日说："我们不否认得到了东德的支持。"但克拉斯菲尔德夫妇指出，他们也从其他地方——法国以及美国——搜集了档案并得到了帮助。塞尔日坚称："我们一直保持着思想上的自由。"[12]

事实上，不久后，贝亚特就发现，当她于 1970 年前往波兰和捷克斯洛伐克等地谴责共产党政府的"反犹太复国主义"

运动（这些运动赤裸裸地迎合了反犹主义思想）时，她的抗议不太受欢迎。她曾多次试图在东欧进行公开抗议，包括把自己拴在华沙的一棵树上，并且在那里及布拉格向过往的行人分发传单，但这些做法导致她遭到逮捕，然后被逐出了这两个国家。[13]

不过，真正起到至关重要的作用，让克拉斯菲尔德夫妇的行动成为国际新闻头条的，是他们为了让基辛格名誉扫地而进行的早期斗争。贝亚特在其中扮演了煽动者的角色，这件事绝非偶然。尽管他们连续发表谴责基辛格的文章，贝亚特的仲裁听证会也让她有机会重申针对这位西德总理的指控，但媒体似乎不太关心他们的斗争，她对此感到十分沮丧。她回忆说："我认识到，我的揭露行动造成的影响十分有限，除非我能做出一件具有轰动效应的事来，让报纸自发去报道它。"或者，正如塞尔日所说："因为我们很弱小，所以我们必须采取强有力的行动。"

在基辛格的问题上，这意味着不仅要采取强有力的行动，而且要采取风险极高的行动。贝亚特在西德议会的访客区预订了一张票，为了不引起怀疑她用的是婚前名。然后她前往波恩去旁听 3 月 30 日的会议，因为她知道基辛格计划在那天发表演讲。她的计划非常直截了当：在满满一屋子的议员面前诘问他。不过她回忆说，等到她真的身处议会后，"我开始担心我没有勇气开口"。

在她所选择的那个时刻最终来临时，她克服了这种恐惧。她声嘶力竭地喊道："基辛格，你个纳粹，辞职！"接着她又重复了几遍。基辛格停止了演讲，警卫很快就朝她猛扑过来，捂住她的嘴，将她拽出了大厅。她在附近的警察局里被关了三个小时后才重获自由。第二天的报纸刊登了她挥舞拳头以及随后警卫将她制服的照片。回到巴黎后，她在西德大使馆门口协助组织了一场示威活动，学生们在示威中举着"基辛格是纳粹"的标语。与此同时，西德的左翼人士也在当地的一场竞选集会中呼喊着类似的口号。

贝亚特既感到高兴又深受鼓舞，决心采取更多行动。这时正是1968年，戏剧性甚至经常具有暴力成分的示威活动变得日益普遍。在西德的一次示威活动中，她向听众发誓称自己"将公开扇总理一记耳光"。参加示威的许多人对这种在他们看来空洞且愚蠢的说辞冷嘲热讽，不过她是认真的。

1968年11月，基辛格的基督教民主党在西柏林举行党代会，于是贝亚特将她的目光投向了会议现场。她的婆婆拉伊萨曾试图劝她放弃这一任务，并警告她有可能会因此被杀。塞尔日支持这一计划，但也认识到了其中的风险。此外，他还知道她是不可能被说服的。抵达西柏林后，她混入了媒体采访团，并设法从一个摄像师那里拿到了一张通行证。她手里拿着笔记本，看起来像一名记者，挤到了会议大厅的前排，基辛格和其他高级官员正坐在主席台上。她让一个警卫相信她只想从他们背后抄近路去找一个朋友，然后走到了总理的身后。在他环顾四周时，她大喊"纳粹！纳粹！"然后她送上了一记耳光。

会场立刻陷入一片混乱。在贝亚特被拖走的过程中，她听到总理说："是那个叫克拉斯菲尔德的女人吗？"在她被关进监狱后，基辛格在基督教民主党的同僚恩斯特·莱麦尔（Ernst Lemmer）前来问她为什么要掌掴总理。她回答说，这么做"是为了让全世界都知道有些德国人不愿让自己蒙羞"。

然后莱麦尔只是摇了摇头。他对等在外面的记者说："那个女人如果看起来不是那么病态的话可能还挺漂亮的，但她是一个性生活失意的女人。"后来，他给引用了这一说法的《明星》（*Stern*）周刊写了一封道歉信："在我发表此番言论时，我还不知道克拉斯菲尔德夫人已经结婚并且育有一子，也不知道她的公公死于奥斯维辛集中营。"

贝亚特被判处一年监禁，不过她在判决下达的同一天就获释出狱了。她提出上诉，最终被减刑为四个月监禁，并很快被告知暂缓执行。不过，牢房远远不是她当时面临的最大风险。在回顾那段经历时，塞尔日指出，基辛格的保镖"都有枪，但是没法开枪"，因为现场有太多人了。尽管如此，也无法保证他们所有人都会展示克制的态度。在同一年，马丁·路德·金与罗伯特·肯尼迪先后遇刺身亡，因此，一位掌掴总理的女性很容易被误认作潜在的刺客。贝亚特承认："他们不需要花费什么功夫就能把我击毙。"

第二年，基辛格的基督教民主党将其作为议会多数党的地位输给了维利·勃兰特领导的社会民主党，勃兰特接任了总理一职。贝亚特志得意满地说："一旦被击败，基辛格就立刻被人遗忘了。"她还补充说，她"在进步力量的这次胜利中发挥了适度而切实的作用"。

看到自己喜欢的政治家勃兰特上台执政，贝亚特感到非常兴奋。新总理赦免了她，撤销了她因掌掴基辛格而得到的缓刑判决。[14]不过，无论是她还是塞尔日，都不打算放弃揭露前纳粹分子的行动。他们也不打算在执行这一行动时规避更多风险。经常在幕后搜集证据的塞尔日日后将成为一个同等重要的伙伴，在他们下一次大胆行动中起到带头作用。

218

＊　　＊　　＊

出于显而易见的原因，克拉斯菲尔德夫妇特别希望看到那些负责抓捕和遭送法国犹太人的党卫军和盖世太保高官无法安度余生。不过由于存在于法国与德国之间的复杂法律安排，他们中的许多人似乎正在安度余生。[15]

法国方面最初出台了一项规定，表明法国不会向德国法庭提供那些被控在法国犯有罪行的德国人的档案，这有效防止了那些人在返回西德后遭到起诉。在战后初期，法国曾担心，许多曾在纳粹司法体系中任职的德国法官会同情这些人，让他们逃脱制裁。但这一规定被证明完全起了反作用。由于德国人有禁止向外国引渡国民的规定，结果就是，曾在法国服役的德国已定罪战犯或者战争罪嫌犯在返回祖国后可以平静地生活，不必担心遭到惩罚。

随后，为改变法德两国的这项协议，斗争开始了，法国人改变了自己在这一问题上的态度，要求赋予德国法庭对那些曾在法国犯下战争罪之人的管辖权。这一机能失调的制度在经历了漫长的等待后终于得以修正，而克拉斯菲尔德夫妇为此倡议了许久。他们还与维森塔尔等人共同主张延长德国对战争罪的追诉时效，因为如果不这样做，就会让无数战犯松一口气。这两场斗争持续了多年，不过最终都迎来了重要的胜利——一开始是部分胜利，随后在 1979 年，德国完全取消了谋杀罪、反人类罪和种族灭绝罪的追诉时效。[16]

不过，这些胜利都来之不易，而促成最终结果的一个重要因素是克拉斯菲尔德夫妇在自行追捕战犯时采取了咄咄逼人的策略。他们揭露了多个著名前纳粹分子的罪行，最初把焦点放在了库尔特·利施卡、赫伯特·哈根和恩斯特·海因里希佐恩身上。据塞尔日说，这三个前党卫军军官应该承担驱逐法国犹太人的大部分责任。[17]贝亚特说："巴黎的盖世太保就是利施卡。"[18]他掌管着巴黎的所有安全机构。与艾希曼关系密切的哈根负责掌管党卫军处理犹太人事务的情报部门，还掌管着法国大西洋沿岸地区的警察系统。海因里希佐恩虽然级别较低，但对待儿童尤其残忍。

这几个人的故事中最引人注目的部分在于，他们都在西德没有任何伪装地生活着，显然不害怕过去的罪行还会来困扰他们。贝亚特发现利施卡住在科隆，而且只要给查询台打个电话就能弄到他的地址和电话号码。她对一名驻法国的以色列电视台记者说："只有在侦探故事里，纳粹分子才过着被人追捕的生活——在遥远的巴塔哥尼亚（Patagonia）①，每当大门发出吱吱声时，他们都瑟瑟发抖。"[19]

不过，如果说这三个人以及其他与他们处境相似的人在当时还没有小心起来的话，他们很快就会了。贝亚特为《战斗报》准备了一篇新文章，以色列电视台也表示他们很欢迎利施卡和哈根的影像，不过前提是这两口子能够搞到两人的特写。在一个以色列摄像师的陪同下，克拉斯菲尔德夫妇于1971年2月21日上午8点将车停在了利施卡位于科隆的公寓楼对面，他们认为可以在他们的目标离开公寓楼时与他对峙。等到下午2点，他们仍然没有看到他的影子，不过与此同时，贝亚特给他的公寓打了电话，接电话的人是利施卡的妻子。这足以证明有人在家，于是贝亚特挂了电话。在按了好几次他们

①　位于阿根廷。

邻居的门铃后，这支突袭小队被放了进去。[20]

他们来到这栋四层小楼的顶楼，发现面前站着一个毫无欢迎态度的女子。不过贝亚特对她说，他们是来为一家法国电视台采访她丈夫的，于是那个女子喊了一声："库尔特，出来看看这些人想要干什么。"

利施卡立刻现身了，他是一个非常高大的男子，一头逐渐稀疏的短发理得不太齐整。贝亚特用婚前名介绍自己，自称法国记者"克拉斯菲尔德先生"的翻译。利施卡显然没有认出"克拉斯菲尔德"这个名字，不过他很警惕，要求查看塞尔日的记者证。这个"摄制组"有备而来，于是塞尔日拿出了他从《战斗报》那里得到的记者证。

塞尔日很快就除去了所有伪装，不再假装这仅是一次找寻真相的拜访。他对利施卡说，在新的德法条约签署后，他开始与那些已经在法国被缺席审判的纳粹战犯接触，而利施卡是他名单上的第一个人。塞尔日总结说："在我们发起一场针对你的行动前，我们想要知道你是否有什么需要辩解的。"

利施卡最初还保持冷静，表示他不需要向自己或者法国法庭做出任何交代。他还说："如果我最终必须就我的行为向某个德国法庭做出解释的话，那么我会解释的。对你我没什么可说的。"

塞尔日试图迫使他承认他在迫害法国犹太人的过程中发挥的作用，不过利施卡禁止摄像师拍摄他。气氛变得极为紧张，贝亚特觉得如果他们试图使用那台摄像机，或许利施卡就会把它砸了。

克拉斯菲尔德夫妇还有一张牌可打。塞尔日问道："你是否有兴趣看看你自己签署的命令？"他还说，这些档案在巴黎被保存下来了，上面有利施卡的签名。他说，这有可能导致他被审判并被定罪。

利施卡情不自禁地翻看了贝亚特递给他的那叠文件。他的妻子也越过他的肩膀看着那些文件，而他的手在翻看过程中有明显的颤抖。贝亚特说："毫无疑问，他看到了自己的过去，而这段过去是我们花费了无数个小时才从档案中重新建构起来的，而且我们是唯一这么做的人。"

从某个层面上说，这是一次失败的会面：他们没能为利施卡录下影像，也没能让他回应任何问题。不过他们迈出了第一步，而且显然已经让利施卡大受震动了。

同一天，贝亚特给赫伯特·哈根位于瓦尔施泰因（Warstein）的家里打了电话，小城瓦尔施泰因在科隆东北方125英里处。哈根的妻子接了电话后，贝亚特问她的丈夫是否愿意接受一位法国记者的采访。那个妇人回复说不可能，并补充道"我的丈夫不知道你们采访他的缘由何在"。

第二天，克拉斯菲尔德夫妇带着摄像师驱车前往瓦尔施泰因，并把车停在了距离他家100码远的地方，希望在他走出家门时拦住他。他们等待了好几个小时，还跟踪过一个人，后来才发现跟错了。不过一个明显是哈根的人终于从屋里走了出来，进入车库，上了一辆欧宝汽车。当车子出现在车道上的时候，贝亚特跳到了车前。她问道："哈根先生，是你吗？"

哈根点了点头，然后看到了正在拍摄他的摄像师。他停下了车，从车里出来，看起来像是要去打摄像师。接着，他意识到这一做法可能会引火烧身，于是犹豫了一下，这使得贝亚特有时间说塞尔日是一个法国记者，想要问他几个问题。

哈根用流利的法语对塞尔日说："先生，你无权在我家门

222　前拍我。"他还说，他没有躲藏："自战争结束以来，我回过法国20多次了。"

塞尔日回答说："法国警方没有注意到你的名字实在是太糟糕了。你早该被逮捕的。"

塞尔日试图问他，他在法国时担任了什么职务，不过哈根与利施卡一样，坚称自己没什么可说的。哈根补充说："我只想平静地生活。"不过克拉斯菲尔德夫妇不打算轻易放过他们中的任何一人。

*　　*　　*

一个月后，克拉斯菲尔德夫妇与医生兼摄像师马尔科（Marco，他是塞尔日学生时代的朋友）开着一辆租来的车回到科隆。他们都同意参与一个计划，它如果成功，就能够让人们注意到，像利施卡这样的人没有为他作为党卫军军官在法国犯下的罪行付出任何代价。这次行动的内容包括在街上抓捕利施卡，将他塞进车里，然后换一辆车带他返回法国。贝亚特说："一群主教看起来都比我们更有突击队员的样子。"

当利施卡从一辆电车上走下来时，"突击队"包围了他，贝亚特喊道："跟我们走！跟我们走！"利施卡无意识地朝他们的车走了几步，然后退了回去，摄像师用一根短棒重击了他的头部。他大声呼救，然后倒在了地上，尽管他这么做更多是出于恐惧而不是其他什么原因。这一场面吸引了越来越多的注意，人们把克拉斯菲尔德一伙人围了起来。一个警察拿出了他的警徽。这时，塞尔日喊道："进车里！"一伙人迅速逃走，把利施卡留在了身后。他们不停地逃跑，直到回到法国境内。

贝亚特立刻给德国报纸打电话，用的是另一个名字。她要求他们前去查看利施卡怎么样了。贝亚特说，自己的目标是"让德国人注意到利施卡和他的同伙逍遥法外的状态"，尽管这意味着自己要因此入狱。对于贝亚特而言，这恰恰是她后来回到科隆，同德国法庭和媒体分享利施卡和哈根的档案时发生的事情。她被关了起来，不过监禁仅仅持续了三周。与贝亚特早前的多次经历类似，德国政府这次意识到，长期关押她只会让更多的注意力被吸引到克拉斯菲尔德夫妇的行动上。

至于利施卡，塞尔日已经针对他策划了另一出大戏。在1973年12月7日的寒冷雪天，他在科隆监视着利施卡的汽车，当时利施卡把车停在了科隆大教堂附近的一个停车场。当利施卡现身时，塞尔日掏出一把枪顶在了他的双眼之间。这个德国人害怕极了，以为自己就要被干掉了。不过那把枪并没有上膛。对塞尔日来说，只要他的目标人物"直视过死亡"就已经足够了。塞尔日给当地检察官写了一封信，信中称，他所在的组织有能力干掉纳粹分子，不过不打算这么做；他们只想要让纳粹受到审判。

如果说贝亚特掌掴基辛格是她所经历的最危险瞬间的话，那么这肯定是塞尔日的最危险瞬间。半个世纪后，在被问及此事时，他不认为自己真的处在危险之中。塞尔日承认说："我知道他有枪。"但塞尔日强调，利施卡没有时间把它拿出来，而且由于天冷戴着手套，他也没办法轻易扣动扳机。塞尔日说："我不觉得自己有被杀的危险。"

对克拉斯菲尔德夫妇来说，最大的满足感来自利施卡、哈根和其他有罪之人再也无法平静生活的事实。正如德国社会民主党机关报《前进报》（*Vorwärts*）所说："联邦共和国有几个工作体面的中年男子最近一直睡不好。他们把自己关在公寓里……谁都不见。"

贝亚特不断地惹上法律方面的麻烦，而且不止一次地被斥为发了疯的狂热者。克拉斯菲尔德夫妇多次受到威胁，还两次收到炸弹。1972 年，一个带着"糖"标签的包裹引起了塞尔日的怀疑，尤其是从包裹里漏出了一些黑色粉末，于是他报了警。巴黎防爆小组证实包裹中装满了炸药和其他爆炸物。1979 年，一个装着自动定时器的炸弹在半夜摧毁了塞尔日的轿车。

224　　不过，利施卡、哈根和海因里希佐恩的案子慢慢开始有了起色。三人最终在科隆接受审判，并且在 1980 年 2 月 11 日，法庭认定他们在将五万法国犹太人遭送到死亡集中营的过程中犯有同谋罪。法官宣称，他们"完全且充分了解"受害者将要面对的命运。[21] 哈根被判处 12 年监禁，利施卡获刑 10 年，海因里希佐恩获刑 6 年。重要的并不是刑期长短，而是他们遭到审判并被定了罪。毫无疑问，让这一切发生的是克拉斯菲尔德夫妇的不断敦促和戏剧性手法。

*　　*　　*

1934 年，当飞行在许多地方还是新奇的经历时，拉脱维亚空军上尉赫伯特·丘库尔斯驾驶着自己设计的小型双翼飞机从祖国飞到了非洲西海岸的冈比亚，并因此成了民族英雄。丘库尔斯被誉为"波罗的海的林德伯格"①，随后他又启程飞往日本和英属巴勒斯坦，得到了本国媒体充满仰慕之情的报道。

———————

　　① 林德伯格（Charles A. Lindbergh）是第一个独自完成横越大西洋不着陆飞行的人。

在结束第二次飞行回国后，他在里加（Riga）的犹太人俱乐部对座无虚席的观众席发表了一次演讲。历史学家约尔·魏因贝格（Yoel Weinberg）在现场聆听这次演讲时还是个学生，他回忆说："我记得丘库尔斯惊奇、惊讶甚至是热情地谈到了以色列的犹太复国主义事业……丘库尔斯的讲述激发了我的想象。"[22]

不过丘库尔斯是一个狂热的民族主义者，他在20世纪30年代末加入了一个名叫"雷霆十字"（Thunder Cross）的法西斯组织，该组织由维克托·阿雷斯（Victor Arajs）少校领导。苏联在二战开始之初吞并了波罗的海三国，这是斯大林按照《莫洛托夫－里宾特洛甫条约》瓜分得来的部分战利品，该条约让苏德两国在1939~1941年成了事实上的盟友。希特勒的军队在1941年6月入侵了苏联，并很快开进了波罗的海三国。在拉脱维亚，阿雷斯领导了一支名叫阿雷斯突击队（Arajs Kommando）的部队，它主要由来自极右翼组织的志愿者构成，他们急切地想要帮助新的占领者。阿雷斯的副指挥就是丘库尔斯。他们很快就开始了搜捕、殴打并杀害犹太人的行动。[23]

二战后，承受了突击队暴行的幸存者们在波罗的海三国的纳粹罪行委员会提供了自己的证词，许多人对丘库尔斯所扮演的角色记忆犹新。据拉斐尔·舒布（Raphael Schub）说，丘库尔斯从7月初就"开始消灭里加的犹太人"。他和他的手下将300个拉脱维亚犹太人集合在犹太大教堂中，命令他们"打开藏经柜，将摩西五经摆放在教堂的地板上"，与此同时，丘库尔斯准备让该建筑付之一炬。犹太人拒绝听命，然后"丘库尔斯残忍地殴打了许多人"。他的手下接着在地板上泼汽油，退至出口处，然后朝教堂里丢了一枚手榴弹。教堂立刻被烈焰吞噬，犹太人试图逃跑，但丘库尔斯的手下将跑出来的人尽数射杀。舒布最后说："建筑内的 300 个犹太人全都被烧死了，其中还有许多孩子。"[24]

当时 16 岁的亚伯拉罕·夏皮罗（Abraham Shapiro）在丘库尔斯出现时正在家中，丘库尔斯告诉夏皮罗及其家人自己已经征用了他们的公寓。他强迫所有人离开，并且逮捕了一家之主，后者很快被处决。夏皮罗被送到了拉脱维亚警察局总部，那里的约 100 间牢房里塞满了犹太囚犯。有许多次，夏皮罗看到丘库尔斯和他的手下将数百个犹太人装上卡车。夏皮罗和其他人负责将铁锨和铁锹放到卡车里。几小时后，卡车空着回来了。夏皮罗作证说："铁锨上沾满了灰尘和泥土，还有血迹。"

后来，德国人搜捕了近万犹太人，并将他们带到附近的森林里枪杀。另一个幸存者戴维·菲什金（David Fiszkin）作证说，在犹太人走去森林的路上，丘库尔斯一直跟着他们，经常让队伍末尾的人停下来，然后枪毙无法跟上的人。菲什金回忆说："当一个孩子开始哭泣时，丘库尔斯把他从母亲的臂膀中拽了出来，开枪打死。我还亲眼看到他枪杀了十个儿童和婴儿。"

由于丘库尔斯在战前的拉脱维亚非常出名，因此幸存者很容易就能认出他来，不像在许多其他案件中凶手经常难以分辨。他指挥的部队造成约三万犹太人死亡，他也以"里加刽子手"的名号为人所熟知。不过在战后，他从欧洲逃到巴西圣保罗，在那里经营了一个码头，并且继续驾驶飞机。在将近 20 年的时间里，他在阳光下过着舒适的生活；他还信心满满地认为自己已经将过去抛在了身后，因而从未改名换姓。当然，丘库尔斯知道艾希曼的命运，不过相比之下，用一位以色列作家后来的话说，他"是一个低级别的变态凶手"，这使他相信自己不会成为任何纳粹猎人的优先目标。[25]

1965 年 2 月 23 日，丘库尔斯来到乌拉圭的蒙得维的亚与安东·库恩兹勒（Anton Kuenzle）见面，那是他不久前在圣保罗结识的奥地利商人。库恩兹勒一直在南美洲寻找投资机会，他邀请丘库尔斯成为商业伙伴。他们的计划是在蒙得维的亚设立一间临时办公室，而库恩兹勒想要让丘库尔斯看看可以用来当办公室的那栋房子。

库恩兹勒先行走入，丘库尔斯紧随其后。丘库尔斯刚一走进光线昏暗的室内，库恩兹勒就把他们背后的门关上了。这时，拉脱维亚人看到几个只穿了内裤的男人向他扑了过来。他立刻意识到发生了什么，而且尽管他已经年近 65 岁，库恩兹勒回忆说，"他仍然像一头受伤的野兽一样搏斗。对死亡的恐惧赋予了他不可思议的力量"。不过紧接着，一个袭击者用锤子砸中了他的头部，鲜血溅得到处都是。另一个袭击者将一把手枪抵在他的头上，开了两枪，结束了他的生命。[26]

实际上，库恩兹勒的真名是雅科夫·迈达德（Yaakov Meidad），他是一名伪装大师，是五年前绑架艾希曼的那支摩萨德行动队中的一员。那一年他频繁改变容貌，在布宜诺斯艾利斯租下了安全屋和车辆，并购买了必要的后勤物资。这一次，迈达德伪装成一个奥地利商人以迎合丘库尔斯，并且将他引诱进自己设下的圈套。其他摩萨德特工之所以只穿内裤，是为了不让衣服上的血迹妨碍他们逃脱。这被证明是一项明智的防范措施。

以色列人将丘库尔斯高大的遗体装进轿车后备厢，那辆车是专门为这次行动买来的。在关上后备厢之前，他们在他胸口上放了一张纸，纸上用英文写着如下信息：

227

判决

鉴于**赫伯特·丘库尔斯**被控罪行之严重性，尤其是他导致 30000 个男人、女人和儿童遭受杀害，并且考虑到**赫伯特·丘库尔斯**在实施犯罪时的残暴表现，我们判处**丘库尔斯**死刑。

他于 1965 年 2 月 23 日被处决。

行刑人："永世不忘之人"

在离开乌拉圭后，迈达德及其他团队成员一直在等待媒体公布丘库尔斯的遗体被发现的消息。可他们等了好几天都没有看到任何消息，于是把这件事透露给了西德的新闻机构，甚至提供了谋杀现场的具体地址。这一消息后来出现在全世界的报纸上，新闻中还提到，制造这起事件的神秘组织自称"永世不忘之人"。《纽约时报》指出："如同艾希曼案，丘库尔斯案中也有秘密行动的成分。"[27]

不过对大部分媒体来说，这只是一条"一天新闻"，没有任何后续进展。在拉脱维亚以外的地方，丘库尔斯并不像艾希曼那样是一个家喻户晓的名字，且当然也不存在什么审判来让他和他的罪行为更广泛的人群所熟知。甚至在今天的以色列，许多人也不了解摩萨德的这次行动。要知道，这是唯一一次由以色列官方决定的暗杀犹太人大屠杀罪犯的行动。

那么，为什么丘库尔斯会成为目标呢？他的罪行的确骇人听闻，但并不比当时仍过着平静生活的无数其他凶手更加恶劣。1997 年，迈达德终于用希伯来语出版了一本书，详细描述了针对丘库尔斯的行动。该书的英文版于 2004 年出版，书名为《处决里加刽子手：摩萨德对纳粹战犯的唯一处决行动》（*The Execution of the Hangman of Riga：The Only Execution of a Nazi War Criminal by the Mossad*）。不过他仍然采取了必要的预防性措施，出版此书时用的是安东·库恩兹勒的名字。他于 2012 年 6 月 30 日去世，大多数读者在读到他的讣告时，才得知他的真名。[28]

迈达德在书中记述了他与一名摩萨德高官的第一次对话，正是那名高官布置了这项任务。那名在书中被他称作约阿夫（Yoav）的高官对他说，以色列政府担心西德的追诉时效可能会让类似罪犯完全逃脱制裁，因为关于是否延长时效的辩论还没有得出明确结论。他还指出，四年前艾希曼被绑架并接受审判的事情已经"让全世界都注意到了纳粹的恐怖之处，但似乎这种强大的影响力……正在渐渐消失"。[29]

约阿夫坚称，以色列人有责任"阻止这种普遍态势"。他还说，丘库尔斯行动的成功"把对死亡的恐惧放上了数以万计的纳粹战犯的心头……让他们直到生命的最后一刻都无法拥有平静与安宁！"尽管他承认以色列没有足够的资源去大量追捕这样的罪犯，但丘库尔斯可以成为对低级别凶手的警告。

这些都是合理的解释，不过不一定是完整的解释。指挥艾希曼绑架行动的拉菲·埃坦没有参与丘库尔斯行动，他在 2013 年接受我的采访时指出："要想杀一个人，从远处开枪更容易，没有必要采取这种行动。"[30]埃坦补充说，摩萨德的决定是派遣特工近距离将他杀死，好让他知道究竟发生了什么，这一事实显示行动中存在着"个人因素"。他所谓的个人因素指的是高层中的某人有可能有一笔私账要跟丘库尔斯清算。

直到丘库尔斯被杀，迈达德才知道暗杀团队中的一员曾在里加有一个庞大的家族。迈达德表示："他们都被丘库尔斯及其手下杀害了。"[31]不过他队伍里的一个低级别成员不可能参与追击里加刽子手行动的前期决策。这次行动的决策过程是怎样的，这个问题始终未能得到完全解答。

不过，最近还有一些新情况出现。2014 年，拉脱维亚观众观赏了一部关于丘库尔斯的音乐剧。尽管剧末有那么短暂的一幕让丘库尔斯被高喊"凶手"的人群团团围住，但制作方把重点放在了他二战前的明星飞行员身份上。制作人尤里斯·米勒斯（Juris Millers）强调，由于丘库尔斯从未接受审判，因此"如果我们从司法的角度出发，他就仍然是无辜的。少数人曾作证说他是一个凶手，但也有其他人说他是一个英雄"。[32]

拉脱维亚犹太人委员会、以色列、俄罗斯及其他国家迅速对这出音乐剧提出谴责，称其在为一个大屠杀凶手洗白。以色列外交部发言人宣称："绝不能允许任何将险恶的罪犯洗白成文化英雄的尝试。"[33]曾经驳回丘库尔斯家人的请求、拒绝为其恢复名誉的拉脱维亚政府表示，他们对该剧的不满是毋庸置疑的。拉脱维亚外交部部长埃德加斯·林克维奇斯（Edgars Rinkēvičs）指出，虽然拉脱维亚政府致力于维护言论自由，因此无法阻止该剧的上演，但"身为阿雷斯突击队的一员不是什么值得歌颂的事情。让那些观看表演的人去称赞这出音乐剧吧，但政府的立场是它的格调不高"。

不过，许多拉脱维亚人都热情地称赞该剧，更愿意将丘库尔斯铭记为 20 世纪 30 年代受人爱戴的飞行员，并忽视了他后来的屠杀历史。从这个意义上说，命令迈达德执行暗杀丘库尔斯的任务的摩萨德官员约阿夫是对的：在犹太人大屠杀的问题上，记忆通常是短暂的；而且十分危险的是，这种记忆还具有选择性。

纳粹猎人们始终清楚这一点。对那些拒绝放弃斗争的人来说，这只会激励他们继续前行。

第十二章 "模范公民"

对警方和媒体来说，他是无趣而讨厌的老头，有一个装满幽灵的文件柜；一旦杀了他，你就可能把他变成一个被人忽略的英雄，留下一些仍有待被抓捕的敌人。[1]

——在艾拉·莱文（Ira Levin）的畅销小说《巴西来的男孩》（*The Boys from Brazil*）中，奥斯维辛集中营医生"死亡天使"约瑟夫·门格勒在谈及以西蒙·维森塔尔为原型的人物时如是说

230 　　在纳粹猎人的话题所引起的诸多迷思中，没有哪个比认为维森塔尔是一个渴望与猎物正面对峙的复仇者更加脱离实际——在这种想象下，维森塔尔被描绘成会亲自追踪纳粹逃犯之人，如果有必要，甚至还会追到南美洲最偏僻的藏身处。正如劳伦斯·奥利弗在1978年上映的电影《巴西来的男孩》中饰演的那样，以维森塔尔为原型的角色在宾夕法尼亚州兰卡斯特（Lancaster）的一座农场追上了门格勒（格里高利·派克饰），两人进行了殊死搏斗。当奥利弗放出狗（以喜欢咆哮而闻名的杜宾犬）来取得胜利时，维森塔尔在大众心中的形象就失去了与现实的一切联系：从那时起，他就被视为一个半神探可伦坡、半詹姆斯·邦德式的人物。

对于这种误解的产生，维森塔尔自己要承担部分责任。他在 1961 年出版了《我追捕了艾希曼》一书，当时，摩萨德局长伊塞尔·哈雷尔还没有办法公布自己在绑架事件中的功劳，也无法解释究竟是哪条线索起了关键作用。尽管维森塔尔曾郑重声明，他只是为艾希曼被捕做出微小贡献的"众多"人士之一，但他也十分乐于见到自己的名气越来越大。这帮助他在 1954 年林茨文献中心关闭后重新振作。1961 年 10 月 1 日，在当地犹太人群体的帮助下，他在维也纳成立了新的文献中心。[2]

维森塔尔重新焕发了活力，在后来的日子里不断表现出异乎寻常的自我推销天赋，包括与人合作，把在逃纳粹分子与纳粹猎人间的故事改造成大众文化产品。弗·福赛斯在撰写其 1972 年的畅销小说《敖德萨档案》（出版两年后它被改编成了一部卖座的电影）时，为搜集背景材料曾向维森塔尔求助，并告诉维森塔尔自己受到了其 1967 年出版的回忆录《我们中间的凶手》中一个章节的启发。维森塔尔非常乐意提供帮助。他甚至说服福赛斯将书中的反派写成一个真实存在的人——里加犹太人区前指挥官、奥地利人爱德华·罗施曼（Eduard Roschmann）。与拉脱维亚人赫伯特·丘库尔斯一样，他也因残忍暴行而臭名昭著。

战后，罗施曼逃至阿根廷，但这本书以及后续的电影增加了逮捕并引渡他的压力。维森塔尔心满意得地指出："罗施曼在电影里被刻画成一个遭到追捕的人。" 1977 年，这个前纳粹分子又逃至巴拉圭，并在抵达该国两周后死于心脏病突发。电影的结局甚至更具宣泄效果：他被逮捕并被处决。[3]

维森塔尔声称，他曾有机会以丰厚的片酬在电影里扮演他自己，"但我不想过多涉足娱乐行业"。不过，娱乐行业是不

231

会那么轻易就放过他的，近期的一场演出几乎还原了维森塔尔在面对自己的大众形象时矛盾又愉快的心态。在 2014 年汤姆·杜根（Tom Dugan）创作并参演的外百老汇①独角戏剧《维森塔尔》（*Wiesenthal*）的广告中，这位纳粹猎人被描绘成"犹太版詹姆斯·邦德"。杜根饰演的维森塔尔大笑着驳斥了所有类似的说法。他对观众说："我的武器是坚持不懈、公开宣传和文书工作。"这种说法完全正确。

尽管可以说维森塔尔既在利用自己的形象，也在嘲讽这种形象，但他十分认真地捍卫着自己作为非官方的头号纳粹猎人的名声，并且对那些希望在这个方面挑战他的人不屑一顾，或者至少与他们保持了距离。托维阿·弗里德曼于战后在维也纳设立了首个文献中心，后来在 1952 年移居以色列。他明显对于维森塔尔的风头盖过了他（尤其是在艾希曼绑架案后）的事实感到十分沮丧。弗里德曼曾给维森塔尔写信说："你是伟大的纳粹猎人，而我是个小喽啰。"维森塔尔传记的作者汤姆·塞格夫坚持认为，其传记对象把弗里德曼当成一个"穷亲戚"来对待，认为他移居以色列的决定是一次重大失误，因为他的活动在那里得到的关注越来越少。[4]

维森塔尔坚定地留在维也纳，即使在 1982 年 7 月 11 日后他也心意不改，当时一个成员之一是越狱的德国前纳粹分子的组织在他居住的大楼门口放置了一枚炸弹。[5]该炸弹装置的爆炸对大楼造成了损坏，还震碎了隔壁房子的窗户，不过没有人受伤。尽管维也纳政府在维森塔尔的办公室和住处安排了警卫保

---

① 外百老汇戏剧（Off-Broadway）泛指在百老汇以外的纽约其他地区上演的戏剧。

护他，但他仍然坚持反驳任何提议说这件事以及他收到的威胁邮件可能已经为移居以色列提供了充分理由的人。他面带标志性的苦笑对一个美国律师说："不，我仍在追逐鳄鱼，因此必须住在沼泽里。"[6]

塞尔日·克拉斯菲尔德在年轻时十分敬仰维森塔尔，并坚持于1967年8月在维也纳首次拜访了维森塔尔。但让这个时年31岁的法国人感到惊讶的是，维森塔尔对于前纳粹宣传机构的基辛格在当时任西德总理的事实"无动于衷"。维森塔尔后来对贝亚特·克拉斯菲尔德掌掴该西德领导人的著名行为以及这对夫妇的其他戏剧性抗议表示反对。塞尔日的结论是："我们在如何对德国人采取行动的问题上看法不同，在行动方式上也意见不一。西蒙·维森塔尔与西德领导人称兄道弟，我们却身陷囹圄。"[7]

塞尔日坚称，而且直到今天都仍然认为，在20世纪50年代到60年代初许多纳粹分子获释出狱或者根本未遭到追捕时，维森塔尔始终坚持将他们绳之以法，这种不懈努力应当得到高度认可。不过很快他和贝亚特就发现他们与维森塔尔产生了矛盾。除了谴责他们的对抗式策略外（尤其在前往拉美时，贝亚特不断采用这种策略，她要求让纳粹分子接受审判，并且对该地区的右翼政府提出抗议），维森塔尔还对他们的左倾政治理念没有任何好感。

维森塔尔在个人作风和政见上都十分保守，他持有坚定的反共立场，谴责波兰政府"像过去几个世纪一样利用反犹情绪转移人们的注意力，使人们注意不到政府自身的能力低下和罪行累累"。[8]他经常指责波兰共产党和克里姆林宫故意散播关于他的谣言，包括伪造文件并借此指控他与纳粹分子合作或者为以色列和中情局效力等。[9]与此形成鲜明对比的是，贝亚特对于自己经常受到东德政府和媒体的赞扬感到非常自豪，经常为一家亲共的西德周刊撰写文章，尽管她同时也对共产党政权使用反犹宣传的做法提出了抗议。

这种分歧将在未来导致纳粹猎人内部出现日益紧张的态势。

＊　　　＊　　　＊

从一开始，维森塔尔就相信，他的使命既包括教育下一代，也包括为他自己这代人中的数百万受害者伸张某种程度上的正义。这两个目标是相互交织的，为实现这两个目标而采用的方法也是如此。揭露以及在情况允许时抓捕并审判前纳粹分子的做法提供了重要证据，能够阻止战后有些人淡化甚至是直接否认第三帝国的恐怖罪行的尝试。有些时候，仅仅是揭露纳粹分子的身份——实际上就是将暴行具体到个人，否则这些暴行会因为太过庞大、抽象而无法真正引起注意——就足以让维森塔尔感到自己取得了真正的成功，即使这种揭露并没有导致任何法律上的结果。

最富戏剧性的一个例子是他寻找那个逮捕了安妮·弗兰克（Anne Frank）的盖世太保的过程。1958 年 10 月，当维森塔尔还住在林茨时，州立剧院上演了话剧《安妮日记》。一天傍晚，一个朋友给他打电话，叫他快点到剧院来，目睹公开的反犹主义行为。维森塔尔抵达剧院时话剧刚刚演完，他听说有几个十几岁的捣乱分子一直在大喊："叛徒！马屁精！骗局！"他们还在剧院里抛撒传单，声称这本著名日记的作者根本不存在："犹太人捏造了整件事，为的是榨取赔偿金。不要相信一个字。全部是捏造的。"[10]

在维森塔尔看来，这些都是前纳粹分子及其同情者为了污蔑这本极受欢迎的著作而采取的行动的一部分，这本日记让犹太人大屠杀得到了个人化呈现，这让他们感到了极大威胁。他总结说，他们试图"毒害"年青一代的"心智"。两天后，在他和一个朋友坐在咖啡馆里讨论这件事的时候，几个高中生就坐在邻桌。维森塔尔的朋友问其中一个高中生对该争议的看法，那个男孩重复了所谓的安妮·弗兰克不是真实存在之人的说法。

"但是那本日记呢？"维森塔尔问道。男孩回答说，它可能也是伪造的，而且不能证明安妮存在过。即使在听说安妮的父亲、那个家庭的唯一幸存者奥托·弗兰克（Otto Frank）曾上庭作证，讲述盖世太保如何逮捕他们，导致他们被遣送到奥斯维辛集中营后，他也没有改变看法。[后来，安妮和她的姐姐玛戈（Margot）被转移到了贝尔根-贝尔森集中营，并在战争结束前死在那里，当时安妮只有15岁。]

最后，维森塔尔问道，如果从实施逮捕的军官口中听到事实真相，他是否会被说服。那个男孩回答说："好啊，如果他自己承认的话。"显然，男孩相信这种事不可能发生。

维森塔尔把男孩的这句话当成一项挑战。在接下来的许多年里，他都没有取得任何进展，但《安妮日记》的附录曾提到，一个奥托·弗兰克公司的前员工在他们被逮捕后曾经去盖世太保总部，希望帮助这家人。该男子回忆说，他与实施逮捕的军官说过话，那个党卫军来自维也纳，其名字的开头读起来像是"西尔维"（Silver）。维森塔尔认为那肯定指的是德语里的"西尔贝"（Silber）。他在维也纳的电话簿里找到了几个曾经是党卫军成员、名叫"西尔贝纳格尔"（Silbernagels）的人的号码，但没有一个是有用的。

他的突破源于1963年游访阿姆斯特丹的经历。一个荷兰警察给了他一本1943年荷兰盖世太保电话簿的复印件，上面列了300个名字。在飞回维也纳的途中，他在名为"IV B4, Joden"（"Joden"即犹太人）的部门中找到了"西尔贝鲍尔"（Silberbauer）这个名字。维森塔尔知道，那个部门里的大部分军官曾经是警察，于是联系了一位声称愿意调查此事的内政部官员。他们的确进行了调查，但试图掩盖他们的发现，即那个承认逮捕了安妮·弗兰克的警官卡尔·西尔贝鲍尔（Karl Silberbauer）仍然在维也纳警察局任职。他们将他停职，但奥地利共产党机关报《人民之声报》（Volksstimme）报道了这条新闻，因为西尔贝鲍尔向一个同事抱怨说，自己"因为安妮·弗兰克的事遇上了点麻烦"。莫斯科的广播电台也开始大肆宣传这条新闻。

维森塔尔没有成功地让西尔贝鲍尔遭到起诉。不过当其他记者开始报道这件事时，他的努力终于获得了回报。在得到维森塔尔的消息后，一位荷兰记者前去维也纳采访了西尔贝鲍尔。这个前党卫军军官抱怨说："为什么过了这么多年还来找我麻烦？我只不过履行了自己的职责。"在被问及是否为自己的所作所为感到难过时，他回答说："我当然会感到难过。有时我甚至感觉自己被彻底地羞辱了。"为什么呢？因为他被警察局停职，失去了免费坐电车的特权，他不得不像其他人一样买票乘车了。

记者问道，他是否读过安妮·弗兰克的日记。西尔贝鲍尔说："上周我买了那本小册子，想看看自己在不在里面。但我不在。"他似乎并没有意识到，他对日记作者的逮捕意味着她不可能有机会把这件事写入日记。

西尔贝鲍尔仅仅因为他的受害者非常出名才为人所知，他 **236** 本人只是第三帝国里一个微不足道的公务员。与其他许多一直到死都没什么名气的人一样，他从未为自己的行为真正付出代价。维森塔尔想要看到的结果可能不只是他被揭露身份，但政府没有兴趣对他提起诉讼。

尽管如此，维森塔尔还是有充分的理由感到自己是正确的。在那之后的几十年里，安妮·弗兰克的日记始终是关于犹太人大屠杀的最强有力的个人证词，教育了一代又一代的学龄儿童。想要污蔑这本日记的尝试渐渐消失。即使是最坚定的纳粹同情者也无法反驳一个毫不认为自己有任何过错的前纳粹军官的直接证词。

* * *

维森塔尔在后来的回忆录《正义而非复仇》中回忆说，1964 年 1 月，他坐在特拉维夫皇家咖啡馆的露台上时，突然有人喊他去接电话。在回到桌旁后，他发现已经有三个女子坐在了那里。他打算拿起放在桌上的杂志，另找地方坐下，这时，她们中的一人站起身来，用波兰语对他说，很抱歉占了他的桌子。她说："不过我们在扬声器里听到了您的名字，想要跟您谈谈。我们三个都在马伊达内克集中营待过，所以我们想要问问您。您一定知道'科比瓦'的事吧？"[11]

在波兰语中，"科比瓦"意为母马，不过维森塔尔不知道她指的是谁或者什么。

她补充说："请原谅我，我们总是以为每个人都知道'科比瓦'是谁。"她解释说，那是一个令人尤为恐惧的奥地利看守的外号，因为她常常残忍地用脚踢女囚犯，且每当有新囚犯抵达，她都喜欢随心所欲地对他们使用自己随身携带的皮鞭。她的真名叫赫尔米娜·布劳恩施泰纳。

那位对维森塔尔说话的女士在描述一起事件时变得越来越激动。她说："我永远也忘不了那个孩子，那个孩子……你要知道，那是个小孩子。"当一个背着帆布包的囚犯从布劳恩施泰纳身边走过时，她把鞭子抽向那个背包。藏在背包里的孩子叫了一声。布劳恩施泰纳命令那个男囚把背包打开，随后一个孩子跳了出来开始奔跑。"不过'科比瓦'追上了他，用力抓了他一把，他疼得喊了出来，然后她开了一枪，射穿了……"那位女士的话语渐渐变成了啜泣。

她的同伴很快就加入进来，讲述了其他可怕的故事。在新囚犯抵达时，母亲们会紧紧抱住她们的孩子，因为前来把孩子带往毒气室的卡车已经到了。布劳恩施泰纳会用力把他们扯开。与另外两个也很残暴的女看守一样，她特别喜欢恐吓年轻女囚。一位女士回忆说："她会用皮鞭打她们的脸，最好是直接抽向她们的双眼。"光是把这些女孩送进毒气室还不够，布劳恩施泰纳和其他看守想要先折磨她们一番。

苏联军队于1944年7月占领波兰城市卢布林（Lublin），解放了马伊达内克集中营。11月底，被抓获的党卫军看守和工作人员接受了审判，其中有80人被定罪。在特拉维夫与那几位女士交谈后，维森塔尔曾去核实布劳恩施泰纳是否曾被定罪，答案是否定的。不过他了解到，她于1948年在奥地利南部的卡林西亚州（Carinthia）被逮捕，并因在担任拉文斯布吕克集中营看守时脚踢、鞭打女囚犯的残暴行径，而在维也纳接受了审判。她在马伊达内克的服役经历仅被简单提及。维森塔尔说，她"只被判了三年监禁"。

这意味着布劳恩施泰纳肯定在十多年前就已经获释了，而维森塔尔决心去看看自己是否能找到她。已知的她最后的地址是1946年在维也纳注册的，因此他决定去问她的前邻居知不知道她现在的去向。他找到的第一个邻居在听他说明了寻找目标后立马关上了房门。不过另一个邻居，一个熟识布劳恩施泰纳一家人的老妪很快主动表示，她无法相信针对布劳恩施泰纳的那些指控是真的，她记得布劳恩施泰纳是一个在周日做礼拜时"衣着靓丽"的年轻姑娘。那个老妪不知道布劳恩施泰纳获释后去了哪里，不过知道她的部分亲属的名字和他们在卡林西亚州的地址。

维森塔尔意识到自己不太可能得到布劳恩施泰纳亲属的信任，于是求助于最近来到他办公室的一个自愿帮忙的奥地利年轻人。这个被他称作理查德的年轻人直率地承认他来自一个持有反犹思想的家庭，他的父亲曾为第三帝国效力并于1944年死于战场。不过理查德相信，他的父亲是不赞同大屠杀的。很多年轻人在艾希曼审判增强了人们对犹太人大屠杀的认识后，主动提出要帮助维森塔尔，这绝非偶然。维森塔尔指出："理查德这样的人让我这样的人相信，活下来并留在奥地利是有意义的。"

理查德前往卡林西亚，并且依照维森塔尔的计划设法与布劳恩施泰纳的亲属套近乎。他对他们说，自己的一个叔叔遭到了不公平的定罪，被判了五年监禁。这促使那几位亲属表示，布劳恩施泰纳也遭遇了类似的情况。他很快了解到，在获释后，"科比瓦"嫁给了一个美国人，并且搬去了哈利法克斯（Halifax）。维森塔尔从身处那座加拿大城市的一个奥斯维辛集

238

中营幸存者那里了解到，布劳恩施泰纳和她的丈夫赖恩
（Ryan）在不久前又一次搬走了，这次他们搬到了纽约市皇后
区的马斯佩斯（Maspeth）。

　　维森塔尔知道，直到当时，美国还没有审判或者引渡过任
何在该国定居的纳粹分子。因此，他信心十足地认为，她仍然
在马斯佩斯，或者说自己仍然可以找到她的踪迹。此时，他决
定将自己了解到的情况透露给《纽约时报》的记者克莱德·
A. 法恩斯沃思（Clyde A. Farnsworth），后者不久前以《拥有
600 万客户的侦探》（"The Sleuth with 6 Million Clients"）为题
为维森塔尔写了一篇人物简介。[12]法恩斯沃思很快就向总部转
告了这则消息。

　　位于时代广场的报纸编辑们将采写工作交给刚入职的综合
报道记者约瑟夫·莱利维尔德（Joseph Lelyveld）。据他回忆，
他看到的信息包含了一项内容，即如今被称作赖恩太太的赫尔
米娜·布劳恩施泰纳住在马斯佩斯的一个蓝领社区内，但该消
息没有给出确切地址。维森塔尔却声称自己提供了地址。无论
如何，莱利维尔德都知道——用他自己的话说——他需要找到
"一个臭名昭著的集中营看守和已被定罪的战犯"，基于"维
也纳著名纳粹猎人"提供的线索进行追踪。[13]

　　由于这时莱利维尔德还不知道布劳恩施泰纳丈夫的全名，
因此他记下了皇后区电话簿中所有姓赖恩并登记了马斯佩斯地
址的人名。他打算花一整天的时间来摁门铃，不过他拜访的第
一个赖恩太太在他问起一个拥有同样姓氏的奥地利女子时立刻
就知道了他想找的是谁。她告诉他，那肯定是拉塞尔·赖恩
（Russell Ryan）的妻子，一个拥有德国口音的女子。她还主动
说，那两口子就住在附近的 72 街 52 - 11 号。

莱利维尔德敲响了那栋屋子的房门，接着她出现了。记者对她说："赖恩太太，我想要了解你在波兰度过的时光，也就是战争发生时你在马伊达内克集中营的经历。"

她啜泣着回答："噢，我的上帝啊，我就知道会发生这种事。"莱利维尔德回忆说，就"好像她一直在等我来一样"。

他走进了起居室，发现那是一间"极度整洁、颇有德国风格的起居室，屋里摆放着桌垫、咕咕鸟时钟和阿尔卑斯山风景画"。他坐在她的对面，聆听她用来表明自己的无辜的"充满泪水和自怜的讲述"。那只是一段简单的对话，却衍生了一篇颇具戏剧性的新闻报道，题为《前纳粹集中营看守如今是皇后区的家庭主妇》（"Former Nazi Camp Guard Is Now a Housewife in Queens"）。[14]

莱利维尔德将这一发现归功于维森塔尔，并指出布劳恩施泰纳在奥地利已经服过刑，但她在 1959 年来到美国时否认曾被定罪。

在 1964 年 7 月 14 日刊登的那篇新闻报道中，他生动地描述了他们的短暂会面：

> 她是有着严厉腔调的大块头女子，一头金发已经略有泛灰，她穿着粉白条纹的短裤以及一件与之相配的无袖衬衫。
>
> 她用带着严重口音的英语说："我做的不过是如今的监狱看守都会做的事情。"
>
> 她说："广播里，他们成天谈论和平与自由。好。那么十五六年后，为什么他们还来找人麻烦？"
>
> "我已经接受了足够多的惩罚。我被关了三年。三年啊，你能想象吗？如今他们又想从我这里得到些什么？"

240

　　莱利维尔德后来通过电话联系了拉塞尔·赖恩。拉塞尔说："先生，我的妻子连一只苍蝇都不会伤害。这个世界上没有比她更正派的人了。她曾对我说那些只是她必须履行的职责而已。"不过他也对记者承认，他的妻子在那之前从未告诉他她曾是集中营看守，并且在监狱中服过刑。

　　向自己的丈夫隐瞒过去是一回事，对美国移民归化局（Immigration and Naturalization Service）撒谎又是另一回事了。莱利维尔德在报道中写道，移民归化局的一名官员曾表示，这有可能引发对布劳恩施泰纳公民身份的重新审查，不过"他表示，这种审查很少会导致公民身份被剥夺"。

　　一直等到七年后，这名官员的话才被证明是错误的。在经过漫长的司法程序后，布劳恩施泰纳终于在 1971 年被剥夺了公民资格。波兰和西德都寻求将她引渡，这促使她声明自己愿意前往西德，因为她担心在波兰的待遇会更糟。她在 1973 年被送往西德，成为两年后在杜塞尔多夫（Düsseldorf）举行的针对马伊达内克集中营人员的审判中名气最大的被告。庭审过程一直持续到 1981 年，最终她被判处终身监禁。1996 年，她因健康原因获释，并被送往她的美国丈夫所在的养老院，她的丈夫尚在人世，且一直对她不离不弃。她死于 1999 年。[15]

　　对莱利维尔德来说，他撰写的关于布劳恩施泰纳的新闻是一起孤立的事件，因此他从未进行追踪调查。在他从马斯佩斯返回的同一天，他了解到，由于"自由之夏"（Freedom Summer）[①] 开始转变成暴力骚乱，他自己的父亲拉比阿瑟·莱利维尔德（Arthur Lelyveld）在密西西比州遭到了殴打。这位

---

　　① 1964 年夏美国密西西比州的黑人民权运动。

年轻记者很快就开始忙于报道这场正在发生的种族骚乱，随后又在同一年秋天被派往非洲。他后来成为一名明星记者、编辑以及荣获普利策奖的作家。从 1994 年到 2001 年，他一直是《纽约时报》的执行编辑，执行编辑是这个最负盛名的新闻机构中级别最高的编辑职位。

2014 年初，莱利维尔德与我一起坐在曼哈顿上西区公寓旁的一家咖啡馆里，我无意间向他提起他所撰写的有关布劳恩施泰纳的新闻虽然只是对马斯佩斯的短暂拜访的成果，却第一次真正激起了美国人对纳粹分子的兴趣。他在听到我的话时显得真的很吃惊。他难道一直都不知道他的这篇文章产生了广泛影响吗？他说："刚刚知道。"

241

* * *

埃利·罗森鲍姆非常厌恶"纳粹猎人"的说法，因为他相信它杂糅了小说和电影里的通俗故事，以及媒体报道和书里的误导性或歪曲真相的信息，因而充满了神话色彩。而且，和大部分神话一样，里面的虚构成分通常会压倒作为神话之基础的事实成分。不过，尽管罗森鲍姆在被归类为美国的一流纳粹猎人时可能会有所推辞，但他绝对名副其实。在人生中的大部分时间里，他致力于追捕美国境内的纳粹分子，以剥夺他们的公民身份，并让他们通过遣送或者自愿的方式（如果达成协议的话）离开美国为追求。当然，"自愿"也不是最准确的用词，因为那些纳粹分子总是在强迫下才采取行动。他与司法部的其他同事给纳粹分子施加了巨大压力，迫使他们"自愿"离开。

罗森鲍姆的功绩促使路透社资深记者艾伦·埃尔斯纳

（Alan Elsner）以他为原型创作了悬疑小说《纳粹猎人》（*The Nazi Hunter*，2007 年出版）。书中主角的沉思反映了罗森鲍姆的真实感受：

> 直到今天，我都会因这个词而感到兴奋。纳粹猎人！它让人眼前浮现出勇敢无畏的冒险者形象，他们追踪残酷无情的盖世太保施虐者，一直追到猎物在南美丛林中的藏身处。这种想象要是与真实情况有哪怕一丁点相似就好了。但真相的魅力要小得多。我是律师，不是冒险家，也不是秘密特工，甚至不是私家侦探。我穿的是深色西装和素色领带。我每天都在档案室里整理微型胶卷，要么就在参加会议，偶尔还会在法庭里度过时光。我处理的纳粹分子与那些危险的军阀相去甚远，他们通常是古稀或者耄耋之年的银发老头，在克利夫兰或者底特律的郊区过着枯燥乏味、隐姓埋名的生活。[16]

242   当然，埃尔斯纳笔下的马克·凯恩（Mark Cain），也就是以罗森鲍姆为原型的虚构人物，接下来踏上了一场精彩绝伦的冒险之旅，扩展了被真正的罗森鲍姆斥为胡说八道的纳粹猎人通俗形象。

    出生于 1955 年的罗森鲍姆在纽约长岛上的小镇韦斯特伯里（Westbury）长大，他的父母是在 20 世纪 30 年代末逃离德国的犹太人。尽管他在初中时与同学一起读过《安妮日记》，但他当时并没有像长大后一样对犹太人大屠杀投入很多关注。他知道他有许多亲人在欧洲没能活下来，不过他的父母始终不愿讨论这个话题。他回忆说："在家里我们从未谈起这件事，这个事实让我知道了它究竟有多么严重以及多么让人痛苦。"[17]

不过罗森鲍姆渐渐开始了解这个他父母不愿谈论的话题。在 12 岁时，他观看了彼得·魏斯的话剧《法庭调查》，它重现了法兰克福的奥斯维辛审判。这出话剧先是在百老汇上演，随后在全国广播公司播出，他便是在家里的黑白电视上观看的。他表示："正是在此时，我第一次了解到集中营里发生了什么。我被震惊了，深深地震惊了。"一段尤为生动的回忆来自一个波兰女天主教徒的证词，她讲述了在她腿上进行的可怕医学试验。罗森鲍姆补充说："我简直目瞪口呆。"多年后，他读到了维森塔尔的《我们中间的凶手》，这本书让他知道了究竟有多少罪犯仍逍遥法外，他再一次被震惊了。

在他大约 14 岁时，他父亲的一次意外吐露让这一切变得更具个人色彩。当时他们正开车从长岛前往纽约州北部，他的父亲计划参加那里的商业会议，然后他们打算一起去滑雪。他们被暴风雪堵在了纽约高速公路上，于是父亲再一次拿出了他最喜欢的打发时间的方法——向儿子讲述自己在战争期间的从军经历。他最初在北非服役，随后被调往驻欧洲的第 7 军心理战分队，这支部队当时急需会德语的人。他曾经对小罗森鲍姆讲述他们是如何在前线附近架设扬声器，保证会善待德军，劝说德军投降的。他还讲了自己代表所属队伍参与拳击比赛的事，以及有一次他跟兄弟们喝醉了的事，他的指挥官对此似乎更多觉得好笑而不是生气。

不过在前往纽约州北部的旅途中，他的父亲可能因为讲完了熟悉的故事，突然对小罗森鲍姆讲起了他此前从未听过的事情。父亲说："你知道吗，在达豪被解放的第二天我就去过那里。"此时的小罗森鲍姆已经知道达豪是什么了。老罗森鲍姆并不属于解放达豪集中营的那支部队，不过他当时就在附近，而且消息传得很快，大家都知道那里发生了可怕的事情。他受命与另一个士兵一同前去查看并回报那座集中营的情况，且他照办了。故事说到这里时，小罗森鲍姆问了一个答案显而易见的问题：他的父亲在到达集中营后看到了什么？

大雪纷飞。罗森鲍姆回忆说："那次行车真可怕，那可是一场暴风雪啊。因此，我们俩被困在了路上。我一直在等父亲的答案，但没有听到任何声音。"他抬起头看向父亲，发现父亲的眼中噙满了泪水，嘴唇微动似乎想说些什么，但是什么也说不出来。最后，在经过长时间的停顿后，他的父亲开始说起别的事情。小罗森鲍姆说："我明白了。"这也是此前每当父母避免谈及类似话题时他的反应。"他的所见是如此令人震惊，以至于他什么也说不出来，这个事实本身已经让我知道了我想要知道的一切。"

从那时起，年轻的罗森鲍姆就格外关注与纳粹分子有关的新闻，而在 20 世纪 70 年代，这类新闻变得越来越多。[18]《纽约时报》的记者拉尔夫·布卢门撒尔（Ralph Blumenthal）一直在追踪布劳恩施泰纳一案，并且撰写了大量关于其他在美纳粹分子的报道。另外，一位名叫霍华德·布卢姆（Howard Blum）的年轻作家还创作了《通缉！搜寻在美纳粹分子》（*Wanted! The Search for Nazis in America*）一书。这本立刻就成为纪实类畅销书的著作以二战老兵安东尼·德维托（Anthony DeVito）为主角，他与罗森鲍姆的父亲一样，也在达豪集中营被解放后不久造访过那里。在带着一个德国妻子回到美国后，德维托成了移民归化局的调查员，也因此被分配了布劳恩施泰纳一案。从那时起，他就一直四处奔忙，追踪调查居住在美国的 59 个纳粹罪犯，他们的名单是他从世界犹太人大会的研究人员那里拿到的。

德维托一直在与上级做斗争，最终于 1974 年辞去了移民归化局的职务，他声称该机构的领导层千方百计地阻挠他，不让他对居住在美国的纳粹分子做进一步调查。布卢姆写道："他是一个呼吁对他们实施报复的孤胆侠。"[19] 对这位与掩护纳粹分子（有些纳粹分子甚至曾为中情局等政府机构效力）的行径斗争到底的斗士，布卢姆进行了富有戏剧性的刻画，得到了大众的喜爱，也得到了罗森鲍姆的喜爱，那时的他即将进入哈佛大学法学院求学。罗森鲍姆回忆说："我当时当然相信书中所言，彻彻底底地相信。我对整件事都深信不疑。"

罗森鲍姆后来得出结论，布卢姆在书中有些夸大其词，忽视了美国此前阻挠纳粹分子入境的努力，并且夸大了德维托的作用。罗森鲍姆补充说，德维托本人也信了布卢姆对他的刻画，在谈到他自己对纳粹分子的追捕时把事实与虚构混为一谈。罗森鲍姆说："他的人生已经变成了一部惊险小说。他本人读过太多这种类型的小说了。"不过，毫无疑问的是，布卢姆的著作促使人们逐渐意识到，出于一些严重的错误，大量纳粹罪犯在美国找到了庇护所。

布卢姆和德维托不是唯一得出这种结论的人。在 1973 年当选国会议员后不久，来自布鲁克林的民主党人伊丽莎白·霍尔茨曼就接待了一名想要与她私下会面的移民归化局中层官员。他们的此次会面引发了一系列事件，它们的高潮是六年后司法部特别调查办公室的创设。霍尔茨曼解释说，这是"一个打击纳粹分子的高效机构"。[20] 它无法因纳粹分子在其他地方犯下的罪行而将他们送上法庭或者送入监牢，但它可以揭露他

244

们在进入美国时在个人经历方面撒了谎，进而让他们失去公民
权并遭到驱逐，最好是被驱逐到那些有可能审判他们的国家。

*　　*　　*

霍尔茨曼第一次读到布劳恩施泰纳一案时曾将其看作意外
状况。因此，当那名移民归化局官员出现在她位于众议院朗沃
斯办公大楼（Longworth House Office Building）的办公室，告
诉她移民归化局有一份列有 53 个纳粹战犯的名单却什么都不
做时，她一开始还不敢相信。她回忆说："这似乎不太可能。"
她说，鉴于美国在二战中的牺牲，"我们的政府没有理由允许
纳粹战犯在这里居住"。

不过那次对话在霍尔茨曼的脑海里埋下了怀疑的种子，这
一丝怀疑又被她后来读到的关于瓦莱里安·特里法（Valerian
Trifa）的文章进一步巩固。特里法曾是罗马尼亚法西斯政党铁
卫团（Iron Guard）的成员，负责领导该政党的学生组织。他
被控于 1941 年煽动了一场对布加勒斯特犹太人的大屠杀。战
后，特里法定居美国，并且在北美罗马尼亚东正教会（North
American Romanian Orthodox Church）中不断获得擢升，最终
成为主教兼领袖。出生于罗马尼亚的犹太牙医查尔斯·克雷默
（Charles Kremer）从 20 世纪 50 年代起就一直在孤独地采取行
动，想让特里法受到制裁。特里法否认所有指控，声称罗马尼
亚政府正设法抹黑他，因为他积极参与反共运动。[21]

在与那名谈及纳粹战犯的官员见面几个月后，霍尔茨曼终
于有机会询问移民归化局局长莱纳德·F. 查普曼（Leonard F.
Chapman），这位海军陆战队前司令当时正在众议院移民事务
次级委员会作证。

她问："移民归化局是否拥有目前住在美国的战犯嫌疑人名单？"

查普曼回答说："是的。"

霍尔茨曼后来回忆说，她当时已经完全准备好听他说"不"了，因此"我几乎从椅子上跌了下来"。当她问到名单上有多少人时，他的回答也同样干脆："53个。"当她缓过劲来，问他移民归化局为这份名单做了些什么后，他却抛出了"一堆让人云里雾里的说法来障眼"，没有给出任何答案。

由于无法了解这份与德维托此前获得的名单十分相似的名单到底经历了什么，沮丧的她要求亲眼看一看。令她再次感到惊讶的是，这位局长同意了。

文件放在曼哈顿，于是在下一个周末回家时，她被带进了一间办公室，一堆摆放整齐的文件正等着她。她一份接一份地打开文件，看到的都是类似的故事：每一个纳粹战犯嫌疑人都被指控实施了一些暴行，它们通常是杀害犹太人。不过同样很明显的是，如果说移民归化局官员确实做了追踪调查的话，他们也只确认了名单上所列人员的住址，造访过他们，询问过他们的健康状况，仅此而已。该部门从未调查对他们的指控的真实性，也没有检查任何证明文件或寻找可能的证人。她总结说："移民归化局什么也没做。这简直令人愤慨。"

从那时起，霍尔茨曼就发起了一场运动，要求建立一个特别机构来调查这些以及其他潜在案件。她不知道有多少纳粹战犯已经定居美国，但她相信移民归化局"充其量也就是一个不情愿的执行者，在最糟糕的情况下甚至是一个不作为者"。她相信，德维托以及曾和其在布劳恩施泰纳一案中共事的移民归化局律师维克托·斯基亚诺（Victor Schiano）始终致力于改变这一状况，但是未能成功。就她所能了解的情况而言，他们是移民归化局中仅有的有兴趣认真跟进纳粹案件的官员，而且两人在那时都已经辞职了。

在宾夕法尼亚州众议员、移民事务次级委员会主席约书亚·艾尔伯格（Joshua Eilberg）的帮助下，霍尔茨曼与来自民主党、共和党的其他同僚一起不断施压。1977年，移民归化局宣布成立特别诉讼处以负责处理纳粹分子的案件。总检察长格里芬·贝尔（Griffin Bell）推荐由律师马丁·门德尔松（Martin Mendelsohn，他和霍尔茨曼一样都成长于布鲁克林）草创这一部门并担任其负责人。贝尔对门德尔松说："我对这件事一无所知。但那位来自布鲁克林的女士快让我疯了，所以请把她哄开心了。"22

门德尔松知道，这个他新建的部门在寻求为数十年前发生的事情建立档案时会面临艰巨挑战。他说："可以把这些案子中的证据看作拼图中的单片，但是这些单片被时间扭曲，因而无法被拼凑在一起。"他暗示说，即使能够找到仍在人世的证人，也很难得到可靠的证词，并指出："即使有再好的记性，也总有忘记的时候。"许多幸存者都认不出施虐者。一个幸存者对他说："在集中营里我看到的是他们的脚；我从来不去看他们的脸。"

要想有完成使命的机会，门德尔松就需要组建一个顶级团队。不过他很快得出结论，移民归化局的大部分调查员和律师"不仅人数不够，而且能力不足"。他甚至将前调查员德维托斥为"彻头彻尾的骗子"，认为德维托极大地夸大了自己的成绩，还自欺欺人地认为"自己就是西蒙·维森塔尔"。

特别诉讼处最终被证明非常没有效用，不过霍尔茨曼不打算任这个事实拖后腿，于是继续为政府的不作为采取补偿措施。1978 年，一项她从 1975 年起就一直推动的法案在她的努力下终于通过了。这项后来被称作"霍尔茨曼修正案"的法案授权移民归化局遣送任何曾参与纳粹迫害行动的人。她在当时的一份新闻稿中说："这一行动巩固了我的一个想法，那就是清楚且毫不含糊地表明我们反对战争罪的立场永远不晚。"[23]

1979 年 1 月，她接任众议院移民事务次级委员会主席一职，并且加倍努力以实现她的另一个行动目标：使调查这些案件的职责从移民归化局转移到司法部，因为后者更适合处理这类案件。因为自身在移民归化局的经历而备感沮丧的门德尔松完全支持这一做法。不过最初他们遭到了司法部官员的抵制，司法部的人明确表示不愿接受这份职责。

霍尔茨曼没有给他们任何选择余地。她回忆说："我对他们说，要么你们自愿接下来，要么我就把这件事写进法律里。"同一年，也就是 1979 年，特别调查办公室成立，并作为司法部刑事司的一部分开始运转。这一机构比它所取代的移民归化局特别诉讼处更加雄心勃勃。由于初步预算约有 200 万美元，特别调查办公室能够组建一个 50 人的团队，其成员包括律师、调查员、历史学家、研究员和后勤人员。[24]

大约在同一时间，罗森鲍姆刚刚参加了一个朋友在费城举行的婚礼，正开车返回哈佛大学法学院。在停下车来买一瓶汽水时，他随手拿起了一份报纸。正是在这份报纸上，他看到了一篇短新闻，说司法部计划成立特别调查办公室。作为一名法学专业的二年级学生，他需要寻找一个夏季的实习机会，因此立刻决定去问问自己能否申请那里工作。他想："这就是世上所有工作中我最想做的。"

248　　回到他位于剑桥市的公寓时，时间已近午夜，他立刻给司法部打了电话，得到了这个新成立机构的电话号码。第二天早上9点，他联系到了门德尔松，这时的门德尔松已经从移民归化局被调了过来，以协助创立特别调查办公室。门德尔松只向罗森鲍姆提了一个问题：他是否认识著名的哈佛大学法学院教授艾伦·德肖维茨（Alan Dershowitz）？罗森鲍姆回答说，自己上个学期上过他的课。门德尔松给德肖维茨打了电话，后者向他证实，罗森鲍姆是个"好小伙"，于是仅仅基于这一点，门德尔松就批准了罗森鲍姆在那个夏天的实习资格。罗森鲍姆后来在谈到如今冗长的申请者审核流程时指出："这种事情在今天是不可能发生的。"

尽管门德尔松不久后就离开了特别调查办公室，并开始以私人律师的身份追踪与纳粹分子有关的案子，但罗森鲍姆已经在他的人生旅途中迈出了第一步，在他走几次弯路后，这趟人生旅途将把他推向特别调查办公室主任的位置，使他成为该机构任职时间最长的主任，以及美国最主要的纳粹猎人。

＊　　＊　　＊

大部分参与过纳粹迫害行动并成功定居美国的人不是来自德国或者奥地利，而是来自被希特勒的军队征服的国家，这绝非偶然。在战后欧洲的乱局中，许多从前德占区逃跑或者在犹太人大屠杀中幸存下来的人最终流落到了德国、奥地利和意大利境内的难民收容所中。1948年，杜鲁门总统签署了《战时错置人员法案》（Displaced Persons Act），允许20万难民在两年的时间里来到美国。[25]不过在当时，反犹主义仍然十分盛行，许多美国人担心犹太难民会大量拥入，因此最初的法案故意偏向了其他族群：来自"事实上被外国势力吞并了"的国家（例如被苏联吞并的波罗的海国家）的人、农业工人，甚至是德意志裔（从前德占区逃出来的德裔居民）。

随着时间的流逝，这些规则发生了变化，其中一些条款的放松让约8万犹太难民得以在1952年该法案失效前，变成了近40万获准进入美国的移民中的一部分。尽管来自波罗的海国家和乌克兰的难民通常被视为受共产主义迫害者，但他们之中也有大量纳粹通敌者。至于那些居住在被希特勒征服的土地上的德裔居民，他们有过通敌行为的可能性甚至更高。正如在1980~1983年任特别调查办公室主任的艾伦·赖恩（Allan Ryan）所说："《战时错置人员法案》将美国的渔网探入了满是鲨鱼的水里，故而不可避免地会有鲨鱼被放入网中。"

赖恩补充说，暗示大部分新移民参与了纳粹罪行是错误的做法。不过他推断，他们之中或许有2.5%的人是有罪的，据他计算，"约有一万个纳粹战犯来到了美国"。这一数字仅仅是一个猜测，罗森塔尔等人认为它有些太多了。不过鉴于当时对新移民没有严格的甄别措施，因而有罪者可以轻松地与无辜者一起悄悄溜进美国。在这个时候，他们通常会尽可能不引人注意。他们不是那些好莱坞电影中刻画的大坏蛋，迫切地想要策划新的纳粹阴谋。正如赖恩所说："他们变成了模范公民以及安静的邻居。"[26]

直到1973年，当要求追究更多纳粹罪犯的压力变得越来越大时，美国政府仅做了将九个纳粹通敌者驱逐出境的尝试，而且它们大部分失败了。在过去三十多年的时间里，美国在这方面的表现几乎可被称为彻头彻尾的玩忽职守，到1979年特别调查办公室成立时，该机构承担起了补救的任务。[27]这种做法传递了一条信息，那就是尽管为时已晚，但美国说到做到，一定要摆脱那些靠在个人经历上撒谎进入美国的纳粹罪犯。

在畅想他在该新机构中的实习生涯时，罗森鲍姆满脑子都是布卢姆在畅销书里写到的政府官员的黑暗阴谋，这些说法与德维托在离开移民归化局时发出的指责不谋而合。罗森鲍姆推测，自己将能够接触档案，这意味着"在即将到来的这个夏天，我将除去掩饰，查个水落石出"。但与想象中的情形相反，他发现自己干的事是与这个新团队的成员一起从法律层面研究复杂而引人入胜的案件，这些成员的敬业和聪慧给他留下了深刻印象。他笑着说："当然，我没有发现任何阴谋或者掩饰。"到夏天结束时，他拥有了一个更为现实的目标：在第二年从法学院毕业后回到特别调查办公室。他做到了这一点。

250　　　这个新组建的机构面临着许多障碍，而最初门德尔松试图让移民归化局采取更激进的行动时也遇到过同种障碍。美国司法部2010年就特别调查办公室的历史公布了一份内部报告，它指出："在战争结束那么多年后，'追捕纳粹分子'既引人注目又单调乏味，而且十分困难。"[28]让事情变得更加复杂的是他们需要在处于铁幕另一侧的地区搜集证据。以霍尔茨曼等人与苏联官员建立的联系为基础，特别调查办公室得以从来自苏联的证人那里搜集证词，并且带着自己的法律人士和辩护律师随行。不过美国法官对于源自东方阵营的一切，无论是证词还是文件，都十分警惕，这尤其是因为来自乌克兰和波罗的海国家的人经常指控称，许多遭到调查的人是共产党抹黑行动的受害者。专栏作家、未来的总统候选人帕特·布坎南（Pat Buchanan）也谴责特别调查办公室是克里姆林宫错误情报的散布者。

在少数几起案件中，特别调查办公室相对较快地取得了成果，有时还造成了意料之外的后果。1981年，它查出1952年来到美国的61岁铁路工人阿尔贝特·多伊舍尔（Albert Deutscher）是乌克兰的德意志裔，参与过一个准军事组织，该组织枪杀了通过火车抵达敖德萨的犹太人。在特别调查办公室提起诉讼的同一天，多伊舍尔在芝加哥的一趟货运列车前跳轨自杀。[29]

不过，大部分法律诉讼需要耗时几年甚至几十年，那些在特别调查办公室成立之前就启动调查的案子也包括在内。瓦莱里安·特里法，也就是那个被控煽动屠杀犹太人行为的罗马尼亚主教始终宣称自己是无辜的。当看到一张自己身穿铁卫团制服的照片后，他不得不承认自己曾经是该法西斯组织的一员。不过，他仍然坚称自己从未做任何坏事。随后，特别调查办公室接手了这个案件。为了结束针对他的法律诉讼，特里法于1980年放弃了自己的美国公民身份。两年后，在美国政府还在正式控告他时，他终于同意被驱逐出境。

不过这不是他故事的终点。特别调查办公室最艰巨的任务之一是找到一个愿意接收此类战犯的国家，尤其是这可能意味着该国随后也将面临对他们提起诉讼的压力。特别调查办公室试图说服以色列接收他，但未能成功。以色列领导人不想传递出他们准备审判更多纳粹的信号，因为他们始终将艾希曼案看作一个例外，而非先例。1984年，葡萄牙终于同意接收特里法，后者在那里得以公开地生活，并且不断发出挑衅言论。他宣称："犹太人所说的关于大屠杀的一切都将引火烧身。"[30]他于三年后死去。

＊　　＊　　＊

在哈佛大学法学院读书的最后一年，罗森鲍姆在剑桥市一家二手书店的犹太人大屠杀专区浏览时，找到了一本关于多拉（Dora）集中营的书，这是一个他此前从未听说的集中营。那本书的作者名叫让·米歇尔（Jean Michel），是从该集中营的痛苦折磨中幸存下来的前法国抵抗运动战士。即使对罗森鲍姆这样一个已经十分熟悉那段岁月中的许多恐怖故事的人来说，米歇尔对这座集中营里设施条件的记述也让人不寒而栗，德国科学家正是在这里制造了著名的 V–2 火箭。

米歇尔写道："导弹奴隶们一刻不停地工作，为他们的生存担惊受怕，虐待狂般的党卫军和牢头不断恐吓他们。"这些囚犯来自许多被德国占领的国家，他们不得不用最少的工具来挖掘和建造隧道，经常要徒手工作。"他们在最骇人的条件下搬运石块和机器。机器是如此之重，以至于这些筋疲力尽、形容枯槁的囚犯经常被压死。氨气尘埃灼伤了他们的肺。食物甚至对低等生物来说都远远不够。"这些囚犯必须每天工作 18个小时，有的人甚至直接在隧道里睡觉，只有最强壮的囚犯才能幸存下来。米歇尔说，在被派往多拉集中营的六万人中，有三万人死在了那里。[31]

罗森鲍姆随后找到了另一本书，书名为《火箭团队》（The Rocket Team），其作者饱含崇敬之情地研究了韦恩赫尔·冯·布劳恩（Wernher von Braun）及其德国火箭科学家团队，该团队中的许多德国火箭科学家被带到美国，在美国的火箭和航天项目中发挥了关键作用。他们之中有一个人名叫阿图尔·鲁道夫（Arthur Rudolph），负责监督"土星 5 号"火箭的研发，正是这种火箭将第一批宇航员送上了月球。不过这本书的美国作者同时指出，鲁道夫曾经负责在多拉制造导弹，这意味着他就是"导弹奴隶"的"奴隶主"之一。[32]

正如罗森鲍姆经常提到的那样，特别调查办公室的调查经常是由外国政府或者媒体提供的情报所触发的。不过在这个案件中，罗森鲍姆焦急地想要在一毕业并回到司法部后就提供他自己的情报。冯·布劳恩已经于 1977 年去世，而鲁道夫尚在人世。在回到特别调查办公室的第一天，罗森鲍姆就在与办公室副主任尼尔·谢尔（Neal Sher）的会面中提起了这件事。谢尔没有听说过鲁道夫，但立刻问道鲁道夫是不是"回形针行动"（Operation Paperclip），即在战后将德国科学家带至美国的行动的一部分。罗森鲍姆回答说是的。谢尔警告他说，其他对"回形针行动"的调查似乎都不了了之，因为很难用特定的罪名去指控科学家。不过谢尔同意让罗森鲍姆开展调查，"只要你不为它浪费太多时间就行"。[33]

罗森鲍姆坦率地承认，自己完全无视了这一警告。在一个实习生的帮助下，他在国家档案馆（National Archives）找出相关档案，并且前往西德查询来自多拉 - 诺德豪森战争罪审判的档案记录，该审判是美军 1947 年在达豪举行的一系列审判中的一部分。鲁道夫并非被告之一，但在 1947 年 6 月 2 日他遭到了尤金·史密斯（Eugene Smith）少校的审讯，而罗森鲍姆拿到了足以将他定罪的审讯记录。鲁道夫承认在"6 个或者是 12 个"囚犯被处决时他就在现场。党卫军把他们挂在一个用来搬运火箭零部件的电动吊臂下方，让他们被慢慢吊死，而其他囚犯则被迫观看整个过程。鲁道夫解释说，这么做的目的是"展示破坏工厂的预谋会遭到怎样的惩罚"。[34]

基于这一证据，谢尔与罗森鲍姆都相信，他们应该对鲁道夫采取行动。这名科学家此时正在加利福尼亚州圣何塞市（San Jose，California）享受舒适的退休生活。他相信自己作为受人尊重的美国科学家有着良好的信誉，因此在 1982 年罗森鲍姆、谢尔和特别调查办公室主任赖恩出现在圣何塞与他见面时，他似乎并未有所警惕。他单独与他们见面，没有让律师陪同，并且急切地想要传达自己愿意给予充分配合的信息。他还表示，自己曾经试图让多拉集中营囚犯的生活变得更轻松而不是更艰难。不过这种说法站不住脚，在特别调查办公室律师手上掌握的集中营残忍暴行和处决犯人的证据面前更是如此。

第二次见面时，鲁道夫与律师一同前来，并询问是否有办法不通过任何正式的司法程序就了结这桩案件。双方达成了一项协议：鲁道夫将自愿放弃美国公民身份并离开美国。由于这件事是在没有经过司法程序的情况下解决的，因此他得以继续领取美国养老金。从特别调查办公室的角度来看，这已经是一场胜利了。罗森鲍姆指出："如果对簿公堂的话，可能就要花上好几年的时间。基本上，他同意接受失败，而我们同意接受胜利。"

对鲁道夫而言，放弃美国公民身份也并非重大损失，但他还是苦涩地抱怨说美国人在利用完他的科学专长后就摆出了忘恩负义的嘴脸。和处理那些战后受雇于中情局的前纳粹分子时一样，罗森鲍姆对这些在冷战初期做出的妥协并不感到义愤填膺。他在谈到鲁道夫时表示："我不会马后炮般地抨击招募他的决定。"不过他相信，鉴于可以用来指控鲁道夫的这些证据，美国应该更早把这个科学家送回德国——一旦鲁道夫对火箭项目没有任何作用了就应该这么做。

这是罗森鲍姆在特别调查办公室任职初期碰到的最重要的案件。不过那时他不确定自己会在追捕纳粹的工作上干多久，或者说不确定司法部的这个部门会存在多久。他的同事、欧洲当代史专家伊丽莎白·怀特（Elizabeth White）是在1983年被招募进来的。她笑着说："当时我被告知，这个部门充其量只会存在三五年，在它设立的最初25年里，每一个新员工都会被告知这一点。"[35] 他们当时的猜想是，由于许多纳粹罪犯不久后就可能死去，因此需要调查的对象会越来越少。她在该部门工作了27年，极大地拓展了观察名单（Watch List），这份名单列出了那些可能进入了美国的前纳粹分子。

罗森鲍姆是一个十分主动的追捕者，尤其喜欢突击造访潜在的调查对象。不过他也感到十分沮丧。他说："有许多人，你心里很清楚他们绝对深度参与了纳粹的迫害行动，但你就是没办法证明这一点。这是这项任务与生俱来的一个问题。我们没有足够的人手把所有案件都妥善解决，因此总是不得不事先确定优先顺序。"

在为特别调查办公室工作三年后，他决定走一条更为传统的道路——接受一家曼哈顿律所提供的工作机会。不过，他很快发现，企业诉讼"对我来说没有任何意义"。他说，他已经"不幸地参与过那些对我而言意义重大的案件了"。

1985年，罗森鲍姆再次参与了此类案件。当时的他仍没有回到特别调查办公室，还在世界犹太人大会做法律总顾问。

正是在那里任职的两年时间里，他发现自己不仅揭露了那些曾为第三帝国效力之人的秘密过往，还陷入了与另一名纳粹猎人的一场快速升级的冲突。这场斗争让他站在了西蒙·维森塔尔的对立面，而维森塔尔正是他刚开始对追捕纳粹战犯的事业着迷之时的偶像。

第十三章　往返拉巴斯

> 44个孩子被遣送——这不仅是个数字，更是44个悲剧，即使已过了40年，它仍然在给我们带来痛苦。[1]
>
> ——贝亚特与塞尔日·克拉斯菲尔德

法国纳粹猎人塞尔日·克拉斯菲尔德坦承，曾任里昂盖世太保负责人的党卫军上尉克劳斯·巴比（Klaus Barbie）远远算不上与艾希曼、门格勒或者奥斯维辛集中营指挥官鲁道夫·霍斯同级别的人物。他表示："巴比不是纳粹罪行'董事会'的成员，只是一个中层管理者。"尽管如此，他仍然强调说，这并不能减轻巴比的罪过或者重要性。"他是横行在我们的土地上的盖世太保中的典型。纳粹警察的高层与他们的受害者没有任何接触，他们只有通过巴比这类人才能采取行动。巴比本人给幸存下来的囚犯留下了不可磨灭的记忆。他是一个尤为积极、狂热的地方执行者。"[2]

在德国占领法国期间，巴比造成了数千人的死亡，并且曾亲自对无数受害者施以酷刑。即使在一个暴行肆虐的世界里，他也很快获得了巨大的名气，其行为完全配得上"里昂屠夫"的绰号。他最著名的受害者是法国抵抗运动的领袖让·穆兰。巴比对他进行了无情的殴打和折磨，试图让他开口，但是饱经虐待的穆兰从未吐露任何秘密，他后来在一列开往德国的火车上死去。

除了千方百计地镇压抵抗运动外，巴比还将注意力放在围捕犹太人上，且他在这个方面也特别臭名昭著。1944 年 4 月 6 日，在接到一个法国告密者的情报后，里昂的盖世太保包围了小村庄伊齐厄的一所学校，那里同时也是犹太儿童的避难所。当时在附近劳作的一个当地农场帮工目睹了一切。他回忆说："德国人粗暴地把孩子们装进卡车，就好像他们是一袋袋土豆。"惊恐万分的孩子们向他喊叫以寻求帮助，不过当他向他们的方向走去时，一柄枪托将他拦了下来。其中一个男孩试图从车里跳出来逃跑，但帮工无助地看着德国人"开始残忍地用枪托殴打他，还踢他的小腿"。[3]

巴比立刻就向巴黎的盖世太保总部发了一封署名电报，报告了在伊齐厄抓捕犹太儿童以及关闭"犹太儿童庇护所"的行动。克拉斯菲尔德写道，巴比的这封电报"成了历史的一部分，证明在这件事上他的残忍程度以及绝对的邪恶程度，甚至超越了他对法国抵抗组织的处置"。[4]这 44 个 3～13 岁的孩子以及他们的 7 个监护人很快就被送往奥斯维辛集中营，只有一位成年人最终成了幸存者。她描述了其中一个年龄最小的女孩是如何从她手上被抢走，然后和其他人一起被送进毒气室的。

对于克拉斯菲尔德来说，这些孩子的命运不只是战争期间的又一场悲剧，还让他感到了深刻的切肤之痛。毕竟他和妹妹是在同样的岁数在一个相似的村庄里获得拯救的。在盖世太保突袭行动的几个月前，其中一个名叫妮娜·阿罗诺维奇（Nina Aronowicz）的孩子给她身在巴黎的姨妈写了一封信，描述了这个乡下避难所给她和其他孩子带来的安全感：

能来这里我很开心。这里有美丽的山丘，从高处你还可以看到涓涓流淌的罗讷河，景色非常优美。昨天，我们与玛塞勒小姐（她是老师）一起去罗讷河里游了泳。周日，我们给波莱特和另外两个孩子举办了生日派对，排演了许多幽默小品，那真是棒极了。[5]

克拉斯菲尔德夫妇很早就决定要尽一切可能让巴比为他的罪行付出代价，并且让人们知晓受害者的遭遇。他们还决心揭露一个事实，那就是"里昂屠夫"在战后曾经为美国的情报部队服务，而且后来美国人为他通过"绳梯"路线逃到拉丁美洲提供了便利。[6]这一行动将跨时 20 年，不过最终他们大获成功。他们通过此举还促使美国政府前所未有地开始调查自己曾为纳粹战犯提供的帮助。

*　　*　　*

里昂的一间法庭在战后曾两次缺席判处巴比死刑——第一次是在 1947 年，第二次是在 1954 年。到 1960 年，德国纳粹受害者协会（Association of German Victims of Nazism）在慕尼黑启动了对巴比在法国所犯罪行的调查。[7]不过此时的巴比早已销声匿迹了。早在 1951 年，他就已经离开祖国，与家人一起定居玻利维亚。化名克劳斯·阿尔特曼（Klaus Altmann）的他成为一个与右翼政客和军官关系密切的"商人"，并因此发了财。1971 年夏天，贝亚特·克拉斯菲尔德第一次听说慕尼黑的德国检察官放弃了对巴比罪行的调查，而那时的"阿尔特曼"有足够的理由和信心认为自己已经将过去抛到九霄云外了。巴比与乌戈·班塞尔（Hugo Banzer）的关系尤其密切，后者是在几乎整个 20 世纪 70 年代统治玻利维亚的军事独裁者。

不过巴比没有预料到克拉斯菲尔德夫妇的激情和决心。他们从最基本的步骤开始，搜集能够找到的每一份称得上细枝末节的证据，包括巴比的战争档案以及关于他是如何在战后被美国人利用的记录。他们很快得出结论：他一定从战争刚结束起就开始为美国人效力。贝亚特主要负责把他们的发现公布在媒体上，并且动员前抵抗运动战士和其他人与她一起前往慕尼黑向检察官施压，要求检方继续调查这一案件。

塞尔日找到了法国沦陷期间的里昂犹太人领袖雷蒙·格赖斯曼（Raymond Greissmann），后者作证说，巴比清楚地知道他逮捕的这些人会面临怎样的命运。巴比曾当着格赖斯曼的面说："不管是枪毙还是遣送，都没有区别。"[8] 让·穆兰的妹妹写了一封信支持克拉斯菲尔德夫妇的行动。而在慕尼黑，贝亚特在犹太人大屠杀幸存者福蒂内·本吉吉（Fortunée Benguigui）的头顶上立了一块标语牌。在本吉吉被遣送到奥斯维辛集中营的一年后，她的三个孩子也在伊齐厄遭遇了同样的命运，但他们再也没能回来。标语牌上写着："只要对杀害我孩子的克劳斯·巴比的调查仍然停滞，我就会一直绝食抗议。"[9]

慕尼黑公诉人曼弗雷德·卢多尔夫（Manfred Ludolph）在心软之下不仅重启了调查，还向贝亚特的代表团提供了两张照片。其中一张是巴比在 1943 年的照片；在另一张照片上，一群商人围坐在一张桌子旁，其中一人看起来非常像老年的巴比，也就是克拉斯菲尔德的追捕目标。卢多尔夫对他们说，这张照片是 1968 年在玻利维亚的拉巴斯（La Paz）拍摄的。他还说："这是目前我所能告诉你们的一切。既然你们已经证明了自己是多么的高效，为什么不帮我验明此人的身份呢？"[10]

克拉斯菲尔德夫妇在四处传阅这两张照片后，开始搜集那些认识巴比并且能够在第二张照片中认出他的人的口供。1943年的那张照片刚在法德两国的媒体上刊登出来，就有一个住在利马（Lima）的德国人向那位慕尼黑检察官报告说，他见过近期造访了秘鲁首都的"克劳斯·阿尔特曼"。卢多尔夫将此人的联系方式交给了贝亚特，不久后，克拉斯菲尔德夫妇就获得了巴比在玻利维亚的地址。卢多尔夫和克拉斯菲尔德夫妇还汇总了一份报告，证明阿尔特曼就是巴比。报告指出，阿尔特曼的几个孩子的出生日期与巴比孩子的完全一致。贝亚特一如既往地准备采取直接行动。她先是飞往利马，然后飞往拉巴斯，向那里的记者讲述了巴比的故事。与此同时，她对为巴比提供保护的班塞尔政权提出谴责。她回忆说："我帮助玻利维亚人把希特勒统治下发生的事情与班塞尔统治下发生的事情联系起来。"不出所料，玻利维亚政府对这种帮助没有丝毫感激，将她驱逐出境。在她停留于利马时，两个秘鲁警察一直将她扣留在一间办公室内，防止她在城市里乱跑。其中一个警察对她说："我们在这儿负责你的安全。你面临被利马市内的纳粹组织杀害的风险，他们对你在南美发起的针对他们的运动非常愤怒。"[11]

1972年初，在克拉斯菲尔德夫妇的宣传运动的敦促下，法国政府开始采取行动。法国总统乔治·蓬皮杜（Georges Pompidou）专门给班塞尔写信，强调法国人民不会允许过去的罪行在"冷漠中被遗忘"。贝亚特回到了拉巴斯，这次带着另外一位女性，后者的两个孩子都曾藏身伊齐厄并最终在奥斯维辛集中营死去。由于她们吸引了大量关注，因此玻利维亚政府不得不允许她们入境，但是同时警告说她们不许发表公开讲话。贝亚特最初照办了，但这种顺从到她能够安排一场新闻发布会后就消失了。两位女性后来用锁链将自己锁在巴比工作的船运公司办公楼门前的一张长椅上。她们的其中一张标语牌用西班牙语写着："以数百万纳粹受害者的名义，引渡巴比－阿尔特曼！"

这次访问也很快就被迫终止，不过她们取得了另外一项公关上的成功。巴比很快就不再假装他的真名是阿尔特曼，他的案件也引起了越来越多的媒体报道。不过，克拉斯菲尔德夫妇同时也认识到，即使他们拥有德国和法国政府的更多支持，玻利维亚政府抛弃巴比的可能性也几乎为零。玻利维亚外交部的一位法律顾问对贝亚特说："玻利维亚是一个神圣的庇护所，所有在这里避难的人都是不可侵犯的。"他还对她说，该国对重大犯罪的起诉时效只有八年，这意味着无论巴比在战争期间做了什么，那都已经是"过去的事"了。[12]

巴比知道他受到了班塞尔政权的保护，因此可以对克拉斯菲尔德夫妇正对他采取的所有行动不屑一顾。与其他许多战犯一样，他声称在战争期间自己仅仅是在履行职责，没有什么需要忏悔的。他说："我已经忘记了。如果他们还没有忘记，那是他们自己的事。"[13]

这一僵局让克拉斯菲尔德夫妇面临两难选择：是应该继续呼吁将他引渡，寄希望于僵局能发生某种程度的变化，最终让引渡成为可能，还是应该考虑采取更加激进的行动？在她先后于1972年和1975年分别以法语和英语出版的回忆录中，贝亚特声称，有人曾问他们为什么没有直接干掉巴比。她似乎对这种做法不屑一顾，指出："说这种话的人自己从来不会做这种事。"此外，她还说："干掉巴比什么也证明不了……不过是在清算旧账而已。"她强调，她和塞尔日意在让他接受审判，这样有关他罪行的无可辩驳的证据就能够被公示出来，公众就能再一次了解纳粹的罪行。[14]

当时她没有提到，但是后来她和塞尔日都承认的一件事是，他们其实没有排除在无法用合法手段引渡巴比的情况下动用武力的可能性。在 2013 年我采访他们夫妇时塞尔日解释说："首先，我们曾试图绑架他。"1972 年 12 月，塞尔日飞往智利与雷吉斯·德布雷（Régis Debray）见面，后者是法国的一位马克思主义者，当时试图与切·格瓦拉，也就是那位参与古巴革命的阿根廷老兵一起推翻玻利维亚政府，但他们的努力失败了。1967 年，切·格瓦拉被杀害，德布雷被关进一所玻利维亚监狱，获刑 13 年。在面对强大的要求释放他的国际压力后，玻利维亚政府于 1970 年将德布雷释放。[15]

塞尔日的计划是与一些玻利维亚叛军合作，以便穿越边境抓捕巴比。塞尔日随身带了 5000 美元现金，为这次行动购买了一辆轿车。据塞尔日说，在汽车抛锚后，这次行动就失败了。不过导致行动失败的可能还有智利急转直下的形势；1973 年，信仰马克思主义的智利总统萨尔瓦多·阿连德（Salvador Allende）被一场军事政变推翻。

在接下来的近十年时间里，克拉斯菲尔德夫妇继续追踪巴比一案，但似乎没有取得什么进展。与此同时，他们还在处理利施卡、哈根和海因里希佐恩的案子，这些人也是在沦陷后的法国服役的前党卫军军官。他们比巴比更容易对付，因为他们此时仍然住在西德。当他们三人最终在 1980 年因在遭送五万法国犹太人到死亡集中营一事中的作用而被判有罪时，克拉斯菲尔德夫妇终于有理由去真正庆祝一番了。

不过，他们仍然不打算放弃巴比。而且恰恰相反，贝亚特写道，尽管他们在十年前曾拒绝考虑暗杀他，但如今她和塞尔日都表示，到 20 世纪 80 年代，他们已经准备支持这种做法了。巴比在玻利维亚的保护人班塞尔已经在 1977 年下台，不过不久后上台的新的军事强人仍然为他提供了保护。1982 年，一个居住在法国的玻利维亚人找到克拉斯菲尔德夫妇，对他们说他打算返回祖国去杀死巴比。塞尔日对我说："我们对他表示支持。"塞尔日解释说，当时独裁国家为纳粹罪犯提供的保护使得他们别无选择，只有在这种情况下，暗杀行为才具有正当性。

不过，这位准备实施暗杀的刺客在抵达玻利维亚后向他们汇报说，军政权正在分崩离析。克拉斯菲尔德夫妇立刻放弃了暗杀计划，并且重新开始劝说法国政府想办法将巴比带回法国接受审判。这一次，他们已经有了一个现成的盟友。塞尔日说，德布雷"此时不再是一个恐怖分子，而是（法国总统）密特朗的特别顾问"。

在民选政府取代了拉巴斯的军政府后，巴比终于在 1983 年 1 月 25 日被逮捕，表面上的逮捕理由是在一桩商业交易中欺诈政府。玻利维亚的新政府明确表示他们迫切地想要摆脱这个麻烦缠身的居民。当西德人还在犹豫是否要接受把巴比送回西德的提议时，克拉斯菲尔德游说法国政府的努力终于取得了成效。玻利维亚人用飞机将巴比送到法属圭亚那，接着，一架法国军用飞机将他带回了法国。[16]

为了准备对巴比的审判，塞尔日出版了著作《伊齐厄的孩子：一场人间悲剧》（*The Children of Izieu：A Human*

Tragedy）。他在书中为 44 个被送上不归路的孩子中的每个人写了一篇简要的介绍，他们的名字和面孔从匿名统计数据中被拯救出来，构成了他们无声但强有力的证词。塞尔日与贝亚特一起为这本书撰写了导语，强调之所以要将纳粹分子绳之以法，其中一个关键原因是必须记录他们的罪行。他们还说："让我们追踪克劳斯·巴比并揭露其身份的，正是伊齐厄的孩子们，而且只是为了他们。"[17]

巴比一直到 1987 年才接受审判，而且直到最后都声称自己是无辜的。庭审在里昂举行，里昂就是他作为盖世太保的负责人行使杀人权的城市。他被判犯有反人类罪，并被判处终身监禁，四年后，他在里昂的监狱里死去，时年 77 岁。

＊　　＊　　＊

在采取行动将巴比绳之以法的过程中，有一个重要的问题没有得到解决，那就是关于美国情报机构曾在战后雇用他，并在后来帮助他逃到南美的指控。在巴比返回法国时担任美国司法部特别调查办公室主任的艾伦·赖恩承认，这个故事使他措手不及，有关巴比曾为美国情报部队效力的报道让他尤为意外。他宣称："我对此一无所知，而且我也是这么说的。"[18]

但在面对来自国会和媒体的问题时，赖恩非常想把事情查清楚。1983 年 2 月 11 日，在巴比被飞机送回法国不到三周后，赖恩与美国反间谍部队的负责人见了一面，该负责人准备了一份三英寸厚的巴比档案。最近的一份文件来自 1951 年 3 月 27 日，它是由两名美军情报特工撰写的报告，他们用"阿尔特曼"的名字帮巴比准备了假身份证明，护送他前往热那亚，并把他送上了前往南美的旅途。赖恩最后总结说："美国

262

人与巴比共谋的证据确凿无疑，如果我们自己不能整理出完整过程的话，那么每个电视台、每份报纸，以及每一个自封的纳粹猎人都会替我们做好这件事。"[19]

在早些年间，华盛顿可能会否认或用所谓的国家安全来进行掩饰。不过，美国政府已成立了特别调查办公室，也已正式宣布要致力于追捕纳粹分子，因此很难无视这么严重的指控。尽管如此，司法部部长威廉·弗伦奇·史密斯（William French Smith）最初还是试图敷衍过去。让赖恩感到震惊的是，史密斯认定没有必要启动正式调查，不过他没有公开宣布这一决定。司法部不断地回避有关巴比的问题，与此同时，媒体和国会议员都要求了解为什么司法部没有采取任何行动。赖恩不得不静默地坐着，但他感到怒火中烧。

最后，在 1983 年 3 月 14 日，美国广播公司的约翰·马丁（John Martin）打来电话说，他正在为当晚的新闻播报撰写稿件，想要了解是否有任何新的进展。赖恩回忆说："他明显是在暗示有些事情被掩盖了。"[20]赖恩给史密斯的新闻秘书打电话以作提醒。仅过了半小时，史密斯就改变了主意，宣布授权展开调查。马丁得以将这一消息放在他的报道里。

赖恩很快就在特别调查办公室组建了一支小分队，让他们尽可能地挖掘信息。尽管巴比曾为美军反间谍部队效力，并且曾受益于这支部队的保护一事已是确凿无疑，但此时仍不清楚的是负责与他打交道的美军军官对于战争期间他在里昂的经历了解多少，以及对于法国试图搜捕他的努力了解多少。特别调查办公室还不清楚巴比是否曾为中情局效力，以及他在 1951 年前往玻利维亚避难后是否仍在为美国人效力。

在进行了事无巨细的调查后，特别调查办公室撰写了一份详细的报告，报告尽管谨慎地保持了一种平心静气的语气，但描绘了一幅满是内部的情报阴谋和欺骗的画面，堪比约翰·勒卡雷①笔下的间谍小说。尽管反间谍部队总部已经在1947年通知其地区办事处，巴比是前里昂盖世太保负责人，也是由前党卫军军官组成的关系网中一个"危险的阴谋家"[21]，但反间谍部队的特工把注意力放在他们的首要任务上，那就是在盟军占领下的德国境内搜集疑似共产党活动的情报。其中一名特工罗伯特·S. 泰勒（Robert S. Taylor）从一名曾经驻法的德国特工那里得到情报说，巴比在这方面可能非常有用。

泰勒及其直属上司决定不通知正打算逮捕巴比的总部，而是将巴比当作线人来使用。泰勒说巴比在他看来是一个"可靠的人，无论在智力上还是个性上都是如此，他从来没有任何紧张或者恐惧的情绪。他有强烈的反共倾向，是一个理想主义的纳粹，相信他的信仰遭到了纳粹掌权者的背叛"。[22]在两个月内，泰勒及其上级就对巴比的价值有了足够的信心，以至于他们公开向总部提出，在他为反间谍部队效力时应该让他保持自由身。

1947年10月，来自反间谍部队总部的一名军官下令逮捕巴比，好让他被送往美军欧洲司令部情报中心接受"细致的审讯"。[23]不过巴比毫发无伤地通过了审讯。他被认为特别具有价值，因为他非常了解法国的情报机构，而美国人相信该机构已经被共产党人严重渗透了。或许更重要的是，他的审讯者相

264

---

①　约翰·勒卡雷（John le Carré）是英国著名间谍小说家大卫·康威尔（David Cornwell）的常用笔名，其代表作有《柏林谍影》（*The Spy Who Came in from the Cold*）、《锅匠，裁缝，士兵，间谍》（*Tinker, Tailor, Soldier, Spy*）等。

信让军队继续雇用他是更为稳妥的做法，因为他"太了解反间谍部队的使命、特工、次级特工、资金等内容了"。[24]

法国政府好几次试图搜寻巴比，法国驻华盛顿大使以及其他高级官员也反复向美国国务院以及美国驻德国高级专员公署施压，要求他们提供援助。与此同时，反间谍部队继续雇用他。在特别调查办公室的报告中，赖恩字斟句酌地写出了他的关键结论。他强调说，最初招募巴比的反间谍部队特工不应"为做出这一决定而遭到贬损"，因为他们"总体而言都是有良心的爱国者，只不过被分配了一个非常棘手的任务"。他们招募巴比来完成该任务的决定"既非犬儒主义也非腐败"。[25]

报告还指出，巴比当时并不是众所周知的重要战犯，而且该报告认为最初与他共事的那几个反间谍部队军官应当疑罪从无。参与调查的特别调查办公室历史学家戴维·马韦尔说，"不清楚他们在招募他时是否知道他并不只是一个业务熟练的情报官员"。[26]不过到 1949 年 5 月就已经有证据显示巴比因严重的战争罪行遭到通缉，而且面对美国驻德国高级专员公署的质问，反间谍部队曾反复掩盖巴比正在为他们效力的事实。结果，当地的军队高层"不知道反间谍部队军官已知道巴比的去向，也没有理由去怀疑反间谍部队在撒谎"。这导致美国驻德高级专员公署反复向法国人否认自己了解巴比的行踪。

报告总结说，反间谍部队故意向中情局隐瞒了巴比的情况。当时这两个机构间存在着激烈的竞争，而且相互猜疑。报告还说，没有证据显示在巴比抵达南美后，他曾为中情局或者任何美国政府机构效力。

上述情况都使赖恩在报告的结论中指出，"决定使用一个前纳粹分子甚至前盖世太保军官是一回事，决定使用一个因战争罪而遭到通缉的人却是另一回事了"。对于反间谍部队在知道自己越了红线后仍然隐瞒的做法，他的意见甚至更为严厉。他写道："害怕难堪不能成为一个政府机构故意向另一个政府机构提供虚假信息的借口。"

报告同样直言不讳地详细介绍了反间谍部队在帮助巴比逃离欧洲的过程中起到的作用。尽管美国人此前也曾帮助其他纳粹分子离开德国，但报告坚称，这是他们第一次也是唯一一次使用臭名昭著的"绳梯"路线来达到目的。他们付钱给克罗地亚神父克鲁诺斯拉夫·德拉戈诺维奇（Krunoslav Dragonović），他曾帮助许多战犯嫌疑人通过同样路线从他的祖国逃跑。他们还安排巴比及其家人乘船从热那亚前往布宜诺斯艾利斯，这家人后来就是从布宜诺斯艾利斯前往玻利维亚的。

赖恩后来在回忆录中将整件事称作"一部关于耻辱的编年史"。[27]不过他对于特别调查办公室的报告及其立刻产生的影响感到十分自豪。与这份报告的副本被一同递交给法国政府的还有一份正式照会，美国国务卿乔治·舒尔茨（George Shultz）在照会中就美国在正义被推迟如此之久的过程中所扮演的角色，"向法国政府深表歉意"。[28]尽管媒体的报道也在这件事中发挥了重要作用，但华盛顿恳切对待历史问题的态度赢得了广泛赞赏。法国司法部部长罗贝尔·巴丹特尔（Robert Badinter）寄给美国司法部部长史密斯的信让赖恩感到尤为高兴。巴丹特尔写道："这项尤为严谨的工作体现了对调查真相的关切，贵国应引以为荣。"[29]

克拉斯菲尔德夫妇为追踪巴比而长期从事的活动产生了巨大的连锁反应，其影响力甚至超出了他们的预想。

第十四章　战时谎言

所有人的生活里都有一部历史。

——威廉·莎士比亚，《亨利四世》

　　如果说对巴比一案的处理体现了正义确凿无疑的胜利，以及为纠正历史错误所采取的值得赞赏的努力，那么库尔特·瓦尔德海姆事件与之相比就完全是另外一回事了。当这位联合国前秘书长成为奥地利 1986 年总统大选的主要候选人时，一系列对他战时经历的揭秘不仅在竞选期间引发了激烈的辩论，而且导致了纳粹猎人之间，以及奥地利犹太人群体与纽约的世界犹太人大会之间的相互指责。没有人最终成为明显的胜利者，许多人的声誉在这个过程中受到了损害。

　　1986 年 1 月 29 日，埃利·罗森鲍姆正在耶路撒冷参加世界犹太人大会的全球全体大会，这时该组织的秘书长伊斯莱尔·辛格（Israel Singer）突然告诉他，自己准备把他派到维也纳去，那里有些事需要他核实一番。辛格解释说："这与库尔特·瓦尔德海姆有关。信不信由你，看起来我们的瓦尔德海姆博士可能当过纳粹。一个真正的纳粹。"[1]

　　罗森鲍姆不久前才辞掉了一家曼哈顿律所的工作，成了世界犹太人大会的法律顾问，他对辛格的话表示怀疑。瓦尔德海姆曾经在德国国防军中服役，并且在东线战场受了伤，这完全不是秘密，不过从来没有迹象表明他曾是纳粹党成员或者做过任何超出士兵义务的事情。罗森鲍姆此前在美国司法部特别调查办公室的工作经历让他很清楚，要想让那些曾为第三帝国效力的人为特定罪行承担责任有多难。他试图推掉这项任务，对辛格说："没用的。"这时他只有 30 岁，但光是想想重拾以前那类工作的可能性，就已经让他觉得疲倦不堪了。

作为从奥地利逃到美国的一对犹太移民的儿子，辛格可没这么好打发。他带罗森鲍姆去见了大会的另一个成员。莱昂·泽尔曼（Leon Zelman）是奥斯维辛和毛特豪森集中营的波兰幸存者，负责管理维也纳犹太人欢迎中心（Jewish Welcome Service in Vienna），该中心在圣斯特凡大教堂（Stephansdom）对面的一间小办公室里。泽尔曼一直竭力鼓励犹太人前来奥地利参观访问，并且坚持与奥地利根深蒂固的反犹主义思想做斗争。他见到罗森鲍姆后立刻对他说，最近有令人担忧的进展让人对瓦尔德海姆的过去产生了新的疑问。

泽尔曼拿出了刊登在维也纳杂志《侧面》（Profil）上的一篇文章，内容是奥地利一所军事学院决定竖立一块亚历山大·勒尔将军的纪念牌，因此引发了争议。勒尔是奥地利与德国合并前的奥地利空军司令。作为二战中纳粹德国的空军指挥官，勒尔负责了 1941 年 4 月 6 日对贝尔格莱德（Belgrade）的一次空中突袭，摧毁了这座南斯拉夫首都的大部分建筑，让成千上万平民死亡。1947 年，他在南斯拉夫接受审判，被判处死刑，并作为战犯被绞死。

1942 年，勒尔已经被调往德国国防军出任 E 集团军群司令，这支部队负责的是南斯拉夫和希腊地区。在那篇文章的末尾，作者提到，有"传言"说，瓦尔德海姆曾在勒尔任职于巴尔干半岛时效力于其司令部。文章强调，瓦尔德海姆只是一位初级军官，但泽尔曼认为这有可能是一则爆炸性新闻。

268　　鉴于瓦尔德海姆在担任联合国秘书长期间所接受的严格审查，罗森鲍姆仍然对此事表示怀疑。如果他的确曾在一个已定罪战犯的司令部服役，那么为什么这件事以前没有被人提到呢？而且，由于勒尔是因在被调往国防军之前的罪行而被绞死的，因此瓦尔德海姆不可能有任何参与那些罪行的可能性。罗森鲍姆认为，即使"传言"能够被证实，也"没有足以定罪的理由"。

在罗森鲍姆表达这些怀疑之前，泽尔曼指出了《侧面》这份报道中"没有提及的元素"。瓦尔德海姆的自传、官方传记和信件中从未提到他在二战期间的巴尔干地区服役的经历。1941年他在东线战场受伤后就回了奥地利，他始终声称这是他军旅生涯的终点。例如，在1980年写给美国众议员史蒂芬·索拉兹（Stephan Solarz）的信中，他为后来发生的事提供了他的标准解释："由于再也无法在前线服役，我回到维也纳，继续学习法学，并在1944年毕业。"[2]

泽尔曼继续说："但是，这其中肯定出了岔子。如果他在1941年离开军队的话，又怎么可能与勒尔一起服役呢？勒尔到1942年才从德国空军被调往陆军。这中间肯定存在着欺骗。"

泽尔曼提出要在大会结束后陪罗森鲍姆一起前往维也纳，敦促他在那里进行"谨慎"调查。尽管罗森鲍姆仍然怀疑他们不会获得什么关于瓦尔德海姆的新发现，而且一直期待着回纽约，但他感到自己别无选择，只能答应下来。至少泽尔曼会在那里为他提供线索，他需要用这些线索来核实《侧面》那篇文章暴露的问题。

不过在他到达维也纳的第一天，泽尔曼就满怀歉意地纠正了他的想法。当罗森鲍姆向泽尔曼寻求建议，询问自己应该从哪里开始调查瓦尔德海姆的过去时，泽尔曼的整个行为举止都变了。他面色惨白，看起来突然苍老了许多，惊恐万分。他说："我亲爱的埃利，你知道，我在奥地利的处境已经很艰难了。我热爱这座城市，真的，但我也知道这座城市的表面之下藏了些什么。"

信息很明确，作为一个居住在维也纳的犹太人，泽尔曼不想与罗森鲍姆有可能发现的任何东西扯上关系。当美国人询问自己是否可以至少向他随时汇报进展时，泽尔曼强调说："请不要。不，我不想知道。请你务必不要把我卷进这件事。"

泽尔曼补充说，他想要听到最后的结果，而且如果罗森鲍姆遇到了麻烦，也可以来找他。不过除此以外，他很明显不想有更深的涉入。

罗森鲍姆最后得出结论："很明显，在耶路撒冷当一个勇敢无畏的犹太老头是一回事，在维也纳又是另外一回事了。"

*　　*　　*

与罗森鲍姆最初的猜测不同，这并不是一份只要有勇气或者克服了恐惧就能做好的简简单单的工作。泽尔曼知道，在奥地利总统大选期间对瓦尔德海姆的二战经历做任何调查，都会在其支持者间引发强烈反弹，这种反弹很容易指向犹太人以及瓦尔德海姆的社会党对手。瓦尔德海姆是奥地利人民党的总统候选人，而社会党的候选人在竞争中处于下风。居于领先位置的瓦尔德海姆突出强调他作为联合国秘书长的经历，用国际社会的认可来吸引他的同胞。他的竞选海报宣称："库尔特·瓦尔德海姆博士，一个受到世界信赖的奥地利人。"罗森鲍姆挖苦说，瓦尔德海姆是"继希特勒之后最有名的奥地利人"。[3]

多亏了辛格提供的其他联系人，罗森鲍姆终于与那些一直挖掘瓦尔德海姆过去的人取得了联系。据他说，他们中的大部分人与执政的社会党有联系。他们就是最初把消息透露给《侧面》的那些人，但是让他们非常失望的是，那篇报道似乎没有产生什么影响。罗森鲍姆来到维也纳一事给他们提供了又一个机会，而且与此同时，他们还有了更多关于瓦尔德海姆的发现。罗森鲍姆这位美国客人为自己安排了一次与卡尔·舒勒（Karl Schuller）的会面，卡尔·舒勒是他给对方取的化名，因为他向对方保证说会为其身份保密。舒勒与其他一些伙伴已经开始了非正式调查，他们希望揭发瓦尔德海姆。

他们已经造访了由美国负责管理的柏林档案中心，那里保存了许多被抓获的纳粹分子的档案，但是他们没有找到任何与瓦尔德海姆有关的内容。他们在造访奥地利国家档案馆时的运气要好得多。瓦尔德海姆的军队服役记录被保存在那里的一份密封档案中，不过舒勒说"我一个在政府工作的朋友"设法弄到了几页复印件。[4]尽管瓦尔德海姆曾声称他来自一个反对纳粹的家庭，而且他确实参加过反对奥地利与德国合并的运动，但这些档案显示，他在1938年德奥合并后立刻就适应了新政权。他很快成为纳粹学生组织中的一员，而且，更引人注目的是，他加入了作为纳粹准军事部队的突击队（Storm Troopers），成了一支骑兵部队中的一员。

就像是这些信息还不够劲爆似的，舒勒又拿出了一张拍摄于 1943 年 5 月 22 日的、贴着官方军用邮票的照片，照片上有四个站在飞机跑道上的军官。照片上的文字指出，这四人中的三人分别是一个意大利军官、一个党卫军少将以及库尔特·瓦尔德海姆中尉。照片上明确写着拍摄地点是波德戈里察（Podgorica），这说明瓦尔德海姆当时就在黑山首都，而他曾反复暗示自己此时只不过是在维也纳学习法律而已。这张照片再一次证明他曾在由勒尔负责的巴尔干半岛服役。

罗森鲍姆意识到，舒勒及其团队搜集到的关于瓦尔德海姆战时经历的信息肯定还不是全部，但他最初的怀疑已经被日益增加的确信取代。他相信这些信息足以引起媒体的广泛报道。不过他想看看他们为了验证自己的发现还做了些什么。他问了一个他觉得答案明显的问题：“你们有没有把照片和文件展示给西蒙·维森塔尔？我可以给他打电话，而且——”[5]

舒勒立刻打断了他，说：“噢，上帝啊，不！”然后舒勒立刻问道，维森塔尔是否知道罗森鲍姆正在维也纳。

罗森鲍姆说还没来得及告诉他，于是舒勒松了口气。舒勒说：“很好。不能让他知道你在做什么。”他解释说，维森塔尔非常鄙视社会党人，因此支持人民党。舒勒坚持说，如果把那名纳粹猎人卷入进来，他就“会直接去找瓦尔德海姆”。

罗森鲍姆说，当时自己试图强调不让维森塔尔知情是一个错误。他说：“我们就在维也纳，在维森塔尔的眼皮底下。如果我们不从一开始就让他参与进来的话，后面就很难再找他帮忙了。”

不过舒勒不愿让步，对这个美国人说，如果他要联系维森塔尔的话，自己就会中断与他的所有合作。

罗森鲍姆妥协了。最终证明，这样做的后果远比他所预想的严重。

＊　　＊　　＊

罗森鲍姆回到纽约向上级汇报他的发现。世界犹太人大会主席兼施格兰公司（Seagrams）董事长、亿万富翁埃德加·M. 布朗夫曼（Edgar M. Bronfman）最初对他们公开这些已知内容的计划有过疑问。他说："我们的工作并不是追捕纳粹。"罗森鲍姆回忆说，所有人都知道，公开行为将被视为"政治污蔑"，目的是阻止瓦尔德海姆当选。不过他们也知道，如果一直保持沉默到投票结束，他们也可能会被指责试图包庇瓦尔德海姆。辛格拿来一份来自罗森鲍姆的备忘录，敦促布朗夫曼批准立即采取行动。在仔细考虑了他们的主张后，布朗夫曼送还了罗森鲍姆的备忘录，上面增加了一条手写的信息："行动——EMB。"[6]

罗森鲍姆联系了《纽约时报》，该报最杰出的记者之一约翰·塔利亚布（John Tagliabue）负责报道此事。《侧面》也在继续它的调查，并且在 3 月 2 日出版的那期杂志上披露了瓦尔德海姆曾经是纳粹学生组织以及突击队成员的消息。

塔利亚布在此前一天采访了瓦尔德海姆，用当时已被挖掘出来的信息与他进行对质，《纽约时报》于 3 月 3 日刊登了塔利亚布的文章。这篇报道立刻在国际社会引发了轰动。报道标题为《档案显示库尔特·瓦尔德海姆曾在战犯麾下效力》（"Files Show Kurt Waldheim Served Under War Criminal"）。塔利亚布解释说，瓦尔德海姆曾隶属于勒尔将军的司令部，而勒尔曾残酷镇压南斯拉夫游击队，并且将希腊犹太人从萨洛尼卡

（Salonika）遣送到奥斯维辛等集中营。报道还指出，瓦尔德海姆于 1942 年 3 月受命前往驻萨洛尼卡的陆军司令部任职，并在南斯拉夫成为德国和意大利军官的翻译。[7]

负责为《新闻周刊》报道这条新闻的我很快在山区度假小镇谢莫林（Semmering）找到了瓦尔德海姆，当时他刚刚结束当天漫长的竞选活动，准备在那里过夜。他已经不太想回答更多与《侧面》和《纽约时报》所披露内容有关的问题了，不过他同意在酒店里接受采访，显然是因为觉得可以借此控制负面影响。他很暴躁，不过他仍然设法控制情绪，试图给人留下这场突如其来的喧嚣是一场"误会"，而他能够轻易地将误会澄清的印象。[8]

在谈到突击队和纳粹学生组织时，瓦尔德海姆用的正是"误会"这个词。他坚称自己从未加入突击队或者任何纳粹组织。他说，作为维也纳外交学院（Consular Academy）的学生，他参与了一个学生骑术社团的"几次体育活动"。他坚持说，到后来，而且是在他不知情的情况下，这类团体的参与者才被纳入了突击队的编制。类似的，他参加了一个学生讨论社团的"几次会议，仅此而已"。他说："我不是这两个组织中的任何一个的成员。这其中似乎存在着误会。"

与党卫军不同，突击队从未被战胜国定性为犯罪组织，其成员也不会承担类似的污名。此外，一旦像瓦尔德海姆这样的年轻人参了军，他们就无法保留突击队成员的身份了。因此，在这个问题上，更重要的是瓦尔德海姆的可信度：他是否在成为世界上最大国际组织的负责人前对自己的过去撒了谎？他是否故意隐瞒了在巴尔干半岛为勒尔效力的事实？如果答案为是，那么他还隐瞒了什么？

272

与他否认自己是突击队或者纳粹学生组织成员形成鲜明对比的是，他没有否认自己曾被派往巴尔干半岛服役。他说："我在德国陆军的服役记录不是秘密。"不过在此之前，他只公开提过自己的前一段军旅生涯。档案确凿无疑地表明，在俄罗斯受的腿伤康复后，他又重新回到军队，并且被派往萨洛尼卡的司令部任职，与此同时，他还断断续续地攻读自己的法学学位。

我问道，他为什么始终对这段历史闭口不谈，包括在他最近出版的自传中也是这样。他回答说："我之所以没有把这些细节写进去，是因为在我看来，它们不太重要。"这是一个很难让人信服的解释，不过他似乎认为自己已经蒙混过关了。

然后我向他施加压力，问起了他在接受《纽约时报》采访时的说法，即他对于萨洛尼卡的驱逐犹太人行动一无所知。这时的他变得比此前激动多了。1943年他驻扎在那里时，有成千上万的犹太人被装进火车运往死亡集中营。然而，他坚称自己在巴尔干的主要职责是翻译，这就解释了为什么他会与意大利和德国军官拍那张照片。他说，在萨洛尼卡时，他还主要负责分析来自战场的敌军活动报告。他在谈到遣送犹太人的行动时说："当然，我对此深感遗憾，这是可怕的犹太人大屠杀的一部分，不过我只能告诉你……我（现在）第一次听说那里也有类似的遣送行动。"

随着谈话的推进，他变得越来越激动。"信不信由你，这就是事实，我真的想要了结这件事，因为所谓的我了解遣送行动的说法没有一句是真的。没有。我从未参与这种事情。我完全不了解这件事。这是一次精心组织的针对我的行动。"

不过"这件事"不会就此消失，它只是个开始。

*　　*　　*

在瓦尔德海姆的新闻被爆出时，西蒙·维森塔尔感到有些措手不及。他后来在回忆录中苦涩地写道，到那时他才知道罗森鲍姆已经来过维也纳，"而且没有来拜访我，甚至都没有打个电话"。[9]维森塔尔之前与世界犹太人大会的官员打过交道，而且正如罗森鲍姆预计的那样，让维森塔尔感到尤为生气的是，他们竟然在不与他商量的情况下就启动了这样一项调查，然后在他的主场发起了宣传攻势。

此外，这已经不是第一次出现关于瓦尔德海姆的二战经历的传言了。1979 年，以色列人曾要求维森塔尔去核实瓦尔德海姆是否有纳粹背景，认为如果有就可以解释他在联合国支持阿拉伯人的立场。维森塔尔汇报说，自己与著名西德出版商阿克塞尔·施普林格（Axel Springer）联系过，后者同意替维森塔尔去柏林档案中心查看档案，因为他更容易接触到它们。那次调查没有找到显示瓦尔德海姆曾经隶属于任何纳粹组织的材料。的确有档案显示他曾经在巴尔干半岛服役，不过瓦尔德海姆故意闭口不谈这段经历的做法在当时还不太明显，因此这一发现被认为不是很重要。

当 1986 年瓦尔德海姆事件爆发时，维森塔尔并没有对瓦尔德海姆曾经参加纳粹学生组织的事感到惊讶。维森塔尔援引他的密友、奥地利著名记者彼得·米夏埃尔·林根斯（Peter Michael Lingens）的话说，这种成员资格有时是必要的，"甚至只是为了在学生宿舍里得到一间房"。[10]他对于瓦尔德海姆的骑术社团是突击队一部分的新闻也没有感到十分不安。不过，尽管世界犹太人大会让他非常愤怒，他还是很快就对瓦尔德海

274

姆提出了谴责，并不是因为他做了什么，毕竟没有证据显示他直接参与了战争罪行，而是因为他声称自己不了解遣送行动。在维森塔尔看来，瓦尔德海姆对萨洛尼卡的犹太人遭到遣送之事一无所知的说法毫无说服力。维森塔尔对我说："他表现得就好像是受到了惊吓。我不知道他为什么要撒谎。"[11]

在维森塔尔发出这一指责后，瓦尔德海姆给他打了电话。这名总统候选人重申，自己在那里时不知道萨洛尼卡的犹太人遭遇了什么。维森塔尔回答说："你不可能什么都没注意到。遣送行动持续了六周。每隔一天就有大约 2000 个犹太人被送走。军用列车带来的武器装备是供你们国防军使用的，这些列车在回程时就把犹太人带走了。"[12]

瓦尔德海姆仍然坚称自己一无所知。维森塔尔指出，犹太人占萨洛尼卡人口的近三分之一，瓦尔德海姆肯定会注意到一些事情，例如犹太人的商店上了锁，犹太人在街上被押走，以及其他能够说明问题的迹象。当维森塔尔再次得到同样的答复后，他对瓦尔德海姆说："我无法相信你。"

让维森塔尔感到同样怀疑的是，瓦尔德海姆声称自己不知道德国军队在南斯拉夫做出了何种暴行，尽管他们是他所在集团军的一部分。维森塔尔断定，瓦尔德海姆是一名情报官，而不是像他一开始试图强调的那样仅仅是一个翻译，这意味着他是"消息最灵通的军官之一"。

然而，这些看法并不意味着维森塔尔准备称赞世界犹太人大会对瓦尔德海姆的攻势，情况恰恰相反。他声称，尽管其名字叫"世界犹太人大会"，但这个组织"不过是一个重要性不高的小型犹太人组织"。维森塔尔虽然相信瓦尔德海姆是一个骗子兼机会主义者，但坚持认为"他既不是纳粹也不是战犯"。维森塔尔说，世界犹太人大会竟草率地"宣称瓦尔德海姆是死硬派纳粹分子以及几乎可以定罪的战犯"。[13]

瓦尔德海姆的拥护者也提出了同样的指控，并严厉谴责这个在他们看来是犹太人为阻止他们的候选人当选而实施的阴谋。罗森鲍姆正确地指出，《纽约时报》那篇介绍世界犹太人大会调查结果的新闻并未指责瓦尔德海姆犯有战争罪，最初的问题是瓦尔德海姆撒了谎。然而，正如他后来在讲述这一事件时所承认的，他与世界犹太人大会的其他官员仍然被强烈的反弹——包括来自大部分奥地利媒体的反弹——震惊了，无法有效避开关于他们此举目的何在的问题。在被问及他们是否想借此影响大选时，他们声称他们只是对瓦尔德海姆如何在20世纪70年代两次当选联合国秘书长感兴趣，特别是在他的个人经历中有这么多漏洞的情况下。罗森鲍姆坦承："但是，这种解释非常虚伪，没有人肯相信。我们非常想让瓦尔德海姆退出竞选，或者说被迫退出竞选。"[14]

世界犹太人大会和越来越多的记者开始调查是否还有更多足以定罪的信息未被发现。世界犹太人大会找来南卡罗来纳大学（University of South Carolina）的历史学家罗伯特·埃德温·赫茨斯坦（Robert Edwin Herzstein）为他们挖掘历史档案。后来的新闻报道提出了许多新问题，包括瓦尔德海姆在德国国防军的巴尔干战役中扮演了何种角色，他如何在1948年被盟军列为战犯嫌疑人，以及为什么没有国家寻求将他引渡（尤其是连南斯拉夫都没有对他提出战争罪指控）。瓦尔德海姆绝非一个普通翻译；作为情报官，他的职责包括处理关于被俘英国特种兵（这些特种兵后来就消失了）的报告以及审讯囚犯。正如他此前承认的，向上级汇报南斯拉夫的游击队活动也是他的职责。

276

瓦尔德海姆发起了一轮公关反攻，派其子格哈德（Gerhard）前往华盛顿，向美国司法部提交了一份13页长的备忘录，为自己的从军记录做辩护，否认曾参与任何战争罪行。备忘录还驳斥了对他的另一项指控，即他可能在1944年10月德军对三个南斯拉夫村庄的屠杀中扮演了一定角色。当时，德军几乎正在全线撤退，勒尔将其手下的部队从巴尔干南部撤出，穿越马其顿向北进军。为了实现这一目的，他们需要控制什蒂普（Stip）与科查尼（Kocani）间的关键路段。世界犹太人大会发现的档案显示，1944年10月12日，瓦尔德海姆签署了一份报告，内容是"什蒂普－科查尼一线的土匪（即游击队）活动有所增加"。

毫无疑问，德军很快就对道路沿线的三个村庄发泄了他们的怒火，不过关键问题是，德军的速度有多快，以及流血事件是否由瓦尔德海姆的报告引发。在其子带到华盛顿的备忘录中，瓦尔德海姆坚称，德军是在10月20日抵达那几个村庄的，这意味着此时距离他签署有关游击队活动的报告已经过去了一个多星期。如果这种说法准确的话，那么想要将他的报告与后来发生的事情联系在一起就很难了。

我曾与一个南斯拉夫记者前往马其顿进行调查，看看能否在那三座处于争端中心的村庄发现任何线索。我在那里了解到的信息与瓦尔德海姆的说法截然相反。他在竞选活动中无动于衷地表示，德军在巴尔干半岛从事的是普通的战争活动，无论仗打得有多激烈，他们都没有犯下战争罪。他说："双方都有受害者。"但三座村庄的幸存者们提供了迥然相异的说法，他们都回忆说，屠杀发生在10月14日，而不是瓦尔德海姆所坚称的10月20日。

据佩塔尔·科采夫（Petar Kocev）所说，那天他结束了在田里的劳作，正在回克卢皮斯特村（Krupiste）的路上。德国军官把村子里的所有男性都集合起来，让他们 10 人一排地站好。科采夫站在第一排，不过他是第 11 个，于是军官们在最后一刻把他推出了队列。他回忆说："10 个人全都立刻被枪杀了。"德国人随后对其他所有人开枪。科采夫跑到了一英里外的一条河边，并在山里藏了一个月。"我回来时发现我家原本的位置上只剩下了残垣断壁。一切都被烧光了。"

里斯托·奥格尼亚诺夫（Risto Ognjanov）指向一座纪念该村 49 名遇难者的小型纪念碑。他说，德国人出现时，他们命令他和另外几个村民四肢着地趴在地上。他回忆说："枪声刚一响起，我就倒在了地上。两具尸体压在了我身上。枪声结束后，德国人开始向尸体的双脚射击，检查是否还有人活着。"压在奥格尼亚诺夫身上的尸体保护了他。德国人走后，他和另外两个幸存者从尸体堆里爬了出来。他泪如泉涌地说："对我来说，10 月 14 日是我的第二个生日。那是我第二次生命的开始。"其他村庄也有类似的故事。

以上都无法证明瓦尔德海姆应当对屠杀负直接责任。不过它们能够证明仅仅在他签署有关该地区"土匪活动"的报告两天后，大屠杀就发生了。这个事实使得该报告是导致大屠杀的连锁事件中一环的可能性更高了。[15]

到这时，我还从未与罗森鲍姆交谈，因为负责采访他和其他世界犹太人大会官员的是纽约的一位同事。不过在我的文章发表后，罗森鲍姆给我打来电话，向我核实与我谈话的所有幸存者是否都能确定大屠杀的日期。我对他说，他们对此确定无疑。

＊　　＊　　＊

这一系列新闻报道造成的影响是，在世界上许多人的眼中，瓦尔德海姆变得越来越可疑，但在他同胞的眼中，他成了一次抹黑行动的受害者。当然，后一种形象正是瓦尔德海姆及其支持者一直在集会上大力宣传的。由于瓦尔德海姆在1986年5月举行的第一轮总统大选中仅差一点而未能获得50%的选票，因此6月初奥地利举行了总统大选的第二轮投票，他和他的支持者们加大了对世界犹太人大会的辛格以及以色列外长伊扎克·沙米尔（Yitzhak Shamir）的抨击力度。在我参加的一次集会中，瓦尔德海姆把焦点放在"海外势力"

278 上，指责他们正在推动一轮抹黑运动。他宣称："无论是纽约的辛格先生还是以色列的沙米尔先生……都无权干涉其他国家的事务。"[16]

根本不需要对这种言论进行解读，就能明白它所传递的信息：犹太人需要被教训一下。他补充说："女士们、先生们，过去的事已经说得够多了！我们有更重要的问题要去解决。"

瓦尔德海姆将所有火力集中到这一方向，拒绝与他的社会党对手进行辩论，并且宣布他将不再接受外国媒体的提问。我在那次集会开始时走到他身边，想看看他能否为我破次例，而他对我发了一通火。"我坦率地跟你说，你们杂志的报道非常糟糕，非常负面，非常不讲信誉，我不想再接受你们的任何采访。在我看来，你们总是接受负面观点，从不接受正面的观点。"对于他所受到的指控，他说："它们全都是错误的，全都是捏造的。"然后，他指着我一直拿着的录音机补充说："这不是正式表态。"

随着竞选进入最后阶段，怨愤情绪越来越普遍。维也纳精神病专家埃尔温·林格尔（Erwin Ringel）指出了瓦尔德海姆竞选运动的"荒唐之处"，即先是大肆宣扬他的海外地位，如今却以这种结果收场。林格尔说："一开始是'选择瓦尔德海姆，因为全世界都爱他'；如今是'选择瓦尔德海姆，因为全世界都恨他'。"[17]

从选举的角度来说，这些策略奏效了，瓦尔德海姆在第二轮选举中取得了决定性胜利。在胜选后，他忍不住嘲讽那些被他指责为发起了这轮"抹黑运动"的人。他宣称："即使世界犹太人大会在档案馆里找到天荒地老，也找不到任何可以将我定罪的证据。"[18]

最终，世界犹太人大会到 1987 年才宣布取得了部分胜利。美国司法部特别调查办公室，也就是罗森鲍姆的前雇主，在此时发布了关于瓦尔德海姆的报告。报告强调说，对瓦尔德海姆在巴尔干地区服役记录的核查"揭示出他为纳粹军事组织的行动提供了协助，而纳粹对盟国公民和平民无数次采取了直接迫害的行为"。报告特别提到了"科查尼－什蒂普屠杀及遣送希腊犹太人的行动"，还有其他一些事件。[19]有鉴于此，他被列入了美国的观察名单，这意味着他将被禁止再次进入美国，甚至无法在他曾经担任秘书长的联合国发表讲话。他当了一届总统，在 1992 年没有寻求连任。

受世界犹太人大会指派调查瓦尔德海姆档案的二战史专家赫茨斯坦出版的一本书概括了他的结论。他赞同司法部将瓦尔德海姆列入观察名单的决定，不过他同时表示，瓦尔德海姆"并不邪恶，他只是太有野心、太聪明了……就像与他同属一代的许多人一样，他试图通过遗忘来甩掉过去的尴尬包袱"。

279

赫茨斯坦总结说："基于我们已经掌握的信息，可以公平地说，尽管瓦尔德海姆为许多属于战犯类别的人提供了协助，但他本人并不是战犯。他更多是（他所属部队的）纳粹罪犯和非法军事活动的官僚式帮凶……瓦尔德海姆是一个助推者。西方盟国在战后通常不会起诉这种人。"[20]

与世界犹太人大会领导人及其支持者在奥地利总统竞选期间提出的观点相比，这种观点显得有些微妙。世界犹太人大会执行理事埃兰·施泰因贝格（Elan Steinberg）宣称："在一个完美世界里，他应该遭到审判。"[21]不过施泰因贝格忽略了一个事实，那就是没有人会因生产一把冒烟的枪而被定罪。贝亚特·克拉斯菲尔德曾现身于瓦尔德海姆的集会骚扰他，与一小群抗议者一起放飞写着"忘却者最快乐"的气球，并举起谴责这名总统候选人是骗子兼战犯的标语牌。而瓦尔德海姆的支持者愤怒地从他们手中抢走并撕毁了标语牌。[22]

在维也纳抗议的间隙，贝亚特·克拉斯菲尔德对我说："我来这里是想说明，对奥地利来说，选出一个像瓦尔德海姆这样的人是很危险的。奥地利人必须看清这一点。"[23]不过这种警告似乎只起到了帮助瓦尔德海姆的作用。当贝亚特试图在另一场集会上打断这位候选人的讲话时，她夺取麦克风的行动被拦了下来。主持集会的维也纳市长埃哈德·布赛克（Erhard Busek）说："请坐下，克拉斯菲尔德夫人。你在这儿是客人。这不是你们的集会。"听众则大喊："滚出去，克拉斯菲尔德夫人。"

世界犹太人大会秘书长辛格也没有起到任何帮助作用，他在接受《侧面》采访时直接发出了威胁，这段话后来被广泛引用。他说："奥地利公众应当清楚地看到，如果瓦尔德海姆当选，那么接下来的几年对奥地利人来说将十分不好过。"他还说，因世界犹太人大会的指控而受到"困扰和影响"的不仅是瓦尔德海姆，还将是整个奥地利民族，该国的旅游业和贸易将受到影响。[24]

甚至罗森鲍姆后来都承认，他上级的这番话"有些过激了"，不过高层领导们从未改变看法。世界犹太人大会主席布朗夫曼对那些畏惧他们的策略的人不屑一顾。他在回忆录中写道："许多犹太人领袖认为，这种'攻击'会产生敌意，甚至会造成更糟的后果。我相信，在道德层面上它是有必要的，我每到一处，聆听我讲话的听众都会百分之百地支持我。"他还说，这项运动"对世界犹太人大会来说是非常好的宣传机会，它将我们推到了舞台中央"。[25]

不过，人数不多的奥地利犹太人群体中的许多人对这种宣传攻势导致的反弹感到惊骇不已。维森塔尔是他们中声音最响的人，他直接指责世界犹太人大会造成了公开的反犹主义的再次出现。他在谈及本地犹太人群体为促进对话和理解所付出的努力时说："我们在年青一代中培养了许多以色列之友。如今，这些努力全毁了。"[26]

其他奥地利犹太人领袖也和维森塔尔一样对世界犹太人大会感到沮丧，认为其未能考虑他们的看法，也未能与他们磋商。保罗·格罗斯（Paul Grosz）说，该组织的表现"从西方媒体宣传的角度来看非常得体，但在整个事件的处理上显得非常业余，在考虑了其在奥地利引发的反弹后更是如此。此事造成的破坏很大"。在他代表奥地利人出席的世界犹太人大会欧洲代表的一次会议上，格罗斯建议，未来如果要采取有可能影响当地犹太人群体的行动，请务必先与他们进行磋商；这一建议得到了与会代表的支持。[27]

281 　　泽尔曼此时仍然没有公开最初向世界犹太人大会透露消息的是他。他说，世界犹太人大会有提出这一问题的义务，"不过他们发表看法时站在了美国犹太人的角度，因而在这里无法得到理解"。让他深感担忧的是，奥地利人在面对犹太人时再次有了他所谓的"我们与你们"的心态。他补充说："他们（世界犹太人大会）所做的最糟糕的事，是把瓦尔德海姆与这里所有 65 岁以上的人联系起来。这很糟糕。"维森塔尔强调，他们甚至犯了更严重的错误："他们威胁了整个奥地利民族的750 万人，其中有 500 万人在战后出生或者在战争结束时还是小孩子。"

　　这不仅是关于指控性质的问题，还有这些指控是如何提出的问题。维森塔尔指责说："他们先提出指控，然后才去寻找档案。"这种说法过于简化了，因为世界犹太人大会在启动他们的宣传攻势时手上已经掌握了重要证据。不过他们自己也承认，这些证据还远远说不上完整，这意味着他们后来不得不继续搜寻更多证据。格罗斯说，这大幅削弱了他们的发现的影响力。他说："指控瓦尔德海姆的证据是零散地被提出来的，这产生了一种免疫效果。就好像你每隔几天服用一滴毒药，最后你就能喝下一整杯毒药了。"

　　之所以会有那么多奥地利人觉得受到冒犯，有一个关键原因。在战后初期，奥地利人成功地将自己描述成第三帝国的第一个受害者，而不是其热情的支持者，但他们中的许多人恰恰属于后者。对包括德国国防军退役人员在内的许多奥地利人来说，揭露真相的时刻从未到来。维也纳当代史研究所（Institute of Contemporary History）所长埃丽卡·魏因齐尔

（Erika Weinzierl）说：“在这些人回家后，没有人告诉他们，那是一段迷失的岁月，是一场非正义的战争。”

相比之下，德国人几乎每天都要面对这种真相，包括他们应当为犹太人大屠杀和其他屠杀行为承担的责任。当瓦尔德海姆事件登上新闻头条时，我恰好是驻波恩的记者，我认识的许多德国人毫不掩饰他们的幸灾乐祸。他们乐于看到所谓奥地利人是受害者而不是罪犯的迷思被拆穿。他们开玩笑说：“奥地利人让全世界相信，贝多芬是奥地利人，而希特勒是德国人。”一名曾在二战末期效力于德国国防军的波恩政府官员对我说：“以我为代表的许多国人觉得奥地利人终于得到了他们应有的报应。”[28]

瓦尔德海姆事件的一个积极影响是，至少部分奥地利人，尤其是较为年轻的教师，开始推动国民对历史进行更为诚实的叙述。在瓦尔德海姆胜选后，奥地利外交部部长彼得·扬科维奇（Peter Jankowitsch）强调说，“一种新的敏感性”已经出现，催生出了一个“自我反省”的时期。以反犹主义等为话题的演讲和会议数量激增，奥地利外交官也加倍努力，试图说服外国听众他们的国家不是新纳粹思想的堡垒。最初这在很大程度上可能只是一种公关行动，不过它使人们开始讨论这些此前基本上被忽略的问题。

尽管如此，各方情绪的表露仍然很直接。而在维森塔尔与世界犹太人大会间的冲突中，这些情绪会在瓦尔德海姆取得胜利后进一步升级。

*　　*　　*

正如罗森鲍姆反复指出的那样，在他的成长期，他曾将维森塔尔视为楷模。不过在 1986 年瓦尔德海姆事件的发生期间和之后，让他和世界犹太人大会的其他领导人感到愤怒不已的事实是，在他们看来维森塔尔每次都试图削弱他们对瓦尔德海姆的攻击。维森塔尔对许多证据提出质疑，强调没有一项能够确凿地证明瓦尔德海姆涉嫌战争罪。不过，让瓦尔德海姆的指控者感到更加愤怒的是，维森塔尔声称，在人民党的竞选活动中出现的十分明显的反犹主义情绪应当归咎于世界犹太人大会。

罗森鲍姆在谈到维森塔尔时对辛格愤怒地说："我讨厌这么说，但反犹主义者的说辞正是'犹太人罪有应得'。"辛格同样很愤怒。他在回顾维森塔尔的最新声明时说："维森塔尔出了什么问题？有人应该去提醒他，造成反犹主义的不是犹太人，而是反犹主义者。"这种表态距离指控维森塔尔"与那些人民党的蠢猪同床共枕"（辛格的原话），也就是为人民党的候选人辩护，只有一步之遥。[29]

283

等到瓦尔德海姆筋疲力尽地取得大选胜利时，罗森鲍姆已经打算公开其压抑许久的所有沮丧情绪和指控了。他为辛格起草了一篇文章，对维森塔尔在维也纳犹太人报纸《出路》（*Ausweg*）上再次抨击世界犹太人大会的文章进行了回击。他写道："毫无疑问，确保瓦尔德海姆博士取得大选胜利的是维森塔尔先生。"他还写道，无论何时，只要出现了更多有关这名候选人的证据，"这个世界上最著名的纳粹猎人就总是能提供一个又一个的不太靠谱的'解释'"。[30]

罗森鲍姆还指出，在瓦尔德海姆的新闻爆出后，维森塔尔拒绝了世界犹太人大会提出的核查证据的迟到请求。罗森鲍姆总结说："他对库尔特·瓦尔德海姆的洗白将是他名誉上的长期污点。他羞辱了自己，并且让整个犹太人群体蒙羞。对西蒙·维森塔尔，我们只有怜悯。"尽管一个同事在这篇文章被交给《出路》之前稍稍调低了它的调门，但它始终未被发表。

在后来围绕瓦尔德海姆事件撰写的著作中，罗森鲍姆阐述了一个更加详尽的理论，书名已经把这一理论说得很清楚了：《背叛：库尔特·瓦尔德海姆案的调查和掩盖中的不为人知的故事》（*Betrayal：The Untold Story of the Kurt Waldheim Investigation and Cover-Up*）。他声称，瓦尔德海姆和维森塔尔都应对掩盖真相负责。他写道："他们俩都有秘密，且他们的秘密有着同样的命运。"[31]他坚称，维森塔尔的秘密是他此前在1979年受以色列人之托调查瓦尔德海姆时曾宣告他无罪。他写道："如果说在追捕纳粹领域有玩忽职守的罪行的话，那肯定就指这种行为了。"[32]这也是为什么维森塔尔如此不顾一切地去破坏世界犹太人大会的指控，因为如果不这么做，"他有严重失职"就成了明显事实。[33]

得出这一结论后，罗森鲍姆将书中大部分关于瓦尔德海姆事件的内容变成了对维森塔尔整个职业生涯的严厉谴责。他注意到摩萨德前局长伊塞尔·哈雷尔提出的指控，即维森塔尔把声誉完全建立在篡夺艾希曼绑架案功劳的基础上，因而，罗森鲍姆在书中将维森塔尔刻画成一个在自传里"十分草率地处理自身背景方面的事实"的人，既夸大了自己战时经历的戏剧性，也夸大了战后取得的成就。罗森鲍姆写道："我们之中真正起诉过纳粹战犯的人都知道，关于此人的迷思极大地脱离了现实。"[34]他还说，许多人都知道维森塔尔作为一个纳粹猎人"不称职得令人可悲"[35]，"但是谁又会勇敢或者说愚蠢到站出来对他这么说呢？"[36]

很明显，罗森鲍姆决定从此刻起成为做这种事的人。他的确承认在冷战初期维森塔尔对维持"纳粹分子未被起诉、未被追究"这一问题的热度起了关键作用。[37]他在 2013 年对我说："如果没有西蒙·维森塔尔和托维阿·弗里德曼的努力，我认为对正义的伸张在 20 世纪 60 年代就会结束了。"不过自从瓦尔德海姆事件发生以来，每当听到维森塔尔被形容成一个名副其实、成绩斐然的纳粹猎人，罗森鲍姆都感到怒火中烧。他的愤怒从未有过一丝一毫减轻。

有多种因素导致了罗森鲍姆与维森塔尔之间的冲突，有些因素还非常个人化。最初在特别调查办公室将罗森鲍姆招为实习生的马丁·门德尔松在离开政府后经常与维森塔尔以及洛杉矶的西蒙·维森塔尔中心合作处理其他纳粹分子的案子。他把罗森鲍姆对维森塔尔的愤怒归因于在罗森鲍姆心中，这位前人生楷模的形象幻灭了。门德尔松说："他最初将西蒙看作偶像，但发现此人也有缺陷，实际上是一个人而不是神之后，他就开始抨击西蒙。"[38]另一位罗森鲍姆在特别调查办公室的前同事暗示，当维森塔尔对罗森鲍姆调查瓦尔德海姆的行为表示不屑一顾时，罗森鲍姆看上去就像是一个遭到冷落的儿子。他说："我认为，维森塔尔把他当成小孩子对待，这让埃利感到受到了极大的冒犯。"[39]

他们的冲突还是美国犹太人与欧洲犹太人之间广泛存在的紧张关系的产物。无论是在私下还是在公开场合，维森塔尔都经常表示对世界犹太人大会和其他美国犹太人组织的不满，因为在他看来他们有"自认为可以以所有犹太人的名义发声"的倾向。[40]他声称，美国人经常认为欧洲犹太人的顾虑不值一提，无法理解双方的境况是多么的不同。他认为，美国犹太活动家之所以经常摆出斗争姿态，是因为"许多美国犹太人潜意识里有一种类似于负疚感的情绪，因为在战争期间他们没能充分帮助遭到迫害的欧洲犹太人"。他补充说，瓦尔德海姆一案"为他们提供了一个采取情绪化立场的机会"。[41]

这种紧张关系有时甚至体现在维森塔尔与西蒙·维森塔尔中心的关系上。1977年在洛杉矶成立的西蒙·维森塔尔中心是一个独立机构，但它有偿使用了他的名字，因为他的名字对于该机构的募资活动至关重要。维森塔尔与该中心经常合作，但他们之间也存在分歧。据中心创始人兼主任拉比马文·希尔（Marvin Hier）回忆，维森塔尔不止一次在电话交流中对他大吼道："你们怎么能这么做？"[42]

在瓦尔德海姆事件期间，相比于维森塔尔，希尔对这位奥地利总统候选人采取了更为公开的抨击态度。绝非偶然的是，在维森塔尔与世界犹太人大会发生争执期间，辛格给希尔发去了一条很不客气的信息："让维森塔尔闭嘴！！适可而止！！"[43]希尔的确在一定程度上与维森塔尔发生了争执。据他回忆，他曾对维森塔尔说："西蒙，如果我们没法把他（瓦尔德海姆）关起来，就应该针对他采取一些行动。他应该被为难一下，不该再被允许乘坐飞机。"西蒙·维森塔尔中心最终支持将瓦尔德海姆列入美国观察名单的决定，而维森塔尔则对此表示反对，这使得他们之间的关系真正变得紧张起来了。

不过，希尔也指出，维森塔尔最终被证明是对的，没有证据能够将任何具体的战争罪加在瓦尔德海姆身上。而且，与辛格的劝告恰恰相反，希尔不打算告诉维森塔尔应该怎么做（反正他也不会听），也不打算冒与他彻底决裂的风险。希尔强调说，维森塔尔对洛杉矶的这个中心感到非常自豪，该中心也很骄傲能够与这个终生致力于将纳粹罪犯绳之以法的人联系在一起。希尔坚持说："他就是那个标志性的人物。"瓦尔德海姆事件没有改变他这方面的看法。

＊　　＊　　＊

虽然罗森鲍姆和世界犹太人大会坚持认为维森塔尔是在为奥地利的新总统做辩护，但他们这种态度的一个反讽之处在于，维森塔尔作为纳粹猎人有长期揭露奥地利人在第三帝国所扮演角色的记录。他经常主张，尽管奥地利人仅占纳粹德国总人口的不到10%，但应为约50%的纳粹战争罪行负责。他还说，有四分之三的死亡集中营指挥官是奥地利人。[44]

最为人们所熟知的是，维森塔尔曾多次与在1970～1983年任奥地利总理的社会党领袖布鲁诺·克赖斯基（Bruno Kreisky）发生冲突，冲突的焦点在于后者对待前纳粹分子的宽容态度。他们还在以色列和中东问题上有过严重不和。

尽管克赖斯基来自一个世俗的奥地利犹太家庭，但他披着第三世界事业的领导者的外衣，经常对以色列提出严厉谴责。克赖斯基还拒绝接受"犹太民族"的存在。维森塔尔尖刻地说，克赖斯基认为自己比他那样的东欧犹太人更加优越。维森塔尔宣称："他不想与我们有任何共同点。对他来说，与犹太民族产生关联已经够糟了，现在还要与我们产生关联，这简直让他无法忍受。"维森塔尔猜测说，在反犹主义盛行的奥地利长大的克赖斯基选择"向他身边的人证明自己与他们没有真正的区别……（在奥地利）一个想实现彻底同化的犹太人必须摆出这种反犹态度。"[45]

维森塔尔与克赖斯基之间最严重的冲突是由这位社会党总理的政治任命和政治盟友引发的。在1970年克赖斯基上任时，维森塔尔对他将四个前纳粹分子任命为政府部长的行为提出谴责。后来，维森塔尔还抨击了他与自由党主席弗里德里希·皮特（Friedrich Peter）的密切关系，因为自由党因吸引了许多前纳粹分子加入而尤为臭名昭著。当克赖斯基变得倾向于擢升皮特至副总理一职时，维森塔尔爆料称，这位自由党领袖曾在一支屠杀了许多犹太人的党卫军特别行动队中服役。皮特被迫承认他是行动队中的一员，但否认自己参与过屠杀。

克赖斯基曾愤怒地将维森塔尔称作"犹太法西斯主义者"及"黑手党成员"[46]，还说他是"一个反动派，而且在犹太人之中的确存在着反动派，就像我们之中也存在着犹太杀人犯和犹太妓女一样"。克赖斯基指控说，这名纳粹猎人是靠"告诉全世界奥地利是反犹主义国家"来谋生的，该指责与十年前维森塔尔对世界犹太人大会的抨击形成了离奇的呼应。[47]据说克赖斯基还曾经威胁要关闭维森塔尔的维也纳档案中心。最后，这名奥地利总理再次提起了波兰共产党政府的指控，即维森塔尔曾经与纳粹分子合作。后来，为了让维森塔尔撤销对他的诽谤诉讼，他不得不收回了这一说法。[48]

毫无疑问，维森塔尔对克赖斯基和社会党人的深仇大恨促使他倾向于支持人民党，尽管他始终否认自己属于人民党的阵营。不过罗森鲍姆和其他人，如贝亚特·克拉斯菲尔德，都认为他是该党的坚定支持者。当瓦尔德海姆事件爆发时，与世界犹太人大会站在一起抨击这位总统候选人的不止贝亚特一人。正如维森塔尔所说的，"在法国电视台上，塞尔日·克拉斯菲尔德对我构成了真正的挑战"。[49]

不过，即使在那些支持世界犹太人大会去整理对瓦尔德海姆不利的证据的人之中，也有人怀疑罗森鲍姆对维森塔尔的指控的真实性。罗森鲍姆指控说，维森塔尔掩盖了他在1979年扮演的部分角色，当时，以色列人要求他核查联合国秘书长的二战经历。受世界犹太人大会之托对瓦尔德海姆的过去进行调查的历史学家赫茨斯坦指出，受美国控制的柏林档案中心当时向维森塔尔的联系人提供了一份报告，报告显示瓦尔德海姆从未加入党卫军或者纳粹党。他写道："在仔细研究了这些报告后，维森塔尔准确地告知了以色列人，柏林档案中心里与瓦尔德海姆有关的档案中没有任何足以将他定罪的证据。"[50]

赫茨斯坦还说，"维森塔尔无法了解到"瓦尔德海姆曾经是突击队骑兵部队以及纳粹学生组织中的一员。这是因为这些组织未被列入柏林档案中心的纳粹相关组织清单。那些负责调查瓦尔德海姆的过去的人在七年后发现，相关记录并未被保存在柏林档案中心，他们因此抨击了柏林档案中心。

288　　当时任职于特别调查办公室，如今是华盛顿大屠杀纪念馆资深历史学家的彼得·布莱克（Peter Black）称赞罗森鲍姆在调查瓦尔德海姆的过程中完成了"非常值得信赖的工作"。[51]不过他也不赞同维森塔尔曾试图掩盖的说法。他说："我不认为他参与了任何阴谋。我认为维森塔尔的动机并不邪恶。"布莱克补充说，维森塔尔可能没有"很仔细"地调查瓦尔德海姆的档案，"他不过是认为与其他许多军官一样，瓦尔德海姆只是人在那里，但没有参与其中"。布莱克指出，直到20世纪80年代末和90年代，学界才开始更加细致地审视"德国国防军在"希腊、南斯拉夫和苏联等的被占领地区的"纳粹罪行中究竟涉入了多深"，并且强调维森塔尔最初没有理由将瓦尔德海姆的从军经历看作危险信号。

不过罗森鲍姆从未停止他对维森塔尔及其履历的猛烈抨击。世界犹太人大会与维森塔尔在瓦尔德海姆事件期间的斗争给他造成的伤痕仍然没有愈合。最终，瓦尔德海姆事件引发了纳粹猎人间的严重内斗，斗争的激烈程度不亚于他们与那些曾为第三帝国效力之人的斗争。

第十五章　追逐幽灵

无辜的人在这座车站等待，等到他们的袭击者出现时，他们就可以要求实施一小轮复仇。上帝说，复仇有益于灵魂。[1]

——威廉·戈德曼（William Goldman）1974 年
的畅销小说《马拉松人》（*Marathon Man*）主
人公贝贝·莱维在杀死虚构的奥斯维辛集中
营党卫军牙医克里斯蒂安·塞尔前如是说

　　如果你相信自己读到的一切，那么纳粹猎人实施的复仇就远远不止那么一点儿了。例如，在 2007 年，退役的以色列空军上校丹尼·巴兹（Danny Baz）用法语出版了一本所谓的回忆录，书名为《不原谅、不遗忘：跟踪最后的纳粹分子》（*Ni oubli ni pardon：Au coeur de la traque du dernier Nazi*），他后来出版的英文版回忆录题为《秘密处决者：讲述跟踪、杀死纳粹战犯的暗杀小组的真实故事》（*The Secret Executioners：The Amazing True Story of the Death Squad That Tracked Down and Killed Nazi War Criminals*）。

　　当时，对战后最著名的在逃纳粹之一阿里伯特·海姆的搜索还在进行中。这位出生于奥地利的医生曾在毛特豪森集中营

服役，他的绰号"死亡医生"可谓是实至名归。他通过向受
害者的心脏注射汽油和其他有毒物质杀害了许多犹太人，他还
做了尤为残忍的医学实验，包括切开健康囚犯的身体，取下他
们的器官，让他们在手术台上等死。结果，从德国政府到西
蒙·维森塔尔中心的几乎每一个人都在寻找他，西蒙·维森塔
尔中心甚至把他放在通缉名单的首位。不过巴兹在回忆录中提
出了一个令人震惊的说法：他们在长达四分之一个世纪的时间
里一直在追逐一个幽灵。[2]

据巴兹说，他参与的一个完全由犹太人组成的秘密暗杀小
组已经在 1982 年将海姆处决了。这个被称作"猫头鹰"的组
织起初是由富有的犹太人大屠杀幸存者创建的，其成员是美国
和以色列多个安全机构中训练有素的前特工。他写道："我战
友的名字一直被当作机密，这是为了不破坏组织的保密性，我
们这个组织享有源源不绝的经费，堪称世界上规模最大的秘密
机构。这本书讲述的内容都极为严谨、真实。"[3]

在写下这段话后，他讲述了一个极富戏剧性的故事。巴兹
声称，猫头鹰组织抓获并杀死了数十个纳粹战犯，不过他们面
临的最大挑战还是找到并活捉海姆。在被抓之后，海姆将被迫
接受大屠杀幸存者的审判，然后被处决。猫头鹰组织的一名资
深成员对巴兹解释说："我们想要让这些鼠辈在死前面对他们
的受害者。"[4]他们发现，海姆当时就藏在美国，而不是报道中
经常提到的那些更具异国风情的地点。这些复仇者在纽约州北
部发现了他的踪迹，一直跟踪他到加拿大，并在蒙特利尔的一
家医院将他绑架。最后，他们把他带到了加利福尼亚州的其他
猫头鹰组织成员那里，那些成员审判了他并实施了处决。

这远不是唯一一个著名纳粹战犯据称被秘密处死的故事。

290

影响力巨大的希特勒私人秘书兼纳粹总理府办公厅主任马丁·鲍曼在希特勒自杀后就从这位元首位于柏林的地堡中消失了，纽伦堡国际军事法庭将 12 名纳粹高官判处死刑，鲍曼是唯一遭到缺席审判的人。他的消失引发了许多关于他是否还活着的报告，它们的内容经常相互矛盾。有人声称，他要么已经被杀了，要么就在跑出地堡后不久咬破氰化物胶囊，结束了自己的生命。和海姆的情况一样，有无数人报告称在意大利北部、智利、阿根廷、巴西等地见过鲍曼。不过，喜欢哗众取宠的《世界新闻报》（*News of the World*）在 1970 年连载了前英军情报官员罗纳德·格雷（Ronald Gray）的叙述，这些连载篇章后来以书的形式出版，书名为《我杀了马丁·鲍曼!》（*I Killed Martin Bormann !*）

格雷写道：“鲍曼已死，他的尸体被一把斯登冲锋枪打成了筛子，而且扣动扳机的是我的手指。”[5]据格雷描述，他在战后被派驻与丹麦接壤的德国北部地区。1946 年 3 月，一个神秘的德国联系人设法接近他，想要以 50000 克朗（当时合计约8400 美元）的价格偷运一个人穿越边境。他同意了，觉得自己可以借此揭露为纳粹战犯逃离德国提供安全路线的部分网络。刚一坐进他的军用货车，他就意识到自己的乘客可能是鲍曼。那时正值傍晚时分，他把乘客带到边境附近丹麦一侧的目的地，在两个正在等待的人面前停下来。那时，月光还足够亮，让他可以确认乘客的身份。突然间，鲍曼开始向接应他的人跑去，而格雷也立刻意识到自己陷入了伏击圈套。他开了枪，并且亲眼看到鲍曼倒了下去。两个正在等待的男子朝他的方向射出了一梭子子弹。

格雷卧倒在地，假装已经死了。从他所在的位置，他看到那几个人把鲍曼毫无生气的身体拖走了。他悄悄跟上他们，看着他们把尸体放到一艘船里，然后划着船驶入了峡湾之中。在距离岸边约40码远的位置，他们把尸体丢进了水里。他写道："从水花的大小来看，我猜测鲍曼的两个同胞把他的尸体同什么重物拴在了一起，有可能是铁链。这让我突然想到，那艘船以及铁链很可能原本是为我准备的。"[6]

格雷的讲述并没有阻止其他版本的鲍曼故事出现。1974年，军事史学家兼畅销书作家拉迪斯拉斯·法拉戈（Ladislas Farago）出版了《余波：马丁·鲍曼与第四帝国》（*Aftermath: Martin Bormann and the Fourth Reich*）一书。他声称，在买通了多名联系人以及秘鲁与玻利维亚边境的警卫后，他在玻利维亚西南部的一所医院里追踪到了鲍曼。他坚称，所有的努力最终以他与鲍曼的一次短暂会面而告终。他写道："我被带进他的房间，进行经过双方同意的五分钟探视……我看到的是一个躺在大床上的小老头。床上的床单刚刚洗过。他的脑袋由三个巨大的羽绒枕头支撑着，他一边用空洞的眼睛看我，一边还在喃喃自语。"据说，鲍曼对这个访客说的仅有的几句话是："该死！你难道没看出我是个老人吗？你为什么不能让我安详地死去呢？"[7]

这样的记述为八卦报纸——有时甚至还有严肃报纸——提供了大量素材，不过有一个问题：它们都是热情想象的产物，而不是作者们一直号称的"真实故事"。以海姆为例，《纽约时报》和德国电视二台提供了令人信服的证据，显示"死亡医生"在战后曾居住在开罗，皈依了伊斯兰教，并且改名为塔里克·侯赛因·法里德。他们的证据有满满一整只手提箱的材料，包括他的私人信件、医疗记录、财务记录，

292

以及一篇内容为对他的搜索的文章。海姆和法里德这两个名字都出现在了这些档案里，且法里德的生日是 1914 年 6 月 28 日，与海姆的相吻合。一份死亡证明显示，法里德死于 1992 年，距离巴兹所在的复仇组织号称的处决时间已经过去了十年。[8]

在接受《纽约时报》采访时，阿里伯特之子吕迪格·海姆（Rüdiger Heim）不仅证实了他父亲的身份（他说"塔里克·侯赛因·法里德是家父在皈依伊斯兰教后使用的名字"），还披露说，他父亲死于直肠癌时他正在开罗探病。负责这篇报道的《纽约时报》记者尼古拉斯·库利许（Nicholas Kulish）和舒亚德·迈克汉纳特（Souad Mekhennet）后来写了一本书，详细记录了海姆在战后德国的经历：他在温泉小镇巴登巴登行医到 1962 年，在他发现当局终于要逮捕他时，就乘飞机逃到了埃及。两位记者的调查得到了他的儿子、其他亲戚以及了解他新身份的一些埃及人的配合。

在海姆的笔记中，他们发现他曾反复提到维森塔尔，并认为是维森塔尔策划了将自己追踪到底的犹太复国主义阴谋。这名纳粹猎人在追捕海姆的任务上失败了，但是对海姆来说，他是"所有德国机构的绝对主宰"。[9]这至少证明了海姆害怕维森塔尔——其他在逃战犯也是如此——且对他作为几乎无所不能的复仇者的大众形象深以为然。该形象肯定有夸大之处，但它体现了维森塔尔的一个关键优势：他能够完成他的部分使命，那就是利用公众对他所起作用的夸大渲染给追捕对象带去恐惧。

至于鲍曼，格雷讲述的将他射杀的故事以及法拉戈声称的曾在玻利维亚拜访他的说法也都完全不可信。疑似鲍曼的尸体于 1972 年在柏林的一个建筑工地被发现，不过直到 1998 年，DNA 测试才明确地把这具尸体与那个曾经不可一世的纳粹分子的亲属匹配在一起。[10]当局得出的结论是，他在 1945 年 5 月 2 日离开希特勒的地堡后不久就死去了，当时苏联士兵正在攻占柏林。在中间的这些年，许多人都声称曾看到鲍曼，通常是在南美洲看到。

巴兹在以下方面是正确的：在某些案例中，纳粹猎人一直在追逐幽灵。不过这种情况的出现通常是因为缺少可靠情报以及人们做了一些猜测。至少，纳粹猎人从未编造复仇杀人的夸张故事。不过在大众文化方面，这种故事留下了深刻印记，让人们普遍地误以为对纳粹的每一次追捕都像是好莱坞写成的剧本。

* * *

通常来说，追捕纳粹战犯的工作——无论从事者是政府还是私人侦探——的进展比故事里慢得多，尤其是当涉及了似乎永无止境的司法诉讼时。而且这种工作肯定也不像编造的"真实故事"那样包含戏剧性的枪战或者其他暴力对峙。不过也有些罕见的例外。在这种情况下，现实的生活似乎是在模仿虚构的小说，复仇者们会从阴影中果断出击。

在霍华德·布卢姆 1977 年出版的开创性著作《通缉！搜寻在美纳粹分子》中，有一个反面人物名叫谢里姆·索布佐科夫（Tscherim Soobzokov），他成长于苏联北高加索地区，是当地少数族裔切尔克斯人中的一员。乍一眼看上去，汤姆·索布佐科夫［这是他在新泽西州帕特森（Paterson）地区使用的名字］的经历是一个典型的美国式成功故事。据《帕特森新

闻报》（*The Paterson News*）上的一篇文章介绍，当德国人在
1942 年占领高加索地区时，他"被送到罗马尼亚做苦工，这
种遣送是半强迫性质的"。在战争末期，他与其他切尔克斯人
一同流亡到约旦，后来在 1955 年来到美国。他定居于帕特森，
开始在一家洗车场工作，很快就成了卡车司机工会的组织者以
及后来的当地民主党活动的组织者，并得到了帕塞伊克郡
（Passaic County）首席采购监督员的工作。他是能够把事情搞
定的关键先生，在来自高加索地区的移民中尤为如此。他处事
圆滑，人脉颇佳，而且变得越来越富有。[11]

　　不过，有些切尔克斯移民既不相信他的人生故事，也不认
同他能够代表他们的说法。他的名字曾出现在美国的一份纳粹
战犯名单上，移民归化局调查员安东尼·德维托在 20 世纪 70
年代初拿到了这份名单，而索布佐科夫在帕特森的邻居热心地
解释了这是怎么回事。布卢姆在书中援引一个叫卡西姆·齐瓦
科（Kassim Chuako）的切尔克斯人的话说，索布佐科夫在德
军进军到高加索地区后就立刻当了叛徒。他说："我们看到他
和德国人一道进入村子抓人，也就是抓共产党和犹太人。我看
到他跟那些把人带走的党卫军站在一起。"其他人补充说，他
们曾在罗马尼亚看到他穿了一件党卫军制服，当时他正试图招
募难民参加一个受党卫军资助的高加索军事组织。[12]

　　尽管直到 1945 年末他都在武装党卫队分队中服役，但索布
佐科夫在战争结束后毫不费力地把自己描述成一个普通的战争
难民。1947 年，他与一群切尔克斯人一起从意大利移民约旦，
并在那里成了一个农业技师。不久后，他有了一个新雇主：中
央情报局。该机构迫切地想要利用他来鉴别其他切尔克斯人的
身份，好确定派谁去苏联做卧底，他愉快地接下了这份差事。[13]

索布佐科夫的新东家很清楚他的背景。1953 年的一份中情局官方报告称："在所有与战争罪有关的问题上，该对象的反应都非常一致和明显，毫无疑问，他目前向我们隐瞒了许多他在战争期间的活动。"不过，该机构当时的优先任务明显仍是充分利用他的服务，他隐瞒了什么并不重要。在 1955 年抵达美国后，索布佐科夫一直兼职为中情局效力。不过他漏洞百出的故事导致另一名中情局官员得出结论称，他是"一个无可救药的骗子"，因而他在 1960 年遭到该机构弃用。

尽管如此，当 20 世纪 70 年代移民归化局开始调查他的背景时，一名中情局高官还是声称：虽然他身上仍然有一些"未解开的疑点"，但他曾为美国做出"有益的贡献"，而且中情局从未找到任何确凿证据证明他有涉战争罪行。这导致移民归化局放弃了对他的调查。当司法部新组建的特别调查办公室试图在 1980 年重启他的案件时，调查人员发现，索布佐科夫在申请美国签证时已经把他在纳粹组织中的部分隶属关系罗列出来了。由于特别调查办公室的策略是试图证明那些被指认为纳粹战犯的人在进入美国时撒了谎，从而撤销他们的公民身份，因此，他们不情不愿地放弃了索布佐科夫的案子。他承认自己隶属关系的行为无论是多么的不彻底，也足以削弱任何强调他曾掩盖纳粹经历的指控了。

尽管围绕着他出现了如此之多的争议，但看起来索布佐科夫在遭到重创后仍然取得了最终胜利。他甚至基于霍华德·布卢姆在《通缉！搜寻在美纳粹分子》一书中写到的和他有关的内容，以诽谤罪起诉布卢姆，使得布卢姆不得不寻求庭外和解；不过布卢姆从未撤回自己所写的任何内容。[14]

1985 年 8 月 15 日，一枚土制炸弹在索布佐科夫位于帕特森的住所外爆炸。这个曾经处在争议中心的男人受了重伤，并在 9 月 6 日因伤重不治而亡。联邦调查局后来声称，制造这起事件的可能是保卫犹太人联盟（Jewish Defense League），不过这一案件始终未得到侦破。[15]

八年后又发生了一起情节好似惊悚小说的杀人事件。这次的事发地点是时髦的巴黎第 16 区的一所公寓内，受害者是雷内·布斯凯（René Bousquet）。这个 84 岁的警察局前局长曾经策划了将法国沦陷区的犹太人，包括数以千计的儿童，遭送至集中营的行动。尽管布斯凯在战后接受了审判，但他成功获得缓刑，理由是他据说曾经为法国抵抗运动出力。他后来在商业上取得成功，而他积极参与犹太人大屠杀的过往似乎基本上被遗忘了。即使在法国直面自身通敌历史的努力中他的过去被再次挖出，还有人试图提出新的指控，他也毫无悔意，而且似乎信心满满地认为没什么好害怕的。他仍然和过去一样，每天在布洛涅森林遛两次狗。

1993 年 6 月 8 日，一个名叫克里斯蒂安·迪迪埃（Christian Didier）的男子来到布斯凯的公寓，声称是来给他递送法庭文件的。迪迪埃后来对法国电视台的拍摄人员说，当这名警察局前局长开门后，自己"掏出左轮手枪进行了近距离射击"。尽管他射中了目标，但布斯凯仍然向他跑了过来。他接着说："那家伙有着令人难以置信的生命力。我又开了一枪，他还在向我跑来。我开了第三枪，他的身子开始摇晃。第四枪时我打中了他的头部或者颈部，于是他倒了下去，鲜血直流。"[16]

迪迪埃逃离现场，然后找来了电视台的拍摄人员坦白作为。不过他丝毫没有愧疚之意。他宣称，布斯凯"是恶的化身"，他自己的行为则"好比杀死了一条毒蛇"。他还说，他自己是"善的化身"。事实上，这个自称失意作家的家伙显然想要不惜一切代价地出名。他此前曾试图杀死克劳斯·巴比，曾闯入法国总统府的花园，还曾试图闯入法国电视台的摄影棚。他此前进过精神病院，在枪杀布斯凯后，他被判处十年有期徒刑。在服完一半的刑期并获假释出狱后，他表达了对自己行为的悔意，但他补充说："如果我能在五十年前就把他杀了的话，就可以得到一枚勋章了。"他还修改了之前对自身动机的解释，提出了一种扭曲的新逻辑："我以为，杀了布斯凯，我就能够杀死我心中的邪恶。"[17]

对塞尔日·克拉斯菲尔德以及其他曾希望让布斯凯再次接受审判的人来说，这次刺杀是一次重大挫折。他说："犹太人想要的是正义而不是复仇。"[18]尽管克拉斯菲尔德也一度考虑杀死巴比，但他的优先选择始终是让巴比接受审判并让其获罪，这也正是后来发生的事情。这么做能够伸张正义，并且有助于公众进一步了解犹太人大屠杀。对布斯凯的审判还能提供一个额外的好处，那就是通过实例来说明法国通敌者是如何积极参与德国人的罪行的。这些都意味着，与好莱坞电影不同，当枪手击毙坏人时，没有人会鼓掌叫好。因为在这种情况下，正义遭到了剥夺。

*　　*　　*

1985 年，对奥斯维辛集中营医生约瑟夫·门格勒时断时续的追捕突然间重新获得了紧迫性。门格勒以"死亡天使"的名字为人们所熟知，通过畅销书以及同名卖座电影《巴西来的男孩》的刻画，他已经成了大众想象中的邪恶化身。这个逃犯已经在 25 年前成为巴拉圭公民，不过他的确切行踪仍然是人们猜测的焦点，许多人报告称曾在拉美和欧洲国家看到他，包括在西德。在越来越大的国际压力下，巴拉圭于1979年剥夺了门格勒的公民身份，该国右翼独裁者阿尔弗雷多·斯特罗斯纳（Alfredo Stroessner）总统声称他的政府对门格勒的事情只知道这么多了。不过追踪门格勒的人中没有人相信他的话，而且他们有一个共同的重要假设。在1985年4月16日我从波恩向纽约编辑部发回的第一篇有关门格勒案的报道中，我写道："在门格勒仍在人世这一点上没有争议。"[19]

维森塔尔一直在汇报新的线索，以及他与门格勒失之交臂的经过。尽管他的行为有时会被指责为无差别地传播谣言，但他不是唯一渴望保持门格勒的媒体热度，并认为这些线索足以证明需要加强搜索力度的人。1985年5月，法兰克福律师弗里茨·施泰纳克（Fritz Steinacker）放弃了惯常的"无可奉告"态度，宣称："没错，我曾经是门格勒的委托代理人，且目前仍是。"尽管门格勒的儿子罗尔夫（Rolf）以及他老家巴伐利亚小城金茨堡（Günzburg）的其他亲属（他们家族的农业机械生意在当地仍然很红火）都表示不知道门格勒的所在，但维森塔尔对我说，他确信他们"一直以来都知道他在哪里，即使在今天也是如此"。他指出，门格勒的家人仍然对所有相关报道表示"无可奉告"，这意味着门格勒仍然活着，还在亡命天涯。维森塔尔说："在他们能够说出此人已死的时候，这种尴尬情形才会结束。"

塞尔日·克拉斯菲尔德与贝亚特·克拉斯菲尔德也有类似的看法，贝亚特还曾前往巴拉圭对该国政府扮演的角色提出抗议。塞尔日直言不讳地指出："门格勒就在巴拉圭，在斯特罗斯纳总统的保护之下。"维森塔尔、洛杉矶西蒙·维森塔尔中心、克拉斯菲尔德夫妇、西德和以色列政府等为抓捕这位奥斯维辛集中营医生提供了大量赏金，赏金总额到 1985 年时已经超过了 340 万美元。西德负责搜捕门格勒的法兰克福检察官汉斯－埃伯哈德·克莱因（Hans-Eberhard Klein）解释说，"我们的线索装满了许多文件夹"，它们都来自那些声称看到过他的人，但"没有一条是有用的"。他还解释说，这也是西德和其他人提高赏金额度的原因。同样在 1985 年 5 月，克莱因与他的团队在法兰克福与美国和以色列官员会面，对三国的搜索行动进行协调。

不过正如所有参与追捕的人在一个月后了解的那样，此时的他们也已经追逐一个幽灵长达六年之久了：1979 年，门格勒在巴西贝尔蒂奥加（Bertioga）海滩附近游泳时溺水身亡，当时他很可能中风了。[20]他的遗体在圣保罗附近的一座坟墓内被找到，一个法医团队进行了最终的身份鉴定，鉴定结果得到了普遍接受。罗尔夫·门格勒最后终于承认了维森塔尔等人一直以来的猜测：他的家人不仅一直与他父亲有联系，他本人还在 1977 年到巴西探望过父亲。他还表示，他在两年后重返巴西，"以确认父亲死亡的具体情形"。1992 年，DNA 检测给出了最终的证实。于 67 岁溺水身亡的门格勒还是逃脱了法律的制裁，而且他即便是死了，也把他的追踪者摆了一道。

尽管关于他最终命运的谜团已经解开，但这一发现仍然未能解答这个继艾希曼以来最重要的通缉犯是如何逃脱法网的。他的名字在纽伦堡国际军事法庭起诉纳粹高官的案子中被多次提到。奥斯维辛集中营指挥官鲁道夫·霍斯在以证人身份出庭作证时特意提到了"党卫军军医门格勒在双胞胎身上进行的实验"。[21]

奥斯维辛集中营的幸存者们后来详细讲述了他在集中营囚犯的死亡和所受折磨中起到的巨大作用。他非常喜欢去迎接抵达集中营的列车，定期参与甄别囚犯的过程，将数千个刚刚抵达的囚犯立刻送往毒气室处死。他经常先赦免双胞胎的性命，好让自己可以着魔似的在他们身上做实验。他会将染色剂注射进婴儿和儿童的眼睛，以改变其瞳色，并多次为他们输血和做腰椎穿刺手术。他会测试其他囚犯的身体承受能力，例如让波兰修女暴露在会灼烧身体的大量 X 射线中。他还在性器官上做手术，让健康囚犯染上斑疹伤寒症等疾病，并提取囚犯骨髓。一个高级军官在一份报告中称赞他"利用手上的科学材料为人类学做出了重要贡献"。门格勒还亲自处决了无数在他的实验中幸存下来的囚犯，这就是他处理"科学材料"残留物的方式。

据罗伯特·肯普纳，就是那个 1935 年离开祖国，后来成为纽伦堡审判美国起诉团队成员的德裔犹太律师介绍，门格勒的名字在 1947 年的"医生审判"中出现，那是在国际军事法庭的审判结束后进行的一系列审判中的第一场。肯普纳在 1985 年对我说："我们在纽伦堡时就开始搜寻门格勒。他们试图抓住他，但是在德国的任何地方都找不到他。他那时已经躲入某处了。"[22] 他还说，门格勒事实上在战争刚结束时曾被美国人逮捕，不过囚禁他的人并不知道他是谁。这个囚犯极为自负，曾设法说服党卫军自己不需要标志性的党卫军刺青，因为他不想破坏自己的外表，因此美国人没能发现他的真实身份。[23]

尽管门格勒已经上了战犯名单，但肯普纳对一个遭到美军大规模搜捕的人在那个混乱的时期逃脱法网的事感到毫不意外。他说："这些家伙就这么消失无踪了。这没什么难的。真正的罪犯就是比我们的小伙子聪明。"肯普纳还相信，与克劳斯·巴比不同的是，门格勒没有与美国人达成任何协议。他说："他是一个独来独往的家伙，很有手段，这与许多人形成了鲜明对比。"

由于巴比案的缘故，在门格勒的遗体被找到后，美国司法部尤其渴望检查相关记录，了解他同美国军方或情报部门的关系。特别调查办公室做了一项内容详尽的研究，研究结果于 1992 年最终发布。尽管该报告指出，到 1949 年他逃亡至南美洲前，门格勒一直用假名在美占区当农场帮工，但最终结论是："门格勒逃离欧洲一事没有得到美国的协助，美国也对此不知情。没有证据显示他曾与美国情报机构有任何关系。"[24]

门格勒最初住在布宜诺斯艾利斯，还在奥利沃斯待了一段时间，他的住址与艾希曼在同一片郊区。当以色列人开始执行绑架艾希曼的行动时，摩萨德局长伊塞尔·哈雷尔曾听说门格勒可能就在那里，不过他始终强调这一情报未被证实。他对这位奥斯维辛集中营医生的态度是非常明确的。哈雷尔指出："在所有曾在灭绝犹太人的可怕阴谋中扮演主要角色的恶人中，他最为引人注目的一点是，他对自己死亡信使的角色很满意，这简直令人作呕。"当有人问起艾希曼行动的代价时，哈雷尔对一名小队成员说："为了让我们的投资更加划算，我们会试着把门格勒一起带走。"

尽管哈雷尔十分渴望找到门格勒，但据他自己说，他不想做任何"有可能影响我们完成主要目标，也就是执行艾希曼行动的事情"。[25]他在布宜诺斯艾利斯的团队当时完全忙于跟踪目标人物，安排安全屋和交通工具，策划绑架和后续行动。他们知道门格勒可能也会成为目标人物，但他们认同先把注意力

300

放在主要目标人物上的决定。艾希曼行动团队中的重要成员、后来在绑架成功后受命审讯艾希曼的兹维·阿哈罗尼回忆说："我们没有人表现了任何对门格勒的热情。这肯定不是因为我们缺少勇气。我们只是担心这种不可靠的'兰博式'的双重行动会对艾希曼行动的成功造成威胁。"他说哈雷尔是最渴望抓捕门格勒的那个人，而艾希曼行动的现场指挥拉菲·埃坦是最早劝哈雷尔放弃朝那个方向采取任何行动的人，埃坦引用了一句希伯来谚语："过度贪婪，你就会一无所获。"[26]

301 　　不过，以色列人刚一抓住艾希曼，哈雷尔就敦促阿哈罗尼向艾希曼逼问门格勒的事。最初，这个囚犯拒绝吐露任何信息，不过后来他承认在布宜诺斯艾利斯的一间餐馆里见过门格勒一次，并声称那只是一次偶遇。他说自己不知道门格勒的住址，不过他表示门格勒曾提到奥利沃斯的一家招待所，老板是一位德国女子。阿哈罗尼相信艾希曼说了实话，不过据他回忆，哈雷尔并不相信。哈雷尔说："他在对你撒谎！他知道门格勒在哪里！"在阿哈罗尼看来，这位摩萨德局长"似乎有些疯狂"。

　　事实上，门格勒在前一年西德对他发出逮捕令后就已经离开阿根廷，到了巴拉圭。如果说他原本曾对移居到巴拉圭这个比阿根廷更愿意为纳粹战犯提供保护的国家有任何疑虑的话，那么艾希曼的绑架彻底打消了这种疑虑。不过巴拉圭也没有让他感到十分安全。在成功绑架艾希曼后，哈雷尔派遣阿哈罗尼和其他特工在多个拉美国家寻找门格勒的下落。在其他前纳粹分子的帮助下，门格勒搬到了圣保罗附近的一座农场，再一次当起了农场帮工，不过这次他产生了一些令人作呕的自哀之情，尤其是在他听说西德媒体一直提醒公众他在奥斯维辛集中营里做了令人毛骨悚然的事后。

他在日记中写道："你看，我现在的情绪非常糟，这主要是因为在过去这几周，我不得不去应付那些说我在奥斯维辛－比克瑙集中营给尸体剥皮的荒唐言论。在这种情绪下，没有人能够享受充足的日光和晴朗的天气。如果没有对生活或者物质的热爱，人就会成为一种可悲的生物。"[27]

阿哈罗尼说，在他的收买下，1962年门格勒在南美洲的一个联系人指引他去找沃尔夫冈·格哈德（Wolfgang Gerhard），那是居住在圣保罗附近、为门格勒提供过庇护的一个前纳粹。阿哈罗尼写道："我们当时不知道我们距离自己的目标有多近。"[28]他开始搜索那片区域，而且回想起来，他相信自己可能在一条丛林小道上看到了门格勒与另外两人。不过让阿哈罗尼以及负责此案的其他特工感到意外的是，哈雷尔突然把他们全部召回，让他们去处理一个新出现的优先任务：寻找一个被违反法庭命令的宗教极端分子偷渡出以色列的八岁男孩。特工们在纽约找到了那个男孩，并把他带到了他母亲的身边。在那之后，他们再也没有被派回南美洲。

摩萨德领导层的变动造成该机构对门格勒的兴趣逐渐减弱。哈雷尔在1963年卸任，继任者是梅厄·阿米特（Meir Amit）。这位新局长很快就忙于准备即将到来的与阿拉伯邻国的战争，即1967年的六日战争。曾负责指挥艾希曼行动、在领导层变动后继续为摩萨德效力的埃坦解释说："我们不重视对门格勒的搜索，所以没有找到他。"[29]追捕纳粹的工作再一次从优先位置上跌落。

当门格勒的尸体在1985年被发现时，他的儿子罗尔夫解释了为什么他从未被抓到。罗尔夫在接受西德杂志《彩色画刊》（*Bunte*）的采访时说：“他的屋子既小又寒酸……小到没有人对他产生怀疑。”由于门格勒来自一个富有的家庭，因此追捕他的人“一直在寻找一个住在白色海景别墅里、开着奔驰车、受到保镖和阿尔萨斯犬保护的人”。[30]其潜在含义是：追捕者们可能以为自己会遇到格里高利·派克在《巴西来的男孩》里饰演的那个门格勒。

对于自己长期保持沉默，甚至在知道父亲已死后依然如此一事，罗尔夫没有表示任何歉意。他声称：“我之所以一直到现在都保持沉默，是为那些与父亲保持联系长达 30 年的人着想。”[31]他的父亲对于自己的罪行同样毫无悔过之意。在一封给罗尔夫的信中，门格勒写道：“我没有任何必要去为我的任何决定、行动或者行为找理由或者借口。”

正如罗尔夫最终承认的那样，他的家人和其他许多人都曾为门格勒逃脱制裁提供长期帮助，这一事实也让人们对法兰克福检察官克莱因领导的西德调查工作提出质疑。没有任何针对门格勒家庭成员的住所和企业的搜查令被签发过，似乎也没人去审问他们。据这个逃犯的侄子迪特尔·门格勒（Dieter Mengele）说，检察官从来没找过他。克莱因声称，他们一家人“只是”部分被置于监视之下，但我不知道这究竟是什么意思。[32]

美国司法部特别调查办公室在 1992 年发布有关门格勒的报告时，承认了一些显而易见的事实。报告的结论为：“奥斯维辛的‘死亡天使’得以犯下罪行并在巴西自然老死，这显然是一次失败。”报告也指出，西德、以色列以及姗姗来迟的美国进行了“前所未有的世界范围的大搜捕”，这显示出他们对这种失败并不满意。但更重要的是，“他因此在这么多年的时间里始终悲惨地藏身于巴西，被以色列特工可能马上就会抓到他的恐惧折磨，这一事实可以说提供了某种粗陋的'正义'，尽管有些不够圆满"。报告还说，他已经付出了代价，因为他已经"成了自身梦魇的囚徒"。[33]

门格勒虽然逃脱了纳粹猎人的追捕，但他没有逃脱他们不断扩大的阴影。

第十六章 不忘初心

生存是一种有义务的特权。我始终扪心自问，究竟能为那些没有活下来的人做些什么。[1]

——西蒙·维森塔尔

　　1994 年 4 月，美国广播公司新闻台的一个摄制组对他们的目标小心翼翼地进行了监视。他们在圣卡洛斯-德巴里洛切找到了埃里希·普里克。那是一座位于安第斯山脚下的阿根廷度假城市，19 世纪的德国移民在那里建造了许多阿尔卑斯风格的房屋。与许多涉嫌参与大屠杀的纳粹分子一样，这位前党卫军上尉在战后逃离了欧洲，从此过上了看似正常的生活。他经营着一家熟食店，甚至偶尔还回到欧洲，而且从未费心去改变自己的名字。他的过去看起来已经被他抛在身后了，直到美国广播公司的记者萨姆·唐纳森带着摄像机出现在他面前。

　　普里克之所以臭名昭著，是因为他在 1944 年 3 月 24 日罗马市郊的阿尔帖亭洞窟组织了对 335 个男人和男孩的处决，其中包括 75 个犹太人。意大利游击队此前杀死了 33 个德国人，于是罗马的盖世太保指挥官赫伯特·卡普勒（Herbert Kappler）下令实施屠杀，原则上每死一个德国人就要有 10 个意大利人陪葬。与普里克不同的是，卡普勒没能在战后及时逃离意大利，因此被判处终身监禁。不过在 1977 年，他成功从一家军用医院越狱，并以自由人的身份活了一年才死去。还有报告称，普里克参与了将意大利犹太人遣送到奥斯维辛集中营的行动。[2]

当走在街上的普里克正准备进入自己的轿车时，记者朝他走了过来，喊道："普里克先生，我是来自美国电视台的萨姆·唐纳森。1944 年时你曾为罗马盖世太保工作，不是吗？"

普里克起初没有表现得过于慌乱，也丝毫没有假装自己没有参与过处决行动。他用一种口音很重但是很流利的英语回答说："是的，在罗马，没错。你知道，共产党人炸死了一群德国士兵。每死一个德国士兵，就必须有 10 个意大利人陪葬。"

普里克身穿马球衫、防风夹克，头戴巴伐利亚式小帽，看起来跟决定在这座风景如画的小镇定居的普通德国人没什么两样。

唐纳森问："平民吗？"

普里克仍然保持着平稳的语调，不过开始有了几分不安的神情。他回应说，他们"大部分是恐怖分子"。

记者步步紧逼："但是死者中有孩子。"

普里克坚称："没有。"唐纳森指出，有 14 岁的男孩也被杀害了。这时，普里克摇着头，反复说："没有。"

"为什么你要枪杀他们呢？他们又没做什么错事。"

"你要知道，那是我们接到的命令。你要知道，在战争中，总是会发生这种事。"到这时，普里克看起来急切地渴望结束谈话。

"所以你们只是在执行命令？"

"是的，当然，不过我没有枪杀任何人。"

唐纳森再一次指出，他在洞窟里杀害了平民，而普里克也再一次否认："没有，没有，没有。"

在普里克又重复了一遍执行命令的说法后，唐纳森说："可命令不是借口。"

很明显，这个美国记者似乎无法理解这种运行机制，普里克对此感到愤愤不平。他重申，自己不得不执行命令："在当时，命令就是命令。"

唐纳森接着说："于是平民就死了。"

306　　普里克承认："是的，平民死了。世上的所有地方都有大量平民死亡，他们仍然在不断死去。"他带着紧张的微笑，摇头晃脑地说，"你生活在这个时代，不过我们生活在1933年"，他指的是希特勒上台的那一年。"你能理解吗？整个德国都是……纳粹。我们没有犯罪。我们只是执行了他们的命令。这不是犯罪。"

唐纳森穷追猛打，问他是否曾遣送犹太人到集中营。

普里克摇了摇头："犹太人，不，没有……我从来都不反对犹太人。我来自柏林。我们在柏林与许多犹太人住在一起。不，我没有那么做过。"

说完，他钻进车里关上车门。他透过车窗对跟过来的美国记者说了最后一句话："你不是一个绅士。"

在普里克开车远去后，记者发出了讽刺的笑声。唐纳森重复了一遍："我不是一个绅士。"[3]

出生于1934年的唐纳森在二战时年纪尚小，因而没有参战，不过他一直对这场战争十分着迷，对希特勒竟然能够蛊惑整个德意志民族感到惊讶。在美国广播公司工作时，他与实习生一起反复观看了莱尼·里芬斯塔尔（Leni Riefenstahl）导演的《意志的胜利》（*Triumph of the Will*），以研究他眼中的"第一部真正的宣传电影"。[4]

制片人哈里·菲利普斯（Harry Phillips）找到了普里克的踪迹，对他进行了长达两周的监视，然后制订了摄像机突袭计划。当时，唐纳森相信，公众对纳粹分子及其罪行的兴趣正在减退。[5]不过唐纳森与菲利普斯的报道在全球引起了强烈反响，导致了第一次试图将普里克绳之以法的行动。阿根廷在 1995 年将他引渡至意大利，随后发生了一场重要的诉讼。最初，军事法庭因一个技术细节问题而做出无罪释放的判决，不过他又重新遭到逮捕和审判，并在 1998 年被判处终身监禁。由于他年事已高，因而一直被软禁在罗马，并在 2013 年以 100 岁的年纪去世。

天主教会拒绝在罗马为他举行公开葬礼，阿根廷和德国也不打算提供这一服务。最后，还是圣庇护十世司铎兄弟会（Society of St. Pius X）在罗马以南的山巅小镇阿尔巴诺拉齐亚莱（Albano Laziale）的一座教堂里为他举行了葬礼，该教会是天主教的一个分支，反对天主教会近几十年的改革，并且对犹太人大屠杀提出过质疑。在灵车经过街道时，防暴警察竭尽全力才拦住了敲打车辆的愤怒示威者。[6]

普里克直到最后一刻都不服气，坚持认为自己只是在执行命令，仅有一点是例外：他承认自己没有按照 10∶1 的比例杀害 330 个意大利人，而是总共抓捕了 335 人，这意味着比要求的人数多出了五人。很显然，普里克在准备处决名单时额外添上了五个名字。他对德国《南德意志报》的记者说："这是一个错误。"不过很明显，他认为这只是一个无足轻重的失误，基本上是一个无法挽回的计算失误。除此以外，行动开展得很

307

顺利。据说，在这次行动中，双手被捆在背后的受害者被引入洞窟，随后他们被迫跪在地上，然后被击中后颈而死。

唐纳森在回顾自己为电视台工作的漫长岁月时说，他对于普里克案的报道感到尤为自豪。他说："当人们问我，在这么多年里，哪一次采访最令我难忘时，他们以为我会说对里根或者萨达特等人的采访，但我会告诉他们那是对普里克的采访。"他说，那是"我做过的最重要、最有吸引力的一次新闻报道"。

尽管记者本身并非纳粹猎人，但纳粹猎人的信条显然在唐纳森身上留下了痕迹，他许多报道类似新闻的同事也有这种痕迹。他们感到，这些新闻的重要性不仅源自它们的轰动性标题。正如唐纳森所说："我认同一句老话，那就是如果你不让下一代人记住这些事情，桑塔亚纳①的那句格言就会应验——如果不牢记历史，就注定会重蹈覆辙。"

在大部分情况下，记者们会报道纳粹猎人的所有发现，或者跟进他们提供的线索，包括后续的法律后果等。在普里克一案中，唐纳森戏剧性的街头采访是记者的调查结果，而不是纳粹猎人取得的突破。在采访播出后，那位前党卫军上尉的命运就被锁定了，报道结束了他在阿根廷的舒适生活，导致他被引渡和审判。

*　　*　　*

2015 年是奥斯维辛及其他一些集中营解放 70 周年，也是那场造成了史上最大伤亡的战争结束 70 周年。剩下的可供追

---

① 乔治·桑塔亚纳（George Santayana）是 19 世纪末 20 世纪初的著名自然主义哲学家、美学家、文学批评家。

捕和审判的纳粹战犯越来越少，这丝毫不令人惊奇。高级纳粹军官们或许都已经不在人世了。一个集中营看守如果在1945年时只有20岁大，到这时也已经有90岁了，这意味着最后一批案子将不可避免地涉及级别较低的人。在现在这个纳粹猎人的传奇故事已临近终点的时刻，这类事甚至在纳粹猎人间引发了争议，他们对剩余的案件价值几何持不同看法。

讽刺的是，一个低级别集中营看守的陈年旧案在21世纪初经历了令人震惊的转折，改写了余下的纳粹罪犯需要面对的游戏规则。这一案件的处理在美国、以色列和德国持续了数十年，每一次进展都引起巨大争议。即使案件中心人物、克利夫兰的91岁退休汽修工人约翰·德米扬鲁克2012年在德国的一家养老院去世后，仍然有许多由他先后遭到的起诉引起的问题未得到解答。

德米扬鲁克的故事中只有最开始的部分是不存在任何争议的。与其他许多被迫卷入20世纪的动荡岁月的人一样，他不幸地成长于最先受到斯大林和希特勒的残暴政策冲击的地区。伊万·德米扬鲁克（他在成为美国公民后才改名为约翰）于1920年出生在基辅附近的一个小村庄，只上了四年学就开始在一家集体农场工作。20世纪30年代，斯大林对抵制集体化的乌克兰反对派采取了强制性措施，由此引发了大饥荒，造成数百万人死亡。德米扬鲁克及其家人勉强活了下来。当希特勒的军队入侵苏联时，他应征加入苏联军队，先是受了重伤，在度过漫长的恢复期后又重返战场。1942年，他被德国人俘虏，成为一个苏联战俘，当时的许多苏联战俘很快就因酷刑、饥饿和疾病而死去。[7]

在斯大林看来，所有被德国人俘虏的士兵都是"潜逃国外的叛徒"[8]，他们在回国后将立刻遭到惩罚，他们的家人也应受到牵连。考虑到这种情况以及战前生活的艰苦，部分战俘决定投靠敌人以自保，这种事毫不令人意外。他们回应了寻找"志愿者"的呼声，成为集中营看守，或者加入后来的"俄罗斯解放军"（Russian Liberation Army）。"俄罗斯解放军"由安德烈·弗拉索夫（Andrei Vlasov）将军指挥，他在战争初期是苏联的英雄，在被俘后变节。弗拉索夫声称他的目标是推翻斯大林，而不是为希特勒效力，不过他的行为意味着他准备与德国侵略者并肩作战。

据德米扬鲁克所说，他先是为武装党卫军中一支全由乌克兰人组成的队伍效力（这意味着他的上臂被文上了血型），随后又在弗拉索夫的"俄罗斯解放军"中效力。不过他说，他在战争末期从未参与实战，并在身处德国难民营期间设法隐瞒了自己的背景。他也因此避免了与弗拉索夫的手下被一起遣送苏联的命运，弗拉索夫及其众多追随者在回到苏联不久后就被处决了。他在难民营中与一个乌克兰女子结婚，并找到了一份为美军开车的工作。

在申请难民资格时，他捏造了一个故事，声称在战争中的大部分时间里自己在波兰村庄索比布尔当农民，这座村庄因德国人在那里设立的死亡集中营而变得臭名昭著。德米扬鲁克坚持说，他之所以挑选这个村庄，仅仅是因为那里住了许多乌克兰人。1952 年，他携妻女定居美国，后来又有了两个孩子，并很快融入了克利夫兰的流亡乌克兰人社区。他在那里被视为一个坚定的反共基督徒，致力于将祖国从苏联的压迫下解救出来。

不过，在 1975 年，前美国共产党党员、《乌克兰日报》

（*Ukrainian Daily News*）编辑迈克尔·哈努西亚克（Michael Hanusiak）罗列了一份在美乌克兰战犯嫌疑人名单，上面的名字多达 70 个，其中之一便是德米扬鲁克，他被确认为索比布尔集中营的党卫军看守。但是联邦调查局和乌克兰人社区认为哈努西亚克的名单十分可疑，可能是来自苏联的虚假情报。然而在那时，移民归化局已经因没能对住在美国的大部分纳粹战犯采取任何行动，而面临来自国会女议员伊丽莎白·霍尔茨曼的极大压力。该机构于是启动了对德米扬鲁克的调查。调查人员将德米扬鲁克和其他几个战犯嫌疑人的照片送到以色列，这些照片都是在他们年轻时拍摄的。调查人员的想法是看看在那些集中营幸存者中是否还有人记得照片中的面孔。9

乌克兰裔警探米莉娅姆·拉蒂夫科（Miriam Radiwker）在移民以色列之前曾在苏联和波兰工作，她将照片展示给一些集中营幸存者。当她找来特雷布林卡集中营的幸存者，想看看他们能否辨认出桌上另一个嫌疑人的照片时，一个幸存者指着德米扬鲁克的照片说道："伊万，特雷布林卡集中营的伊万，'伊万格罗兹尼'。""伊万格罗兹尼"的意思为"恐怖伊万"，它是负责操作毒气室，并且非常喜欢殴打、鞭打和枪杀囚犯的集中营看守的外号。由于美国人送来的信息显示德米扬鲁克是索比布尔集中营而非特雷布林卡集中营的看守，因此拉蒂夫科感到既惊讶又怀疑。

但随后又有两个特雷布林卡集中营幸存者挑出了德米扬鲁克的照片，认出他就是"恐怖伊万"：其中一人非常肯定，另一个人谨慎地表示他不能完全确定，因为这张照片不是在德米扬鲁克为集中营服役时拍摄的。尽管他们描述的"恐怖伊万"

在外形上十分接近德米扬鲁克，但这些描述，尤其是关于其身高的记忆，并不完美。

311 拉蒂夫科向美国人报告了发现，让美国人来处理这个难题。1977 年，克利夫兰美国联邦检察官办公室对德米扬鲁克提出正式起诉，声称他就是外号为"恐怖伊万"的特雷布林卡集中营看守。司法部特别调查办公室在 1979 年正式组建不久后就接手了这个案子。由于特雷布林卡集中营的记录都被德国人烧毁了，其中一位调查人员开始在特拉夫尼基（Trawniki）训练营的档案中搜寻信息，那是一个为即将成为党卫军看守的苏联战俘设立的训练营。该调查人员猜测，这些档案都在苏联人手里，于是通过美国驻莫斯科大使馆提出查阅档案的请求。1980 年初，苏联驻华盛顿大使馆给特别调查办公室寄来了一个信封，里面有一张伊万·德米扬鲁克的党卫军身份证明的复印件。出生日期和父名都准确无误。这张身份证明还出现在了乌克兰的一些报纸上。

此时已经加入特别调查办公室并担任副主任的艾伦·赖恩和他的团队对比了身份证明上的照片与德米扬鲁克 1951 年申请美国签证时的照片。他得出结论："毫无疑问，这两张照片属于同一个人。"尽管身份证明显示德米扬鲁克被派驻索比尔集中营，没有提到特雷布林卡，但赖恩的结论是，他们已经找到了目标。他说自己当时的想法是："你个混蛋，我们抓到你了。"[10]

不过，不是每个人都认为政府的证据令人信服。《乌克兰日报》此前报道说，一个曾在苏联长期服刑、后来留在西伯利亚的前乌克兰党卫军看守声称，自己与德米扬鲁克一起在索比尔集中营服役，而不是特雷布林卡集中营。从一开始就跟

进德米扬鲁克一案的司法部律师乔治·帕克（George Parker）
对案件中的矛盾之处感到非常不安，因此他给特别调查办公室
主任沃尔特·罗克勒（Walter Rockler）和副主任赖恩写了一
份备忘录，警告说他们应该考虑其他选项，例如至少把德米扬
鲁克在索比布尔的服役记录加入指控，而且有可能的话最好完
全放弃关于特雷布林卡集中营的指控。[11]不过不久后接替罗克
勒出任主任的赖恩决定坚持原有的指控，即德米扬鲁克就是特
雷布林卡集中营的"恐怖伊万"。

后来在法庭辩论环节，政府赢得了诉讼，德米扬鲁克因
此被剥夺公民身份。美国的乌克兰人社区激烈地发起抗议，
声称特别调查办公室根据莫斯科捏造的证据诬陷了一个诚实
的人，不过这无法阻止以色列请求将他引渡。1986 年 1 月 27
日，德米扬鲁克被塞进了一趟以色列航空公司飞往特拉维夫
的航班。这是自艾希曼审判以来，以色列首次决定再次审判
一个纳粹战犯。[12]

以色列外交部部长伊扎克·沙米尔声称，以色列是以
"历史正义"之名做出此举的，不过，这一决定仍然颇具争议
性。[13]曾在布宜诺斯艾利斯担任艾希曼行动副指挥的亚伯拉
罕·沙洛姆此时已经是辛贝特局长。在以色列请求引渡德米扬
鲁克之前，总理西蒙·佩雷斯（Shimon Peres）曾征询他的意
见。沙洛姆回忆说："我对他说，不要这么做，因为艾希曼只
有一个。"他暗指相较而言，德米扬鲁克只是一个不起眼的角
色。"如果战利品缩水，其影响力也会缩水。"[14]

在耶路撒冷举行的对德米扬鲁克的审判中，特雷布林卡集
中营幸存者激动地发表证词，发誓说德米扬鲁克就是"恐怖
伊万"。平哈斯·爱波斯坦（Pinchas Epstein）指着被告大声

312

喊道："他就坐在这里。我每天晚上都梦见他……我永远都忘不了他，他就在我的记忆里。" 观众们纷纷鼓掌，时不时还会对德米扬鲁克及其以色列辩护律师约拉姆·谢夫特尔（Yoram Sheftel）骂上几句。一个波兰裔犹太人对德米扬鲁克喊道："你是个骗子。你杀害了我父亲。" 他们谴责谢夫特尔是"牢头"、"纳粹"以及"无耻的杂种"。[15]1988 年 4 月，法庭判决德米扬鲁克罪名成立并判处他死刑。

不过，等到他的辩护团队就这一决定向以色列最高法院提出上诉时，又有新证据出现了，证据显示真正的"恐怖伊万"实际上是一个名叫伊万·马尔琴科（Ivan Marchenko）的看守。美国哥伦比亚广播公司的栏目《60 分钟》（60 Minutes）公布了一则劲爆的新闻，称一个经常接待马尔琴科的波兰妓女同意接受采访。此前，她的丈夫已经证实了她的说法，并且补充说马尔琴科喜欢把伏特加带到他店里，公开谈论操作毒气室的经历。[16]其他一些信息也削弱了德米扬鲁克案的证据的力度，检方遭遇了一场灾难。

以色列最高法院在 1993 年 7 月判决德米扬鲁克无罪，美国第六巡回法院也做出裁定，允许他返回美国。更糟糕的是，该巡回法院还恢复了他的公民身份，并且宣布特别调查办公室犯有起诉不当罪。德米扬鲁克的支持者一直指控特别调查办公室，称其故意隐瞒了一些可用来提出质疑的证据；他们甚至在特别调查办公室门外的垃圾桶里翻找可以支持该指控的文件。特别调查办公室前主任赖恩在 2015 年对我说："这些捏造的指控，即所谓的调查者有不当行为，仍然让他非常生气。" 不过，从 1995 年起担任特别调查办公室主任的埃利·罗森鲍姆承认："我们在那个案子上出了大丑，而且我觉得我们罪有应得。"[17]

　　不过，这并不意味着罗森鲍姆认同德米扬鲁克的他是无辜之人的说法。罗森鲍姆说："很明显，德米扬鲁克在说谎，他就是一个死亡集中营看守，至少曾在索比布尔服役。"换句话说，事实正如德米扬鲁克的党卫军身份证明显示的那样。在罗森鲍姆的指挥下，特别调查办公室重新启动调查，不辞辛劳地重新寻找证据，这次主要依赖这张身份证明以及从德国和苏联档案中找到的新证据，而不是目击证人。

　　他们发现德米扬鲁克从未像他自己一直坚称的那样曾是弗拉索夫麾下的"俄罗斯解放军"成员。就像他在申请美国签证时声称自己一直在索比布尔当农民一样，这也是一个托词。[18]2002 年，第六巡回法院第二次剥夺了德米扬鲁克的公民身份。后续的遣返诉讼最终于 2009 年结束，德米扬鲁克再次被送往国外接受审判，这次他被送到了德国。

　　德米扬鲁克一直恳求说，他年纪太大，身体不好，不能长途旅行，也无法再次接受审判。他是躺在担架上被送上前往慕尼黑的飞机的。他躺在病床上被人推进法庭，看起来几乎没有了呼吸。[19]这时他已经是 89 岁高龄，身体状况很差，不过他的对手相信他在公共场合的每次露面都是演戏。在他被送到慕尼黑前不久，西蒙·维森塔尔在 YouTube 上发布了一段视频，显示德米扬鲁克在住处附近的街道上行走，而且在没有任何协助者的情况下顺利地上了一辆车。

　　2011 年 5 月，法庭做出了不利于德米扬鲁克的裁决，认为指认他曾是索比布尔集中营看守的证据足够可信。与德国此前处理的案子不同，这一次的法庭判决称，已有证据足以判决他因参与杀害 29060 人而犯有共谋谋杀罪，这一数字就是他在索比布尔集中营服役时那里的遇难者总数。他被判处五年监禁，不过庭前拘押阶段的两年也被算在里面。他的律师就此判决提出上诉，在上诉期间他获准居住在一家养老院中。2012年3月17日，他在养老院去世，此时上诉结果仍然悬而未决。

这使得他的儿子声称，实际上，法庭的判决已经没有效力了。他还表达了美国乌克兰人社区里许多人的看法，那就是德国人把他的父亲"当成了替罪羊，把德国纳粹的罪行推到了无助的乌克兰囚犯头上"。[20]专栏作家帕特·布坎南也愤怒地发起了一场运动，反对特别调查办公室起诉"这个美国版德雷福斯"[①][21]，这就是他给德米扬鲁克贴的标签。他问道："在这个国家的历史上，有多少人遭受过如此不依不饶的追捕，以及如此冷酷无情的起诉？"

德米扬鲁克的支持者们始终可以利用早期他被错认为"恐怖伊万"的事实以及他最初在以色列得到的死刑判决，来证明无论检方还是法官都会有重大失误。不过，在经过近30年的司法诉讼后，他的罪名终于被落实，他的谎言也被戳穿。更重要的是，慕尼黑判决为德国如何起诉人数越来越少的在世战犯嫌疑人创下了一个先例。游戏规则突然间发生了改变。

*　　*　　*

在德米扬鲁克案之前，德国检察官一直面临一项重大挑战，那就是必须证明纳粹战犯嫌疑人犯有具体的谋杀罪以及其他罪行，因此定罪率非常低。找到大屠杀的证人和相关证

---

① 德雷福斯事件是19世纪末发生在法国的一起政治事件，起于法国犹太裔军官阿尔弗雷德·德雷福斯（Alfred Dreyfus）被误判为叛国者，法国社会因此爆发了严重的冲突和争议。由于重审以及政治环境的变化，德雷福斯最终于1906年7月12日获得平反，同时成为法国的英雄。

据并非难事，但找到能够将具体谋杀罪行归咎于特定个体的档案和证人是一项艰巨的挑战。据慕尼黑当代历史研究所（Institute of Contemporary History）介绍，从 1945 年到 2005 年，西德总共对 172294 人进行了调查。共有 6656 人被定罪，但是其中只有 1147 人被判犯有谋杀罪。[22] 考虑到数量庞大的第三帝国受害者，这意味着只有一小部分杀人犯为自己的行为付出了代价。

　　德米扬鲁克案的不同之处在于，慕尼黑法院没有要求检方证明他实施了具体的谋杀行为，而是接受了他是大屠杀从犯的表述。换句话说，只要曾在死亡集中营中服役，就会因工作岗位被定罪。路德维希堡纳粹罪行调查中央办公室主任库尔特·施里姆（Kurt Schrimrn）不久后明确表示，他会采用这一新标准。2013 年 9 月，他宣布自己将把 30 个前奥斯维辛 - 比克瑙集中营看守的信息递交给州检察官，以调查他们是否也是谋杀罪从犯。他说："我们认为，无论他们的个人行为将在何种罪名下受到指控，这种工作（即奥斯维辛 - 比克瑙集中营看守）本身就能让他们被认定为谋杀罪从犯。"[23] 这 30 个前集中营看守的年龄在 86 岁到 97 岁不等，其中许多人后来因死亡、疾病，或是出于其他原因逃脱了制裁。到 2015 年初，仍然有 13 起案件正在调查中，只有 1 起进入了起诉阶段。[24]

　　2015 年 4 月，93 岁的党卫军"奥斯维辛集中营图书管理员"奥斯卡·格勒宁（Oskar Gröning）被控对 30 万因犯的死亡犯有同谋罪，并在德国小镇吕内堡（Lüneburg）接受审判。他承认自己曾经是集中营看守，负责在因犯前往毒气室的路上清点他们的财物。不过，与此前审判中的许多被告一样，他也声称自己只是巨型杀人机器中的一个小齿轮。他说："我请求得到宽恕。我在道德上应当分担罪责，但是必须由你们来裁定我是否负有刑事罪责。"[25]这种承认已经使他强于大部分纳粹被告了，不过他仍在暗示他不应该承担任何法律责任。

2015 年 7 月 15 日，法庭认定格勒宁有罪，判处他四年监禁。这一判罚比州检察官主张的三年半刑期还要严厉。法官弗朗茨·康皮什（Franz Kompisch）指出，格勒宁是自愿加入党卫军并在奥斯维辛集中营从事"安全的办公室工作"的，这足以让他成为大屠杀的帮凶。康皮什对他说，他的决定"或许受到了所处时代的影响，但绝不是因为你没有自由选择权"。[26]

施里姆曾解释说，中央办公室的目标与其说是惩罚前集中营看守，不如说是证明仍然有人在某种程度上努力伸张正义。他还说："我的个人看法是，鉴于这些罪行的残暴程度，我们应当承担起对幸存者和受害者的责任，而不是说'时间已经过去这么久了，因此这些事应当被扫进垃圾堆了'。"[27]

讽刺之处在于，早在几十年前就有人就什么样的证据足以证明在纳粹死亡机器中效力的人有罪提出主张，现在它终于被为德米扬鲁克定罪的慕尼黑法庭接受了。在 1945 年底开始的达豪审判中，美国军方首席检察官威廉·登森将"共有计划"作为论证的基础。他主张，不需要证实具体的罪行，只要证明"被告中的每一个都是这台屠杀机器中的一枚齿轮"就够了。[28]作为力求让德国人为他们在第三帝国期间的所作所为负责的先锋人物，德国检察官弗里茨·鲍尔也在 20 世纪 60 年代的法兰克福奥斯维辛审判中提出了类似的主张，即"无论操作这台谋杀机器的是谁，无论他做了什么，他都参与了谋杀。当然，前提是他知道这台机器的用途"。[29]

这里还存在一个更大的讽刺。如果德国法院从 20 世纪 50

年代或者 60 年代起就接受这种做法，那么遭到审判和定罪的人数就会急剧增加。正如奥斯维辛－比克瑙集中营国家博物馆现任馆长彼得·齐温斯基所说："这种事经常发生，只有在几乎没有人可以追究责任的时候，你才会清算罪行。"齐温斯基坚持认为，德国法院此前的整个理论基础都是有缺陷的："如果有黑手党向人们开枪，那么没有人会在乎其中某个人是在开枪还是在站岗以防其他人靠近。他就是犯罪的参与者。令人震惊的是，德国人竟得出了不同的结论。"30

2014 年 8 月 25 日的德国《明镜》周刊给出了另一种解释，那期杂志的封面故事题为《奥斯维辛档案：为什么说最后的党卫军看守将逍遥法外》（"The Auschwitz Files：Why the Last SS Guards Will Go Unpunished"）。这篇长篇报道的作者克劳斯·维格雷费（Klaus Wiegrefe）在结论部分写道，造成德国在审判纳粹分子方面的糟糕记录的，不仅仅是僵化的司法制度。他继续写道："对奥斯维辛罪行的惩罚并不是因为少数政客或者法官试图阻挠这些努力才失败的。它之所以失败，是因为只有极少数人有志于果断地将这些罪犯定罪并对他们实施惩罚。1945 年后，许多德国人都对奥斯维辛发生的大屠杀无动于衷，而且今天仍然如此。"31

尽管如此，德米扬鲁克案的判决结果，以及路德维希堡纳粹罪行调查中央办公室的施里姆依据这一结果采取行动的决心，仍然令齐温斯基以及其他许多外国批评者备感振奋。齐温斯基说："这不仅涉及法律领域，还涉及道德领域。那些反对将超过 90 岁的老人定罪的家伙声称这么做在道德上是错误的。但是，如果不进行审判，就会造成更大的道德失败，会让非正义行为取得胜利。"32

317

*　　*　　*

正如他们在德米扬鲁克等案件的处理手法上所展示的，美国官员们在这方面不需要做更多事就足以令人信服了。2014年7月23日，东宾夕法尼亚地区法院治安法官蒂莫西·R. 赖斯（Timothy R. Rice）下令将89岁的约翰·布赖尔（Johann Breyer）引渡至德国受审。布赖尔曾是奥斯维辛集中营看守，在引渡令发出时是一个已经退休的费城工具修理工。德国在引渡请求中给出的理由反映了德米扬鲁克一案中的论证。引渡请求上说，布赖尔"所在的组织有目的地执行了指挥系统下达的实施谋杀的命令"，这里的指挥系统指的是他的"骷髅头"党卫军看守小分队。布赖尔没有否认他曾在奥斯维辛服役，但他声称自己没有参与杀人。

在判决中这位美国法官放弃了用干巴巴的法律术语表述判决背后的道理。他写道："正如德国归纳总结的那样，对一个布赖尔这样的死亡集中营看守来说，在1944年这个纳粹恐怖统治的巅峰时期，他不可能一边服役于奥斯维辛集中营，一边对有数十万人在毒气室里遭到残忍杀戮并被当场焚烧一事一无所知。货运列车每天都会运来数十万男人、女人和孩子，他们中的大多数人第二天就消失了。空气中弥漫着喊叫声、臭味和死亡的气息。检方的指控足以证明布雷尔无法继续就他在这种恐怖暴行中的共谋罪行自欺欺人。"他还指出："诉讼时效不能为谋杀行为提供避风港。"

不过，在赖斯宣布判决的同一天，这个前党卫军看守去世了。这并不是第一次发生这样的事，即纳粹战犯嫌疑人在被驱逐出美国接受其他国家的审判前就去世。司法程序的落实常常经历波折，有时甚至都没来得及开启。对于那些在努力了数年后才赢得对布赖尔这种纳粹战犯嫌疑人的诉讼的人来说，这是重要的胜利，不过起诉对象的死同样令人沮丧。这给人的感觉像是他们失去了另一种机会，这种机会的目的不在于惩罚凶手，而在于在德国法庭上一堂有关责任和历史的课：无论他们得到的是怎样的命令，个体都需要为他们在这种情形下的行为负责任。

布赖尔在被引渡前的死亡也引起了质疑，那就是为什么此类案件这么晚才得出结果，以及究竟取得了多少成果。美国司法部特别调查办公室主任埃利·罗森鲍姆介绍说，从 1978 年成立到 2015 年，该部门赢得了 108 项针对纳粹罪行参与者的诉讼。86 人被剥夺公民身份，67 人被遣送、被引渡或者通过其他方式被驱逐出境。[33]

前国会女议员伊丽莎白·霍尔茨曼——她的极力游说促成了特别调查办公室的成立——相信，这是一项令人印象深刻的成绩，毕竟起诉这些人在多年前犯下的罪行这件事是如此之难。她说："我为付出这类努力的人感到骄傲。我们有一个专业团队在满世界寻找证据。他们在克服了一切困难后取得了成功。在这个时期，世界上没有任何别的国家比我们做得更多。"[34]

1988 年回到特别调查办公室并于 1995 年出任主任的罗森鲍姆当然也同意这一判断。他坦率地承认，在很长一段时间里，美国失去了追捕纳粹罪犯的兴趣，有时甚至征募他们，让他们加入对抗苏联的斗争，冷战政治应当为此负责。不过他指出，早在 20 世纪 40 年代末以及 50 年代的大部分时间里，美国就保留了纳粹罪犯的档案，并且试图阻止其中的许多人入境。他坚持认为，应当把与另外一些罪犯的合作放在特定的历史情境下看待，当时大国间像是在进行一场你死我活的斗争。他表示："在执法部门，我们总是会利用坏人。"

德国检察官最近开始追究战犯嫌疑人的责任，而特别调查办公室在这个方面的努力是不是太微不足道且太迟了？从某种程度上说，是的。但是他们的行动已经造成了巨大影响，显示出美国不愿意再对那些可以确认身份，并且可以被剥夺公民权利、被驱逐出境的漏网之鱼视而不见。

特别调查办公室在 2010 年与司法部国内安全司合并，新的部门名为人权与特别诉讼司（Human Rights and Special Prosecutions Section），不过罗森鲍姆及其团队仍然在跟进余下的纳粹案件。霍尔茨曼指出，这些努力"创下了历史纪录，并且彰显了美国不打算为大屠杀凶手提供避难所"。这些案件还应当成为"传递给下一代的信号"，教育他们什么是种族灭绝，以及该如何处理此类案件。在最乐观的情形下，它们还应该具有威慑效果，但霍尔茨曼也坦承，柬埔寨和卢旺达等国的种族灭绝罪行显示在这方面他们没有取得成功。

* * *

西蒙·维森塔尔中心以色列办事处主任埃弗拉伊姆·苏罗夫在耶路撒冷接受采访时解释说："执法部门和政府官员与我们这些没有获得任何授权的人之间天生存在着紧张关系。我们的权力完全取决于公众的支持。它并非来自选票箱，而是来自（捐款者的）支票本。"[35]

苏罗夫出生于 1948 年，在布鲁克林长大，于 1970 年移居以色列。从 1980 年到 1986 年，他一直是特别调查办公室驻以色列的研究员。他在 1986 年成立了西蒙·维森塔尔中心以色列办事处，近年来经常被称作最后的纳粹猎人（他愉快地接受了这一称号）。他从未听命于维森塔尔，后者总是单独行动，不过外人经常以为他们之间存在着上下级关系。苏罗夫将一名纳粹猎人的工作描述为"1/3 是侦探，1/3 是历史学家，1/3 是说客"。他还补充说，纳粹猎人不会起诉任何人，但是会为促成起诉成立提供帮助。

320

　　维森塔尔已经是一个极富争议性的人物了，但苏罗夫引发的争议甚至更多。对苏罗夫的常见指控有他为了宣传而宣传，并且在此过程中不仅让他的对手，还让他的潜在盟友感到痛苦。他经常抨击波罗的海三国，称它们试图掩盖在战争期间与纳粹分子合作的记录，批评它们篡改历史以低调处理犹太人大屠杀的做法，这些国家的一些犹太人领袖对他的这一策略十分警惕。他坦承道："这些群体很容易受到攻击。他们没有足够的力量和勇气来独自斗争。"他强调说，他这些努力的本意是给予他们支持；不过，正如瓦尔德海姆事件中的维也纳犹太人群体一样，波罗的海的犹太人经常感到他的行动重新煽动了当地根深蒂固的反犹情绪。

　　苏罗夫还公开、高调地踏上了寻找纳粹战犯的旅程，他最重要的一次行动是对毛特豪森集中营医生阿里伯特·海姆的寻找。他说，直到 2008 年夏天，他还曾前往智利和阿根廷"寻找阿里伯特·海姆"。不久后有消息称海姆已经于 1992 年死于开罗，他承认这是"令人震惊的消息"，而且他最初还坚持认为，只要没有足够充分的证据证明海姆已经死亡，这件事就仍然没有结束。[36]

　　近期，苏罗夫发起了名为"最后机会行动"（Operation Last

Chance）的新运动。2013 年，在他的安排下，德国主要城市都
张贴了印有奥斯维辛－比克瑙集中营照片的海报，海报上还用
醒目的大字写道："晚了，但还不算太晚。"它们呼吁人们提供
信息，举报任何可能参与过纳粹罪行并且仍然在世的人。苏罗
夫说，在这些海报的帮助下，线索如潮水般涌来，包括 111 个
名字。他在报告中说，他把其中四个名字交到了德国检察官手
上，后者对其中两人进行了调查。其中一人曾是达豪集中营的
看守，但此时已经患上了阿尔茨海默症；另一人不仅喜欢搜集
纳粹纪念品，还喜欢搜集枪支和弹药，不过此时他已经死了。[37]

321 　　让人对这场运动的价值产生怀疑的，不仅是它的可疑结
果。美国犹太人委员会（American Jewish Committee）柏林办
事处主任戴德丽·贝格尔（Deidre Berger）指出："的确，在
幸存者过着悲惨生活的同时，有些前纳粹分子却过着平静的生
活。这种不公令人震惊且让人愤怒。可问题在于，当一个群体
感到自己被针对的时候，逆反效应常常就会出现，例如这样一
场运动就会产生这种效果。"不过，与此同时，她也认为，追
究这些可以上法庭的案子是有道理的。她说："无论判决结果
如何，最重要的仍是让剩余的少数幸存者感到正义终于得到伸
张，自己的声音终于被人听到。"[38]

　　不过，即使是在纳粹猎人内部，也有部分人反对把已近暮
年的集中营看守当作目标。塞尔日·克拉斯菲尔德称，德米扬
鲁克案后出现的某人可以仅因他或她的工作岗位而获罪的说法
"相当有苏联风范"。[39]他和贝亚特不仅对苏罗夫的运动，还对
德国调查人员最近的行动表示怀疑。他说，路德维希堡的官员
们"想要保住他们的办公室"，暗示这是他们为了延长授权而
采取的策略。

即使在纳粹案件数量锐减的情况下，纳粹猎人之间的内讧仍然没有减少。例如，特别调查办公室的罗森鲍姆仍然对他在瓦尔德海姆案中的死对头维森塔尔，以及其他在他看来夸大了自身作用的自由行动者怀有不满。尽管从未公开谈论苏罗夫，但毫无疑问他把苏罗夫也归入了这类人。2011 年，他在洛杉矶洛约拉法学院（Loyola Law School）举行了一场关于艾希曼案的座谈会，会上他说："似乎在纳粹战犯的战后命运方面，世界只打算接受一个说法，即这些罪犯被自封的'纳粹猎人'追踪，而美国情报机构主要对伸张正义的努力进行阻挠。事实上，这两种假设都是错误的。"[40]

苏罗夫对这种批评不屑一顾。他说："我从来没见过哪个纳粹猎人愿意为另一个纳粹猎人说一句好话。这是嫉妒，是竞争，他们总是这样。"他声称自己"不是那种会在这些纠纷中产生个人情绪的人"，不过接下来他就抱怨起了克拉斯菲尔德夫妇。他回忆说："他们对我的评价非常难听，就好像我是在起居室里追捕纳粹一样。"他补充说："我认为，克拉斯菲尔德夫妇在法国把案件完成得非常漂亮，这毫无疑问。他们在保存文献记录方面表现得也很出色。但是他们停止了追捕纳粹的工作。"

在路德维希堡，纳粹罪行调查中央办公室在 2000 年向公众开放了一间档案馆，随着可调查对象的人数持续减少，更多档案将获得公开。该档案馆已经吸引了许多访客经常造访，尤其是学生团体，这是他们接受的有关第三帝国和犹太人大屠杀的教育的一部分。不过，没有人打算在近期宣布结束这间办公室的运转。副主任托马斯·威尔（Thomas Will）说："我们仍然有需要研究的材料，以及需要起诉的对象。"[41]

苏罗夫更加坚定地表达了决心。他说："你永远也不会见到我在新闻发布会上说，我们放弃了，结束了，我们受够了，我打算前往塔希提岛坐在一棵椰子树下。他们（纳粹罪犯）或许全都死了，但我不打算这么宣布。"

*　　*　　*

在 20 世纪 80 年代初任特别调查办公室主任的艾伦·赖恩写道："我们之所以让他们接受审判，并不是为了做样子，也不是为了实现某个良心上的宏大目标。我们之所以将他们送上法庭，是因为他们违反了法律。这应该是人们接受审判的唯一原因。"[42] 作为特别调查办公室创立初期的主任，赖恩感到自己有责任这么说。不过他说错了，至少第二部分是错的：纳粹猎人们的确是在实现"某个良心上的宏大目标"。他们追捕的对象都是违反了基本人道理念和文明行为理念的人，无论当时的法律是怎样的。

这一小群被称作"纳粹猎人"的男男女女还知道，他们没办法让所有违反这些理念的人都付出代价。正如黑森州检察长、策划了 20 世纪 60 年代德国奥斯维辛审判的弗里茨·鲍尔所指出的，这些被告"实际上只是被选中的替罪羊"。纳粹猎人的想法是惩罚部分犯下滔天罪行的人，并且让全社会了解发生了什么事，尽管与此同时有无数至少犯有同等罪行的人仍然逍遥法外。

这种教育过程并不轻松，不过没有哪个国家在承认自己造成的恐慌方面做得比德国更多。这在很大程度上要归功于鲍尔以及其他纳粹猎人的不懈努力，他们之中还有在二战结束不久后负责第一次奥斯维辛审判的波兰人扬·泽恩。他们的努力不断推动人们对历史进行某种程度的清算。

作为第三帝国高级外交官的儿子，里夏德·冯·魏茨泽克（Richard von Weizsäcker）曾加入德军，并参与了 1939 年德国对波兰的入侵，他亲手埋葬了曾与他并肩作战的哥哥。不过，在他成为西德总统以及统一后的德国总统后，他坚持不懈地提醒自己的同胞，仍有很多罪行需要忏悔。1985 年，为纪念德国二战投降 40 周年，他在德国议会发表了著名演讲，其中提道："很少有哪个国家在历史上能始终免于战争或暴力的罪责。然而，对犹太人的种族灭绝在历史上是前所未有的。"[43]

魏茨泽克还向他的同胞表达了他在听说战争结束时的感受。他说："那是解放的日子。"在离任后的一次采访中，他对我坦承道，他的许多同胞当时并没有这样的感受，那个阶段中普遍存在的苦难是一个重要原因。但他坚称："如今已经没有可以辩论的余地了，那一天就是解放日。"[44]这并非战败大国通常会使用的说法。这种说法肯定会得到鲍尔的赞同，如果他当时仍然在世并亲耳听到的话。

关于德国曾给其他国家带来巨大苦难的提醒不断出现，部分德国人对此感到十分愤怒。马丁·瓦尔泽是一位知名作家，他的小说和散文经常探讨德国人在第三帝国崩溃后重建生活的方式。他经常引发争议，批评者质疑他所谓的"讨论德国历史的仪式化方式"[45]，这是他用来质疑魏茨泽克和其他高层公众人物的说辞的含蓄说法。他警告说，奥斯维辛集中营不应被用来实现政治目的。他在自己的言论引发巨大争议时对我说：³²⁴"我的个人感受是，奥斯维辛集中营经常被用作一种打断别人的论据。如果我把奥斯维辛集中营当作论据使用，那么对方就没有什么可说的了。"

我问瓦尔泽，他是否在暗示对犹太人大屠杀的讨论已经足够了。他回答说："这个章节永远也无法结束，只有疯子才会这么想。但你不能对德国人看待本国耻辱的方式做出硬性规定。"换句话说，这种潜在耻辱的存在是无可争议的。

各地先后举行的每一次审判——无论是在纽伦堡、克拉科夫、耶路撒冷、里昂，还是在慕尼黑——都影响了人们对这种耻辱的理解。甚至许多失败的追捕也对这种理解做出了贡献，因为它们提醒公众，为什么门格勒这类人必须终其一生东躲西藏。

类似的，克拉斯菲尔德夫妇每次揭露德国战犯（这些战犯犯有将法国沦陷区的犹太人遣送至集中营等罪行）并将其送上法庭的努力，都提供了纠正历史记录的机会。正如塞尔日所说，这些错误的历史记录包括"只有德国人"迫害过犹太人的迷思。[46]克拉斯菲尔德搜集了可以在 1988 年将前维希政权公安部门官员莫里斯·帕蓬（Maurice Papon）定罪的大部分书面证据，帕蓬被认定犯有将法国西南部的犹太人遣送至死亡集中营的罪行。克拉斯菲尔德夫妇的儿子阿尔诺（他的名字源于他死于奥斯维辛集中营的祖父）是该案的原告律师之一。[47]

塞尔日·克拉斯菲尔德精心整理了战时档案，这些档案成为众多竭力促使法国正视自身罪恶历史的人需要仰仗的资源，因为战争刚一结束，法国就设法将那段罪恶的历史抛诸脑后。出生在奥地利的法国犹太人库尔特·维尔纳·舍希特（Kurt Werner Schaechter）梳理了克拉斯菲尔德的许多发现，并据此对法国国营铁路公司（SNCF）提起诉讼，指控该公司将他的父母送到了死亡集中营。巴黎的一家法院在 2003 年驳回了他的诉讼请求，但从那时起，法国国营铁路公司就逐步承认了这段历史。[48]

2010 年，该公司对其在战争时期扮演的角色表示"深刻的懊悔和歉意"，而在 2014 年 12 月，美法两国宣布启动一项计划，为被法国国营铁路公司的列车送往死亡集中营的法国犹太人大屠杀遇难者提供 6000 万美元的赔偿，法国政府会承担全部费用。[49]与此同时，巴黎举办了一场题为"通敌：1940 ~ 1945"（"Collaboration：1940 – 1945"）的展览，展出了维希政权警察局局长雷内·布斯凯在 1942 年签发的一封电报，电报敦促效力于维希政权的地方官员"亲自掌管与外国犹太人相关的事务"。[50]当然，这些事务指的就是把犹太人送到遣送营，他们就是从那里被送往死亡集中营的。

尽管许多纳粹罪犯从未为他们的罪行付出代价，但我发现，克拉斯菲尔德夫妇在结束大部分激烈且通常十分危险的斗争后，已经开始做出反思。塞尔日说："我对历史和正义感到彻底满意。从本质上说，正义其实没有什么用，它无法让遇难者复活。因此，它具有的始终是象征性意义。我们相信，在人类历史上，正义首次真正得到了伸张。"[51]

在德国，贝亚特仍然是一个极具争议性的人物。2012 年，左翼党（Die Linke）提名她为德国总统候选人。由于这是一次议会投票，而所有其他主要政党都支持前东德异见人士、路德派牧师约阿希姆·高克（Joachim Gauck），因此她以绝对劣势败选。不过，塞尔日指出，她能被提名为反对派候选人这件事本身就已经足够重要了。他说："这意味着德国社会取得了长足的进步，我们是这种进步的一部分。当贝亚特掌掴基辛格时，我曾对她说，'等你老了以后，你会得到德国人民的感谢'。"

尽管仍有许多德国人不赞同她此前极具对抗性的策略，但在议会为这场投票召开会议时，德国现任总理默克尔与贝亚特握了手，这已经是一个极具象征性意义的举动了。2015年7月20日，德国驻法国大使苏珊·瓦苏姆－赖纳（Susanne Wasum-Rainer）还向贝亚特和塞尔日颁发了作为德国最高荣誉的联邦十字勋章，感谢他们为"恢复德国形象"做出的贡献。[52]对曾经掌掴西德总理的贝亚特来说，很难想象还有比这更能打动人心的时刻。

326　　维森塔尔晚年时曾表示，他最大的满足感来自比大部分把他和数百万其他人送入集中营的罪犯活得更久。他在我们的最后一次谈话中对我说："我曾设法确保人们不会忘记过去发生的事情。"在他2005年去世后，奥地利，也就是他在战后的家以及那个经常被他抨击未能直面自身纳粹历史的国家，开始渐渐承认他做出的贡献。买下维也纳第19区那栋原本属于维森塔尔的半独栋房屋的人曾向他的女儿保琳卡问道，他们能否竖起一块牌子来纪念他，以及她能否为纪念牌题词。纪念牌上写道："西蒙·维森塔尔夫妇故居，他终生致力于正义的事业，她让这一切成为可能。"

纳粹猎人的故事几近结束，至少他们追踪漏网战犯的那部分故事快结束了。但是他们留下的精神财富将万古长青。

致 谢

我衷心感谢在我调查研究的过程中接受采访的所有人，他们多数人被列在了参考文献的末尾。不过，该名单仅仅是故事的一部分。我还要感谢在我告知他们我的写作计划后，所有帮助我确认、联系消息来源的人，无论他们是否在这里被提及。正如我在写前一本书时就了解到的，我只要一跟人说我在做什么，就肯定会有新的无价线索不断出现。因此，我才能从大量书面和口述证词中汲取养分，然后构筑起一套涵盖整个战后岁月的叙述。

与过去在胡佛研究所档案馆（Hoover Institution Archives）时一样，如今担任美国大屠杀纪念馆首席档案专家的布拉德·鲍尔（Brad Bauer）为我提供了许多珍贵建议和联系人。多亏了他，我才与纽伦堡特别行动队审判的首席检察官本亚明·费伦茨，以及纽伦堡审判中的美国文职译员杰拉尔德·施瓦布取得联系。布拉德还帮我联系了许多在大屠杀纪念馆工作的顶级专家，例如彼得·布莱克与亨利·迈耶（Henry Mayer），以及该纪念馆驻华沙代表阿林娜·斯基宾斯卡（Alina Skibinska）。

在克拉科夫，法医研究院院长马利亚·卡瓦（Maria Kała）为我引荐了在扬·泽恩战后领导该研究院时曾与他共事且如今仍然健在的同事。扬·泽恩的侄子阿图尔·泽恩在斯德哥尔摩和克拉科夫之间来回穿梭，他帮我探寻了他们的家族史，尤其是扬作为奥斯维辛集中营指挥官鲁道夫·霍斯的审讯者的角色。我要特别提一下马尔钦·泽恩（Marcin Sehn），这位泽恩家族的年轻成员帮助我通过 Skype 网络电话采访了扬的侄子约瑟夫·泽恩及其妻子弗兰齐什卡（Franciszka）。尤斯蒂娜·马耶夫斯卡（Justyna Majewska）在华沙也为我提供了帮助。

我还要特别感谢柏林美国研究院（American Academy in Berlin）院长加里·史密斯（Gary Smith），以及其同事乌尔丽克·格拉尔弗斯（Ulrike Graalfs）和杰西卡·比勒（Jessica Biehle），当我在德国进行调查研究时，他们将我当作访问学者进行了热情招待。在纽约巴德学院全球化与国际事务专业做过我学生的琳达·埃格特（Linda Eggert）辛苦地帮助我翻阅了德语资料。制片人伊洛娜·齐奥克不仅把她那部关于弗里茨·鲍尔的开创性纪录片寄给了我，还为我提供了数不胜数的背景材料。法兰克福犹太博物馆弗里茨·鲍尔生平展的策展人莫妮卡·博尔在展览举办期间带我进行了参观，并且耐心地回答了许多后续问题。在路德维希堡，托马斯·威尔对纳粹罪行调查中央办公室的历史和现状知无不言。

在以色列时，我在《新闻周刊》的前同事丹·埃夫龙（Dan Ephron）为我提供了多个联系人，他们帮我联系到了阿道夫·艾希曼故事里的关键成员。我要专门提一下以色列国内安全部队的权威纪录片《守门人》（The Gatekeepers）的导演德罗尔·莫雷赫（Dror Moreh）。埃利·罗森鲍姆除了和我讨论他在美国司法部特别调查办公室的工作外，还为我引荐了艾希曼审判的起诉团队中最后一位尚在人世的检察官加布里尔·巴赫，并且在诸多其他问题上给我提供了许多线索和情报。

胡佛研究所档案馆的卡罗尔·莱德纳姆（Carol Leadenham）和伊雷娜·切尔尼霍夫斯卡（Irena Czernichowska）一如既往地为我提供了巨大帮助。纽约市犹太遗产博物馆馆长、前特别调查办公室历史学家戴维·马韦尔慷慨地与我分享了他在我所研究的问题上的广博知识。我在《新闻周刊》的前同事乔伊斯·巴纳森（Joyce Barnathan）和史蒂夫·斯特拉瑟（Steve Strasser）为我联系到了赫尔曼·奥伯迈耶，他曾经与为被判死刑的纳粹高官行刑的绞刑师共事。这为我还原纽伦堡审判绞刑仪式的全过程提供了启发。来自柏林的老朋友米夏埃尔·霍特（Michael Hoth）将我引荐给了曾担任中央情报局柏林办事处负责人的彼得·西歇尔。我的堂兄、曾在美国广播公司工作的汤姆·纳戈尔斯基（Tom Nagorski）向我讲述了他在柏林的前同事是如何找到埃里希·普里克的下落的。

在我采访的人中，有三位在本书出版前去世，包括艾希曼绑架行动的副指挥亚伯拉罕·沙洛姆、纽伦堡审判的翻译杰拉尔德·施瓦布以及约瑟夫·泽恩。当然，西蒙·维森塔尔在十几年前就已经去世了，不过之前为《新闻周刊》执行报道任务时，我曾有幸与他见面并频繁采访他。在我造访以色列时，维森塔尔的女儿保琳卡及其丈夫杰拉德·克赖斯贝格特别热情地招待了我。

在为撰写这本书进行调查研究的初期，我还在东西方研究所（EastWest Institute）待过一段时间。我想要感谢我出色团队中的萨拉·斯特恩（Sarah Stern）、德拉甘·斯托扬诺夫斯基（Dragan Stojanovski）、亚历克斯·舒尔曼（Alex Schulman）以及实习生莱斯利·德威斯（Leslie Dewees），他们为我带来了珍贵的友谊和支持。

在谈到我在西蒙与舒斯特出版社（Simon & Schuster）的出色编辑艾丽斯·梅休（Alice Mayhew）时，不管怎样的语句都不足以表达我的感激之情。她不断为我提供娴熟的指导，用恰到好处的热情和温柔的激励帮助我走在正确的轨道上。我还要感谢斯图尔特·罗伯茨（Stuart Roberts）、杰姬·西奥（Jackie Seow）、乔伊·奥米拉（Joy O'Meara）、茱莉亚·普罗瑟（Julia Prosser）以及西蒙与舒斯特出版社团队的其他成员，还有审稿编辑弗雷德·蔡斯（Fred Chase）。我的代理人罗伯特·戈特利布（Robert Gottlieb）始终如一地支持了本书的写作计划，使它得以完成。我还想感谢他在三叉戟媒体集团（Trident Media Group）的同事克莱尔·罗伯茨（Claire Roberts）及埃丽卡·西尔弗曼（Erica Silverman）。

我很荣幸能够拥有一个庞大的朋友圈。我想要感谢戴维·萨特（David Satter）、阿迪斯（Ardith）与史蒂夫·霍兹（Steve Hodes）夫妇、芙朗辛·沙恩（Francine Shane）与罗伯特·莫雷亚（Robert Morea）、亚历珊德拉（Alexandra）与安东尼·尤利亚诺（Anthony Juliano）夫妇、爱娃（Eva）与巴特·卡明斯基（Bart Kaminski）夫妇、莫妮卡（Monika）与弗兰克·沃德（Frank Ward）夫妇、琳达·奥利尔（Linda Orrill）、理夏德·霍罗威茨（Ryszard Horowitz）与阿尼娅·博古什（Ania Bogusz）、勒尼尔德（Renilde）与比尔·德罗兹迪亚克（Bill Drozdiak）夫妇、安娜·贝尔科维奇（Anna Berkovits）、维克托（Victor）与莫妮卡·马科维奇（Monika Markowicz）夫妇、珊德拉（Sandra）与鲍勃·戈德曼（Bob Goldman）夫妇、伊蕾恩（Elaine）与马克·普拉杰（Marc Prager）夫妇、露西（Lucy）与斯科特·利希滕伯格（Scott Lichtenberg）夫妇、杰夫·巴托勒特（Jeff Bartholet）、弗雷德·古特尔（Fred Guterl）、阿伦·盖茨（Arlene Getz），以及莱斯利（Leslie）与汤姆·弗罗伊登海姆（Tom Freudenheim）

夫妇。对于这份不甚完整的名单，我深表歉意。

最后是我的家人。尽管我的父亲齐格蒙特（Zygmunt）已经不在人世，但我的母亲玛丽延续了关注我的研究和写作进度的传统，无时无刻不在鼓励我。我还要感谢我的两个姐妹玛利亚（Maria）与特丽（Terry），以及他们的配偶罗伯托（Roberto）与戴安（Diane）。

我是一个自豪的父亲，共有四个已经长大成人的孩子——爱娃（Eva）、索尼娅（Sonia）、亚当（Adam）以及亚历克斯（Alex）。我想让他们知道，他们的爱与支持对我的每一天都很重要。他们已经分别与自己的配偶生儿育女，我可以自豪地说我有七个优秀的孙辈：斯黛拉（Stella）、凯（Caye）、悉德尼（Sydney）、查尔斯（Charles）、马娅（Maia）、卡娅（Kaia）以及克里斯蒂娜（Christina）。

克里希娅（Krysia），那个我在克拉科夫雅盖隆大学做交换学生时一见钟情的女子，始终是我在任何问题（包括这本书里的每一行字）上第一个征求意见的对象。我无法想象如果没有她，我该如何完成这一切。

注　释

导言

1. Harry Patterson, *The Valhalla Exchange*, 166.

2. 我对戴维·马韦尔的采访。

3. 我对尼克拉斯·法郎克的专访，摘自："Horror at Auschwitz," *Newsweeek*, March 15, 1999; Andrew Nagorski, "Farewell to Berlin," *Newsweek. com*, January 7, 2000。

第一章　刽子手的手艺

1. Abby Mann, *Judgment at Nuremberg*, 62.

2. 行刑细节基本源自在场记者之一金斯伯里·史密斯的记述。他的完整报道参见：http：//law2. umkc. edu/faculty/projects/ftrials/nuremberg/NurembergNews10_ 16_ 46. html。其余信息源自纽伦堡审判美国法律团队成员之一惠特尼·R. 哈里斯，他受罗伯特·H. 杰克逊指派，于10 月 15 ~ 16 日晚在纽伦堡中央法院出庭。他的讲述参见他的著作：*Tyranny on Trial：The Evidence at Nuremberg*, 485 – 88。

3. Telford Taylor, *The Anatomy of the Nuremberg Trials：A Personal Memoir*, 588.

4. G. M. Gilbert, *Nuremberg Diary*, 431.

5. 摘自我对哈罗德·伯森的采访。

6. Telford Taylor, 600.

7. Ibid., 602.

8. Ibid., 623.

9. 奥伯迈耶的话引自两个来源：我对赫尔曼·奥伯迈耶的采访，以及他的文章 "Clean, Painless and Traditional"，载于 1946 年 12 月出版的达特茅斯学院文学杂志（*Dartmouth Jack-O-Lantern*）。

10. Ann Tusa and John Tusa, *The Nuremberg Trial*, 487. 有人对这一数字提出过质疑，如参见 http：//thefifthfield. com/biographical - sketches/john - c - woods/。

11. Gilbert, 255.

12. Ibid., 432.

13. Stanley Tilles with Jeffrey Denhart, *By the Neck Until Dead: The Gallows of Nuremberg*, 136.

14. Werner Maser, *Nuremberg: A Nation on Trial*, 255.

15. Ibid., 254.

16. Telford Taylor, 611. 文章内容还包括泰勒对被绞死的纳粹分子的照片的描述。

17. Albert Pierrepoint, *Executioner: Pierrepoint*, 158.

18. Maser, 255.

19. Tusa and Tusa, 487.

20. Herman Obermayer, "Clean, Painless and Traditional," *Dartmouth Jack-O-Lantern*, December 1946.

21. Pierrepoint, 8.

第二章 "以眼还眼"

1. Christopher R. Browning, *Ordinary Men: Reserve Battalion 101 and the Final Solution in Poland*, 58.

2. Richard Overy, *Russia's War*, 163 – 64.

3. Michael Beschloss, *The Conquerors: Roosevelt, Truman and the Destruction of Hitler's Germany, 1941 – 1945*, 21.

4. Ibid., 26.

5. Ian Cobain, "Britain Favoured Execution over Nuremberg Trials for Nazi Leaders," *The Guardian*, October 25, 2012.

6. Richard Bessel, *Germany 1945: From War to Peace*, 11.

7. Ibid., 18.

8. Norman H. Naimark, *The Russians in Germany: A History of the Soviet Zone of Occupation, 1945 – 1949*, 72.

9. David Stafford, *Endgame, 1945: The Missing Final Chapter of World War II*, 315.

10. Frederick Taylor, *Exorcising Hitler: The Occupation and Denazification of Germany*, 54.

11. Naimark, 74.

12. Douglas Botting, *From the Ruins of the Reich: Germany, 1945 – 1949*, 23.

13. Frederick Taylor, 70.

14. Ibid., 73.

15. Bessel, 68 – 69.

16. "彩虹师"和解放达豪集中营的具体情形引自 Sam Dunn, ed., *Dachau 29 April 1945：The Rainbow Liberation Memoirs*。

17. United States Holocaust Memorial Museum, "Dachau," www. ushmm. org.

18. Dunn, ed., 14.

19. Ibid., 22 – 24.

20. Ibid., 32.

21. Ibid., 77.

22. Ibid., 91 – 92.

23. Ibid., 24.

24. Tuvia Friedman, *The Hunter*, 50 – 102.

25. Norman Davies, *Heart of Europe：A Short History of Poland*, 72.

26. Frederick Taylor, 226.

27. Joseph Wechsberg, ed., *The Murderers Among Us：The Wiesenthal Memoirs*, 45 – 49.

28. Tom Segev, *Simon Wiesenthal：The Life and Legends*, 35 – 41；and Wechsberg, ed., 23 – 44.

29. Andrew Nagorski, "Wiesenthal：A Summing Up," *Newsweek International*, April 27, 1998.

30. Wechsberg, ed., 28.

31. Segev, 27.

32. Wechsberg, ed., 8.

33. Friedman, 146.

34. Wechsberg, ed., 47 – 49.

第三章　共有计划

1. Frederick Forsyth, *The Odessa File*, 92.

2. Wechsberg, ed., 11.

3. Saul K. Padover papers, 1944 – 45, The New York Public Library Manuscript and Archives Division.

4. 摘自我对彼得·海登贝格尔的采访。除非特别说明，否则本书对他之言的援引都来自那次访谈。

5. Beschloss, 275.

6. Joshua M. Greene, *Justice at Dachau: The Trials of an American Prosecutor*, 17 – 20.

7. Michael T. Kaufman, "William Denson Dies at 85; Helped in Convicting Nazis," *New York Times*, December 16, 1998.

8. Greene, 13.

9. Ibid., 19.

10. Ibid., 24.

11. Ibid., 26.

12. Ibid., 36.

13. Ibid., 39 – 44, 53 – 54; 以及我对彼得·海登贝格尔的采访。

14. Peter Heidenberger, *From Munich to Washington: A German-American Memoir*, 53.

15. Ibid., 57.

16. Greene, 44.

17. Ibid., 64.

18. Ibid., 101.

19. Ibid., 103 – 4.

20. Lord Russell of Liverpool, *Scourge of the Swastika: A Short History of Nazi War Crimes*, 251.

21. "Nazi War Crime Trials: The Dachau Trials," jewishvirtuallibrary. org.

22. Lord Russell of Liverpool, 252.

23. Greene, 2, 349.

24. "Chief Prosecutor Returns Home," *The New York Times*, October 24, 1947; Greene, 316.

25. Flint Whitlock, *The Beasts of Buchenwald: Karl and Ilse Koch, Human-Skin Lampshades, and the War-Crimes Trial of the Century*, 196.

26. Greene, 226 – 27.

27. Ibid., 128.

28. Ibid., 80 – 85, 345.

29. Ibid., 127.

30. Ibid., 348.

31. Whitlock, 199.

32. Greene, 266.

33. Ibid., 263.

34. Heidenberger, 61.

35. Greene, 263 – 64.

36. Ibid., 273.

37. Heidenberger, 58.

第四章 企鹅规则

1. Michael A. Musmanno, *The Eichmann Kommandos*, 70.

2. 埃利·M. 罗森鲍姆在 2008 年 4 月 10 日华盛顿特区举行的美国国际法学会第 102 届年会上介绍费伦茨时曾引述此言。

3. 摘自我对本亚明·费伦茨的采访以及 www. benferencz. org（"Benny Stories"）。

4. 此处以及本节援引费伦茨之言的其他部分，除非特别说明，否则均引自 www. benferencz. org（"Benny Stories"）。

5. 摘自我对本亚明·费伦茨的采访以及 www. benferencz. org（"Benny Stories"）。

6. www. benferencz. org（"Benny Stories"）.

7. United States Holocaust Memorial Museum, "Subsequent Nuremberg Proceedings, Case #9, The Eisatzgruppen Case," *Holocaust Encyclopedia*.

8. www. benferencz. org（"Benny Stories"）.

9. Heikelina Verrijn Stuart and Marlise Simons, *The Prosecutor and the Judge：Benjamin Ferencz and Antonio Cassese*, *Interviews and Writings*, 18.

10. *Trials of War Criminals Before the Nuernberg Military Tribunals Under Control Council Law No. 10*, Vol. IV, 30.

11. Ibid., 39.

12. Donna-Lee Frieze, ed., *Totally Unofficial：The Autobiography of Raphael Lemkin*, 22.

13. www. benferencz. com（"Benny Stories"）.

14. *Trials of War Criminals Before the Nuernberg Military Tribunals Under Control Council Law No. 10*, Vol. IV, 30.

15. Ibid., 53.

16. Musmanno, *The Eichmann Kommandos*, 65.

17. Ibid., 126.

18. Len Barcousky, "Eyewitness 1937: Pittsburgh Papers Relished 'Musmanntics,'" *Pittsburgh Post-Gazette*, March 7, 2010.

19. Associated Press, "Decrees Santa Claus Is Living Reality," as published in *The New York Times*, December 23, 1936.

20. www. benferencz. com（"Benny Stories"）.

21. Musmanno, *The Eichmann Kommandos*, 78 – 79.

22. www. benferencz. org,（"Benny Stories"）.

23. Musmanno, *The Eichmann Kommandos*, 148.

24. *Trials of War Criminals Before the Nuernberg Military Tribunals Under Control Council Law No.* 10, Vol. Ⅳ, 369 – 70.

25. Stuart and Simons, 20.

26. www. benferencz. org,（"Benny Stories"）.

27. 摘自我对本亚明·费伦茨的采访以及 www. benferencz. org（"Benny Stories"）。

28. 摘自我对哈罗德·伯森的采访。

29. Richard W. Sonnenfeldt, *Witness to Nuremberg*: *The Chief American Interpreter at the War Crimes Trials*, 13.

30. Mann, 48.

31. Lord Russell of Liverpool, xi.

32. http://haroldburson. com/nuremberg. html.

33. Greene, 14.

34. John F. Kennedy, *Profiles in Courage*, 199.

35. Frieze, ed., 118.

36. www. benferencz. com（"Benny Stories"）.

37. 摘自我对赫尔曼·奥伯迈耶的采访。

38. 摘自我对杰拉尔德·施瓦布的采访。

39. Stuart and Simons, 23.

40. Harris, 35.

41. Ibid., xxix.

42. Ibid., xiv.

43. Mann, 13

44. Musmanno, *The Eichmann Kommandos*, 175 – 76.

第五章　兄弟的守护者

1. William L. Shirer, *Berlin Diary: The Journal of a Foreign Correspondent, 1934 – 1941*, 284.

2. Dr. Jan Sehn, *Obóz Koncentracyjny Oswięcim-Brzezinka*.

3. Władyslaw Mącior, "Professor Jan Sehn (1909 – 1965)," *Gazeta Wyborcza*, Kraków, October 12, 2005.

3. 摘自我对阿图尔·泽恩的采访。

4. Jan Markiewicz, Maria Kozłowska, "10 rocznica smierci Prof. J. Sehna," Wspomnienie na U. J., XII, 1975, Jan Sehn Archives.

5. 摘自我对约瑟夫·泽恩、他的妻子弗兰齐什卡（Franciszka）的采访。

6. 摘自我对玛利亚·科兹沃夫斯卡的采访。

7. Davies, 64.

8. Andrew Nagorski, "A Tortured Legacy," *Newsweek*, January 16, 1995.

9. Thomas Harding, *Hanns and Rudolf: The True Story of the German Jew Who Tracked Down and Caught the Kommandant of Auschwitz*, 165.

10. Rudolf Hoess, *Commandant of Auschwitz: The Autobiography of Rudolf Hoess*, 172.

11. Ibid., 173; and Harding, 201 – 2.

12. Harding, 201 – 2. Harding 详细记载了霍斯最初的逃跑和被捕，在这里我引用了他的描述。

13. Ibid., 234 – 45.

14. Robert Gellately, ed., *The Nuremberg Interviews: Conducted by Leon Goldensohn*, 295.

15. Ibid.

16. Harris, 334.

17. Ibid., 336 – 37.

18. Gellately, ed., 304 – 5.

19. Yisrael Gutman and Michael Berenbaum, *Anatomy of the Auschwitz Death Camp*, 70 – 72. 他们援引的最高数字是 150 万，这也是当时的估计。

20. Gilbert, 266.

21. Harris, 336 – 37.

22. Telford Taylor, 362.

23. Harris, 335.

24. Gilbert, 249 – 51, 258 – 60.

25. Gellately, ed. , 315.

26. 摘自扬·马尔凯维奇（Jan Markiewicz）提供的有关扬·泽恩的证词，收于扬·泽恩档案。

27. 摘自我对索菲亚·科沃波夫斯卡、玛利亚·科兹沃夫斯卡以及玛利亚·卡瓦的采访。

28. Dr. Jan Sehn, ed. , *Wspomnienia Rudolfa Hoessa, Komendanta Obozu Oświęcimskiego*, 14.

29. Hoess, 176.

30. Ibid. , 77.

31. Ibid. , 29 – 106.

32. Harding, 142 – 46.

33. Dr. Jan Sehn, ed. , introduction to the second Polish edition of Höss's memoirs, 32.

34. Hoess, *Commandant of Auschwitz*, 107 – 68.

35. Sehn, *Oboz Koncentracyjny Oświęcim-Brzezinka*, 32.

36. Hoess, *Commandant of Auschwitz*, 19.

37. Gutman and Berenbaum, 64.

38. Sehn, *Oboz Koncentracyjny Oświęcim-Brzezinka*, 10.

39. Joe Belling, "Judge Jan Sehn," http：//www. cwporter. com /jansehn. htm.

40. 摘自我对彼得·齐温斯基的采访。

41. Franciszek Piper, *Ilu Ludzi Zginęło w KL Auschwitz*.

42. Gutman and Berenbaum, 67.

43. 摘自我对弗朗齐歇克·皮珀的采访。

44. 摘自我对玛利亚·科兹沃夫斯卡和索菲亚·科沃波夫斯卡的采访，以及扬·泽恩的档案中收录的扬·马尔凯维奇和玛利亚·科兹沃夫斯卡的回忆。

第六章　轻轻放下

1. 电报复印件由埃利·罗森鲍姆提供。

2. Saul K. Padover papers, The New York Public Library Manuscript and Archives Division.

3. Frederick Taylor, 273.

4. 摘自我对彼得·西歇尔的采访。

5. Perry Biddiscombe, *The Denazification of Germany*: *A History*, *1945 – 1950*, 37.

6. Frederick Taylor, 247 – 50.

7. Noel Annan, *Changing Enemies*: *The Defeat and Regeneration of Germany*, 212.

8. Frederick Taylor, 268.

9. Jean Edward Smith, Lucius D. Clay: *An American Life*, 302.

10. Ibid., 271.

11. Sandra Schulberg, *Filmmakers for the Prosecution*, *The Making of Nuremberg*: *Its Lessons for Today*, iii.

12. Biddiscombe, 183.

13. Frederick Taylor, 285.

14. Biddiscombe, 191.

15. Ibid., 199.

16. Smith, 240.

17. Lucius D. Clay, *Decision in Germany*, 262.

18. Annan, 205.

19. Frederick Taylor, 321.

20. Patricia Heberer and Jürgen Matthäus, eds. , *Atrocities on Trial*: *Historical Perspectives on the Politics of Prosecuting War Crimes*, 175.

21. Henry Leide, *NS-Verbrecher und Staatssicherheit*: *Die geheime Vergangenheitspolitik der DDR*, 45 – 46.

22. Clay, 145.

23. Leide, 414.

24. www. trumanlibrary. org(http: //www. trumanlibrary. org/teacher/berlin. htm).

25. 电报复印件由埃利·罗森鲍姆提供。

26. Greene, 321.

27. Clay, 253 – 54.

28. Ibid., 254.

29. Smith, 301.

30. Greene, 323.

31. Ibid., 328 – 29.

32. Ibid., 336.

33. Ibid., 340.

34. Clay, 254.

35. Norbert Frei, *Adenauer's Germany and the Nazi Past*: *The Politics of Amnesty and Integration*, 6 – 7.

36. Whitlock, 258.

37. 摘自我对彼得·海登贝格尔的采访。

38. Greene, 347; and Whitlock, 259 – 61.

39. Whitlock, 260.

40. Stuart and Simmons, 17.

41. Greene, 351 – 52.

42. 摘自我对本亚明·费伦茨的采访。

43. Smith, 297.

44. Hilary Earl, *The Nuremberg SS-Einsatzgruppen Trial*, 1945 – 1958: *Atrocity*, *Law*, *and History*, 276.

45. Ibid., 277 – 86.

46. Ibid., 286.

47. Stuart and Simmons, 24.

48. Earl, 286.

49. Stuart and Simons, 31 – 32; and www.benferencz.org（"Benny Stories"）.

50. 摘自我对本亚明·费伦茨的采访。

51. www.benferencz.org（"Benny Stories"）.

52. 摘自我对本亚明·费伦茨的采访。

53. Sandra Schulberg, *Filmmakers for the Prosecution.* 这本小册子被收于舒尔伯格重新制作的该纪录片的蓝光版中。参见 *www.nurembergfilm.org*。

54. 摘自我对桑德拉·舒尔伯格的采访。

55. Sandra Schulberg, 6.

56. Ibid., 37.

57. Ibid., 42 – 45.

58. 照片扫描件由约翰·Q. 巴雷特（John Q. Barrett）教授提供。复印件来自 Robert H. Jackson Papers, Library of Congress, Box 115, Folder 3。

59. Sandra Schulberg, 46 – 47.

60. Ibid., 47.

61. Ibid., 50.

62. Ibid., 49.

63. 摘自我对桑德拉·舒尔伯格的采访和我们间的通信。

第七章 "志同道合的傻瓜"

1. 纪录片《分期死亡》的片段。

2. Hella Pick, *Simon Wiesenthal: A Life in Search of Justice*, 98.

3. Segev, 68 – 70.

4. Pick, 102.

5. Wechsberg, ed. , 51.

6. Wiesenthal, 40.

7. Ibid., 56.

8. Wechsberg, ed. , 58.

9. Segev, 79, 423.

10. Pick, 95.

11. Segev, 78 – 80.

12. Wiesenthal, 273.

13. Segev, 85, 82.

14. Pick, 103.

15. Ibid., 105. 对"布里查"偷渡活动的详细介绍，参见 Yehuda Bauer,
    Flight and Rescue: Brichah。

16. Andrew Nagorski, "Wiesenthal: A Summing Up," *Newsweek International*,
    April 27, 1998.

17. Wiesenthal, 55.

18. Wechsberg, ed. , 65.

19. 摘自我对保琳卡·维森塔尔·克赖斯贝格的采访。

20. Segev, 86 – 88; and www. jewishvirtuallibrary. org.

21. www. jewishvirtuallibrary. org/jsource/History/muftihit. html.

22. Segev, 90 – 95.

23. Friedman, 180.

24. Ibid., 180 – 82.

25. Heberer and Matthäus, eds. , 235.

26. Friedman, 191.

27. Ibid., 193.

28. Heberer and Matthäus, eds. , 235.

29. Friedman, 188 – 90.

30. Ibid., 199.

31. Ibid., 210 – 11.

32. Ibid., 211.

33. Ibid., 146.

34. Wechsberg, ed. , 100.

35. Ibid., 100 – 101; and Wiesenthal, 67 – 69.

36. Wechsberg, ed., 101 – 2.

37. Wiesenthal, 69.

38. Guy Walters, *Hunting Evil*: *The Nazi War Criminals Who Escaped and the Quest to Bring Them to Justice*, 80.

39. Friedman, 122.

40. Robert M. W. Kempner, *Ankläger Einer Epoche*: *Lebenserrinrungen*, 445.

41. Wiesenthal, 70.

42. Friedman, 203. 艾希曼在二战后的活动记载于 Neal Bascomb, *Hunting Eichmann*: *How a Band of Survivors and a Young Spy Agency Chased Down the World's Most Notorious Nazi*。

43. Friedman, 204.

44. Ibid., 215.

45. Wiesenthal, 76.

46. Segev, 102.

47. Wechsberg, ed., 123.

48. Wiesenthal, 76 – 77; and Weschsberg, ed. , 124.

49. Wiesenthal, 77.

50. Pick, 133.

51. Segev, 117.

52. Heberer and Matthäus, eds., 191.

53. Deborah Lipstadt, *The Eichmann Trial*, 27.

54. Irmtrud Wojak, *Fritz Bauer* 1903 – 1968: *Eine Biographie*, 15.

55. Ibid., 13.

56. Ronen Steinke, *Fritz Bauer：Oder Auschwitz vor Gericht*，26，29.

57. 原本的德语标题是 *Fritz Bauer：Tod Auf Raten*，CV Films，2010。

58. 摘自我对伊洛娜·齐奥克的采访。

59. 文本由策展人莫妮卡·博尔提供。许多档案和评论都收录于展览的介绍册中：Fritz Backhaus, Monika Boll, Raphael Gross. *Fritz Bauer. Der Staatsanwalt. NS-Verbrechen Vor Gericht*。

60. Wojak, 62.

61. Ibid., 97 – 98.

62. Steinke, 83 – 85.

63. Ibid., 97 – 98.

64. 源自法兰克福犹太博物馆举办的弗里茨·鲍尔生平展。

65. 摘自我对沃亚克的采访。

66. 源自法兰克福犹太博物馆举办的弗里茨·鲍尔生平展以及 Steinke, 106 – 8。

67. Steinke, 109.

68. Wojak, 183.

69. Ibid., 179.

70. Ibid., 221.

71. William Shirer, *The Rise and Fall of the Third Reich：A History of Nazi Germany*，1061 – 63.

72. Alaric Searle, *Wehrmacht Generals*，*West German Society*，*and the Debate on Rearmament*，*1949 – 1959*，238 – 39.

73. Wojak, 273 – 74.

74. 摘自 1945 年 3 月 2 日写给奥地利共产党员 Karl B. Frank 的信，展于法兰克福犹太博物馆的弗里茨·鲍尔生平展。

75. Steinke, 144.

76. Wojak, 275.

77. Searle, 244.

78. Frei, 268.

79. Steinke, 137.

第八章 "先生，请等一下"

1. Jack Higgins, *The Bormann Testament*，49 – 50.

2. 摘自我对拉菲·埃坦的采访。

3. "Vital Statistics：Population in Israel," www. Jewishvirtuallibrary. org.

4. 摘自我对亚伯拉罕·沙洛姆的采访。

5. Isser Harel, *The House on Garibaldi Street*, 4.

6. Ibid., 2 – 3.

7. Ibid., 4 – 9.

8. Ibid., 10 – 12.

9. Ibid., 12 – 22.

10. Bascomb, 111 – 12.

11. Harel, *The House on Garibaldi Street*, 27.

12. Friedman, 246 – 49.

13. Harel, *The House on Garibaldi Street*, 32 – 35.

14. Zvi Aharoni and Wilhelm Dietl, *Operation Eichmann：The Truth About the Pursuit, Capture and Trial*, 85.

15. Ibid., 84.

16. Harel, *The House on Garibaldi Street*, 36 – 37.

17. Ibid., 35；and Bascomb, 130 – 31.

18. Harel, *The House on Garibaldi Street*, 36.

19. Aharoni and Dietl, 88.

20. Ibid., 90 – 100. 哈雷尔对这个故事的讲述略有不同，声称以色列人利用了一个真正的酒店行李员来执行侦察任务。

21. Ibid., 102 – 25.

22. Wiesenthal, 77.

23. Ibid., 77 – 78.

24. Isser Harel, "Simon Wiesenthal and the Capture of Eichmann" (unpublished manuscript, courtesy of Eli Rosenbaum), 230.

25. Aharoni and Dietl, 86 – 87.

26. Harel, *The House on Garibaldi Street*, 85 – 87.

27. 摘自我对拉菲·埃坦的采访。

28. Aharoni and Dietl, 126.

29. 摘自我对亚伯拉罕·沙洛姆的采访。

30. Peter Z. Malkin and Harry Stein, *Eichmann in My Hands*, 127.

31. 摘自我对拉菲·埃坦的采访。

32. Harel, *The House on Garibaldi Street*, 150 – 52.

33. Malkin and Stein, 142, 183.

34. Harel, *The House on Garibaldi Street*, 162 – 69；我对拉菲·埃坦与亚伯拉罕·沙洛姆的采访；Aharoni and Dietl, 137 – 44（Aharoni quotes）。

35. Malkin and Stein, 186 – 87.

36. Bascomb, 262 – 63.

37. Malkin and Stein, 204 – 5.

38. Ibid., 216.

39. Harel, *The House on Garibaldi Street*, 182.

40. Aharoni and Dietl, 152 – 53.

41. Harel, *The House on Garibaldi Street*, 179 – 80.

42. 摘自我对亚伯拉罕·沙洛姆的采访。

43. Harel, *The House on Garibaldi Street*, 249, 237.

44. Ibid., 252 – 56.

45. Bascomb, 290.

46. Friedman, 266.

47. Segev, 148.

48. Pick, 147.

49. Wiesenthal, 70.

50. 摘自我对保琳卡与杰拉德·克赖斯贝格的采访。

51. Harel, *The House on Garibaldi Street*, 275.

52. Steinke, 23.

53. Harel, "Simon Wiesenthal and the Capture of Eichmann," 3, 23.

54. Ibid., 3, 5.

55. 摘自我对亚伯拉罕·沙洛姆的采访。

56. Harel, *The House on Garibaldi Street*, 196 – 97.

第九章 "冷酷无情"

1. Primo Levi, *The Drowned and the Saved*, 73.

2. "Ben-Gurion's Bombshell：We've Caught Eichmann," *The Times of Israel*, April 8, 2013.

3. Gideon Hausner, *Justice in Jerusalem*, 288.

4. Bascomb, 298 – 99.

5. Ibid., 304 – 5.

6. Adam Bernstein, "Israeli Judge Moshe Landau, Who Presided over Nazi

Officer's Trial, Dies at 99," *Washington Post*, May 3, 2011; and Lipstadt, 34.

7. Ofer Aderet, "The Jewish Philosopher Who Tried to Convince Israel Not to Try Eichmann," *Haaretz*, December 28, 2013.

8. Lipstadt, 31.

9. Ibid., 34.

10. Hausner, 323.

11. 摘自我对加布里尔·巴赫的采访。

12. "Snatching Eichmann," *Zman*, May 2012, 130.

13. Jochen von Lang and Claus Sybill, eds., *Eichmann Interrogated: Transcripts from the Archives of the Israeli Police*, xix.

14. Ibid., xvii.

15. Ibid., 4.

16. Ibid., v – vi.

17. Ibid., 57.

18. Ibid., 76 – 77.

19. Ibid., 90.

20. Ibid., 156.

21. Ibid., 157, vi.

22. Ibid., ix.

23. Ibid., xxi.

24. Hoess, 155.

25. Lang and Sybill, 101 – 2.

26. Ibid., 142 – 44.

27. Ibid., vi.

28. Hannah Arendt, *The Last Interview and Other Conversations*, 128.

29. Hannah Arendt, *Eichmann in Jerusalem: A Report on the Banality of Evil*, 153.

30. Arendt, *The Last Interview and Other Conversations*, 11 – 12, 20.

31. Lipstadt, 152.

32. Arendt, *The Last Interview and Other Conversations*, 130.

33. Ibid., 46.

34. Arendt, *Eichmann in Jerusalem*, 48 – 49.

35. Ibid., 54.

36. Ibid. , 287.

37. Hausner, 332 , 325.

38. 摘自我对加布里尔·巴赫的采访。

39. Arendt, *Eichmann in Jerusalem*, 46；Hausner, 359 – 60.

40. Arendt, *Eichmann in Jerusalem*, 46.

41. Hausner, 348 – 49.

42. Arendt, *Eichmann in Jerusalem*, 47.

43. Ibid. , 287 – 88.

44. Ibid. , 117.

45. Hausner, 341.

46. Arendt, *Eichmann in Jerusalem*, 118.

47. Jonah Lowenfeld, "Rudolf Kastner Gets a New Trial," *Yom HaShoah*, April 26, 2011.

48. Arendt, *Eichmann in Jerusalem*, 125.

49. Musmanno, *The Eichmann Kommandos*, 16.

50. Albert Averbach and Charles Price, eds., *The Verdicts Were Just: Eight Famous Lawyers Present Their Most Memorable Cases*, 98.

51. Michael A. Musmanno, "No Ordinary Criminal," *New York Times*, May 19, 1963.

52. "Letters to the Editor: ' Eichmann in Jerusalem,' " *New York Times*, June 23, 1963.

53. Jacob Robinson, *And the Crooked Shall Be Made Straight: The Eichmann Trial, the Jewish Catastrophe, and Hannah Arendt's Narrative*, 58 – 59.

54. Ibid. , 147, 160 – 62.

55. Wiesenthal, 231.

56. Robinson, 159.

57. 摘自我对拉菲·埃坦的采访。

58. 这本书的德语标题为 *Eichmann vor Jerusalem: Das unbehelligte Leben eines Massenmörders*。

59. Bettina Stangneth, *Eichmann Before Jerusalem: The Unexamined Life of a Mass Murderer*, 222.

60. Ibid. , xxiii.

61. Arendt, *The Last Interview and Other Conversations*, 26 – 27.

62. Ibid., 50 – 51.

63. Ibid., 44 – 45.

64. Ibid., 42.

65. Arendt, *Eichmann in Jerusalem*, 10 – 11.

66. Stanley Milgram, *Obedience to Authority*：*An Experimental View*, 6, 8.

67. Ibid., 11.

68. "British PM on New ISIS Beheading," ABC News, September 14, 2014.

69. Douglas M. Kelley, *22 Cells in Nuremberg*：*A Psychiatrist Examines the Nazi Criminals*, 71.

70. Gilbert, 260.

71. Kelley, 3.

72. Jack El-Hai, *The Nazi and the Psychiatrist*：*Hermann Göring, Dr. Douglas M. Kelley, and a Fatal Meeting of the Minds at the End of WWII*, 218 – 20.

73. Arendt, *The Last Interview and Other Conversations*, 41.

74. Hausner, 464.

75. Bascomb, 316 – 18.

76. "Snatching Eichmann," *Zman*, May 2012.

77. Bascomb, 319.

第十章 "小人物"

1. Bernhard Schlink, *The Reader*, 104.

2. Devin O. Pendas, *The Frankfurt Auschwitz Trial, 1963 – 1965*：*Genocide, History, and the Limits of the Law*, 46 – 47; and Rebecca Wittmann, *Beyond Justice*：*The Auschwitz Trial*, 62 – 63.

3. Claudia Michels, "Auf dem Büfett lagen die Erschiessungslisten," *Frankfurter Rundschau*, March 27, 2004.

4. Wittmann, 62.

5. Claudia Michels, "Auf dem Büfett lagen die Erschiessungslisten," *Frankfurter Rundschau*, March 27, 2004.

6. Pendas, 2.

7. Wittmann, 175.

8. 源自法兰克福犹太博物馆举办的弗里茨·鲍尔生平展。

9. Steinke, 157, 156, 155.

10. Wittmann, 256.

11. Ibid., 215.

12. Bernd Naumann, *Auschwitz*: *A Report on the Proceedings Against Robert Karl Ludwig Mulka and Others Before the Court at Frankfurt*, 415, xiv.

13. Ibid. , Hannah Arendt, Introduction, xiv.

14. 转引自 Steinke, 180。

15. *Verdict on Auschwitz*: *The Auschwitz Trial, 1963 – 1965*, 1993 German television documentary.

16. Pendas, 48 – 49.

17. Wittmann, 139.

18. Pendas, 117 – 18.

19. Wittmann, 88.

20. Ibid., 75.

21. Ibid., 197.

22. Ibid., 140.

23. www. yadvashem. org.

24. Pendas, 158.

25. Wittmann, 80 – 81.

26. Naumann, 410, 409.

27. *Verdict on Auschwitz*: *The Auschwitz Trial, 1963 – 1965*, 1993 German television documentary.

28. Pendas, 262.

29. Wittmann, 176 – 77.

30. Ibid., 177, 180.

31. Pendas, 263.

32. Naumann, 415.

33. Ibid., 412 – 13.

34. Wittmann, 255.

35. Naumann, viii.

36. Ibid., xxii, xxix.

37. Pendas, 256.

38. Ibid., 253.

39. Ibid., 256 – 57.

40. Wittmann, 190.

41. Naumann, xvii.

42. Perry Biddiscombe, *The Denazification of Germany*：*A History 1945 – 1950*, 212 – 13；and, for instance, "Eichmann to Testify on Dr. Globke's Role in Deportation of Greek Jews," *JTA*, January 31, 1961.

43. 源自法兰克福犹太博物馆举办的弗里茨·鲍尔生平展。

44. "Bonn Denounces Globke Trial in East Germany as Communist Maneuver," *JTA*, July 10, 1963.

45. Wittmann, 15.

46. 摘自我对托马斯·威尔的采访。

47. Pendas, 253.

48. Ibid., 182 – 83.

49. Ibid., 179 – 80.

50. Peter Weiss, *The Investigation*：*Oratorio in* 11 *Cantos*.

51. Ibid., 73 – 74.

52. 摘自我对本哈德·施林克的采访。

53. 摘自我对彼得·施耐德的采访。

54. 摘自我对玛利亚·科兹沃夫斯卡的采访。

55. Steinke, 218.

56. *Death by Installments* documentary.

57. Steinke, 263.

58. *Death by Installments* documentary；and Steinke, 221.

59. Steinke, 257.

60. Wojak, 443.

61. Ibid., 445.

62. 源自法兰克福犹太博物馆举办的弗里茨·鲍尔生平展。

63. Wojak, 453.

64. Steinke, 272.

65. 摘自我对伊洛娜·齐奥克的采访。

66. *Death by Installments* documentary.

67. Wojak, 455.

第十一章　一记难忘的耳光

1. 摘自我对塞尔日·克拉斯菲尔德的采访。

2. Beate Klarsfeld, *Wherever They May Be*!, 4.

3. Ibid., 3 – 23；Serge Klarsfeld with Anne Vidalie, *La Traque des Criminals Nazis*, 11 – 13, 31 – 32；以及我对贝亚特和塞尔日·克拉斯菲尔德的采访。

4. "Alois Brunner," jewishvirtualibrary. org.

5. Jeremy Josephs, *Swastika Over Paris*：*The Fate of the French Jews*, Serge Klarsfeld, Introduction, 17.

6. Frei, 395, n46；and "Kurt Kiesinger, 60's Bonn Leader and Former Nazi, Is Dead at 83," *New York Times*, March 10, 1988.

7. Beate Klarsfeld, 18.

8. Ibid., 19 – 63.

9. Serge Klarsfeld with Vidalie, 13, 76；我对塞尔日·克拉斯菲尔德的采访。

10. Beate Klarsfeld, 22.

11. Ibid., 48.

12. 摘自我对塞尔日·克拉斯菲尔德的采访。

13. Beate Klarsfeld, 112 – 40.

14. Beate Klarsfeld, 87.

15. Serge Klarsfeld with Vidalie, 40 – 41；Beate Klarsfeld, 160 – 64.

16. Heberer and Matthäus, eds. , 242, n22.

17. Serge Klarsfeld with Vidalie, 43 – 44.

18. Beate Klarsfeld, 153. 有关此三人的其他细节见 John Vinocur, "3 Ex-Nazis Get Jail Terms for War Crimes," *New York Times*, February 12, 1980。

19. Beate Klarsfeld, 166.

20. Ibid., 167 – 203；and Serge Klarsfeld with Vidalie, 43 – 52.

21. John Vinocur, "3 Ex-Nazis Get Jail Terms for War Crimes," *New York Times*, February 12, 1980.

22. Anton Kuenzle and Gad Shimron, *The Execution of the Hangman of Riga*：*The Only Execution of a Nazi War Criminal by the Mossad*, 29 – 31.

23. Ibid., 32 – 34.

24. Ibid., 35 – 43.

25. Ibid., xx.

26. Ibid., 125 - 27.

27. "Reports from Abroad," *New York Times*, March 14, 1965.

28. 例如参见 "Zvi Aharoni and Yaakov Meidad," *The Telegraph*, August 16, 2012。

29. Kuenzle and Shimron, 8 - 9.

30. 摘自我对拉菲·埃坦的采访。

31. Kuenzle and Shimron, 102.

32. Associated Press, "Latvian Musical on Nazi Collaborator Stirs Anger," October 30, 2014.

33. "Israel Condemns Latvia's 'Butcher of Riga' Musical," israelinternationalnews. com, October 23, 2014.

第十二章　"模范公民"

1. Ira Levin, *The Boys from Brazil*, 12.

2. Pick, 152.

3. Wiesenthal, 96 - 103.

4. Segev, 326.

5. Wiesenthal, 344.

6. 摘自我对马丁·门德尔松的采访。

7. Serge Klarsfeld with Vidalie, 39；我对塞尔日·克拉斯菲尔德的采访。

8. Wiesenthal, 209.

9. Ibid., 7；以及我对西蒙·维森塔尔的采访。

10. Wiesenthal, 335 - 40；and Wechsberg, ed., 172 - 83.

11. Wiesenthal, 139 - 57.

12. Clyde A. Farnsworth, *New York Times*, February 2, 1964.

13. 摘自我对约瑟夫·莱利维尔德的采访；Joseph Lelyveld, *Omaha Blues: A Memory Loop*, 175 - 82。

14. Joseph Lelyveld, *New York Times*, July 14, 1964.

15. Douglas Martin, "A Nazi Past, a Queens Home Life, an Overlooked Death," *New York Times*, December 2, 2005.

16. Alan Elsner, *The Nazi Hunter*, 2.

17. 摘自我对埃利·罗森鲍姆的采访。

18. Howard Blum：*Wanted! The Search for Nazis in America*, 19 - 22. 布卢姆称消息来源是奥斯卡·卡巴赫（Oscar Karbach），卡巴赫在布卢姆

口中为世界犹太人大会主席。罗谢尔·G. 赛德尔（Rochelle G. Saidel）在她的著作《良知的愤怒：以把在美纳粹战犯绳之以法为追求的人》（*The Outraged Conscience：Seekers of Justice for Nazi War Criminals in America*）中指出，卡巴赫是世界犹太人大会的研究员而非其主席（第98页）。

19. Blum，25.

20. Elizabeth Holtzman with Cynthia L. Cooper，*Who Said It Would Be Easy? One Woman's Life in the Political Arena*，90 – 96；以及我对伊丽莎白·霍尔茨曼的采访。

21. Saidel，31 – 45.

22. 摘自我对马丁·门德尔松的采访。

23. Saidel，119.

24. Ibid.，127，and Allan A. Ryan，Jr.，*Quiet Neighbors：Prosecuting Nazi War Criminals in America*，249.

25. Ryan，15 – 28；and The United States Holocaust Memorial Museum，"Displaced Persons."

26. Ryan，22，26，268.

27. Ibid.，42.

28. 该报告的删改版可以在网上找到：http：//www2. gwu. edu / ~ nsarchiv/NSAEBB/NSAEBB331/DOJ_ OSI_ Nazi_ redacted. pdf。完整版报告在本书出版时尚未正式公布，不过埃里克·利希特布劳（Eric Lichtblau）在为《纽约时报》撰写报道以及写作《隔壁的纳粹：美国如何成了希特勒手下的避风港》（*The Nazis Next Door：How America Became a Safe Haven for Hitler's Men*）一书时引用过这份报告。

29. Ryan，268.

30. Ari L. Goldman，"Valerian Trifa, an Archbishop with a Fascist Past, Dies at 72,"*New York Times*，January 29，1987；and Saidel，43 – 45.

31. Jean Michel，*Dora*，62，65.

32. Frederick I. Ordway III and Mitchell R. Sharpe，*The Rocket Team*，79 – 85.

33. 摘自我对埃利·罗森鲍姆的采访。

34. 手稿来自美国国家档案馆（复印件由埃利·罗森鲍姆提供）。

35. 摘自我对伊丽莎白·怀特的采访。

第十三章　往返拉巴斯

1. Serge Klarsfeld，*The Children of Izieu*：*A Human Tragedy.* 7.

2. Ibid.，15.

3. Tom Bower，*Klaus Barbie*：*Butcher of Lyons*，112 – 13.

4. Serge Klarsfeld，*The Children of Izieu*，15.

5. Ibid.，45.

6. Ibid.，15.

7. Beate Klarsfeld，215 – 77.

8. Ibid.，234，240.

9. Ibid.，239.

10. Ibid.，242.

11. Ibid.，255 – 56.

12. Ibid.，263 – 73.

13. Ryan，279.

14. Beate Klarsfeld，247 – 48.

15. Bower，18 – 19；Serge Klarsfeld with Vidalie，55；以及我对贝亚特和塞尔日·克拉斯菲尔德的采访。

16. Ryan，277 – 79.

17. Serge Klarsfeld，*The Children of Izieu*，7.

18. Ryan，280 – 323.

19. Ibid.，282.

20. Ibid.，285. 尽管赖恩没有在书中提到记者的名字，但他在接受我的采访时确认了该记者的身份。在我的另一次采访中，约翰·马丁证实了这一说法。

21. Ibid.，288.

22. Ibid.，289.

23. Ibid.，290.

24. Ibid.，291.

25. U. S. Department of Justice，*Klaus Barbie and the United States Government*：*A Report to the Attorney General of the United States*，August 1983.

26. 摘自我对戴维·马韦尔的采访。

27. Ryan，321.

28. Ibid.，322.

29. Ibid.，323.

第十四章　战时谎言

1. Eli M. Rosenbaum with William Hoffer, *Betrayal: The Untold Story of the Kurt Waldheim Investigation and Cover-up*, 1–13.

2. Ibid., 15.

3. Ibid., 12.

4. Ibid., 22–33.

5. Ibid., 46–49.

6. Ibid., 57–58.

7. "Files Show Kurt Waldheim Served Under War Criminal," *New York Times*, March 3, 1986.

8. "Waldheim: A Nazi Past?," *Newsweek*, March 17, 1986；以及我在 1986 年 3 月 7 日发给编辑的较长篇幅的文档。

9. Wiesenthal, 311.

10. Ibid., 313.

11. 维森塔尔后来在写给《新闻周刊》编辑的信（刊登于 1986 年 4 月 7 日）中声称，他没有直言不讳地对我说瓦尔德海姆是骗子。不过他没有放弃自己的一个主张，即他不相信瓦尔德海姆不了解萨洛尼卡的犹太人驱逐行动。

12. Wiesenthal, 318–19.

13. Ibid., 315, 313.

14. Rosenbaum with Hoffer, 90–91.

15. "Waldheim on the 'A' List," *Newsweek*, April 21, 1986；my file to *Newsweek* on April 11, 1986；and Robert Edwin Herzstein, *Waldheim: The Missing Years*, 128–29.

16. "Waldheim Under Siege," *Newsweek*, June 9, 1986；and my longer file to *Newsweek*.

17. "Waldheim Under Siege," *Newsweek*, June 9, 1986.

18. "Waldheim: Home Free?," *Newsweek*, June 16, 1986.

19. Office of Special Investigations, *In the Matter of Kurt Waldheim*, April 9, 1987, 200–201.

20. Herzstein, 23, 254.

21. "Waldheim Under Siege," *Newsweek*, June 9, 1986.

22. Ibid.; and James M. Markham, "In Austrian Campaign, Even Bitterness Is Muted," *New York Times*, June 6, 1986.

23. 摘自我对贝亚特·克拉斯菲尔德的采访。关于她在瓦尔德海姆的集会上与布泽克市长的对话，参见我在 1986 年 5 月 30 日发给《新闻周刊》的文档。

24. Andrew Nagorski, "Clumsy Acts, Bad Blood," *Newsweek*, May 12, 1986; and Rosenbaum with Hoffer, 142.

25. Edgar M. Bronfman, *The Making of a Jew*, 115.

26. Andrew Nagorski, "Clumsy Acts, Bad Blood," *Newsweek*, May 12, 1986.

27. My file to *Newsweek*, June 5, 1986.

28. Andrew Nagorski, "Clumsy Acts, Bad Blood," *Newsweek*, May 12, 1986.

29. Rosenbaum with Hoffer, 165.

30. Ibid., 300 – 301.

31. Ibid., 461.

32. Ibid., 463.

33. Ibid., 461.

34. Ibid., 304.

35. Ibid., 472.

36. Ibid., 304.

37. 摘自我对埃利·罗森鲍姆的采访。

38. 摘自我对马丁·门德尔松的采访。

39. 前特别调查办公室官员不愿在对罗森鲍姆的任何讨论中提起自己的名字。

40. Andrew Nagorski, "Wiesenthal: A Summing Up," *Newsweek International*, April 27, 1998.

41. Wiesenthal, 321.

42. 摘自我对拉比马文·希尔的采访。

43. Rosenbaum with Hoffer, 149.

44. 摘自我对西蒙·维森塔尔的采访，见我在 1986 年 5 月 21 日发给《新闻周刊》的文档。

45. Wiesenthal, 301.

46. Herzstein, 250.

47. Joshua Muravchik, "The Jew Who Turned the Left Against Israel," *The Tablet*, July 29, 2014.

48. Segev, 292 – 93.

49. Wiesenthal, 320.

50. Herzstein, 229.

51. 摘自我对彼得·布莱克的采访。

第十五章 追逐幽灵

1. William Goldman, *Marathon Man*, 262.

2. Nicholas Kulish and Souad Mekhennet, *The Eternal Nazi: From Mauthausen to Cairo, the Relentless Pursuit of SS Doctor Aribert Heim*; Souad Mekhennet and Nicholas Kulish, "Uncovering Lost Path of the Most Wanted Nazi," *New York Times*, February 4, 2009.

3. Danny Baz, *The Secret Executioners: The Amazing True Story of the Death Squad That Tracked Down and Killed Nazi War Criminals*, xiii.

4. Ibid., 10.

5. Ronald Gray, *I Killed Martin Bormann!*, 5; serialization of book, as noted in Reuters dispatch, "Most Wanted Nazi Shot, Claims Ex-British Agent," published in *The Montreal Gazette*, August 8, 1970.

6. Gray, *I Killed Martin Bormann*, 73.

7. Ladislas Farago, *Aftermath: Martin Bormann and the Fourth Reich*, 428.

8. Souad Mekhennet and Nicholas Kulish, "Uncovering Lost Path of the Most Wanted Nazi," *New York Times*, February 5, 2009.

9. Kulish and Mekhennet, 173.

10. "New Genetic Tests Said to Confirm: It's Martin Bormann," *New York Times*, May 4, 1998.

11. Blum, 47 – 48, 42 – 61; Richard Rashke, *Useful Enemies: John Demjanuk and America's Open-Door Policy for Nazi War Criminals*, 48 – 50.

12. Blum, 57.

13. Richard Breitman, "Tscherim Soobzokov," American University (https: //www. fas. org/sgp/eprint/breitman. pdf).

14. Blum, 258 – 63.

15. Ibid., 263.

16. Richard J. Goslan, "Memory and Justice Abused: the 1949 Trial of René Bousquet," *Studies in 20th Century Literature*, Vol. 23, 1 – 1 –

1999；Paul Webster, "The Collaborator's Pitiless End," *The Guardian*, June 8, 1993；and Douglas Johnson, "Obituary：René Bousquet," *The Independent*, June 9, 1993.

17. Sorj Chalandon, "L'assassinat de René Bousquet：larmes du Crime," *Liberation*, April 4, 2000.

18. 摘自我对塞尔日·克拉斯菲尔德的采访。

19. Ibid., "Hunting the Angel of Death," *Newsweek*, May 20, 1985；我于 1985 年 4 月 16 日发给《新闻周刊》的较长篇幅的文档；以及到 1985 年 6 月前我发送的文档，外加我在那段时间保留的记者笔记本（个人文档）。

20. Ibid., "Reaching a Verdict on the Mengele Case," *Newsweek*, July 1, 1985；Ibid., "Who Helped Mengele," *Newsweek*, June 24, 1985；以及我发给《新闻周刊》的文档。

21. Gerald L. Posner and John War, *Mengele：The Complete Story*, 76.

22. 摘自我对罗伯特·肯普纳的采访。

23. Posner and Ware, 63.

24. Office of Special Investigations, *In the Matter of Josef Mengele*, October 1992, 193.

25. Harel, 210 – 11.

26. Aharoni and Dietl, 149 – 50.

27. Posner and Ware, 163.

28. Aharoni and Dietl, 151.

29. 摘自我对拉菲·埃坦的采访。

30. Ibid., "Mengele：The Search Ends," *Newsweek*, July 1, 1985.

31. Ibid., "Who Helped Mengele?," *Newsweek*, June 24, 1985.

32. Ibid., "Reaching a Verdict in the Mengele Case," *Newsweek*, July 1, 1985.

33. Office of Special Investigations, *In the Matter of Josef Mengele*, October 1992, 196 – 97.

第十六章　不忘初心

1. Wiesenthal, 351.

2. Alison Smale, "Erich Priebke, Nazi Who Carried Out Massacre of 335 Italians, Dies at 100," *New York Times*, October 11, 2013；"Erich

Priebke：'Just Following Orders,'" *The Economist*, October 26, 2013；"Erich Priebke," jewishvirtuallibary. org.

3. YouTube video.

4. 摘自我对萨姆·唐纳森的采访。

5. 摘自我对哈里·菲利普斯的采访；Robert Lissit, "Out of Sight," *American Journalism Review*, December 1994。

6. Elisabetta Povoledo, "Funeral for Ex-Nazi in Italy Is Halted as Protesters Clash," *New York Times*, October 16, 2013.

7. Rashke, x – xiii, 548 – 49；Robert D. Mc-Fadden, "John Demjanuk, 91, Dogged by Charges of Atrocities as Nazi Camp Guard, Dies," *New York Times*, March 17, 2012.

8. Andrew Nagorski, *The Greatest Battle：Stalin, Hitler, and the Desperate Struggle for Moscow That Changed the Course of World War II*, 70.

9. Rashke, 108 – 16.

10. Ryan, 106 – 7.

11. Rashke, 149 – 54.

12. Ibid., 313.

13. Ibid., 348.

14. 摘自我对亚伯拉罕·沙洛姆的采访。

15. Rashke, 361 – 69.

16. Ibid., 466 – 68.

17. 摘自我对埃利·罗森鲍姆的采访。

18. Rashke, 502.

19. Ibid., 513 – 15.

20. Robert D. McFadden, "John Demjanuk, 91, Dogged by Charges of Atrocities as Nazi Camp Guard, Dies," *New York Times*, March 17, 2012.

21. Patrick J. Buchanan, "The True Haters," http：//buchanan. org/blog / pjb – the – true – haters – 1495, April 14, 2009.

22. The Central Office for the Investigation of National Socialist Crimes, Information Sheet, December 2012. 这些数据涵盖的时期包括统一后的德国，不过还是能够反映西德司法系统的情况。

23. Melissa Eddy, "Germany Sends 30 Death Camp Cases to Local Prosecutors, *New York Times*, September 3, 2013.

24. 数据由纳粹罪行调查中央办公室副主任托马斯·威尔提供。

25. "Auschwitz Trial：Oskar Groening Recalls 'Queue of Trains,'" BBC News，April 22，2015.

26. Alison Smale，"Oskar Gröning，Ex-SS Soldier at Auschwitz，Gets Four-Year Sentence," *The New York Times*，July 15，2015.

27. David Crossland，"Late Push on War Crimes：Prosecutors to Probe 50 Auscwitz Guards," *Spiegel Online International*，April 8，2013.

28. Greene，44.

29. Wittmann，256.

30. 摘自我对彼得·齐温斯基的采访。

31. *Der Spiegel*，August 25，2014；英文版于 2014 年 8 月 28 日刊登于《明镜》周刊国际版网站。

32. United States District Court for the Eastern District of Pennsylvania，"In the Matter of the Extradition of Johann（John）Breyer," Misc. No. 14 - 607 - M（courtesy of Eli Rosenbaum）.

33. 摘自 2015 年 2 月 4 日埃利·罗森鲍姆的电子邮件。这些数据涵盖的时间为 2010 年之前特别调查办公室独立存在的时期以及它被并入名叫人权与特别诉讼司的新部门后的前五年。

34. 摘自我对伊丽莎白·霍尔茨曼的采访。

35. 摘自我对埃弗拉伊姆·苏罗夫的采访。

36. Efraim Zuroff，*Operation Last Chance：One Man's Quest to Bring Nazi Criminals to Justice*，199，206.

37. 摘自我对埃弗拉伊姆·苏罗夫的采访，以及 2015 年 2 月 11 日的后续电子邮件。

38. 摘自我对戴德丽·贝格尔的采访。

39. 摘自我对塞尔日·克拉斯菲尔德的采访。

40. Eli M. Rosenbaum，"The Eichmann Case and the Distortion of History," *Loyola of Los Angeles International & Comparative Law Review*，Spring 2012.

41. 摘自我对托马斯·威尔的采访。

42. Ryan，335.

43. Wolfgang Saxon，"Richard von Weizsäcker，94，Dies：First President of Reunited Germany," *New York Times*，January 31，2015.

44. 摘自我对里夏德·冯·魏茨泽克的采访。此次访谈载于"Voices of

the Century，"*Newsweek*，March 15，1999。

45. 摘自我对马丁·瓦尔泽的采访（"Hitler Boosts Ratings，"*Newsweek*，December 21，1998）。

46. Serge Klarsfeld with Vidalie，57.

47. Pascale Nivelle，" Maurice Papon Devant Ses Juges，" *Liberation*，February 10，1998.

48. Alan Riding，"Suit Accusing French Railways of Holocaust Role Is Thrown Out，"*New York Times*，May 15，2003. 舍希特对克拉斯菲尔德夫妇材料的搜集参见 Kurt Werner Schaechter collection，The Hoover Archives。

49. "France Agrees Holocaust SNCF Rail Payout with US，"BBC Europe，December 5，2014.

50. Maia de la Baume，"France Confronts an Ignoble Chapter，"*New York Times*，December 16，2014.

51. 摘自我对塞尔日·克拉斯菲尔德和贝亚特·克拉斯菲尔德的采访。

52. "Nazi-Hunting Couple Honored by Germany，"*The Forward*，July 21，2015.

参考文献

档案

Hoover Institution Archives, Stanford, California

Jan Sehn Archives, Institute of Forensic Research, Kraków, Poland

Manuscript and Archives Division, The New York Public Library, New York, New York

National Archives, College Park, Maryland

United States Holocaust Museum Archives, Washington, D.C.

书

Aharoni, Zvi, and Wilhelm Dietl. *Operation Eichmann: The Truth About the Pursuit, Capture and Trial.* New York: John Wiley & Sons, 1997.

Annan, Noel. *Changing Enemies: The Defeat and Regeneration of Germany.* New York: W. W. Norton, 1996.

Arendt, Hannah. *Eichmann in Jerusalem: A Report on the Banality of Evil.* New York: Penguin, 1977.

———. *The Last Interview and Other Conversations.* Brooklyn: Melville House, 2013.

———. *The Origins of Totalitarianism.* San Diego: Harcourt Brace Jovanovich, 1979.

Averbach, Albert, and Charles Price, eds. *The Verdicts Were Just: Eight Famous Lawyers Present Their Most Memorable Cases.* Rochester: The Lawyers Co-operative Publishing Company, 1966.

Backhaus, Fritz, Monika Boll, and Raphael Gross. *Fritz Bauer. Der Staatsanwalt: NS-Verbrechen vor Gericht.* Frankfurt: Campus, 2014

(Catalogue for the Fritz Bauer exhibition at the Jewish Museum of Frankfurt).

Bascomb, Neal. *Hunting Eichmann: How a Band of Survivors and a Young Spy Agency Chased Down the World's Most Notorious Nazi.* Boston: Houghton Mifflin Harcourt, 2009.

Bauer, Yehuda. *Flight and Rescue: Brichah.* New York: Random House, 1970.

Baz, Danny. *The Secret Executioners: The Amazing True Story of the Death Squad That Tracked Down and Killed Nazi War Criminals.* London: John Blake, 2010.

Beevor, Antony, and Luba Vinogradova, eds. *A Writer at War: Vasily Grossman with the Red Army, 1941–1945.* New York: Pantheon, 2005.

Beschloss, Michael. *The Conquerors: Roosevelt, Truman and the Destruction of Hitler's Germany, 1941–1945.* New York: Simon & Schuster, 2002.

Bessel, Richard. *Germany 1945: From War to Peace.* London: Pocket Books, 2010.

Biddiscombe, Perry. *The Denazification of German: A History, 1945–1950.* Stroud, Gloucestershire, 2007.

Blum, Howard. *Wanted! The Search for Nazis in America.* New York: Touchstone, 1989.

Botting, Douglas. *From the Ruins of the Reich: Germany, 1945–1949.* New York: Crown, 1985.

Bower, Tom. *Klaus Barbie: Butcher of Lyons.* London: Corgi, 1985.

Bronfman, Edgar M. *The Making of a Jew.* New York: G. P. Putnam's Sons, 1996.

Browning, Christopher R. *Ordinary Men: Reserve Battalion 101 and the Final Solution in Poland.* New York: Harper Perennial, 1993.

Clay, Lucius D. *Decision in Germany.* New York: Doubleday, 1950.

Dann, Sam, ed. *Dachau 29 April 1945: The Rainbow Liberation Memoirs.* Lubbock: Texas Tech University Press, 1998.

Davies, Norman. *Heart of Europe: A Short History of Poland.* Oxford: Clarendon Press, 1984.

Earl, Hilary. *The Nuremberg SS-Einsatzgruppen Trial, 1945–1958: Atrocity, Law, and History.* Cambridge: Cambridge University Press, 2010.

El-Hai, Jack. *The Nazi and the Psychiatrist: Hermann Göring, Dr. Douglas M. Kelley, and a Fatal Meeting of the Minds at the End of WWII.* New York: PublicAffairs, 2013.

Elsner, Alan. *The Nazi Hunter.* New York: Arcade, 2011.

Farago, Ladislas. *Aftermath: Martin Bormann and the Fourth Reich.* New York: Simon & Schuster, 1974.

Ferencz, Benjamin B. *Less Than Slaves: Jewish Forced Labor and the Quest for Compensation.* Bloomington: Indiana University Press, 2002.

Forsyth, Frederick. *The Odessa File.* New York: Viking, 1972.

Frei, Norbert. *Adenauer's Germany and the Nazi Past: The Politics of Amnesty and Integration.* New York: Columbia University Press, 2002.

Friedman, Tuvia. *The Hunter.* London: Anthony Gibbs & Phillips, 1961.

Frieze, Donna-Lee, ed. *Totally Unofficial: The Autobiography of Raphael Lemkin.* New Haven: Yale University Press, 2013.

Gellately, Robert, ed. *The Nuremberg Interviews: Conducted by Leon Goldensohn.* New York: Alfred A. Knopf, 2004.

Gilbert, G. M. *Nuremberg Diary.* Boston: Da Capo, 1995.

Goldman, William. *Marathon Man.* New York: Dell, 1988.

Gray, Ronald. *I Killed Martin Bormann!* New York: Lancer, 1972.

Greene, Joshua M. *Justice at Dachau: The Trials of an American Prosecutor.* New York: Broadway, 2003.

Gutman, Yisrael, and Michael Berenbaum, eds. *Anatomy of the Auschwitz Death Camp.* Bloomington: Indiana University Press, 1994.

Harding, Thomas. *Hanns and Rudolf: The True Story of the German Jew Who Tracked Down and Caught the Kommandant of Auschwitz.* New York: Simon & Schuster, 2013.

Harel, Isser. *The House on Garibaldi Street.* London: Frank Cass, 2004.

———. "Simon Wiesenthal and the Capture of Eichmann." Unpublished manuscript.

Harris, Whitney R. *Tyranny on Trial: The Evidence at Nuremberg.* Dallas:

Southern Methodist University Press, 1954/Barnes & Noble Books, 1995.

Hausner, Gideon. *Justice in Jerusalem.* New York: Harper & Row, 1966.

Heberer, Patricia, and Jürgens Matthäus, eds. *Atrocities on Trial: Historical Perspectives on the Politics of Prosecuting War Crimes.* Lincoln: University of Nebraska Press, 2008.

Heidenberger, Peter. *From Munich to Washington: A German-American Memoir.* Xlibris, 2004.

Helms, Richard, with William Hood. *A Look Over My Shoulder: A Life in the Central Intelligence Agency.* New York: Random House, 2003.

Herzstein, Robert Edwin. *Waldheim: The Missing Years.* New York: Arbor House/William Morrow, 1988.

Higgins, Jack (pseudonym of Harry Patterson). *The Bormann Testament.* New York: Berkley, 2006.

Hoess, Rudolf. *Commandant of Auschwitz: The Autobiography of Rudolf Hoess.* London: Phoenix, 2000.

Holtzman, Elizabeth, with Cynthia L. Cooper. *Who Said It Would Be Easy? One Woman's Life in the Political Arena.* New York: Arcade, 1996.

Höss, Rudolf, Perry Broad, and Johann Paul Kremer. *KL Auschwitz Seen by the SS.* Warsaw: Interpress, 1991.

Josephs, Jeremy. *Swastika Over Paris: The Fate of the French Jews.* London: Bloomsbury, 1990.

Kelley, Douglas M. *22 Cells in Nuremberg: A Psychiatrist Examines the Nazi Criminals.* New York: Greenberg, 1947.

Kempner, Robert M. W. *Ankläger einer Epoche: Lebenserrinerungen.* Frankfurt: Ullstein Zeitgeschichte, 1986.

Kennedy, John F. *Profiles in Courage.* New York: Harper Perennial, 2006.

Kershaw, Ian. *Hitler 1889–1936: Hubris.* London: Penguin, 1998.

———. *Hitler 1936–45: Nemesis.* New York: W. W. Norton, 2000.

Klarsfeld, Beate. *Wherever They May Be!* New York: Vanguard, 1972.

Klarsfeld, Serge. *The Children of Izieu: A Human Tragedy.* New York: Harry N. Abrams, 1985.

Klarsfeld, Serge, with Anne Vidalie. *La Traque des criminels nazis.* Paris: Tallandier/L'Express, 2013.

Kuenzle, Anton, and Gad Shimron. *The Execution of the Hangman of Riga: The Only Execution of a Nazi War Criminal by the Mossad.* London: Valentine Mitchell, 2004.

Kulish, Nicholas, and Souad Mekhennet. *The Eternal Nazi: From Mauthausen to Cairo, the Relentless Pursuit of SS Doctor Aribert Heim.* New York: Doubleday, 2014.

Lang, Jochen von, and Claus Sibyll, eds. *Eichmann Interrogated: Transcripts from the Archives of the Israeli Police.* New York: Vintage, 1984.

Leide, Henry. *NS-Verbrecher und Staatssicherheit: Die geheime Vergangensheitspolitik der DDR.* Göttingen: Vandenhoeck & Ruprecht, 2007.

Lelyveld, Joseph. *Omaha Blues: A Memory Loop.* New York: Picador, 2006.

Levi, Primo. *The Drowned and the Saved.* New York: Vintage, 1989.

Levin, Ira. *The Boys from Brazil.* New York: Random House, 1976.

Lewis, Sinclair. *It Can't Happen Here.* New York: New American Library, 2005.

Lichtblau, Eric. *The Nazis Next Door: How America Became a Safe Haven for Hitler's Men.* Boston: Houghton Mifflin Harcourt, 2014.

Lingeman, Richard. *Sinclair Lewis: Rebel from Main Street.* New York: Random House, 2002.

Lipstadt, Deborah E. *The Eichmann Trial.* New York: Schocken, 2011.

Malkin, Peter Z., and Harry Stein. *Eichmann in My Hands.* New York: Warner, 1990.

Mann, Abby. *Judgment at Nuremberg.* New York: Samuel French, 2001.

Maser, Werner. *Nuremberg: A Nation on Trial.* New York: Charles Scribner's Sons, 1979.

Miale, Florence R., and Michael Selzer. *The Nuremberg Mind: The Psychology of the Nazi Leaders.* New York: Quadrangle, 1975.

Michel, Jean. *Dora.* New York: Holt, Rinehart & Winston, 1980.

Milgram, Stanley. *Obedience to Authority: An Experimental View.* New York: Harper Colophon, 1975.

Mowrer, Edgar Ansel. *Germany Puts the Clock Back.* Paulton and London: Penguin, 1938.

———. *Triumph and Turmoil: A Personal History of Our Times.* New York: Weybright & Talley, 1968.

Musmanno, Michael A. *The Eichmann Kommandos.* New York: Macfadden, 1962.

———. *Ten Days to Die.* New York: Macfadden, 1962.

Nagorski, Andrew. *The Greatest Battle: Stalin, Hitler, and the Desperate Struggle for Moscow That Changed the Course of World War II.* New York: Simon & Schuster, 2007.

———. *Hitlerland: American Eyewitnesses to the Nazi Rise to Power.* New York: Simon & Schuster, 2012.

Naimark, Norman M. *The Russians in Germany: A History of the Soviet Zone of Occupation, 1945–1949.* Cambridge: Belknap Press of Harvard University Press, 1995.

Naumann, Bernd. *Auschwitz: A Report on the Proceedings Against Robert Karl Ludwig Mulka and Others Before the Court at Frankfurt.* New York: Frederick A. Praeger, 1966.

Obermayer, Herman J. *Soldiering for Freedom: A GI's Account of World War II.* College Station: Texas A&M University Press, 2005.

Ordway, Frederick I. III, and Mitchell R. Sharpe. *The Rocket Team.* New York: Thomas Y. Crowell, 1979.

Overy, Richard. *Russia's War.* New York: Penguin, 1998.

Patterson, Harry. *The Valhalla Exchange.* New York: Stein & Day, 1976.

Pendas, Devin O. *The Frankfurt Auschwitz Trial, 1963–1965: Genocide, History, and the Limits of the Law.* Cambridge: Cambridge University Press, 2011.

Pick, Hella. *Simon Wiesenthal: A Life in Search of Justice.* Boston: Northeastern University Press, 1996.

Pierrepoint, Albert. *Executioner: Pierrepoint.* Cranbrook, Kent: George G. Harrap, 1974.

Piper, Franciszek. *Ile Ludzi Zginęło w KL Auschwitz: Liczba Ofiar w Świetle Żródeł i Badań 1945–1990.* Oświęcim: Wydawnictwo Państwowego Museum w Oświęcimiu, 1992.

Posner, Gerald L., and John Ware. *Mengele: The Complete Story.* New York: McGraw-Hill, 1986.

Powers, Thomas. *The Man Who Kept the Secrets: Richard Helms and the CIA.* New York: Pocket Books, 1981.

Rabinowitz, Dorothy. *New Lives: Survivors of the Holocaust Living in America.* New York: Alfred A. Knopf, 1976.

Rashke, Richard. *Useful Enemies: John Demjanuk and America's Open-Door Policy for Nazi War Criminals.* Harrison, NY: Delphinium, 2013.

Robinson, Jacob. *And the Crooked Shall Be Made Straight: The Eichmann Trial, the Jewish Catastrophe, and Hannah Arendt's Narrative.* New York: Macmillan, 1965.

Rosenbaum, Eli, with William Hoffer. *Betrayal: The Untold Story of the Kurt Waldheim Investigation and Cover-Up.* New York: St. Martin's, 1993.

Rückerl, Adalbert. *The Investigation of Nazi War Crimes, 1945–1978: A Documentation.* Heidelberg: C. F. Müller, 1979.

Lord Russell of Liverpool. *The Scourge of the Swastika: A Short History of Nazi War Crimes.* London: Greenhill, 2002.

Ryan, Allan A., Jr. *Quiet Neighbors: Prosecuting Nazi War Criminals in America.* San Diego: Harcourt Brace Jovanovich, 1984.

Saidel, Rochelle G. *The Outraged Conscience: Seekers of Justice for Nazi War Criminals in America.* Albany: State University of New York Press, 1984.

Salomon, Ernst von. *Der Fragebogen.* Reinbek bei Hamburg: Rowohlt, 2011.

Schlink, Bernhard. *The Reader.* New York: Vintage, 1998.

Schulberg, Sandra. *Filmmakers for the Prosecution, The Making of Nuremberg: Its Lesson for Today.* New York: Schulberg Productions, 2014.

Searle, Alaric. *Wehrmacht Generals, West German Society, and the Debate on Rearmament, 1949–1959.* Westport, CT: Praeger, 2003.

Segev, Tom. *Simon Wiesenthal: The Life and Legends.* New York: Doubleday, 2010.

Sehn, Dr. Jan. *Obóz Koncentracyjny Oświęcim-Brzezinka.* Warsaw: Wydawnictwo Prawnicze, 1960.

———. *Wspomnienia Rudolfa Hoessa, Komendanta Obozu Oswięcim-skiego*. Warsaw: Wydawnictwo Prawnicze, 1961.

Shirer, William L. *Berlin Diary: The Journal of a Foreign Correspondent, 1934–1941*. New York: Galahad Books, 1995.

———. *The Rise and Fall of the Third Reich: A History of Nazi Germany*. Greenwich, CT: Fawcett, 1965.

Smith, Jean Edward. *Lucius D. Clay: An American Life*. New York: Henry Holt, 1990.

Sonnenfeldt, Richard W. *Witness to Nuremberg: The Chief American Interpreter at the War Crimes Trials*. New York: Arcade, 2006.

Stafford, David. *Endgame, 1945: The Missing Final Chapter of World War II*. New York: Back Bay, 2007.

Stangneth, Bettina. *Eichmann Before Jerusalem: The Unexamined Life of a Mass Murderer*. New York: Alfred A. Knopf, 2014.

Steinke, Ronen. *Fritz Bauer: Oder Auschwitz vor Gericht*. Munich: Piper, 2013.

Stuart, Heikelina Verrijn, and Marlise Simons. *The Prosecutor and the Judge: Benjamin Ferencz and Antonio Cassese, Interviews and Writings*. Amsterdam: Amsterdam University Press, 2009.

Taylor, Frederick. *Exorcising Hitler: The Occupation and Denazification of Germany*. New York: Bloomsbury, 2011.

Taylor, Telford. *The Anatomy of the Nuremberg Trials: A Personal Memoir*. New York: Alfred A. Knopf, 1992.

Tilles, Stanley, with Jeffrey Denhart. *By the Neck Until Dead: The Gallows of Nuremberg*. Bedford, IN: JoNa Books, 1999.

Townsend, Tim. *Mission at Nuremberg: An American Army Chaplain and the Trial of the Nazis*. New York: William Morrow, 2014.

Tusa, Ann, and John Tusa. *The Nuremberg Trial*. New York: Atheneum, 1984.

Walters, Guy. *Hunting Evil: The Nazi War Criminals Who Escaped and the Quest to Bring Them to Justice*. New York: Broadway, 2009.

Wechsberg, Joseph, ed. *The Murderers Among Us: The Wiesenthal Memoirs*. New York: McGraw-Hill, 1967.

Weiss, Peter. *The Investigation: Oratorio in 11 Cantos.* London: Martin Boyars, 2010.

Whitlock, Flint. *The Beasts of Buchenwald: Karl and Ilse Koch, Human-Skin Lampshades, and the War-Crimes Trial of the Century.* Brule, WI: Cable, 2011.

Wiesenthal, Simon. *Justice Not Vengeance.* New York: Grove Weidenfeld, 1989.

Wittmann, Rebecca. *Beyond Justice: The Auschwitz Trial.* Cambridge: Harvard University Press, 2012.

Wojak, Irmtrud. *Fritz Bauer, 1903–1968: Eine Biographie.* Munich: C. H. Beck, 2011.

Zuroff, Efraim. *Occupation: Nazi Hunter.* Hoboken, NJ: KTAV, 1994.

———. *Operation Last Chance: One Man's Quest to Bring Nazi Criminals to Justice.* New York: Palgrave MacMillan, 2009.

采访

Gabriel Bach (2014)

John Q. Barrett (2014)

Deidre Berger (2014)

Peter Black (2013)

Monika Boll (2014)

Harold Burson (2014)

Zofia Chłobowska (2014)

Piotr Cywiński (2015)

Sam Donaldson (2014)

Rafi Eitan (2014)

Benjamin Ferencz (2013)

Alice Heidenberger (2014)

Peter Heidenberger (2014)

Rabbi Marvin Hier (2015)

Elizabeth Holtzman (2014)

Maria Kała (2014)

Beate Klarsfeld (2013)

Serge Klarsfeld (2013)

Maria Kozłowska (2014)

Gerard Kreisberg (2014)

Paulinka (Wiesenthal) Kreisberg (2014)

Joseph Lelyveld (2014)

John Martin (2015)

David Marwell (2013–2014)

Jürgen Matthäus (2013)

Henry Mayer (2013)

Martin Mendelsohn (2014)

Herman Obermayer (2013)

Krzysztof Persak (2014)

Harry Phillips (2015)

Eli Rosenbaum (2013–2014)

Allan Ryan (2015)

Bernhard Schlink (2014)

Peter Schneider (2014)

Sandra Schulberg (2013)

Gerald Schwab (2013)

Arthur Sehn (2013–2014)

Franciszka Sehn (2014)

Józef Sehn (2014)

Avraham Shalom (2014)

Peter Sichel (2013)

Elizabeth White (2013)

Thomas Will (2014)

Irmtrud Wojak (2014)

Ilona Ziok (2014)

Efraim Zuroff (2014)

早期采访资料

Niklas Frank (1998)

Zygmunt Gaudasiński (1994)

Robert Kempner (1985)

Beate Klarsfeld (1986)
Peter Kocev (1986)
Abby Mann (2001)
Risto Ognjanov (1986)
Franciszek Piper (1994)
Kurt Waldheim (1986)
Martin Walser (1998)
Richard von Weizsäcker (1998)
Simon Wiesenthal (1985–1998)
Mieczysław Zawadzki (1994)
Leon Zelman (1986)

图片来源

1. AP Photo
2. AP Photo/Ronald Zak
3. AP Photo/Max Nash
4. United States Holocaust Memorial Museum
5. AP Photo/Hanns Jaeger
6. United States Holocaust Memorial Museum
7. United States Holocaust Memorial Museum
8. United States Holocaust Memorial Museum
9. United States Holocaust Memorial Museum
10. Israel Government Press Office
11. Israel Government Press Office
12. Copyright Yossi Roth
13. AF archive/Alamy
14. Pictorial Press Ltd/Alamy
15. AP Photo
16. Bettmann/Corbis / AP Images
17. United States Holocaust Memorial Museum
18. AP Photo/Fritz Reiss
19. AP Photo/Lionel Cironneau
20. United States Holocaust Memorial Museum
21. U.S.Holocaust Memorial Museum courtesy of Miraim Lomaskin
22. Copyright Eli Rosenbaum
23. AP Photo/W.Vollman
24. The State Museum Auschwitz–Birkenau in Oswiecim
25. AP Photo/Martha Hermann
26. DB/picture–alliance/dpa/AP Images
27. AP Photo/Gregorio Borgia
28. AP Photo/Kerstin Joensson

图书在版编目（CIP）数据

纳粹猎人／（美）安德鲁·纳戈尔斯基
（Andrew Nagorski）著；陈鑫译. – – 北京：社会科学
文献出版社，2019.9
　　书名原文：THE NAZI HUNTERS
　　ISBN 978 – 7 – 5201 – 5001 – 9

　　Ⅰ.①纳…　Ⅱ.①安…　②陈…　Ⅲ.①德意志第三帝
国 – 战犯 – 史料　Ⅳ.①K153

　　中国版本图书馆 CIP 数据核字（2019）第 124223 号

纳粹猎人

著　　者／〔美〕安德鲁·纳戈尔斯基（Andrew Nagorski）
译　　者／陈　鑫

出 版 人／谢寿光
责任编辑／沈　艺　廖涵缤　钱家音
文稿编辑／贾　楠

出　　版／社会科学文献出版社·甲骨文工作室（分社）（010）59366527
　　　　　　地址：北京市北三环中路甲 29 号院华龙大厦　邮编：100029
　　　　　　网址：www. ssap. com. cn
发　　行／市场营销中心（010）59367081　59367083
印　　装／三河市东方印刷有限公司

规　　格／开　本：889mm × 1194mm　1/32
　　　　　　印　张：15.375　插　页：0.5　字　数：349 千字
版　　次／2019 年 9 月第 1 版　2019 年 9 月第 1 次印刷
书　　号／ISBN 978 – 7 – 5201 – 5001 – 9
著作权合同
登 记 号　／图字 01 – 2017 – 0186 号
定　　价／85.00 元

本书如有印装质量问题，请与读者服务中心（010 – 59367028）联系

▲ 版权所有 翻印必究